CORPORATE GOVERNANCE AND VALUE CREATION

公司治理与价值创造

鲁　桐　仲继银　等著

中国发展出版社
CHINA DEVELOPMENT PRESS

图书在版编目（CIP）数据

公司治理与价值创造 / 鲁桐，仲继银等著．—北京：中国发展出版社，2014.10

ISBN 978-7-5177-0247-4

Ⅰ.①公… Ⅱ.①鲁… ②仲… Ⅲ.①公司—企业管理—研究 Ⅳ.①F276.6

中国版本图书馆CIP数据核字（2014）第224734号

书　　名：公司治理与价值创造
著作责任者：鲁桐　仲继银等
出 版 发 行：中国发展出版社
（北京市西城区百万庄大街16号8层　100037）
标 准 书 号：ISBN 978-7-5177-0247-4
经　销　者：各地新华书店
印　刷　者：北京科信印刷有限公司
开　　本：700mm×1000mm　1/16
印　　张：30.25
字　　数：430千字
版　　次：2014年10月第1版
印　　次：2014年10月第1次印刷
定　　价：68.00元

联 系 电 话：（010）68990630　68990692
购 书 热 线：（010）68990682　68990686
网 络 订 购：http：//zgfzcbs.tmall.com//
网 购 电 话：（010）88333349　68990639
本 社 网 址：http：//www.develpress.com.cn
电 子 邮 件：bianjibu16@vip.sohu.com

目录

第一章

导　论

在过去的20年中，公司治理已经成为国际组织和各国政府持续关注的政策性问题。在经济全球化的影响下，越来越多的国家认识到，公司治理是促进本国经济增长、提高经济效率的一个关键要素，是企业实现长期可持续发展的必要条件。自1999年经济合作与发展组织部长级会议签署生效《OECD公司治理原则》以后，世界主要发达和发展中国家开展了公司治理改革，通过制定新的立法和监管规则，建立公司治理规范，对推动各国改善公司治理起到了积极的促进作用。

然而，从2001年美国的安然事件，到2008年发生的国际金融危机，公司治理的有效性被不断质疑，投资者的信心受到严重打击，这说明了改善公司治理的艰巨性、复杂性和长期性。在公司发展的长河中，我们发现，任何公司的失败都可以找到其治理失败的原因，这使我们不能把公司治理仅看作降低代理成本这么简单，而是关乎企业的资源配置效率及其成败。早在1998年，英国的《汉佩尔报告》就开宗明义地指出："公司治理的重要性在于对商业繁荣和责任所做的贡献。"汉佩尔委员会认为，到目前为止的公司治理过分地关注责任的形式主义方面，应该通过更多地强调繁荣来纠正这种不平衡。显然，公司治理的这一偏差至今并没有得到应有的纠正。过多地强调立法，会导致另一种偏差——不顾公司的特定环境是否适宜便将特定治理架构强加给所有公司，其结果可能是破坏了强调责任和企业繁荣之间的平衡。良好的公司治理，不仅能够提供有效的控制、增强管理的责任和架构，而且也应该有助于激发创业精神，提高公司业绩，实现企业的可持续增长。公司治理机制需要解决责任和效率的平衡问题。逐字逐句地遵循规范条款未必会带来"良好"的治理，而遵循公司治理原则才更重要。

既然公司存在的目的是创造价值，公司治理也应该服务于价值创造这一终极目标，为企业的价值创造活动提供支撑。到目前为止，有关公司治理与价值创造两者关系的研究凤毛麟角。以股东理论和利益相关者理论为代表的主流公司治理理论都把注意力放在剩余收益的分配方面，而不关注剩余收益的创造过程。公司治理监管政策也主要聚焦于投资者的保护，建立问责机制，提高信息披露的透明度，较少考虑如何为企业的价值创造提供更好的发展空间。公司治理循环往复的危机，提醒我们需要重新审视公司治理理论和政策的有效性问题。

一、公司与公司治理

（一）股份公司是人类经济组织的伟大创新

诺贝尔经济学获奖者道格拉斯·诺斯及其合作者罗伯斯·托马斯在探讨西方世界的兴起原因时得出的结论是，“一个有效率的经济组织在西欧的发展正是西方兴起的原因所在”。这样的组织在古罗马和中世纪的西欧已出现了它的雏形。罗马的公司由合伙人共同出资，选举管理人经营业务，雇员人数有限。与今天的公司相比，各方面都相去甚远。但人们之所以把发明公司的殊荣给了罗马人，原因在于罗马时代确立的法律原则对公司的发展产生了深远的影响。16 世纪后半期、17 世纪初，在荷兰和英国出现有限责任的现代股份公司之前，古罗马和中世纪的西欧早已出现了它的雏形。

古罗马发达的商品经济，催生了绝对的、个人主义的所有权观念。在罗马法中，“人”是指拥有和享受权利并负担义务的个体或团体。在《十二铜表法》上，罗马法已有法人的规定。法人作为一种独立的法律人格存在，与自然人人格有所不同。自然人具有人格并不以拥有财产为条件，没有任何财产的自然人仍然是独立的民事权利主体；而法人具有人格则是要以拥有财产为绝对条件，没有财产的团体不可能具有独立的人格。用法律保护个人权利，明确所有权归属，这些正是自由交易和市场形成的前提。契约精神是罗马法确立的另一个重要法律准则。在意大利许多城市档案馆中，保留着成千上万份古老的商业契约，承认立约双方按照自己意愿成立财产和劳动力的自由约定。财产权利的明晰化是契约形成的基础，也是自由交换的基础。

独资公司与合伙制公司存在的历史可追溯到近两千年前的久远年代，而股份有限公司的出现不到200年的时间。在此之前，成立公司不是普通公民的权利，而是皇家授予的特权。16～17世纪最引人注目的商业组织“特许公司”援用了两个出自欧洲中世纪的概念，为日后现代股份有限公司奠定了基础。首先是股票在公开市场出售；其次是“有限责任”的概念。由于海上贸易具有很高的风险，要想筹集大笔资金，就得想办法保护投资者的利益。“荷兰东印度公司的特许状明白地告诉投资人，他们只需负有限的责任。”1611年，世界上第一个证券交易所在荷兰阿姆斯特丹成立，地点就设在距离荷兰东印度公司不远的一个街角。

在16世纪至17世纪中叶，一种新的企业形式——“特许的股份公司”被英国政府创造出来。作为国家首脑的国王赐予一部分商人从事某一商品贸易或在某一特定地区从事贸易活动的特权。由于海上贸易是一个高风险的业务，为了吸引商人从事风险事业，英国国王给予的特许状将垄断特权赐予了商人的公司。作为投资者的商人购买公司的股票，希望从所持有的股份中获得红利。每家公司由被选出来的董事和一名总裁负责经营。这一时期最重要的公司有：俄国公司（1555）、东方地区公司（1579）、非洲公司（1588）、累范特公司（1592）、东印度公司（1600）和弗吉尼亚公司（1606）。英国最知名的特许股份公司，是由英格兰人建立的东印度公司。1600年12月31日，英王伊丽莎白一世授予其皇家特许状，将在印度地区从事贸易活动的特许权交由东印度公司，这使得东印度公司和它建立的子公司完全垄断了东印度群岛地区的贸易，并由于皇家特许状赋予其政治、军事等职能权利，东印度公司逐渐从商贸公司转型为印度地区的统治实体，直至公司解散。

19世纪出现的两个变化使得“股份公司”成为一种更具吸引力的公司形式。第一个变化是大企业的出现。英国工业革命后，资本的快速积累与扩张，使得企业组织的数量和形式都有了突破。以纺织机和蒸汽机的发明为标志的第一次产业革命，使英国成为世界上第一个工业化的国家。1850年，英国开采了世界煤炭的70%，并生产了世界棉布和铁的50%。19世纪末期，英国和美国经历了一次企业合并浪潮，这次合并浪潮导致了大企业的发展。1919年，在英国最大的200家工业企业中，有177家集中在纺织、金属、化学、机械、食品加工领域。第二个变化是随着大企业的出现，企业对资本的需求迅速扩大。过去，公司的资本只是少数有钱人通过协商和谈判聚集起来的，这种方式无法满足大企业对资本的大量需求。

作为改善企业状况的重要举措，1844年，英国颁布了《股份公司法》(Joint Stock Companies Act)，旨在为注册公司和法人组织提供一般化的、不受某些特别条款限制的公司提供法律依据，在人类历史上第一次确立了公司的法律地位。该法明确划分了股份公司和合伙的界限，允许公司股份转让，采用完全公开原则，规定了公司股份制度，但禁止合股公司采取有限责任形式。这意味着，这些公司的股东必须对他们所投资公司的债务承担无限责任。为了给股东提供更好的激励和保护，1855年，英国颁布了《有限责任法案》（Limited Liability Act)，为所有股份公司提供了成文的有限责任条款。至此，现代意义的股份公司才真正确立。有限责任意味着股东最多损失他们对公司的投资，而不会像无限责任公司那样，必须用股东的所有财富来承担公司的亏损责任。有限责任公司作为公司的新的组织形式“代表了资本主义发展的一个重大突破”。《有限责任法案》出台后，英国掀起了公司注册的风潮。

几乎在同一时期，美国联邦高等法院在首席法官约翰·马歇尔（John Marshall）的领导下，使股份公司获得法律许可。欧洲其他国家也纷纷仿效英国颁布本国的公司法。19世纪末，随着欧美国家公司法的出台，公司的注册数量掀起了一个高潮。公司的一个重要好处是筹集风险资本。虽然19世纪末的欧美证券市场并不接纳工业企业，但在法国、德国和南北战争后的美国，还是出现了一些风险资本市场，能够为具有风险的事业（如爱迪生发明电灯）提供资金。对于风险资本家来说，有限责任是至关重要的。此外，通过董事会这种运行机构，风险资本家可以对投资企业进行控制和监督。

《现代公司法》起源于英国1844年颁布的《股份公司法》，其历史性的突破在于，该法开创了普通公民有权通过简单的行政程序成立公司的关键原则。

从此，成立公司成为普通人的权利而不再是受制于权力的特权。独立法人、可交易的股份、有限责任和董事会集中管理这些现代公司的核心特征聚集在一起，极大地解放了公司的生产力。这种革命性的自由企业制度，使普通人的合作成为可能，有效地实现了资源的最优配置。公司的优越性有四点：第一，独立法人，公司的法人性质使得公司的运营和发展变化与任何个人和群体保持独立和分离；第二，股东享有有限责任，投资者与公司的关系简单明确，限定了投资者的风险；第三，通过股份方式让小额资本可以快速集中，使得众多不相识的人得以合作，扩大了人们合作的边界；第四，董事会的集体决策——通过确立董事的受托责任，找到能够真正对公司负责的人。

经济学家解释了为什么公司这种制度对于经济发展至关重要。股份公司制度为人与人的合作提供了一种用合同替代信任的出路，让企业管理从基于信任关系的“人治”走向基于契约关系的“法治”。公司制能够使企业家们可以在保证投资者最多只是损失掉他们已经投入企业的资金的情况下融集资金，使投资者通过多家企业的小份额和易于转让的股份来分散风险，增大了生产性投资的资本池。股份公司为大型组织提供了一种有效的管理结构，通过股份权益的私人所有和公司资产的集中管理相结合，解决了马克思所说的生产资料私人所有制和社会化大生产之间的矛盾。正是基于上述几方面的优越性，股份公司作为人类经济组织的伟大创新，成为近代以来人类创造财富的主要组织形式。

（二）公司是法治发达的产物

值得深思的是，为什么公司这种组织形式在不同国家或社会中，不但发展有先后，而且实质上扮演的角色和发挥的作用存在巨大差异。几百年公司发展的历史告诉我们，公司与政治体制密不可分，从公司诞生的第一天起，就是由政府特许的产物。无论是罗马人的“社团”，或是威尼斯的联合商会，再到大名鼎鼎的东印度公司，无一不是在政府的特许下经营的。特许经营使公司带有浓重的政府色彩，官商结合的结果是残酷的统治加腐败的企业。臭名昭著的法国密西西比公司和英国的南海公司就是公司与政府官商勾结、欺骗大众的典型代表。18 世纪初期，英法两国政府利用两家特许公司，弥补战争期间所积累的庞大债务，将有定息的政府年金换成低利的股票，结果造成史上最大的经济泡沫。密西西比事件和“南海”泡沫致使成千上万法国人和英国人倾家荡产。人们第一次体会到，公司既能带来财富也能被人利用造成灾难。以至于英国和法国在随后的一百多年时间里禁止成立新的股份公司。

19 世纪末期，虽然大企业的兴起给人们提供了更丰富的商品，也使人们的生活水平有所上升，但美国人对大企业存在爱恨交加的矛盾情绪。此时，美国 50 家左右的大公司掌握着 60% 的产品和服务，创造着前所未有的社会繁荣。钢铁大王卡内基、石油大王洛克菲勒、铁路大王范德比尔特成为那个时代的符号，他们以非凡的商业智慧，控制着富可敌国的公司。1901 年，美国钢铁公司的资本规模达到 14 亿美元，相当于同年美国政府年度预算的 3 倍。但大公司的扩张及其垄断破坏了市场的公平竞争。公司这个自由竞争的产物，正走向它的反面，变成自由竞争的障碍。1890 年，美国国会通过了《谢尔曼反托拉斯法》，禁止限制性贸易及垄断贸易的行为。西奥多·罗斯福总统开始了一连串针对标准石油公司的行动，最终将之分拆为 34 家新公司。“大王时代”虽然落下帷幕，公司规模缩小了，但没有改变的是市场经济自由竞争的基本法则。

近代资本主义发展史表明，公司在一国能否顺利发展，取决于市场的空间，受制于政府与市场的关系。各国所发展的公司会受本国政治理念和结构的差异而呈现不同的状态。从某种意义上说，公司制度的发展与一国民主制度的发展并行不悖。最先发展起民主政治的国家也最先崛起了现代的公司制企业，公司在这样的国度发展也更顺利。美国学者威廉·伯恩斯坦在解读一国经济增长原因时，搭建了一个“四位一体”的框架：可靠的财产权、科学理性主义、资本市场和交通通信技术。财产权是其他一切权利的基础。可靠的财产权与资本市场正是支撑现代公司发展的两个关键要素，而没有法治的支撑，财产权和资本市场都不可能顺利建立。

中国改革开放 30 多年获得的一条宝贵经验是，“要使市场在资源配置中起决定性作用”。这就意味着政府向社会和市场放权，企业和企业家将重新回到经济活动的中心。期望中国能够通过进一步的深层次改革，形成一个能给个人提供最大的发展空间的包容性体制。只有在私有产权得到充分的保护，自由竞争得到真正维护的条件下，才能激发出最有利于经济成长的企业家创业热情，促进千千万万企业的成长壮大。

中国总体经济实力已位居世界第二，世界《财富》“500强”中也不乏中国公司。但这些中国公司大多是政府“制造”的“庞大公司”，还不是“伟大公司”。伟大公司是一定要通过市场机制和契约手段有机地成长起来，具有持续创新能力和国际竞争优势的现代企业。这样的公司只有在法制健全、市场自由竞争的环境下才能成长起来。建立现代市场经济的坚实微观基础，促进中国企业真正走向世界500强的道路是通过公平的法制和市场规则，改进包括资本市场在内的公司治理系统，让中小企业能够有机会通过竞争而迅速地成长和壮大。

（三）公司是推动社会发展与繁荣的中坚力量

大国的兴衰在讲述着同样的故事：西班牙和葡萄牙实行殖民政策，从美洲掠夺了大量金银，富极一时，但正是荷兰人和英国人，通过“有限责任”公司，将西班牙人手中的金银转化成生产资本，是股份制公司成就了荷兰人“海上霸主”的地位，也使英国顺利地成为“日不落”国；同样，也是“公司美国”奠定了20世纪美国的霸权地位。21世纪，中国能否真正崛起，依赖于中国能否产生一批具有国际竞争力的企业。

正如英国两位公司史学家的研究所指出的：任何不能发挥公司组织优势的国家或社会都会逐渐走向衰落，唯有依靠公司推动市场经济的生产和创造力，国家才能登上世界舞台的中心。用作者的话说：“公司才是世界上最重要的组织，它是西方国家繁荣的基础，也是全世界未来的希望。”推动一个国家真正崛起的力量不是政府，也不是个人，而是公司。这值得我们重新认识和尊重公司的地位和权利，尤其对于正在崛起的中国经济来说更为重要。

（四）以价值创造为导向的公司治理

公司治理是企业的组织方式、控制机制和利益分配的制度安排。这种制度安排决定了企业由谁控制，为谁服务，资源如何配置，风险和收益如何在各利益相关者之间分配等一系列问题。公司治理制度安排的合理与否是企业绩效最重要的决定因素。一个有效率的公司治理必须是代理成本最小，从而使企业创造的总价值最大的制度安排。

对于公司治理应该以股东的利益为导向，还是以利益相关者的利益为导向还存在很大争议。现代产权理论指出，一个有效率的产权安排必然意味着剩余控制权（风险）与剩余索取权（收益）的对应。即让承担风险的人进行决策，才是最有效率的。在经济生活中，我们观察到存在多种治理模式，如股东主导模式、经理人主导模式、员工主导模式、利益相关者主导模式、政府主导模式等，而股东主导模式成为当代企业最流行的治理模式。经济学家对这一现象的解释是，股东价值最大化体现了风险和收益对应的原则。经理人对股东负责可理解为所有利益相关者之间的一个合约。在这个合约中，企业的其他参与者，如雇员、债权人、客户和供应商，均获得合同收入，而股东只能获得剩余收入，必须承担经营风险，因而取得对企业的控制权。正是由于股东作为企业的所有者承担着企业的经营风险，股东比其他利益相关者更有积极性去监督经理人，从而实现更高的公司治理效率。

公司治理的目标是企业价值最大化。以企业价值最大化为目标的公司治理，要求从价值创造的角度考察公司的治理制度安排是否有利于价值增值的目标。降低代理成本是服务于企业价值最大化的一个重要途径，但并不是公司治理的全部内容。公司治理应在平衡各方权利和责任的基础上，促进公司的创新和价值创造，实现公司价值的最大化。

从系统的角度看，公司治理的有效性取决于内部治理和外部治理的总体效率。具体而言，公司治理的有效性取决于公司内外部五个方面的制度安排：第一，企业所有权安排；第二，董事会运作效率；第三，激励机制；第四，公司治理规则体系，通常由法律、法规、公司自愿标准组成的制度体系；第五，控制权市场和信誉机制。

二、当前公司治理缺失了什么

（一）20世纪90年代以来的国际公司治理改革

1. 发源于英国的公司治理改革

20世纪80年代末90年代初，英国接连发生了几起公司欺诈行为，造成股东和其他利益相关者的利益受到极大损害，使公司治理问题受到社会的广泛关注。1991年成立的由阿德里安·卡德伯里爵士担任主席的公司治理财务事务委员会在经过一年多的研究和广泛征询意见的基础上，发表了具有里程碑意义的《卡德伯里报告》。《卡德伯里报告》把公司治理定义为“指导和控制公司的制度”。该报告强调的公司治理理念是，适当的管理责任是任何公司治理制度的关键。良好的公司治理制度允许董事会“自由驾驭公司前进，但应该在有效责任框架内行使这种自由”。委员会建议的中心内容是《最佳实务规范》，强调董事会的独立性、有效性和责任。卡德伯里委员会提出，通过四个渠道加强董事会和高管的责任，即提高对股东的信息披露、公司持续自律、加强董事的独立性和审计人员的独立性。卡德伯里报告的一个具有法律意义的实施机制是，伦敦证券交易所要求所有在英国注册的上市公司，将《最佳实务规范》作为上市的持续义务来说明他们是否遵循准则，以及说明违反准则的原因。这一要求使投资者能够有机会了解其所投资的公司在公司治理方面的立场和表现。

《卡德伯里报告》的建议多数被英国上市公司普遍采纳，从这个意义上看是成功的。但同时也遭到了一些来自反对阵营的批评，主要担心新的监管要求在提高公司治理的程序方面走得太远，使遵守公司治理规范沦为流于形式的“画钩选项”。

成立于1995年底的英国公司治理委员会作为卡德伯里委员会的继任机构，对于强调受托责任引起公众争论这一问题给予了积极回应。经过广泛征求意见，并与上市公司、行业协会、专业团体、监管机构的多方磋商和对话，汉姆佩尔勋爵（Sir R. Hampel）领导的公司治理委员会 1998 年出版了《汉姆佩尔报告》。报告强调，“公司治理的重要性依赖于它对商业繁荣和建立问责机制的贡献”。报告指出，对受托责任的强调模糊了“董事会的首要职责是促进企业的持续繁荣”。可见，与《卡德伯里报告》不同的是，《汉姆佩尔报告》强调，好的公司治理应该在促进企业繁荣和强调受托责任两者之间寻求一种平衡，而不是顾此失彼。

《汉姆佩尔报告》另一个重要贡献在于强调良好的公司治理建立在原则而不是规定上。由于公司本身和所处条件千差万别，公司治理的最佳实践并没有普遍和统一的答案。良好的公司治理没有单一模式，只存在一些共同的要素和原则。因此，“好的公司治理绝不是简单地符合某种结构，或是遵守一些硬性规定就能实现，它必须符合更广泛的原则”。《汉姆佩尔报告》强调公司治理原则大于规则的理念，对后续的公司治理政策产生了深远的影响。

以后，英国相继推出了公司治理《综合规范》，以及关于内部控制和风险管理、董事薪酬、机构投资者、独立董事及其作用等方面的咨询文件和报告。这些研究报告，对于推动 20 世纪 90 年代国际公司治理改革起到了积极的促进作用。

2. 全球公司治理框架——《OECD 公司治理原则》及其影响

为了帮助各国政府评估和提升本国公司治理的法律、制度和监管框架，推进良好的公司治理实践，经济合作与发展组织出台了《OECD 公司治理原则》（1999，2004）（以下简称《原则》）。《原则》是一个指导各国提升公司治理的工具，提供了非约束性标准、良好实践和实施指南，有助于形成全球公司治理的框架。《原则》认为，虽然良好的公司治理没有单一模式，但却存在一些共同要素，这些要素是无论采取何种治理模式都应贯彻的。OECD 提出，良好的公司治理应包括六项基本原则：第一，确保有效公司治理框架的基础。特别强调，一国政府建立公司治理框架应该考虑它对整体经济绩效的影响和促进市场效率的提高。第二，公司治理框架应该保护和促进股东权利的行使。第三，公司治理框架应当确保所有股东受到平等对待。第四，公司治理框架应能够维护利益相关者的利益。第五，良好的公司治理应确保高标准的信息披露和透明度。第六，良好的公司治理应确保董事会的责任。

《OECD 公司治理原则》出台后，对世界各国开展公司治理改革、建立本国的公司治理规范、修订《公司法》和建立新的资本市场监管举措，都产生了重要影响。据统计，自 1999 年以来，世界先后有 100 多个国家政府、行业组织等参考《OECD 公司治理原则》，制定了公司治理指引和规范。

为了积极推动《原则》在各地区的落实和执行，OECD 发起了一个在成员国和非成员国之间开展持续性对话和经验交流的区域性公司治理圆桌会议。公司治理圆桌会议是支持决策者改善本国（本地区）的主要平台，主要通过四个渠道实现：①借鉴国际经验评估各国（地区）的政策框架、司法实践；②强化公司治理意识，对公司治理实践的最新发展和挑战进行对话；③强调治理规则、政策的执行和实施；④研究和分析相关的政策选择，以支持本地区各国（地区）的公司治理改革。

20 世纪 90 年代末以来，全球公司治理改革中出现了治理模式趋同与存续并存的趋势。推动趋同的主要力量来自市场、国际组织和政府三个方面。全球化竞争给资本市场和产品市场带来的压力，促使各国不同的治理模式趋同于国际通行模式。以 OECD 和世界银行为代表的国际组织提出了评价公司治理好坏的国际标准，这些标准直接影响了各国对公司治理模式的选择。

无论是发达国家还是发展中国家，各国政府在推动公司治理改革中起了关键作用。从趋同的角度观察公司治理的演变，主要有以下几方面的共同特征：第一，更加强调股东权益的保护和平等对待；第二，信息披露、透明度、财务的可靠性有了明显提高；第三，建立和加强独立董事制度，强化董事会的独立性和责任。2001 ~2002 年，美国以安然、世通、泰科为代表的公司丑闻的爆发，再一次引发了关于公司治理模式趋同的争论。这些公司丑闻有力地证明了制度互补的重要性。与公司治理形式上的趋同相比，功能上的趋同则更加重要。功能上的趋同意味着不同的体制可以通过形式上存在的差异而实现功能上相同的效果。从本质上看，所有成功的经济体制都存在着功能上的相似性。功能性趋同的重点在于，一种治理模式是否存在适应性，即随着商业的需要而不断演进。

3.《萨班斯—奥克斯利法案》及其影响

2001年12月2日，美国十大公司之一的安然公司与其13家分公司向纽约南区法院提交破产保护申请。调查显示，安然公司虚报近6亿美元的利润，掩盖10多亿美元巨额债务。美国第二大电话和数据公司——世通公司，运用不当的会计手段隐瞒了38亿美元的支出。世通丑闻传出不到3天，美国办公设备巨人施乐公司承认，在过去的五年中夸大营业收入64亿美元。安然、世通、施乐等公司的财务欺诈行为并非个案。美国证券交易委员会（SEC）仅在2002年第一季度，就调查了64宗会计和财务报告案。安然等公司的欺诈最终走向破产结局，犹如一重磅炸弹，严重打击了美国投资者和消费者的信心，致使股票价格暴跌。

2002年7月15日，美国参议院、众议院以压倒多数通过了自20世纪30年代以来美国商业界影响最为深远的改革法案《公众公司会计改革与投资者保护法案》，又称《萨班斯—奥克斯利法案》（The Sarbanes - Oxley Act, SOX），旨在通过提高公司披露的可靠性、完整性、准确性和透明度来保护投资者。萨奥法案基本条款分为五个部分：①公司治理；②财务报告；③审计职能；④联邦证券法律的执行；⑤其他。主要针对两方面的问题加强立法。一是加强对公司管理层的约束。首先要强化公司高管层对财务报告的责任。公司高管须对财务报告的真实性宣誓，提供不实财务报告将获10年或20年的刑事责任，并处以100万~500万美元的罚金。其次要禁止公司向高管提供贷款。针对安然事件中，高管人员通过财务造假，蓄意抬高股价，以变现期权的行为，SOX法案第402节，要求高管在公司被发现存在财务问题时返还所得红利或薪酬以及买卖公司证券所得利益，并附加了一项可撤销的条件。二是加强对会计职业及公司行为的监管。包括：建立一个独立的公司会计监管委员会（Public Company Accounting Oversight Board, PCAOB），对上市公司的审计进行监管；通过负责合伙人轮换制度以及咨询与审计服务不兼容等提高审计的独立性；限定公司高层管理人员的行为，改善公司治理结构等，以增进公司的报告责任；加强财务报告的披露；通过增加拨款和雇员等来提高美国证监会的执法能力等。

《萨班斯—奥克斯利法案》对美国公司治理的影响主要表现在三个方面。首先，它建立了一个规范审计过程及审计行业的监管框架。上市公司会计监督委员会作为一个新设机构，负责监督审计上市公司的会计师事务所，制定和颁布审计准则，必要时，拥有调查、处罚和制裁权。这是对传统的同行检查制度的重大改革。其次，它增加了董事会及高管对经营失败的责任。第三，萨奥法案的出台代表着联邦立法介入公司治理的决心。长期以来，美国州公司法的竞争格局，促使公司法不断朝着“探底竞争”的方向发展。萨奥法案对美国各州法院审理相关案件带来了直接的压力。正如特拉华州首席法官诺曼·威斯所言：“虽然经营判断准则为董事会提过的保护程度并没有发生实质性变化，但是，法院在考察董事会的决策时，会更严格审视他们在决策过程中的程序是否得当。”美国州立法的一些方面被联邦化了。例如，一些州法律允许公司向董事和高管人员贷款，但 SOX 已明确禁止这一行为。与州法律相比，SOX 同时给予审计委员会在聘用、解雇独立审计师上更直接的法律责任。

萨奥法案自 2002 年出台以来一直遭到多方面的质疑。主要的批评声音为，尽管苛刻和严厉的监管提高了投资者的信心，但是矫枉过正的效力已经束缚了市场的自由竞争，影响了美国资本市场的健康发展。2002 年萨奥法案颁布以来，因其监管严厉、程序烦琐、成本高昂，令许多市场融资者望而生畏。据调查，遵守 SOX 各种规定特别是 404 条款，给上市公司增加的合规成本从每年 500 万 ~1500 万美元不等。尤其是中小上市公司不堪重负，许多企业因忍受不了如此严厉的监管和高昂的遵循成本而纷纷退市，美国资本市场的吸引力受到了空前考验。数据显示，2006 年前 7 个月，有 21 家美国公司赴伦敦创业板（AIM）上市。

4. 2008 年国际金融危机及国际社会对公司治理的反思

2007 年，由美国房价下跌导致的次级信贷危机爆发后，投资者开始对按揭证券的价值失去信心，导致金融危机的爆发。具有 158 年历史的美国第四大投资银行——雷曼兄弟倒闭，使次贷危机升级为全球性金融风暴。全球股市大幅震荡，欧洲金融机构资金链条断裂，商业银行、投资银行、证券公司等金融机构相继破产、重组。金融危机迅速从美欧扩展到全球，引发了一场全球性的金融危机。次贷危机的实质是一场史无前例的衍生品信用危机，是华尔街金融巨头毫无节制地贩卖金融衍生产品、蓄意操纵和放大金融风险的投机结果。

金融危机的教训表明，重新构建一个更为有效的金融监管体系是必要的，然而，再有效的监管规则和体系也要通过金融机构完善的公司治理来落实。社会信用恶化、企业内控失效、信息不对称、道德风险和薪酬制度的缺陷等公司治理问题，是导致国际金融危机爆发的原因之一。因此，修复公司治理的有效性再次成为国际组织、金融机构面临的挑战。

经济合作与发展组织（OECD）公司治理指导委员会制定了“公司治理与金融危机的行动计划”（2008），推出了三个阶段的研究成果。作为第一阶段的研究成果——《金融危机的公司治理教训》认为：“金融危机在很大程度上可以归咎于公司治理安排的失效及其内在弱点。”研究报告指出了在金融危机中暴露的公司治理四个领域的缺陷，即内部控制和风险管理的失效、薪酬制度的错位、董事会的责任和运作的不足以及股东权利的缺失。

金融机构公司治理的缺陷是直接导致本轮国际金融危机的原因之一。银行业因其自身的特性——高杠杆性、信息的高度不对称性和社会的高关联性，决定了金融机构公司治理失效给社会带来的后果是灾难性的。美国金融危机的爆发所引致的世界金融体系的连锁反应，从而危及实体经济的严重后果，更加彰显了银行、证券业的微观治理机制和宏观监管的重要性。针对国际金融危机所暴露的公司治理的深层次问题，国际清算银行巴塞尔银行监督委员会发布了最新修订的《加强银行业公司治理的原则》（2010 年 10 月）。该原则旨在反思这次金融危机中暴露的金融风险，期望做出治理机制上的前瞻性安排，以防范危机重演，代表了国际银行业公司治理的最新改革方向。与前两个公司治理原则文件相比，该原则更加突出了董事会在公司治理中的作用，特别强调董事会负责监督银行的风险策略；要求银行将风险管理渗透到公司治理的各个方面；并首次提出对银行复杂结构及复杂产品的治理要求。

金融危机中暴露的董事会运作上的失败不仅体现在公司治理的结果上（例如，风险管理失效、扭曲的薪酬体系），还体现在董事会自身的结构方面。全球金融危机暴露了金融机构一直隐藏着的董事会对风险管理的弱点。美国反虚假财务报告委员会之发起组织委员会（COSO）委托甫瀚咨询进行了一项调查，内容是针对董事会的风险监督职责及其执行情况。调查目的是深入探讨现今董事会所实施的风险监督流程，并了解董事们对董事会风险监督职责的现状和未来理想状态的看法。《董事会风险监督 · 现状报告》的调查发现：绝大部分董事（71%）仍表示，其董事会未能规范执行成熟和完善的风险监督流程。董事会在监督风险方面的阻力主要包括："董事会成员对企业风险管理缺乏认识及/或认同"，"看不到企业风险管理流程的实施效益"，"企业有着其他更为迫切的需求"。从公司治理的实践上看，虽然有了"企业内部控制规范"的指引方法，但多数董事会并没有付诸实施。无论是金融机构还是非金融机构，董事会的风险监督功能都没有真正到位。

2012 年，发达国家经济持续低迷，中国等新兴经济体也深受发达经济体拖累，经济增长放缓。经济增长的低迷，使得"增长"成为公司治理关注的重要问题。《OECD 公司治理原则》（1999，2005）制定的目标仍然是促进增长和提高投资者的信心，但需要讨论的一个问题是：目前偏向于投资者的公司治理规则是否有利于促进经济增长？是否能够迎接当前各国经济乃至世界经济面临的全球性挑战？

OECD 于 2012 年 2 月在土耳其的伊斯坦布尔召开了题为"公司治理、创新和价值创造"的会议，并在会后发布了《公司治理、价值创造与增长：连接融资和企业的桥梁》的报告。为了促进市场公平竞争，OECD 于 2012 年 8 月发布了《竞争中性：保持国有和私有企业的公平竞争环境》。所谓"竞争中性"，就是要使国有和私有企业在一个平等的平台上进行竞争，这是资源有效分配和实现经济增长的基础。该原则获得了世界各国的广泛支持。

如何使公司治理不仅成为保护投资者的有效机制，也能够成为企业持续创新并为公司和股东创造价值的推动力，已成为当前经济合作与发展组织引领全球公司治理改革的聚焦点。OECD 公司治理委员会（The OECD Corporate Governance Committee）旨在通过改善公司治理政策，支持良好公司实践来提高经济效率，促进可持续增长和保证金融稳定。该委员会作为指导和落实《OECD 公司治理原则》的协调机构，已明确将"公司治理与价值创造"作为未来工作的重点。2012 年、2013 年，经合组织亚洲公司治理圆桌会议分别在日本的东京和马来西亚的吉隆坡召开，两次会议都把“公司治理与价值创造”作为主要议题进行深入讨论。

2014 年，国际公司治理改革将更进一步。为了吸取国际金融危机公司治理的教训，同时考虑到全球经济环境和资本市场的变化，对公司治理政策框架的有效性提出了新的要求。经济合作与发展组织决定对原有《OECD 公司治理原则》（1999，2004）和《OECD 国有企业公司治理指引》（2005）进行新一轮修订。这次对《原则》修订是继 1999 年以来的第二次修改，体现了公司治理原则框架不断适应新环境变化的与时俱进精神；采取了广泛参与达成共识的方式，目的是使《原则》成为一个更有效的指导工具，推动各国公司治理进程。经合组织成员国已达成的一个共识是，监管框架必须具有足够的灵活性和平衡性，既要保证市场的有效竞争和运行，又要考虑股东和其他利益相关者的需求。

从目前的进展看，修订公司治理原则时要考虑的元素包括：①公司治理对价值创造与增长的贡献；②国有企业的竞争中性；③公司治理规则的执行和实施；④加强对中小股东的保护，等等。《OECD 国有企业公司治理指引》是出台以后的第一次修订，这次修订时考虑的一些因素包括：国有企业中国家所有权存续的理由；如何在市场经济中运营国有企业；包括反对腐败和企业社会责任等内容的国有企业道德准则；如何提高国有企业的透明度、信息披露质量和问责制等。

以《OECD 公司治理原则》和《OECD 国有企业公司治理指引》修订为契机，国际公司治理改革将在原有的基础上更进一步。公司治理在本质上是一个不断演进的过程，为了在不断变化的世界中保持竞争力，公司必须创新并调整其公司治理实践，以适应新需求，把握新机遇。

（二）当前公司治理的缺失

1. 理论研究需要纠正静态的公司治理方法的偏差

公司治理的股东价值论认为，股东是“委托人”，是剩余风险的承担者。

作为权益投资者的股东是公司中唯一没有契约保证的公司参与者，承担着公司亏损的风险，是剩余利润的索取者。由于股东作为企业的所有者，承担企业的经营风险，股东比其他公司的利益相关者更有积极性去监督经理人。公司治理的股东理论是一个将最优治理的新古典准则应用于公司领域的尝试，即在个人偏好和技术水平给定条件下的资源分配。公司治理的股东价值论基于这样的假设，即股东是公司唯一的所有者，财富创造的衡量仅仅是以将注意力集中在股东和经理之间的权利关系上。

股东理论的基础是新古典经济学中的厂商理论及现代企业理论中的委托代理理论。厂商理论中企业是一个生产函数，以利润最大化为目标。委托代理理论中，无论采取何种方式降低代理成本，目的都是为了保证经理人的利益与股东的利益相一致，从而保护股东的利益。

公司治理的利益相关者理论认为，公司治理不能仅局限在股东对管理层的制约这样一个狭窄的范围内，而是涉及更广泛的利益相关者。因为，公司已不仅仅是股东的公司，而是一个包括股东、债权人、雇员、供应商和社区在内的利益共同体。玛格丽特·布莱尔把利益相关者定义为“进行了企业特定的投资并为此承担风险的所有参与者”。她认为，“公司人力资本已成为财富创造的关键因素，解决公司治理问题的一个重要答案是增加职工的所有权和公司财产的控制权”。可见，布莱尔更专注公司专用化技能所引发的治理问题。她认为，一国生产率的增长和国民财富的提高，不是依赖于公司可能在资源储备和技术上所具有的一种短期的静态优势，而是依赖于它们不断创新的能力、提高产品质量、降低成本的能力以及向消费者提供服务的能力。

公司治理的股东理论和利益相关者理论的根本问题在于，它们都植根于新古典经济学，两大主流治理理论主要关注剩余收益的分配问题，即谁应该得到剩余收入分配，以及这种分配会对公司业绩产生什么样的影响。但忽视了这些剩余的产生过程的治理。虽然布莱尔已经提出治理结构应该为总财富创造而构造的重要观点，即“公司治理的理想目标应该是最大化整个公司财富创造的潜能，而不应仅仅是为股东最大化财富价值”，但其分析方法仍属于静态分析方法。

无论是科斯以来的现代企业理论，还是源于熊彼特的动态企业理论，都将企业的本质归于创新和价值创造。传统的“代理理论”将公司治理限定在一个狭窄的范围内，以解决代理问题和保护投资者利益为目标，没有从企业的本质上去构造公司治理，这不得不说是一种缺憾。公司治理的规则安排，影响着企业创造财富的能力，这些规则明确了在什么条件下哪些人具有什么控制权，谁承担风险，剩余是如何分配的。关于价值创造的公司治理理论仍属凤毛麟角。玛丽·奥沙利文（2000）提出了公司治理的组织控制理论，为价值创造的治理理论提供了新的分析思路，认为从企业的创新角度建立公司治理理论，能够解释企业的有效资源配置过程，这种支持创新的公司治理体制必须满足三个必要条件：即财务承诺、组织整合和内部人控制，它们为企业的开发性、组织性和战略性的资源配置提供了制度支持。

我们认为，应该把公司治理的研究重心从关注分配转向关注生产和价值创造的过程，研究方法上应从静态研究转向动态研究。进一步打开企业的“黑匣子”，探究创造价值的治理机制应该是什么，为什么和怎么样。

2. 监管体系需要调整公司治理过度监管的倾向

在任何国家，良好的公司治理都必须满足三个条件：市场约束、监管约束和自我约束。20 世纪 90 年代以前，公司治理主要依靠市场约束和自我约束，而缺乏监管约束。过去的二十年中，在经济全球化的影响下，公司治理已经被列入世界各国政府监管的改革议程。全球经济一体化在两个方面影响了公司治理改革。首先，国际竞争加快了各国改善公司治理体制的进程。随着贸易、投资壁垒被打破，竞争者拓展了市场份额，加速了技术创新，对治理机制带来的效率提出了更高的要求。其次，资本市场给公司治理带来了直接的压力。资本市场的国际化意味着资本更青睐于公司治理好的公司。在经济合作与发展组织的积极推动下，各国（地区）不断完善公司治理的制度架构。在公司治理的制度和监管层面取得了突飞猛进的发展。

但在实践中，公司治理的运作实效并不理想。人们逐渐认识到，依赖自律的公司治理会出现失灵，但一味强调公司治理监管也同样存在危险。加强监管可能仅仅是让公司和股东更多地做些“画钩选项”的表面文章而已。过多地强调公司治理立法导致的最大风险在于，监管者会不顾公司的特定环境是否适宜特定的公司治理架构，而强加给所有的公司。过分严格和细致的监管规则，不仅大大增加了治理成本，也侵蚀掉了公司的风险承担倾向，减弱了公司的创新动力。公司治理的“适度监管”问题值得深思和探讨。

公司治理的核心内容是股东会、董事会、经理之间的权力配置。而这种权力配置是来自于公司外部的强制性“规定”还是来自于演变进化的结果是非常重要的选择问题。从新制度经济学的角度来看待公司治理，就能更好地把握其演变进化的实质，特别是能更好地把握公司治理作为“模式”是如何形成的。公司治理规则是由不同利益相关者相互摩擦、冲突而形成的相对均衡。这种均衡的形成需要一个长期演变的过程。而公司治理均衡的状态是因公司而异的。

既然我们把公司治理看作是一种内生的博弈规则和制度安排，需要各参与方通过反复博弈才能达到相对稳定的均衡状态。在各参与者进行博弈的过程中，都应该有比较大的策略选择空间。这意味着，股东、董事、经理之间的权力分配存在灵活的空间，而不是千篇一律的“规定”模式。

因此，有效的公司治理框架应是由法律、法规、自监管和商业实践共同构成的有机整体。现实的状况是，公司治理的过度监管导致公司层面的自我治理的空间受限，各具特色的商业实践不足。完全由法律、法规推动的公司治理往往看起来“完美”，但不一定有效。真正有效的公司治理一定是源自于公司内部，是市场竞争的需要。公司治理应以维护市场信誉，保护股东利益和提高经济效益为目标。当商业环境变化时，公司治理的框架内容和结构均需加以调整。治理体系应避免过度监管，形成支持企业创新，促进提高市场透明度的机制。公司治理的过度监管不仅导致公司治理的形式主义，降低公司治理的效率，而且也导致更官僚化和更短视的公司决策。政策制定者有责任制定足够灵活的框架，确保透明有效的市场运作，促进问责机制发挥作用。

从近年来公司治理改革的发展趋势看，维护监管政策的灵活性和平衡性已经成为下一步各国公司治理政策发展的新方向。一方面，各国积极推出公司治理的“最佳实践”规则，这些规则并不具备法律或法规效力，属于自愿性规范（codes）和参考性标准（standards）。另一方面，越来越多的国家在给予公司充分的治理选择权的条件下，通过提高透明度，加强市场约束和问责性。实践证明，逐字逐句地遵守规范条文不会带来“良好”的治理，而对广义的原则的遵循才更重要。良好的公司治理是既能保证企业的控制和责任，又能促进企业价值增值能力的机制和制度安排。

3. 董事会在价值创造的领导作用仍需确认和加强

现代公司制企业与传统企业的最大区别是公司的业务和事物应当在董事会的指导下管理。从某种意义上说，公司制度就是民主政治原则在企业中的应用，它的产生分享了有关民主制的智慧和机制。股东类似选民，董事会就是公司中的议会，管理层对应着行政管理的角色。政府民主制和企业民主制共同面临的一个基本挑战是：如何使众多的个人（股东）能够在集体中联合行动，并在保证效率的同时拥有约束机制，防止权力滥用。

现代公司制企业作为一种法律的产物，股东享有了有限责任的好处，相应地在管理上就必须让渡权力，由董事会行使公司的管理。股东之间、股东与经理人、员工及公司其他利益相关者之间，总是存在着从理念、战略到利益等各方面的矛盾与冲突。维护企业的可持续发展和维持组织的稳定性正是董事会的基本职责。董事会是受全体股东的聘任，按照兼顾各方利益的原则，指导和管理公司日常运作的机构。

明确了董事会的权力和责任，在运作中，程序化便是董事会运作的核心原则之一。当然，仅有程序和规则是不够的，董事会的价值在于怎样帮助公司取得竞争优势。公司治理不仅仅是要防止错误行为的发生，更要在实质上改善公司的业绩，这是所有公司董事会面临的最大挑战，也是当前公司治理的薄弱环节。多数平庸的董事会把时间花在如何确保公司合规，对过去的工作进行检查、监督，而鲜有时间和精力去关注公司的长期可持续发展。

世界上优秀董事会的运作并无一定之规，但却有相通之处。优秀董事会把为企业带来价值看作是当然的使命。他们渴望透过组织结构帮助首席执行官改善核心战略及管理组织能力，并通过积极参与、评价、贡献经验和智慧、资源成为企业的核心领导。优秀董事会首先要聚集“好”的董事，他们身经百战，拥有敏锐的商业头脑，能够解决复杂问题。“好”的董事往往显示出即时的判断以及综合的能力。他们不为新技术所迷惑，面对快速变化的环境总是处于一线决策位置并愿意迎接各种挑战。“好”的董事将道德和价值置于优先地位，愿意开诚布公、坦诚对话。

优秀董事会区别于平庸董事会，不在于他们有什么结构上的优势，而在于他们通过高效运作能够为企业带来价值增值。董事会可以通过很多渠道为公司增加价值，最重要的工作是选任真正有企业家才能的人管理企业，以及为公司指引正确的方向。构建一个专业化、能够更好发挥战略职责的董事会，是提高公司治理效率的一个不容忽视的问题。战略制定既是董事会的一个基本职责，也是董事会所能扮演的最能为公司增加价值的角色。董事会不仅需要制定和理解战略，而且需要为公司的战略提供支持系统——人力资源、技术提升、风险和内部控制、激励机制等。

董事会战略职责的缺位是当前公司治理普遍存在的“软肋”，其在价值创造的领导作用仍需进一步确认和加强。实践中，太多的董事会把时间和精力放在合规和监督上，却没有在公司战略决策中发挥多大的作用。战略制定既是董事会的一个基本职责，也是董事会所能扮演的最能为公司增加价值的角色。董事会的两大关键职责中，实现“绩效”要比“合规”更为重要。

三、本书研究的内容和方法

本书旨在探讨基于价值创造的公司治理机制，探索治理机制促进企业价值创造的途径和作用，并从价值创造的需求上，衡量治理制度安排的合理性。本研究关注的核心问题是什么样的公司治理制度安排更有利于企业的价值创造。正如前面所论述的，公司治理的有效性取决于公司的内部治理效率（所有权结构安排、董事会运作效率和激励机制）和外部治理效率（治理规则体系、法治体系和市场竞争），为了更加聚焦，本书主要关注企业内部的控制机制和制度安排对经济绩效的影响。

在研究方法上，本研究采用理论研究、实证研究和案例研究相结合的方法，并从历史的角度分析现代公司治理体系与现代经济增长方式的孪生关系，力图多角度、全方位地探讨公司治理在企业价值创造中的作用。

全书中心内容安排如下：

第二章从理论角度探讨公司治理与价值创造的关系。无论是科斯以来的现代企业理论，还是源于熊彼特的动态企业理论，都可以将企业的本质归于创新。在现实经济中，公司要保持效率并长远发展，就必须有竞争力，而竞争力的根本在于持续的创新。公司不单是利润最大化的追求者，也是社会价值最大化的创造者，更是技术创新的推动者和践行者。作为企业运行的基本制度，公司治理应促进企业创新。

我们认为，公司治理的导向应回溯到熊彼特意义上的创新，或新古典经济学中的生产，应着力于价值创造，促进公司创新活动的开展，促进公司为社会提供更优质的产品或服务。具体而言，公司治理不应纠缠于不同主体间的权力争斗，而应在平衡各方权利和责任的基础上使公司创造更多的价值，实现总体价值的最大化。这种导向的含义是，公司治理并非没有成本，如果过度追求权力的最优平衡和利益的最佳分配，公司治理将陷入日益繁杂的治理怪圈。相反，公司治理只需要确立一种多方认可的制度，正常运作中严格依照程序，遇到内外部条件发生变化时，再动态地调整内部结构。无论是静态制度还是动态调整，公司治理应着力于促进公司总体发展，通过创新活动实现价值创造。

我们结合动态企业理论的启示，提出动态公司治理的理念，以此为基础分析公司治理对企业创新活动的影响关系。我们认为，动态公司治理的本质即创新型公司治理，服务于企业的本质特性，以创造价值为导向，促进企业创新。具体而言，动态公司治理包含以下三层含义：第一，公司治理应随着企业内外部条件的变化而调整；第二，企业在不同发展阶段应采取不同的治理结构；第三，不同类型的企业应实行不同的治理规范，即动态公司治理在静态情况下应体现出结构性特点。在国家层面，动态公司治理也具有一定的适用性。世界上现有的公司治理模式有英美模式、日德模式和东亚模式，不同模式均是在一定的经济社会条件下长期演变的结果，源于国内外各方力量的相互博弈，这种演变体现了不同国家政治、法律和文化背景等因素，因此，公司治理不是一朝一夕即建立起来并能迅速得到规范的。从动态的角度分析公司治理，我们就不会轻易得出各国公司治理将很快趋同的结论。

总体而言，良好的公司治理可以提高公司的投资效率，使公司不仅着眼于短期目标，也立足于长远发展，进行较多的研发投入，并加强风险管理和内部控制，从而使公司获得更好的财务绩效和更高的市场价值。

第三章从所有权、股东的角度探讨其对企业价值创造的影响。分析企业的所有权安排如何解决企业面临的治理问题，即如何有效地降低代理成本和如何使企业成员积极努力工作。结论是，让拥有剩余索取权的经营者承担风险，是解决基本公司治理问题最有效的制度安排。从社会的角度看，最优的所有权安排应该是使激励损失与监督成本之和达到最小。也就是使企业价值达到最大。从本质上看，现代公司所有权和经营权的分离，是拥有管理能力和创新能力的企业家与资本家之间的合作。在古典资本主义企业，企业的所有者也是企业的经营者，经营权和所有权是合二为一的，经营决策者要承担其决策所带来的所有风险。而在现代公司制度条件下，所有权与经营权的分离，公司的决策者只承担其决策风险的一部分，公司的所有者并不直接参与决策，但要承担大部分的决策风险。不同的所有权安排是市场竞争的结果。

第三章也着重强调以股东价值最大化作为公司治理效率标准的观点。如果把经理人对股东负责理解为所有利益相关者之间的一个合约，则在这个合约中，普通员工、债权人、客户、供货商获得合同收入，同时放弃了正常情况下对企业的监督；而股东只能获得剩余收入，必须承担经营风险，因而取得了对企业的控制权。由于股东作为企业的所有者，承担企业的经营风险，他比其他利益相关者更有积极性去监督经理人。我们看到，在股东主导模式中所表现出的经理人对股东负责，实际上是股东对所有利益相关者负责的派生物。股东作为企业所有者，承担企业的经营风险成为企业以股东价值最大化为目标的充分条件。它与股东利益的容易加总和易于衡量两个必要条件共同决定了股东价值最大化成为公司治理的效率标准。

大股东在公司治理及价值创造中的作用也是公司治理学术研究一直关注的问题。最新研究数据表明，集中的股权结构仍然是世界各国流行的所有权结构。大股东通过金字塔控股结构、交叉持股、双重股权来实现控制权与现金流权的分离，终极控制者的控制权以级数形式放大，从而导致了大股东能够以少量的现金流权来达到拥有较多控制权的目的，因此，成为全球企业最广泛运用的控股方式。一般而言，股权相对集中有利于降低监督成本，因为巨大的利益所在，大股东有更强烈的动机管理和经营好企业。但另一方面，由于大股东在公司超强的控制地位，也可能导致对中小股东的损害。因此，大股东对企业价值的影响就包括正面和反面两个方面。

对我国上市公司股权结构及其对公司绩效影响的实证研究发现，我国上市公司实际控制人持股比例对于企业绩效的影响是正向的，也就是说，实际控制人持股比例越大，企业的绩效越好；分所有制来看，无论是国有控股企业还是民营控股企业，实际控制人持股比例对于企业绩效的影响都是正向的，但是民营控股企业的实际控制人持股比例的正向激励效应要大于国有控股企业。把国有企业分为中央控股企业和地方控股企业，则地方控股企业实际控制人持股比例对于企业绩效的影响要大于中央控股企业。这说明，在我国现阶段，一定程度的股权集中也是有必要的，这有利于充分调动企业控制人的积极性，努力把企业搞好，以创造更多的企业价值。民营控股企业的股权激励效应大于国有控股企业，因此，应该对国有控股企业进行股权结构改革，逐步减少国有控股企业中国有股权的比例，增加民营股权等其他类型股权的比例，以充分发挥民营企业的灵活性和经营机制，把国有控股企业搞好。

第四章从逻辑和历史的角度分析为什么在现代企业制度中，以董事会为中心的公司治理安排更有利于实现企业价值最大化的目标。欧美国家在理论和实践上都遵循着一种以董事会为中心的公司治理模式，这即是一种明确的公司法律规定，也是一种蕴涵在其长期的社会经济和政治历史背景中的自然演进过程。董事会中心公司治理模式的基本含义是，公司应该由董事会或是在董事会的指导之下进行管理。董事会中心公司治理模式，包含董事和股东间关系、董事间关系、董事与公司执行层间关系等三个核心概念。

现代公司要以董事会为中心的治理的内在逻辑是，公司股东享有有限责任，没有有限责任就没有公司的永续生命和无限的扩张前景。如果没有配套的董事和董事会制度，有限责任制度则会被股东滥用于过度的冒险、掠夺，而不是真正的企业发展。在有限责任条件下，股东通过提高财务杠杆及从事一些高度风险的项目，可以以有限的损失博取接近于“无限”的高额利润。公司制企业中，法律上“董事”的引入，就是为了在提供有限责任的同时，设立一个追究“无限”责任的通道。作为股东，你可以在财务上享受有限责任的保护，但是如果你由此而胡作非为，则追究你作为“董事”的责任。作为董事的责任，没有了“有限责任”之墙的屏蔽，既是直接追究到个人的，也是“无限”的。而且，董事和董事会制度，进一步扩展了公司制企业的合作边界。现代公司制企业中的董事会制度设计，不仅有其上述防范性的一面，也有建设性的一面。防范性一面的主要表现是，在股东借有限责任而通过公司胡作非为的时候，追究其作为董事的个人责任。董事会制度对公司制企业发展的建设性一面的表现，则是扩展了公司制企业的合作边界。有限责任制度扩展了股东之间物质资本的合作边界，使不相识的股东之间可以共同投资和拥有一家企业。董事和董事会制度则进一步扩展了拥有物质资本的“富人”和拥有管理才能的“穷人”之间的合作边界。

可见，从法定的董事机关到实际运作中的董事会设置的发展，是公司规模扩大、利益关系复杂的一个结果。以会议体形式行使权力的董事会制度，相比可单独行使权力的董事制度，是对董事权力行使方式的进一步规范，有利于防范董事权力的滥用。董事制度也方便了将公司管理权力赋予有能力的人，不愿意或能力不足的股东可以当甩手掌柜。董事制度由此成为公司广纳人才的有效方式。

作为一个集体的董事会，要比各自行使权力的董事，在决策水平、决策过程和透明度上有大幅度提高，也使董事决策的过程记录成为董事责任追究可资利用的基础。董事会主导人物从官员、创办者、大股东、银行家到经理人和独立董事，越来越从倚重传统资源向倚重人力资本、专业能力方向转化。董事来源经历了从倚重权力到倚重资本，再到倚重能力的三个阶段，人员也从官僚、大股东、银行家到专业人士。董事会相应地从公司控制和保证规范的角色，向更多的战略制度和帮助公司创造业绩方向转化。

从价值创造的角度看董事会的作用，主要表现在：董事会满足了公司集中管理的需要，董事会通过团队决策提高了公司重大事项的决策质量，以及董事会通过对公司管理上的监督降低了代理成本等三个方面。

第四章还着重分析了公司为股东而在和公司由董事会主导的理论逻辑。从公司法则基础上看，世界主要国家并没有从公司制度的根基上否认股东价值。把公司社会责任和利益相关者利益纳入公司决策者的视野，特别是将其作为一种公司战略管理和保持可持续竞争力的一种工具，对于改进公司治理、创造长期股东价值也是大有裨益的。公司应该由股东、经理人还是董事主导，也就是公司控制权的最佳配置问题，不仅存在着激烈的争议，而且这种争议对实际公司治理的改进也有着重大影响。特别是对在中国这样的公司制度是舶来品的国家里，对于公司应该由谁来主导这一问题的认识，直接决定了公司治理机制设计的出发点和公司治理改进的目标选择。现代公司之所以能够迅速发展壮大，关键在于其可以从广泛的股东手中进行直接融资。公司要从广泛的股东手中融资，就要对广泛的股东群体负责，就要有具体的人负责按照对广泛的股东群体负责这一目标来管理公司，这些人就是公司法理定义上的董事。由于利益冲突的存在，大股东和经理人都不是全体股东利益看护人的最佳和合理人选。大股东和经理人都有强烈的通过制造虚假信息而牟利的动机（前者是股份高位套现，后者是奖金和股票期权兑现），这种可以利用公司控制权获取巨额私人收益的诱惑，将使他们很难保持对全体股东利益的忠心。

第五章分析了激励机制对企业价值创造的影响。首先讨论了对管理层激励的理论基础、激励形式以及应遵循的原则。高管人员与股东之间的代理问题是现代企业制度中所有权与经营权分离情形下公司所面临的基本问题。如何优化代理人行为，使他们的管理决策既有利于实现公司价值最大化，又带来高管人员自身效用的最大化，避免因道德风险问题而导致效率损失，使得对高管人员的激励机制设计成为公司治理研究体系中的重要组成部分之一。同时，也是企业价值创造的重要内容。

股东的主要目标在于企业价值的提升或者股利发放，从而获取预期的投资报酬率；而管理层的目标主要在于薪酬待遇、在职消费以及个人声誉或社会地位等。上述委托—代理双方的效用函数差异以及由此导致的利益目标的不同，成为双方矛盾的根源。

股东作为所有者，通常并不参加企业的日常经营管理。此外，由于管理层的行为通常不能为外部人直接观测，作为经营者，他们便拥有了有关企业真实业绩的私有信息。这种信息不对称进一步加剧了委托代理双方的矛盾。加之各种不确定性和风险的存在，以及缔约双方的有限理性和利己行为，使得契约的签订各方都具有较强的利己主义动机，从而就有可能产生欺骗、隐瞒等机会主义行为，从而就更加加剧了信息的不对称程度。总的来看，信息不对称能够引发“逆向选择”和“道德风险”两个方面的问题。逆向选择和道德风险问题，降低了投资者进行投资的效率，使投资者处于不公平的地位，他们不得不承担额外的信息风险以及相应的不公平交易的风险，这对企业价值创造乃至市场的正常运作以及经济体制的公平有效性具有重大的负面影响。因此，合理、科学的激励机制是企业价值创造的重要保障。

从理论上看，理想的激励机制首先应该在一定程度上对经理的才能和努力做出补偿，即应该对投资于经理的私人成本做出反应；其次，理想的激励机制应该将股东利益和高管利益相联系，设计良好的高管薪酬契约，被认为是协调经理行为决策和股东目标的主要机制之一。因此，有效率的高管薪酬激励契约应该能够促使经理人员做出有利于股东利益和公司价值最大化的管理决策。因为在这种情况下，当高管人员在选择满足私人利益的管理决策时，他同时不得不承担由股东利益受损所带来的自身利益的损失，如薪酬降低，从而有效保证高管人员做出正确的管理决策。

激励机制对于企业价值创造的作用路径主要体现在高管在经营管理的决策之中，其中，最为主要的途径即企业的投资和融资决策。当高管不能得到充分的激励时，作为代理人，他们在投资时会倾向于尽可能扩大投资规模，甚至于投资于净现值为负的项目，从而扩充其掌控的企业帝国；或者选择最大限度地扩大企业债务，享受高杠杆带来的业绩增长，而忽略股东所关注的财务风险。高管人员的上述行为是对股东价值的损害。而当实施有效的激励，即将管理层的个人经济利益与股东的利益最大化目标相绑定时，高管的管理决策会更好地服务于股东财务最大化的经营目标，从而为股东创造财富与价值。

在实证研究方面，第五章对激励机制、投资效率与价值创造的关系进行了实证检验。就投资效率而言，管理层总是通过各种方式追求扩张自己的“商业帝国”，其追逐私利的行为很可能导致企业现金流被投向净现值为负的项目，进而损害股东财富最大化的财务目标。相应地，提高资金的管理效率，需要设计一套完善的激励约束机制来有效制约和监督作为代理人的管理层行为，从而有效抑制过度投资。为达到上述目标，激励机制被寄予厚望。通过在委托—代理方之间建立一系列激励兼容的制度安排，良好的制度安排可以有效监督企业运作，并激励利益相关者为企业整体利益而一致努力，从而提高公司的投资效率，最终创造企业价值。

实证研究结果显示，总体而言，期权激励对过度投资的影响为负，但统计意义并不十分显著。从进一步区分产权性质来看，在国有企业中，期权激励的实施与过度投资水平显著负相关；但在民营企业中，上述关系并不十分显著。本章的结论表明，期权激励总体大致可以降低企业发生过度投资行为的概率，尤其在国有企业，当高管为追逐政治晋升而极易从事过度投资时，给予高管人员适当的期权激励，可以有效防止过度投资行为的发生，从而提高投资效率，促使企业更好地创造价值。

本章指出，从债务融资带来的风险而言，在有效的激励机制下，管理层在融资方式选择上将权衡股权与债权融资的优缺点，在追求股东财富最大的总体目标时，更加重视企业运营的平稳性和控制财务风险。研究结果表明，实施股票期权激励企业的财务风险显著降低，且在不同产权性质的企业中，上述关系均非常显著。通过实证研究，本章考察了我国企业股票期权激励的实施对公司财务风险的影响。研究结论表明，对高管实施有效的激励，可以促使他们更为关注企业运营的财务安全性，更加关注企业可持续的财务健康发展，从而为企业创造更大价值。

国内外学术界对于高管薪酬的激励效果，尤其是对于薪酬激励机制的设计如何影响高管人员的投资与融资决策，进而影响公司价值和股东利益的问题非常关注。随着近些年来股票期权等各种长期激励制度在我国逐渐兴起和发展，加上我国特殊的市场和制度背景，为该领域的研究提供了很好的研究契机。作为一种新兴的激励方式，股票期权激励将高管的利益与未来公司的发展前景相绑定，从而能够充分调动高管的积极性为股东创造价值。第五章最后一节，进一步研究了股票期权激励的实施对于企业市场绩效的影响。实证结果表明，对公司高管实施股票期权激励可以显著提升企业的市场绩效。对于国有企业而言，期权激励对于企业市场绩效的提升作用显著强于民营企业。研究结果显示，在所有者严重缺位的国有企业，尤其需要对高管实施有效激励，使得高管与国有企业的长远利益相一致，从而实现企业价值创造的最大化。

第六章从实证研究的角度，考察了公司治理与企业绩效的关系。我们首先参考公司治理的国际标准和中国的法律法规体系和治理实践，开发出评价大型上市公司和中小上市公司的公司治理评价指标体系，在此基础上，分别对以国有上市公司为主体的大型公司和以民营企业为主体的中小上市公司的治理水平、特征及其与绩效的关系进行实证检验。

总体公司治理指数的实证结果显示，公司治理水平对公司绩效具有正向的促进作用。在以中国大型上市公司为样本的实证分析中，公司治理指数对市值面值比、净资产收益率、每股收益、总资产增长率的回归系数分别为 0. 037、0. 004、0. 033、0. 008。控制变量中规模因素对公司绩效有反向作用，说明公司规模的盲目扩张不利于提升公司绩效；中西部地区的公司绩效好于东部地区公司，这反映出 2008 年金融危机背景下东部地区公司受影响明显，中西部地区的公司在良好发展机遇的带动下业绩表现短期向好；负债权益比对绩效变量有正向作用，这反映出公司综合资信的重要性；第一大股东持股比例对公司绩效具有倒 U 型曲线关系，反映出中小股东权益保护的重要性；董事长和总经理两职分任的公司治理效果还没有完全体现出来；第一大股东为政府或政府代理机构，客观上不利于公司绩效的提升。

对中国上市公司治理与绩效关系的研究结果显示，公司治理与绩效之间存在显著的同步性，良好的治理对应着良好的盈利能力和成长能力，并且成长能力受公司治理的影响更大。对于以高科技企业为主的中小板、创业板公司，不同的治理因素对企业绩效的促进作用表现出明显的差异。激励机制对公司业绩的提升作用最明显，其次为股权结构与股东权利，再次为董事会和监事会运作。由于各公司在信息披露与合规方面的差别不大，其对绩效的影响不明显。薪酬激励是公司治理的内部治理机制的核心，其作用在于使高管利益和股东利益保持一致，降低他们之间的委托代理冲突，从而为公司创造更大的价值。激励机制不健全是当前中小上市公司最为突出的问题，主要表现在：短期激励有余，长期激励不足；高管激励有余，核心技术人员激励不足；对董事激励有余，对监事激励不足等，本研究为监管部门进一步调整监管政策提供了新的依据。

在激励机制方面，股权激励是影响业绩的最重要因素，其次为核心技术人员持股比例。这说明，高管和核心技术人员的激励是最为重要的激励因素，值得高科技型企业重视。中小板、创业板公司具有高成长性、高科技和对人力资本高度依赖的特点。除了对高管人员实行激励安排以外，能否重视对公司核心技术人员的激励是导致公司能否实现持续性高成长的重要因素。

第七章从西方国家经济史的角度考察公司治理制度的演变。工业化之前的商业世界，主要通过个人和血缘关系，以友谊和家庭为基础。工业化开始之后，尤其是钢铁、石油等重化工业开始蓬勃发展之后，公司这种企业组织形式的优越性日益明显，法律和各种支撑机制也随之发展起来。除了公司法提供的一些现代公司治理基础规则之外，股票市场、投资银行、会计制度和专业审计机构以及财经媒体等，也都是现代公司治理体系的重要组成部分。公司成为最适应大规模生产和大规模分配的企业组织形式。主要工业国之间国力的竞争，不再仅仅是军事力量的竞争，而是公司力量的竞争，形成了一种“竞争的国家，竞争的公司”状态。

从公司制度诞生的第一天起，人们就没有停止过担心能否信赖职业经理人按所有者—股东的利益行事。拥有公司的“委托人”和管理公司的“代理人”之间的潜在利益冲突，贯穿于公司的历史之中。摩根挽救铁路公司、整顿钢铁行业和支持工业企业发展时所采用的一些公司金融和治理安排——“摩根式治理”，即奠定了美国工业和金融业的一些基础结构，也开启了美国职业经理人登上企业舞台的历史进程。摩根式治理的核心内涵是为了对投资者负责，严格监控融资企业。可以说，摩根对现代公司制度中经理人价值的认识是超越时代的。摩根式治理，作为投资银行家把管理重组作为实现企业财务和资产重组效益的关键手段，在帮助所有者—创业者退出的同时，也催生和推进了美国公司中引进职业经理人管理的制度革命。利用资本市场力量控制公司，银行家出任公司董事、启用职业经理人管理，是摩根式治理的历史贡献。终结摩根式治理、把公司从银行家手中解放出来，交由市场控制和职业经理人管理则是摩根的敌人、美国大法官路易斯·D. 布兰代斯的历史贡献。

从公司控制模式的历史演变看，大致可以分为创始人控制、家族控制、大股东控制和市场控制。所谓市场控制，就是股权分散和董事会独立之下的职业经理人控制，也可以说是经理人控制。无论是如宜家那样从小本生意逐渐积累起来，还是如星巴克那样靠融资起步，创始人控制都是公司的起点。微软、谷歌、Facebook、ZARA、优衣库和万科等，目前还是这种状态。能够保持住公司控制权的创始人，要比较幸运，更要非常精明。尽管公司控制的实际情况千变万化，控制模式也是千种万种，但是综观主要发达国家的公司治理模式的演进，可以看到，主体线条是从创始人到经理人的治理转型，并且这一治理模式转型很有几分像鲤鱼跃龙门。

西尔斯和沃尔玛是美国两家代表性的商业企业。这两家兴起于不同时代的企业，反映了公司治理模式和公司组织适应力的两个端点。西尔斯是从创始人控制到经理人控制，经股权分散下的市场控制，再重回新的投资者控制；沃尔玛是从创始人控制到创始人家族掌控下的职业经理人管理。与家人及员工的双重合伙是沃尔玛独特的治理之道。

两个互联网巨头——谷歌和 Facebook 的成长历程告诉我们，在互联网时代，由于互联网产业至今仍处于新生和勃发的时期，这使它们与 100 多年前的铁路、钢铁、石油等产业一样，需要一种来自创始人的“大亨”式的决断力、领导力和动物精神，需要敢下赌注。现代资本市场的高度发达，使这些新时代的新产业大亨，可以不用再像他们 20 世纪的前辈们那样，需主要依靠产品市场成功和企业留存收益来“辛苦并漫长”地逐渐积累和发展壮大。原则严格而机制安排灵活的现代公司治理体系，在董事会主导、严格保护投资者利益和同时给公司足够的自主空间之间保持一种动态的平衡，是从传统产业到新兴产业的公司发展中的必要条件。

第八章将研究视角转向中国，考察和分析了中国的公司制企业的发展与艰难转型。即使是从 1904 年大清《公司律》的颁布算起，中国引入现代公司法的时间，也还不算是太晚。可是至今，中国的现代公司制度都没有发展成熟，公司治理和管理的现代化转型困难重重，更谈不上“公司”成为主导性的经济力量了，这有其深刻的体制根源。

为什么中国有四大发明，却没有产业革命？为什么中国的洋务运动失败而日本的明治维新成功，从而使中国在追赶西方的道路上又落后于这个曾一向是中国学生的东邻岛国了？这其中的主要原因是对公司认识上的误区和法治上的落后，使中国没有给予公司这一现代商事组织和现代经济增长主体以足够重要和独立自主的地位。

中国在 16 世纪就发生了商业革命，但却没有孕育出一套个人主义的意识形态，反倒是强化了礼仪的力量，并将作为一种政治统治工具的礼仪扩展到了商业领域。明清时期的中国已经形成了契约传统，特别是在土地交易领域，商业合伙和经营领域里也出现了书面契约。但是这种契约行为主要存在于私人领域，是民间行为，没有现代意义上的商业法律。

自秦始皇开始，中国要么是战乱，要么是一个“无所不能”的政府。在这个“无所不能”的政府之下，有一套发达且适应力极强的家族和宗族制度与其相互支撑。严复将穆勒的《论自由》翻译为《群己权界论》，可谓是画龙点睛。中国的问题就是群己权界不分，公私规则不明。这背后的原因是一直没有建立起源自契约的权力，并用源自契约的权力约束住源自暴力的权力。不受约束的权力可以以公侵私、化公为私。

在一个事实上不存在公司法的社会中，为了强化合作，将血缘关系和商业运作机制结合起来是至关重要的。从中国历史上看，宗族或家族是最有效的商业组织方式。中国的商业制度带来了 16 世纪到 18 世纪前所未有的经济增长，但同样的机制却不足以带动 19 世纪蒸汽机时代的规模经营。西方能够成功应对这场变革，是因为自 16 世纪开始，逐渐奠定起来了现代的银行、公司和商法基础。这些机制催生了有效的金融市场和层出不穷的金融工具，使得贸易和工业的大规模融资成为可能。

纠缠不清的官商关系让轮船招商局那样的官督商办企业落入官僚控制，充分调动起了民众的力量并成功创办了广泛公众融资的地方铁路那样的商办公司，也同样因为理不清的官、商、民三方关系而最终落入了官府控制。中国的公司发展，难在缠绕不清的官、商、民关系，结果是，无论官办、商办还是民办，都无法创建起能从广泛公众手中融资并可长期持续发展的现代企业。

19 世纪末和 20 世纪初的二十多年，正是公司制从英国扩展到德、法、日、意等国，美国从古典企业和大亨时代向现代大型公众公司和职业经理人时代转型的时期，中国则从官督商办发展到了官僚资本主义。官僚们从代表政府监督，到把自己的资金投入，掌握经营权力，到最后完全主宰中国的所谓现代企业。

在中国传统的合伙经营中，蕴含着公司制企业的多种要素。发达、灵活和复杂多样的合伙组织形式，创造了中国在传统经济时代里的世界领先地位；但是十九世纪中期，西方企业制度突变——现代公司崛起之后，中国传统的合伙经营就开始落伍了。在中国传统的合伙经营中，由于缺乏国家层面的立法支撑和规范，完全民间自发合作下产生了各种各样、不同形式的合伙安排。

由于自然环境的封闭以及缺乏欧洲国家之间的那种竞争，大清政府没有跟上 19 世纪中期开始的现代商业和企业发展步伐，提供相应的民事和商业法律供给。直到 1904 年，中国第一部公司法——《大清商律 · 公司律》才正式颁布。1912 年和 1929 年，中华民国政府又相继颁布了中国第二部和第三部公司法。

在公司法提供了无限公司、两合公司、股份有限公司及股份两合公司等多种企业组织形式之后，合伙企业还是当时最受欢迎的企业组织形式，彰显了公司组织作为一种舶来品在中国的“水土不服”。一方面，由于封建政府的专制特性和不作为，致使中国自身没有及时顺应大型工商企业发展需要而发展出一种自己的现代公司制度；另一方面，一直在民间契约自治框架下以合伙形式发展的中国工商业者，没有积极去学习和适用清政府与民国政府从国外搬来的现代公司制度。这种法律上的现代公司制度，和实际运作中的工商企业行为之间两张皮的现象，实际至今依然存在。

公司制所要求的董事会集中管理——民主决策机制，一直在中国商业中没有得到重视，至今也是中国公司治理中的薄弱环节，并且是中国传统文化之下的商人们所普遍厌恶的。恰恰是董事这种治理机制的设置，才使有限责任不会被滥用，中小投资人和债权人的利益可以得到一个基本保障。

中国人自己兴办的第一家"公司"轮船招商局，在经过了从1872年到1909年这1/4世纪之久的"官督商办"之后，终于不再"官督"而"商办"——方始成立股东选举产生的董事会，而且在清政府倒台之后才真正进入了"董事会全权管理"的真正公司状态，但最终还是在1933年被中华民国政府国有化了。

1911年，清朝政府把民办铁路收归国有，掐死了通过铁路股票而发展出的公众广泛参与的资本市场，也阻断了中国人通过铁路公司发展引入现代型大企业管理的道路。中国在错过了通过国债和铁路融资发展资本市场的同时，也错过了通过技术革命和铁路公司发展导入现代公司治理并促进现代企业管理革命的机会。

承包制，在中国20世纪80年代重新走向市场经济时，又一次发挥了重要作用。发展资本市场、推动公司治理、促进企业管理革命，至今仍是中国尚未完成的一项任务。

第九章是公司治理案例研究。本章分别对苹果、金佰利、Facebook、3M、Twitter、三星和纽伦堡集团的治理之道进行了总结归纳。这些公司在商业上的成功有着深刻的治理之源。金佰利何以不大而强？公司治理体系怎样缔造了Twitter的成功转型？Facebook如何在控制中实现公司梦想，创造股东价值？三星如何顺势而为成就创新？3M如何保持长期的创业激情？等等。这些公司的成长经验背后反映了共同的治理规则，但并无统一定式。研究这些公司的案例，有助于加深我们对公司治理的理解。

本书的附录部分集中考察了我国上市公司治理的现状及存在的问题。带着"公司治理能否给企业带来价值"的问题，我们以深交所中小板和创业板上市公司为考察对象，对927家上市公司2013年的治理状况进行了系统性分析。结果显示，中小板、创业板公司治理良好的公司，经营业绩均优于那些治理不良的公司，公司治理和公司业绩存在着一定的正相关关系。以营业收入增长率、总资产收益率（ROA）为考察指标，我们发现，二者均与公司治理得分存在正相关关系。“治理评估50强”公司的营业收入增长率（34.8%）、净资产收益率（13.9%）和每股收益（0.68元）均远远高于非50强公司（分别为13.0%、6.2%和0.36元）。尽管良好的公司治理在产品市场上的收益回报，不像其在有效竞争性资本市场上的股票溢价和融资成本降低那么直接，但也能够对提高公司自觉改进公司治理的积极性发挥一些作用。

中小板、创业板公司具有高成长性、高科技和对人力资本高度依赖的特点。除了对高管人员实行激励安排以外，能否重视对公司核心技术人员的激励是导致公司能否实现持续性高成长的重要因素。数据调查显示，只有不到20%的上市公司考虑到对技术人员的激励安排问题。而如何对不同类型的技术人员进行适度激励仍是上市公司需要进一步探讨的管理实践。

实证研究结果表明，良好的激励制度与公司业绩之间具有直接的关联性。特别是重视长期激励安排的公司，往往会取得更好的业绩。数据显示，2012年，220家实施股权激励公司的营业收入增长率平均值为25%，其他未实施股权激励公司营业收入增长率的平均值为11%，前者是后者的一倍多。从总资产收益率（ROA）来看，实施股权激励公司的ROA平均值为6%，其他未实施股权激励公司ROA为4%。从净资产回报率（ROE）来看，实施股权激励公司的ROE平均值为9%，其他未实施股权激励公司的ROE平均值为6%。

第二章
公司治理与价值创造：理论探讨

第一节 公司治理理论的演进及公司治理的目标

一、企业的性质对公司治理目标的启示

现代企业理论始于科斯（Coase，1937）的开创性论文《企业的性质》，主要涉及三个问题，即企业的本质属性①、企业的边界和范围②及企业的内部组织结构。在此之前，企业要么没有成为专门的研究对象，要么被视为一个生产函数，在既定的技术水下将一定的要素投入转化为一定量的产出，相关分析很少探讨企业内部资源配置的逻辑，其内部运作是一个“黑箱”。

（一）科斯以前的企业理论

在古典经济学中，企业是一个分工组织。在企业内部，不同工人从事不同的操作，专业化分工使劳动生产率大幅提高。在企业外部，不同产业得以存在的前提是有足够大的市场，市场范围决定了产业的存在性，也决定了企业的边界。亚当·斯密从劳动分工的角度看企业是一以贯之的，不过其将企业的规模问题归结于外部市场，暗含着只要市场足够大，企业规模将相应增大，对影响企业规模的内部因素着墨较少。马克思（Marx，1867）继承了亚当·斯密关于分工的思想，对该问题做了进一步拓展。他指出，初期的资本主义生产是简

① 也被称为企业的存在性，即企业在一个专业化的交换经济中出现的根本原因。
② 在一些文献中，也被称为“企业的规模”。

单协作，无论是从劳动生产的技术条件看，还是从劳动分工的协作方式看，除了同一资本同时雇佣的工人较多、劳动规模较大以外，它和行会手工业几乎没有区别。简单协作的优势是产生了一种比单个劳动者力量的机械总和强大得多的集体力。逐渐地，为了在一定期限内生产大量的产品，就需对劳动进行分工，以分工协作为特点的工场手工业由此产生。在这里，分工的起因与亚当·斯密的分析类似，不同的是单个企业的规模受制于资本家拥有的资本额。随着机器大工业的出现，当机器本身也由机器来生产，煤、铁的采掘技术，金融加工技术和交通运输业发生革命，当与机器大工业相适应的社会生产条件形成之后，企业这种生产方式就会获得一种突然的跳跃式的扩张能力，此时，它只受原料和销售市场的限制。马克思注意到了制约企业扩张的外部条件，并将企业的参与者简化为资本家和工人，分析二者在力量悬殊情况下的阶级关系，已在一定程度上触及到了企业的内部运作。在这里，企业的本质特征是资本家雇佣工人，榨取剩余价值，获得超额利润。

在新古典经济学中，马歇尔（Marshall，1890）指出，大工厂的优势在于，其在专业机械的使用和改良、采购与销售、专业技术和企业经营管理等方面进一步分工。股东是风险的最终承担者，股东将企业管理交给新兴的企业家阶层，信任和商业道德是维系二者关系的重要桥梁①，当然，股东也可以纠正或处罚经营者的不当行为。对于一个代表性企业，劳动和资本的增加导致组织的改进，组织的改进提升劳动和资本的使用效率，通过报酬递增和报酬递减定律的相互作用，企业获得属于一定总产量的内部经济和外部经济。但是，马歇尔对企业的分析是其以均衡价格为中心的经济学体系的一部分。他认为，短期中影响价格的决定因素是需求，长期中则是供给或生产成本；企业根据生产函数的特点，选择一个最优的规模和产出组合，追求利润最大化。因此，其关于企业的论述是从属于价格理论的，企业在本质上是一个技术问题，基本的微积分运算即可揭示企业的运营逻辑。

① 马歇尔指出："大股份公司的领导人员很少受到工作上的诱惑而去做欺诈之事，这有力地证明商业事务中诚实和公正的精神在近代有了惊人的发展。如果他们蓄意利用职务上的便利去营私舞弊，类似早期文明的商业史中的情况，那么他们滥用对他们的信任就会达到很大的规模，这会阻碍这种民主的企业组织形式的发展。"在马歇尔这里，股东和管理者之间的利益冲突尚未成为分析重点。

（二）科斯以来的现代企业理论

1. 理论回顾

自马歇尔之后，新古典企业理论不断发展，垄断、垄断竞争等问题被深入分析，并在主流经济学中占据重要位置。由于新古典经济学主张市场自由主义，认为市场可以实现资源的优化配置，因此，对企业的资源配置功能一直关注甚少，企业一直没能成为独立的研究对象。杨小凯（1994）认为，新古典企业理论在很大程度上只是生产理论，如果将企业理论严格定义为一门解释企业为什么会出现、企业内部组织的经济学意义的学问，那么真正的企业理论可说是由科斯（Coase，1937）的经典论文所首创①。

科斯（Coase，1937）认为，市场运行是有成本的，通过形成一个企业，并允许某个权威（一个“企业家”）来支配资源，就能节约某些市场运行成本，包括发现价格的成本、谈判和签约成本等。企业倾向于扩张，直到在企业内部组织一笔额外交易的成本等于在公开市场上完成同样一笔交易的成本或在另一个企业中组织同样交易的成本为止。科斯用交易成本将企业和市场联系起来，并指出，企业是用一个契约代替了市场的一系列契约，用一个较长期的契约代替若干较短期的契约，开启了企业理论的研究大门。遗憾的是，在1940～1970年这30年中，在经济组织的研究领域中出现了一个断层（Williamson，1985）②。之后，相关的研究不断涌现，并发展成为多个理论分支。按照信息

---

① 也有一些学者将现代企业理论追溯到奈特（Knight，1921）。奈特认为，在存在不确定的情况下，决定做什么和如何做比实际做什么和如何做更重要，此时，生产团体的内部组织不再是无关紧要的机械性细节。企业在这个世界上的存在是减少不确定性的直接结果，企业的本质是经济生活的指挥责任这一功能的专业化。在企业中，企业家指挥着团体内的其他成员，做出需承担责任的决策，与其他成员仅获得契约收入不同，企业家的收入还包括一个不同于工资成分，即剩余收入或利润。我们在这里已隐约看到企业的“契约”观，以及后来被阿尔钦安和德姆塞茨（Alchian 和 Demsetz，1972）、哈特和莫尔（Hart 和 Moore，1986、1990）等发扬光大的“剩余索取权”“剩余控制权”的思想萌芽。

② 威廉姆森（1985）指出，这是因为在此期间盛行的观点认为，究竟是要企业组织还是要市场组织，要根据其技术特性而定。至于经济行为是通过企业还是通过市场来配置，则被视为不言而喻的问题；企业的特点就在于它只是一个生产函数；市场只负责提供信号；能否达成一项合同要看你有没有拍卖者那样的功夫；至于合同纠纷则根本不予考虑，因为自有法庭来裁决一切。至于借助组织形式的多样化来解决难以捉摸的节省成本的问题，在这种正统的框架下根本就不会产生——因为这一框架的确没有这份能力。

是否对称与合约是否完全，发轫于科斯的企业理论大致分为两类：委托代理理论和不完全契约理论（Foss 等，2000；Walker，2012）。前者将信息不对称作为前提，主张参与各方签订尽可能详尽的契约，以达到事前的激励和约束，是标准的契约理论[①]；后者认为，契约不可能穷尽一切情况，且签订完全契约的成本太高，因此强调事后的治理。具体而言，前者又可以分为三个分支，包括企业是契约的联结体；企业是团队生产中道德风险的解决方案；企业是一套激励体系。后者可分为：企业是一种治理结构或科层机制；企业的所有权理论；企业的权力理论；等等。

阿尔钦安和德姆塞茨（1972）沿承科斯的契约观，认为企业是由一个中心缔约人与参与投入的多方签订双边契约，以替代众多的多边契约[②]。企业在本质上是一个联合投入的团队生产过程，正是这种生产方式产生了马克思所谓的集体力。然而团队生产的困难在于衡量个体贡献和减少偷懒，他们指出，如果由监督者对利润享有剩余索取权，这个难题将迎刃而解。但事实上，剩余索取权并不能一劳永逸地解决问题。伯利和米恩斯（Berle 和 Means，1932）已提出所有者和管理者之间的两权分离问题，罗斯（Ross，1973）首次将此规范化为委托代理问题，并认为潜在的信息不对称使该问题很难有帕累托最优解。詹森和麦克林（Jensen 和 Meckling，1976）认为，当监督者持有股权比例低于100%时，将有可能降低努力工作的程度，产生所谓的代理成本。他们认为，企业是具有冲突关系的个人之间契约的联结，不仅包括雇主与雇员之间的契约，也包括雇主与供应商、消费者和债权人等方面的契约。所有这些契约均意味着一层委托代理关系，均存在监督问题和代理成本，而不管他们是否共同生产。因此，团队生产只能解释与企业有关的很少一部分个人行为，从更大的层面来看，企业的行为与市场类似，是一个复杂过程的结果。张五常（Cheung，

① 即完全契约理论（杨瑞龙、聂辉华，2006）。在不完全契约理论出现以前，契约理论在很大程度上就是指委托代理理论。在不完全契约理论中，完全契约只是作为一种特例而存在。

② 阿尔钦安和德姆塞茨认为，长期契约不是这类企业的本质属性，因为雇员能像雇主一样易于终止契约。这不同于科斯对企业的理解（长期契约替代短期契约，一个契约替代多个契约），其反映的现实也不同于马克思时代的情况（工人的选择余地很小），说明随着时代的前进，企业中的雇员和雇主的关系也发生了变化。

1983）指出，“企业”一词只是对不同于普通产品市场契约安排下组织活动的一种方式的速写式描述，与其说是“企业”取代“市场”，不如说是一种契约形式取代另一种契约形式。针对企业的“契约联结体”特征，如何使代理人与委托人的目标一致成为亟须解决的问题。法玛（Fama，1980）分析了外部竞争的作用，认为来自其他企业的竞争压力会促使企业改进手段，有效督察整个队伍和个别成员的生产能力，企业的管理者也要面对企业内外部经理市场的规则和机会，这些能在一定程度上减轻代理问题。霍姆斯特罗姆（Holmstrom，1982、1991、1994）和米尔格罗姆（Milgrom，1991、1994）将企业视为一种激励体系，从企业内部进行分析，认为团队生产中的偷懒行为可以通过适当的激励机制来解决。委托人的作用并不是监督团队成员，而是打破预算平衡，消除代理人的搭便车行为。员工高额激励、员工持股和给予员工一定自由权能有效地减少道德风险，起到激励作用。总体上看，委托代理理论以契约为分析起点，认为企业是一个契约联合体，由于每个契约均意味着一层委托代理关系，监督问题和代理成本不可避免，企业靠外部竞争压力和内部激励机制来促进委托人和代理人的目标保持一致。该理论体系认识到了信息不对称问题，但将关注点放在了由此产生的逆向选择和道德风险，没有推演出由此产生的契约不完全问题，为不完全契约理论留下了发展空间。

不完全契约理论的基本思想是，在契约不完全的情况下，事后的治理就很必要。威廉姆森（Williamson，1971）首次提出用交易成本研究企业纵向一体化的问题，认为企业存在的原因是市场失败或交易成本过高[①]，并在随后的论文中将企业视为一个科层式的治理结构，开创了交易成本经济学（Williamson，1973、1975、1979、1985、1992）。他用交易作为分析单位，认为每一笔交易意味着一个契约，由于“契约人”[②] 的有限理性和机会主义，签订面面俱到的

---

① 阿罗（Arrow，1974）认为企业存在的原因并非是交易成本过高，而是市场在某些情况下不起作用，即市场失败。Williamson（1975）进一步指出，市场失败在本质上就是交易成本过高。我们注意到，阿罗（1974）对交易成本的定义是经济体系运行的成本，后来威廉姆森（1975、1985）等均没有沿用这一定义，而是另行界定。

② 威廉姆森在这里放松了新古典经济学的“理性人”假定，认为“契约人”更能说明人类的本质特征。

契约是不可能的，并且契约签订前后均存在交易成本[1]，因此，设立好的治理结构就显得尤为重要，治理结构的目的在于降低交易成本。而哪种治理结构最合适，取决于交易的性质或契约的性质，这需要用资产专用性、不确定性和交易频率等进行区分。如果交易涉及的是非专用性投资，则市场治理结构就已经足够；如果交易是偶然性的，投资是混合的或专用性的，那么应引入第三方仲裁，采用三方治理模式；如果交易频率高，投资是混合的，应采用双方治理，这主要涉及中间产品的交易；对于频率高、专用性投资的交易，应采取一体化的治理模式。无论是纵向一体化，还是横向一体化，其本质上都是科层结构，随着科层的延长，企业内部会产生信息传递上的损失，从而形成制约性的企业边界。

格罗斯曼和哈特（Grossman 和 Hart，1986）、哈特和莫尔（Hart 和 Moore，1990）继承了威廉姆森关于契约人的行为假定，认为在契约中列明参与方对资产的特定权利代价高昂，此时，让一方当事人购入剩余控制权为最优，剩余控制权即所有权。同时，每一种所有权结构都会对事前的投资产生一种扭曲，契约双方配置所有权能使事前投资扭曲最小化。当一方获得控制权后提升的生产率大于另一方失去控制权所降低的生产率时，一体化就会发生。他们还认为，剩余控制权来源于对物质资产的所有权，对物质资产的所有权将导致对人力资本所有权的控制，而一个企业在本质上就是由它拥有或控制的那些资产构成。这一分析框架（即 GHM 模型）拓展了企业理论对一体化的理解，也说明契约不完全时控制权分配的结果是有效率的，企业应寻求最优的控制权安排，找到科斯提出的企业内部配置资源的“权威”。拉詹和津加莱斯（Rajan 和 Zingales，1998、2000）在 GHM 模型的基础上进一步提出企业的权力理论，他们认为，对关键资源的控制才是权力的来源，关键资源可以是物质资产，也可以是创意、生产工具、管理技巧等非物质资产，企业取代市场是因为权力使代理人进行专用性投资，他们由此强调员工人力资本的重要性。这种企业的权力理

---

① 契约签订前的交易成本包括草拟契约、就契约内容进行谈判以及确保契约得以履行所付出的成本。契约签订后的交易成本包括不适应成本、讨价还价成本、建立及运转成本和保证成本。威廉姆森这里对交易成本的界定比科斯（1937）关注的范围大，比阿罗（1974）关注的范围小，使这一概念更加具体化了。

论也被称为基于资源的企业理论，认为企业的本质是一个“围绕关键性资源而形成的专用性投资网络”[①]。

2. 简要评论及对企业性质的反思

纵观科斯以来的现代企业理论，大多以企业的契约性质作为分析基础，“团队生产”“激励体系”“治理结构”“所有权结构”和“权力结构”等理论的不同之处在于对契约性质的理解，以及契约是否完全的判断，但在“企业是契约的联结”这一点上是有共识的。同时，所有这些理论均在一定程度上认识到，企业内部运行需要一定的成本，而无论是以代理成本还是交易成本的形式存在，企业的规模存在于内部运行成本与市场运行成本相等的那一点上。再者，各理论的共同目的是解释企业内部组织的逻辑，无论是监督、激励、剩余索取权，还是治理、权力、剩余控制权，均是企业作为独立个体，保持有效运行的必要手段。

但是现有理论也有一定的局限性，具体表现在两个方面。

第一，对企业的起源和本质的理解。自科斯强调企业内部运行的交易成本以来，直到交易成本经济学的集大成者威廉姆森，各理论均在很大程度上认为，交易成本是区分企业与市场的关键因素，威廉姆森（Williamson，1985）甚至指出，企业内部生产和市场采购在成本上的一切差别都将归因于交易成本问题[②]。我们注意到，这一结论的前提条件是生产的技术水平固定。也就是说，在技术、原材料、人力资本等生产要素散落于市场的情况下，企业将所有要素整合在一起进行生产，能减少契约的数量，其交易成本低于各要素分别签约时的情况。生产的纵向一体化或横向一体化也与此同理，是合并连续的生产阶段，用一个契约代替多个契约，用组织协调代替市场的价格协调。我们认

① 除了以上概述的之外，现代企业理论也包括基于重复交易的声誉理论（Kreps，1990）、基于信息的信息处理器理论（Marschak 和 Radner，1972）以及契约作为参照点的理论（Hart，2008；Hart 和 Moore，2008），等等。这些理论提供了理解企业问题的新视角，由于尚未成为完整的框架体系，并且与主流理论中认为的“企业是契约的联结点”并无本质差异，这里不再赘述。

② 他是在比较了生产成本和交易成本随资产专用性变化的情况后，得出这一结论的。他认为，随着资产专用性增强，企业与市场在生产成本上差异很小，但企业的交易成本远低于市场，因此交易成本是决定经济组织的关键因素。

为，这虽然能说明交易成本的重要性①，但未能完全揭示企业的产生原因及本质。因为连续生产的每一阶段也是以企业的形式存在，这些企业又为何产生？我们不能在存在企业的情况下，用下一个企业的产生原因来代替企业这个群体的产生原因。理论上必须追溯到第一个企业，才能说明企业作为与市场相比较的群体，其产生原因是什么。我们可以将这些既存的企业也分别视为连续生产阶段的一体化，每一个生产阶段又可以分为多个连续生产阶段，如此细分下去，直到市场中没有中间产品，全是无法再细分的独立生产要素时，或许能说明最初的第一个企业为什么产生了？为什么在众多生产要素中，在某时某地，某些要素（不多一个，也不少一个）而不是某个要素的替代要素组合成一个企业？为何别的要素未组合到一起？

交易成本经济学的解释是，这些要素集体签约的交易成本低于在市场中分别签约的交易成本。但是，任何要素用企业的形式结合到一起，都会降低交易成本，但是若结合到一起没有价值，为何要结合到一起？其他要素集体签约的交易成本可能也低于分别签约的交易成本。为什么那些要素没有集体签约，而这些要素集体签约，组合成一个企业？我们认为，之所以这些要素组合成一个企业，是因为这种组合方式能产生一种新的生产力，向市场提供前所未有的产品或服务，具有价值和交换价值，从而能带来利润。其他要素虽然集体签约能节省成本，但组合到一起毫无价值，或者在现有的条件下没有可预期的收益。这样一来，这些要素不如继续散落在市场上，等待着更好的组合机会。这种创新性资源组合方式是企业产生的原因，也是企业的本质。交易成本经济学假定技术水平固定，相当于已明确某些要素通过企业内部协调能生产出与市场协调时相同的产品，忽略了企业的创造性，进而不能解释新技术为何产生。同时，假定技术水平固定，相当于已知道某些要素结合到一起会产生新的产品时，采用企业形式可以减少契约数量，降低交易费用，节约交易成本。交易成本经济学仅在这个层面上有意义。并且，已知这些要素结合到一起会产生新的产品，相当于已知这种结合方式会产生新的价值，这种组合本身即是创造价值的表

① 威廉姆森（1985）指出，资本主义的各种经济制度的主要目标和作用都在于节省交易成本，之所以强调节省交易成本，是因为这一概念的重要性被忽略或低估了。

现。由此我们认为，企业产生于对现有资源的创新性利用或配置，企业的本质即创新，通过价值创造实现利润之目的。

张维迎（2005）认为，企业是个 1 +1 >2 的组织。他指出，“企业必须满足所有参与者的参与约束，也就是说，无论是企业家、投资者还是雇员，如果要使他们愿意加入企业，必须保证他们从企业中得到的要比自我雇佣时得到的要多，加入企业是一个帕累托改进。当然，得到的收益可以有不同的形式，可以是工资、股息等货币形态的收入，也可以是心理满足、社会声望等非货币形态的，它们的总和一定要超过单干时的数量。从效率的观点看，各方加入企业的必要条件就是这个行为必须具有帕累托改进的意义；否则就是不合理的，会造成社会资源的浪费。为了使各方面都能得到更多的收益，企业就必须是能使 1 +1 >2 这个表达式成立的组织。使 1 +1 =2 成立的企业没有成立的必要，因为加入企业就要承担一定的责任，这是需要成本的，还不如自己单干。”由此我们可以认为，企业的产生，意味着资源的新的组合方式，新的价值的产生，企业的创新本质可见一斑。

这一本质也可以从另一个角度阐明。在任意一个经济中，企业、市场和政府均具有资源组织与协调的功能。科斯对企业本质的理解是，企业是对市场的替代。但在资源配置功能上，企业也是对政府的替代。我们探讨企业的本质，就必须将其与市场和政府区别开来，如果不能区别，就不能称之为本质。格罗斯曼和哈特（Grossman 和 Hart，1986）认为，企业在本质上是由它所拥有的那些资产构成的。这属于法律意义上的理解，只是对企业的一种描述，类似于对企业下定义，并未揭示企业的本质。毋庸置疑，市场是交换的场所，政府的职能是提供公共产品和服务，企业则是经济中的生产部门，提供产品或服务并获得利润，并且企业的生产和盈利须建立在创新性利用现有资源的基础上。因此，“创新性配置资源，提供产品和服务，追求利润”能在很大程度上揭示企业的本质。

第二，无法说明企业的动态发展和新技术的不断涌现。历史上企业形态经历了业主制、合伙制和公司制三种，企业规模不断扩大，组织结构也愈加复杂，但同时企业利润也不断增加，整体效率不断提高。我们看到，企业与市场齐头并进，并行发展，而非此消彼长，也就是说，在企业壮大的同时，市场范围也扩大了。我们认为，出现这一现象的原因是企业在资源配置方式上不断创新，在既有技术水平上组建企业后，研发出更新的技术，创造出更多的资源组合的可能性①。在交易成本经济学中，企业处在既定的技术水平上，只是替代了市场的生产功能，一旦建立则规模限定，企业的发展是通过对外一体化而非自我成长。下一阶段的生产又被既定于不知来源的技术上，无法说明技术的连续性和动态性②。

按照企业是创新性配置资源的逻辑，我们就能解释为什么市场上的任意两家企业不会轻易一体化③。一体化固然可以降低交易成本，但更重要的前提是能实现资源的重新组合，通过规模经济、范围经济、声誉效应或风险分摊等保证企业竞争力，实现企业利润。如果随着时间的推进，发现新的资源或产出新的技术，一体化的企业则需要调整既有的资源组合方式，可能再度并入一些生产要素（即一体化扩张），或者将一些部门分立出去（即一体化缩小或企业分拆）。当然，在两种过程中均实现了交易成本的节省，交易成本经济学仅在这个层面上具有解释力。

在更宽泛的意义上，如果将企业运行视为生产力和生产关系结合的结果，科斯以来的现代企业理论更多地关注生产关系层面，弥补了新古典经济学在这方面的不足④。但过度强调生产关系对组织存在的决定作用，则有可能将经济

① 曹正汉（1997）指出，工业革命以来，市场分工日益精细化和市场专业化程度不断提高是一个基本事实，如果市场分工逐步接近于完备性，企业的规模应逐渐缩小，企业的职能也将逐渐接近于单一化。但工业革命以来的另一个事实是，企业规模与企业的组织结构同市场分工的扩展在同步增大。因此他认为，市场分工与企业内分工不是替代关系，而是互补关系。

② Englander（1988）指出威廉姆森的交易成本经济学严重依赖于生产技术。威廉姆森（1988）回应道，虽然技术与组织形式相关，但不是经济组织的决定性因素，而交易成本在不同经济组织的比较中占据突出位置。威廉姆森（1985）也曾指出，技术仅在非常罕见的情况下，才是经济组织的决定因素。我们认为，威廉姆森强调交易成本的重要性无可厚非，技术也并非组织形式的决定性因素，但交易成本经济学似乎已从新古典经济学只强调生产技术这一个极端，走向只强调交易成本的另一个极端。

③ 包括处于连续生产阶段的企业（即纵向一体化）和业务关联不大的企业（即横向一体化或多元化）。

④ 威廉姆森（1985）认为，企业不是作为选择理论传统中所说的一种生产功能出现的，而是作为一种治理结构出现的。也许制度经济学家戴着“制度”的眼镜看世界时，一切事物都有制度的影子。但只有摘下眼镜，才能看清事物的本来面貌。

组织导向无穷无尽的关系处理上，不利于其专注于生产和价值创造。在现代企业理论之外，动态企业理论着重强调企业的创新性和动态成长性，日益发展成为企业理论的一个重要分支。

（三）动态企业理论对企业性质和成长的解释

企业的创新性质最早可追溯到熊彼特（Schumpeter，1934）的论述。熊彼特认为，“创新”就是建立一种新的生产函数，把一种从来没有的关于生产要素和生产条件的“新组合”引入生产体系①。他把新组合的实现称为企业，把实现新组合职能的人们称为企业家②，并指出生产手段的新组合是经济发展的根本现象，这些新组合具有创造性毁灭的特点，将资本主义从一个均衡推向另一个均衡，呈现动态发展的趋势。熊彼特对创新的分析拓展了新古典经济学关于技术进步是经济发展根本动力的观点，而将创新的任务赋予企业家，则突出了企业在经济发展中的作用，他的创造性毁灭的观点启发了后继者从动态的视角看待经济发展和企业成长。

自熊彼特之后，潘罗斯（Penrose，1959）、钱德勒（Chandler，1977、1990）、德鲁克（Drucker，1985）、尼尔森和温特（Nelson 和 Winter，1982）、沃纳菲尔特（Wernerfelt，1984）、蒂斯等（Teece 等，1994、1997）从不同角度丰富了熊彼特关于企业创新和动态成长的思想，逐渐形成了一个新的理论流派。虽然此类文献也将企业视为独立研究对象，试图打开企业的“黑箱”，分析企业的本质和内部组织逻辑，但总体上呈现出新的特点。

---

① 熊彼特（1934）将创新分为五类，包括引进新产品、引用新技术（即生产方法）、开辟新市场、控制原材料和新供应来源，及实现新的组织方式。他还区分了发明与创新的关系，认为创新是发明的商业化运用。之后经济学和管理学领域关于创新的分析大多基于此。德鲁克在《创新与企业家精神》中将创新分为产品创新、管理创新和社会创新三类，认为创新就是通过改变产品和服务，为客户提供价值和满意度。与熊彼特一样，德鲁克也强调企业家在企业创新中的作用，认为企业家精神即有目的、有组织的系统创新。

② 熊彼特的“企业家”与奈特和科斯所称的“企业家”有着本质的不同。在熊彼特这里，每一个人只有当他实际上“实现新组合”时才是一个企业家；一旦当他建立起他的企业以后，也就是当他安定下来经营这个企业，就像其他的人经营他们的企业一样的时候，他就失去了这种资格。我们认为，奈特意义上的“企业家”实质上是资本家；科斯意义上的“企业家”实质上是企业的管理者，类似于总经理；熊彼特所称的“企业家”在现实中更接近于创业家，更突出其创新职能。

第一，认为是企业塑造市场，而非市场主宰企业，这不同于古典经济学和新古典经济学以市场为中心的分析范式，也不同于科斯以来的现代企业理论。熊彼特（Schumpeter，1934）指出，以企业为主体的创新活动是经济进化的发动机，企业具有超越外部经济条件的自主能力，能够塑造市场条件。一般是生产者发动经济的变化，而消费者只是在必要时受到生产者的启发；消费者好像是被教导去需要新的东西，或者在某些方面不同于，或甚至完全不是他所习惯使用的东西。潘罗斯（Penrose，1959）认为，经济的本质在某种程度上取决于构成它的各种企业的特征，企业使用自己拥有的生产资源所产生的服务是企业成长的原动力，企业的成长并非由市场的均衡力量所决定，而是由每个企业自身的独特力量所推动。钱德勒（Chandler，1977、1990）从管理和组织的角度进行分析，认为一国经济发展的关键取决于企业层面的组织能力，而管理和组织决定了企业设施和技能的特定性质，进而决定了什么由企业做、什么由市场做。他的企业史分析表明，主宰 20 世纪资本主义经济的是公司，而不是市场，这为动态企业理论提供了坚实的经验基础和历史依据。柯林斯和波勒斯（Collins 和 Porras，1994）分析了公司如何保持基业长青，他们将公司分为高瞻远瞩公司和一般的优秀公司，认为前者除了有明确的核心理念，更重要的是通过各种方式刺激进步，促进创新，是驱动市场而非为市场所驱动。反观科斯以来的现代企业理论，大多认为企业存在的原因是市场失败或市场运行的交易成本过高，如果一个生产过程可以由市场以低成本实现，企业就会让位于市场，这在本质上仍是市场中心主义的体现，延续了古典经济学和新古典经济学的分析范式。

第二，从动态的视角看待企业的产生和发展，不同于古典企业理论的静态分析，及现代企业理论的比较静态分析。古典经济学关注分工和交换，企业是一个静态的专业化生产单位。新古典经济学中，马歇尔对企业的分析中已包含有动态的思想。他指出，企业类似于森林，作为一个整体，它看起来似乎很少改变，但具体的每个企业均是动态变化的。但是他的分析以一个代表性企业为主，仅关注供给和需求的均衡，没有引入时间因素。科斯（Coase，1937）已注意到动态因素的重要性，认为只有对企业内外部运行做全面的调查，才能说明企业规模为什么扩大或缩小，进而解释企业的动态均衡。之后的委托代理理论和不完全契约理论均基于企业和市场的比较，属于比较静态分析。潘罗斯（Penrose，1959）第一次将企业成长作为分析对象，主张用“成长经济”代替“规模经济”理论，认为成长经济来自于企业所能获得的独一无二的生产性服务的集合。无论什么时候，成长经济的获得都是一个过程，这一过程使企业内部不断涌现出未经使用过的生产性服务。尼尔森和温特（Nelson 和 Winter，1982）的演化经济理论为动态企业理论提供了理论基础，在该理论中，经济发展过程是一个马尔科夫过程，某一时期一个行业的状况决定它在下一时期状况的概率分布，企业行为和市场情况都随着时间推移由动态过程决定，企业不断地搜寻和创新，以扩大自己的优势和在行业中所占的份额。

第三，强调通过管理促进创新，提升企业的动态竞争优势。德鲁克在《管理的实践》中指出，“要想知道什么是一个企业，必须从理解企业的目的开始。企业的目的必须存在于企业本身之外。事实上，企业的目的必须存在于社会之中，因为企业是社会的一部分。企业的目的只有一个适当的定义：创造顾客。”他亦指出，“由于企业的目的是创造顾客，任何企业都有两项职能，也仅有这两项基本职能：营销和创新。营销和创新产生经济成果，其余的一切都是‘成本’。”潘罗斯（Penrose，1959）首次研究企业的内生动态成长，认为企业是个管理性组织，也是个生产资源的集合。企业拥有的资源决定了企业规模，任何规模企业的成长都是充分利用企业资源与经济资源的结果。管理就是寻找潜在的生产机会，增加企业的生产经验和知识，提高企业的生产能力，让企业的规模经济演变为成长经济，但是，随着企业的扩张，管理能力又成为限制企业成长的因素，企业需重组管理职能和基本的行政结构，以寻找新的生产机会。潘罗斯的分析中没有用到创新一词，但其管理服务在本质上就是发挥创新的功能，创新内生于企业的成长过程，并促进企业的成长。潘罗斯（Penrose）的“资源—能力—成长”分析框架立足于经济学，也引发了战略管理领域的大量研究，诸如企业的资源基础理论（Rubin，1973；Wernerfelt，1984）①、知识理论（Demsetz，1988；Grant，1996）和核心能力理论（Prahalad 和 Hamel，

---

① 企业的资源基础理论与拉詹和津加莱斯（Rajan 和 Zingales，1997、1998、1999）等提出的基于资源的企业理论略有不同，前者侧重于由资源产生的竞争优势，后者侧重于资源背后的权力安排。

1990）等分别将企业视为资源、知识和能力的集合体，分析各自对企业规模、边界和竞争优势的决定作用。在这一系列研究中，创新更多地体现在创造性利用企业内外部资源、促进显性知识和隐性知识的配置和开发及培养并运用核心能力上，目的是保证企业的竞争优势。这一分析框架下的研究大多秉承了熊彼特的理念，即企业间的竞争在实质上是创新竞争，而非价格竞争，后者较之于前者，其效力之区别就像“大炮狂轰与徒手推门”之间的比较。

蒂斯（Teece）等学者试图将以科斯、威廉姆森[①]为代表的现代企业理论和战略管理领域的企业资源观、知识观、能力观进行整合（Teece 和 Pisano，1994；Teece 等，1997；Pitelis 和 Teece，2009；Teece，2010）。他们提出动态动力的概念，将企业置于动态的竞争环境中进行分析，认为交易成本经济学中关于技术水平的假定意味着不同企业的生产能力是一样的，而事实上能力本身取决于企业拥有的资源及管理活动的效率。在快速变化的环境中，企业需要整合、构建和调配内外部资源，适应并塑造市场条件，动态能力就是这种更新企业能力的能力。同时，管理就是要寻找商业机会，整合资源以抓住机会，更新内部组织以适应机会，从而保持企业的竞争优势并获得商业利润。企业与市场的区别在于，前者拥有一些不可交易的资产或能力，并且这些资产和能力具有异质性和互补性，共同构成企业的合作专业化，决定了企业的规模和边界[②]。他们认为，这种基于动态能力的企业理论也可称为创新型企业理论，揭示了企业在变化的环境中寻求创新的内部逻辑，企业的本质就是通过创新活动创造价值及获取利润。

总体而言，我们认为，企业的性质可以归结为创新，或称企业存在的价值在于创新，为社会创造价值。因此，公司治理作为企业运行的基本制度，需服务于企业的这一性质和目标，以创新和价值创造为导向。

---

① 威廉姆森（1985）提及创新，但没有专门分析，因为他认为引入创新后，划分市场交易或等级组织的标准将变得复杂。并且，即使引入产品创新和过程创新，也不能从根本上改变市场交易和等级制度的内部交易的格局。威廉姆森坚持用资产专用性标准对问题进行简化分析，回避了创新因素。

② 他们也认为，在动态的环境中，动态交易成本也是影响企业边界的一个因素。动态交易成本包括说服、谈判、协调和教导的成本，也可以称之为信息或知识的交流成本（Langlois，1992），其产生的原因是企业能力和市场条件会随着时间推移而改变，二者需要不断调整以互相适应。

二、公司治理理论的发展及其企业理论基础

（一）公司治理理论的演进

现代企业理论打开了企业的“黑箱”，但是“黑箱”内的各参与者大多停留在抽象意义上的委托人、代理人或契约人，各参与者的差异性没有被具体分析。同时，企业理论也很少分析企业内部参与者之间及与外部参与者之间构建何种具体的运作机制，以保证企业的有效运行。作为对企业理论的补充，公司治理理论从运行层面分析企业的内部组织结构，已初步形成一个独立的理论体系。

公司治理的主要研究对象是公司制企业，而非业主制和合伙制企业。亚当·斯密（1776）曾指出，“股份公司的董事们是他人资金的管理者，很难像合伙公司的合伙人经常关心自己的资金那样，带着同样焦虑的警惕性来时常关心股份公司资金的运营”，他认为，在这种公司事务的管理中，“粗心大意和浪费现象必定或多或少地一直盛行”，因此断言，此类公司“很少能维持对私人企业的竞争力”，且“很少能够获得成功”。但是亚当·斯密显然低估了现代公司解决此类问题的能力。历史的事实表明，尽管此类问题存在，公司制企业仍获得了迅速发展，其在现代经济中的普及程度和影响力已远超过其他企业组织形式。

现代公司治理的研究发端于伯利和米恩斯（Berle 和 Means，1932），他们用翔实的数据指出美国公司中所有权和经营权相分离的现象，认为正是这种权力的分离使财产的巨额集中成为可能，使得公司成为组织经济生活的重要手段，并在一定程度上成为与现代国家相竞争的社会组织。在公司中，经营者阶层不单为自身利益和所有者利益服务，也必须为整个社会服务。由于权力的集中与利益的多样性共存，各种形式的冲突在所难免，利益与利益保护成为一个长期争斗的问题。伯利和米恩斯对两权分离的经验考察引发了后续大量的理论分析，早期的研究集中于对委托代理关系的分析，诸如经理人的逆向选择和道德风险等是关注重点，相关文献致力于探讨在信息不对称条件下，如何设计一

种良好的激励和监督机制，使经理人和所有者的目标趋向一致。之后，随着契约理论的发展，如何在所有者、经理人、债权人、员工、消费者及供应商等参与者之间建立一种良好的联系机制，使所有利益相关者的利益均得到保障，成为公司治理面临的一个更大的问题。

我们注意到，公司治理理论与企业理论最早均产生于20世纪30年代①，大量的规范化分析均出现在20世纪70年代。比如，罗斯（Ross，1973）、詹森和麦克林（Jensen和Meckling，1976）开创了公司治理中代理问题的分析框架，树立了公司治理研究的一个基本起点。总体而言，公司治理理论的发展呈现出两个特点。第一，早期的研究与企业理论相互重叠，并滞后于企业理论，呈现亦步亦趋的特征。该领域的代表文献涌现于20世纪80年代，如法玛和詹森（Fama和Jensen，1983a、1983b）、格罗斯曼和哈特（Grossman和Hart，1983）、詹森（Jensen，1986）等均集中于探讨两权分离产生的代理问题，威廉姆森（Williamson，1988）对公司治理的分析乃基于企业是一种治理结构的观点，分析由融资关系带来的治理问题。在这个意义上，我们可以认为，早期的公司治理研究和企业理论是高度重合的。第二，公司治理理论更多地起源于对现实的经验考察，不像企业理论那样更多地来源于理论演绎。比如，布莱尔（Blair，1995）对利益相关者问题的严谨论证虽然与不完全契约理论的思想一致，并引发了之后“企业是专用性投资网络”的研究（Zingales，1997；Rajan和Zingales，1998、2000；等），但是他的立论基础是20世纪80年代商业出版物中频频揭露的公司治理问题。另外，拉波特等“四人帮”（LLSV，1999）对伯利和米恩斯（Berle和Means，1932）的挑战性研究也是基于经验事实，他们以全球27个高收入国家的公司为样本，以20%为公司控制权标准，发现63.5%的大型公司存在控股股东，因此，股权集中比股权分散更有普遍性。克拉森等（Claessens等，2000）对东亚公司的研究、法乔等（Faccio等，2002）对东欧国家公司的研究也发现了同样的现象，说明所有者和经营者之间的代理问题并不是最突出的，大股东和小股东之间的代理问题需要更加关注。由此，

---

① 公司治理的研究以伯利和米恩斯（1932）为代表，企业理论的研究以科斯（1937）为代表。

分析大、小股东之间代理问题及投资者保护的相关文献开始涌现（Johnson 等，2000；La Porta 等，2000、2002；等）。

公司治理理论与企业理论有着深刻的理论渊源，由于关注的问题不同，公司治理理论逐渐从企业理论中分化出来，发展成为相对独立的理论体系①。津加莱斯（Zingales，2000）指出，正确认识公司治理需要以企业理论为指导，因为不同的企业理论分别对应着不同的公司治理含义。他将企业理论关于企业本质的论述分为五种，分别为：企业是一种显性契约的联结；企业是一种显性契约和隐性契约的联结；企业是一种增长机会集；企业是一种资产集；企业是一种基于关键资源的专用性投资网络，并分别讨论各自对资本结构、公司治理等问题的启示。我们认为，津加莱斯的这种划分可以深入揭示不同企业理论的细微差别，但是未能与既有公司治理理论实现良好契合。目前，主流的公司治理理论可以分为股东理论和利益相关者理论，前者强调股东利益至上，后者认为公司治理应平衡各利益相关者的利益，两种理论均有一定的企业理论基础②。

股东理论的基础是新古典经济学中的厂商理论及现代企业理论中的委托代理理论。厂商理论中企业乃一个生产函数，以利润最大化为目标，并且利润最大化的直接受益者即股东。委托代理理论中，不论以何种激励、监督方式，最终目的均是保证经理人的目标与股东相一致，保证股东利益不受侵害。公司治理的股东理论反映的正是股东至上主义，认为股东是公司的出资人，承担着剩余风险，公司治理的目标是保护出资人利益不受侵害，并获取相应的投资收益（Shleifer 和 Vishney，1997）。相应地，公司治理中董事会和监事会的一个重要

① 现有一些学者将企业理论与公司治理理论不加区分，这是不严谨的。比如，一个常见的术语是“企业社会责任理论”，我们认为，该理论在实质上是公司治理利益相关者理论的延伸，属于公司治理理论的范畴，不能认为是企业理论。

② 管理理论（Stewardship Theory）也是公司治理领域的一个理论。古典的管理理论认为，由于信息完全且竞争充分，经理人没有可能违背委托人意愿，会按照股东利益最大化的原则行事。现代的管理理论认为，成就、荣誉和权威等非物质激励是比物质利益更重要的激励经理人的因素，经理人出于对自身尊严、信仰及内在满足的追求，会勤勉地为公司工作（Donaldson 和 Davis，1991；Davis 等，1997）。我们认为，管理理论以性善论为基础，忽视了一定外在约束（比如法律）的重要性，使该理论难以被广泛认可。由于其在本质上从属于股东理论，这里不将其列为与股东理论并列的分析对象。

职责即监督、考核经理层的任职情况。

利益相关者理论的基础是不完全契约理论。该理论认识到企业的参与者不仅包括股东和经理人，也包括债权人、员工、客户、供应商和社区等，各方面在企业均有不同形式的投资，各自的利益均应得到保障。由于契约不完全，如何分配剩余索取权和剩余控制权，及如何设计一种治理结构来平衡各方的利益成为公司治理要解决的问题。在这种理论的指导下，优化股权结构、设立独立董事、履行社会责任，加强信息披露和媒体监督等均是公司治理不可忽视的方面。

在股东理论和利益相关者理论之外，近年来兴起的公司治理的组织控制理论认为，以上两个理论致力于为不同利益集团的剩余索取权提供解释，却没有解释剩余是如何通过资源开发和利用被创造出来的。同时，以上两个理论无法超越新古典经济学所唯一关心的交换，而不是生产。结果，它们仍然深陷于新古典的理论框架，即个人偏好和技术机会条件既定的资源配置观而不能自拔，从而完全忽视了生产率的提高和经济发展是创新企业通过组织过程配置资源的结果（奥沙利文，2000；拉让尼克、奥沙利文，2005）。该理论认为，传统经济学只有价值配置的理论，却没有价值创造的理念，重建经济学的价值创造理论，必须将经济发展置于经济学理论的中心地位，并且将创新企业置于经济发展的中心地位。因为经济发展的实质不是周而复始的均衡，而是不断以更低成本生产更高品质产品的创新，创新是成功的企业和经济体随着时间的推移改善其绩效并彼此分出高下的核心内容。

奥沙利文（O' Sulivan，2000）、拉让尼克（Lazonick，2003、2005）通过对美国和德国公司治理结构演变的历史比较，提出一种以创新型企业为基础的公司治理理论。奥沙利文（2000）指出，创新是一个累积的、集体的和不确定的过程，创新过程的这些特性要求相应的资源配置具有开发性、组织性和战略性，这意味着创新的公司治理体制在任何时候都必须具备三个条件，即财务承诺、组织整合和内部人控制，这三个条件结合在一起才能确保资源配置的组织控制。当然，在某些时候，由公司治理体制支持组织控制也不意味着创新一定会发生，这是由于随着时间的推移，企业之间的竞争和企业内部活动的本质不同，会导致创新要素产生差异，同时组织控制和制度变革也具有动态性，不一定恰好满足创新的产生条件。关于企业与市场的关系，拉让尼克和奥沙利文（2005）认为，在传统经济学框架中，企业的成本结构是外生的，是由企业所不能左右的市场力量决定的；在创新型企业框架中，企业能够通过在技术、组织和管理等方面进行改进或创造，以改变成本结构，即成本结构内生于企业的创新活动。

继动态企业理论对创新的分析后，在公司治理领域，拉让尼克和奥沙利文乃首次基于严谨的历史分析，构建创新型公司治理理论，并以此为基础提出基于创新的组织控制理论。该理论的更大愿景是将公司治理、创新与经济发展置于一个分析框架，为经济发展理论提供一个坚实的微观基础，在一定程度上使熊彼特关于创新与发展的思想再度显现生机。在这层意义上，两位学者的理论贡献不容忽视。

（二）学界对公司治理目标的争论

1. 关于公司治理的定义

Corporate governance 由威廉姆森于 1975 年首先提出。Corporate governance 的译法有很多，最常见的是“公司治理”，也有译为公司治理结构、公司管治、公司管控、公司监控，等等。

自这一概念提出以来，西方学者存在着不同的理解。总体而言，西方学者对公司治理内涵的界定，主要是围绕着代理问题的两个主题展开：第一，控制和监督经理人员行为以保护股东的利益；第二，保护包括股东在内的公司利益相关者的利益。这两个问题实际上体现的是经理人为谁负责的问题。两个主题中，前者强调经理人为股东利益服务，即股东利益至上论，后者强调经理人为所有利益相关者服务，即利益相关者利益兼顾论。

围绕着控制和监督经理人员行为、保护股东利益这一主题，西方学者对公司治理的内涵有三种理解：

（1）股东、董事和经理关系论。马克·丁·洛（1999）认为，公司治理结构是指公司股东、董事会和高层管理人员之间的关系。

（2）控制经营管理者论。施来弗、维什尼（Shleifer、Vishney，1997）认为，公司治理是公司资金提供者确保获得投资回报的手段。

（3）对经营者激励论。梅耶（1994）把公司治理定义为“公司赖以代表和服务于它的投资者利益的一种组织安排。它包括从公司董事会到执行人员激励计划的一切东西”。

围绕着保护公司利益相关者的利益这一主题，西方学者对公司治理的内涵有四种理解：

（1）控制所有者、董事和经理论。普罗兹（1998）认为，公司治理是“一个机构中控制公司所有者、董事和管理者行为的规则、标准和组织”。

（2）利益相关者控制经营管理者论。希克（1993）等人认为，公司治理结构就是借以委托董事，使之具有指导公司业务的责任和义务的一种制度，是以责任为基础的。一种有效的公司治理制度应提供能够规制董事义务的机制，以防止董事滥用手中的权力，从而确保他们为广义上的公司最佳利益而行动。公司治理结构应看成是公司与公司的组成人员之间的一种“社会契约”，从道义上使公司及其董事有义务考虑其他“利益相关者”的利益。

（3）管理者对利益相关者责任论。布莱尔（1999）认为，公司治理是法律、文化和制度性安排的有机整合。任何一个公司治理制度的关键问题都是力图使管理人员能够对企业资源贡献者如资本投资者、供应商、员工等负有义不容辞的责任，因为后者的投资正“处于风险”中。

（4）利益相关者相互制衡论。狭义的利益相关者理论以钱颖一（1999）为代表，主要围绕投资者、经理、职工三个公司主要利益相关者群体来展开研究。钱颖一认为，公司治理结构是一套制度安排，用以支配若干在企业中有重大利害关系的团体投资者（股东和贷款人）、经理人员、职工之间的关系，并从这种联盟中实现经济利益。广义的利益相关者理论围绕公司所有利益相关群体。科兰特和沃特克（1988）认为，公司治理包括在高级管理层、股东、董事会和公司其他利益相关者的相互作用中产生的具体问题。构成公司治理问题的核心是：谁从公司决策/高级管理阶层的行动中受益？谁应从公司决策/高级管理阶层的行动中受益？当在“是谁”和“应该是谁”之间存在不一致时，一个公司治理问题就会出现。李普顿（1996）认为，公司治理结构应看成是一种手段，用来协调公司组成成员即股东、管理部门、雇员、顾客、供应商及包括公众在内的其他利益相关者之间的关系和利益，而这种协调应能确保公司的长期成功。

当然，以上对公司治理的理解主要是狭义的，广义的公司治理既包括内部治理机制，也包括外部治理环境，比如，控制权市场、经理人市场、金融市场、中介机构、舆论监督和法律体系，等等。

李维安（2009）指出，国内外学者对公司治理给出了多种解释，但还存在两个方面的不足。一是把公司治理的目的理解为相互制衡，而忽视了科学决策。二是只关注公司治理结构，而忽视了公司治理机制。李维安认为，对公司治理应该从更广泛的利益相关者的角度，从权力制衡与决策科学、治理结构与治理两方面去理解。公司治理是指，通过一套包括正式或非正式的、内部或外部的制度或机制来协调公司与所有利益相关者之间的利益关系，以保证公司决策的科学化，从而最终维护公司各方面的利益的一种制度安排。这种公司治理是公司利益相关者通过一系列的内部和外部机制实施的共同治理。公司治理的目标不仅是股东利益的最大化，而且还要保证公司决策的科学化，从而保证公司各方面的利益相关者的利益最大化，因此，公司治理的核心和目的是保证公司决策科学化，而利益相关者的相互制衡只是保证公司决策的方式和途径。

2. 关于公司治理目标的争论

基于公司治理的不同定义，学界对公司治理目标也存在相应的争论。比如，早期文献主要认为，公司治理就是解决两权分离所产生的代理问题。随着研究的深入，一些学者认为，公司治理就是要解决大股东与小股东之间的代理冲突。以上两种说法只是立足于股东及管理者层面。随着利益相关者主义的兴起，公司治理又被赋予新的目标，即平衡各利益相关者的利益。再后来，一些学者认为，公司治理是要解决科学决策问题，通过激励和约束的方式，实现公司平稳可持续发展。

总体而言，关于公司治理目标的种种说法各有其道理。这些目标的出现也有着深刻的理论演化背景。我们认为，目标决定方式，方式决定其有效性。现有公司治理的诸多目标没有明显冲突，是互相补充的，但是均未能实现公司治理的有效性，未能最大化企业存在的价值，说明这些目标是有问题的。一个更好的目标必须包容这些既有讨论，并具有更好的现实指导意义。我们认为，要重新定位公司治理的目标，需结合公司治理理论的基础——企业理论，从企业理论中汲取启示，并重新回顾公司治理理论的发展历程，从企业理论上为公司治理目标重新定位。

三、企业理论对公司治理理论的启示

（一）对公司治理导向的反思

公司治理起源于解决两权分离产生的代理问题，之后又被赋予解决大小股东、股东与债权人之间代理问题的功能。随着利益相关者主义的兴起，公司治理需要平衡所有利益相关者的利益。什么是公司治理，公司治理的目标或导向是什么，这是任何公司治理研究者均需面对的问题。

在伯利和米恩斯（Berle 和 Means，1932）的分析中，经营者为了自身利益，已经通过公司权力的扩张，打破了要求公司只为所有者经营的传统束缚。他们指出，现代公司不仅为所有者和经营者服务，也要为整个社会服务。布莱尔（Blair，1995）也认为，以股东所有权作为分析公司治理的出发点是错误的，公司治理的核心是确保所有利益相关者的利益。公司的存在是为社会创造财富，公司治理机制的目标和公司董事的责任是最大化公司财富的创造。拉詹和津加莱斯（Rajan 和 Zingales，2000）在分析了公司权力分配的变化后，也建议公司治理应该更多地讨论如何设计长期的组织形式和调动公司雇员的积极性，而不仅仅是考虑股东的利益。中国学者李维安（2009）指出，股东利益最大化跟货币资本稀缺有关，利益相关者利益最大化的背景是，网络经济时代各种资本相互整合，很难判定谁是主要、谁是次要。他在辨析了各种公司治理的定义后，指出公司治理是通过一套包括正式或非正式的、内部或外部的制度或机制来协调公司与所有利益相关者之间的利益关系，以保证公司决策的科学化，从而最终维护公司各方面的利益的一种制度安排。他认为，公司治理的目标是保证公司决策的科学化，通过科学决策提高企业竞争力，确保企业长期存续和发展。

无论是科斯以来的现代企业理论，还是源于熊彼特的动态企业理论，都可以将企业的本质归于创新。在现实经济中，公司要保持效率并长远发展，就必须有竞争力，而竞争力的根本在于持续的创新。公司不单是利润最大化的追求者，也是社会价值最大化的创造者，更是技术创新的推动者和践行者。理论和现实均表明，作为企业运行的基本制度，公司治理应促进企业创新。我们认为，公司治理的导向应回溯到熊彼特意义上的创新，或新古典经济学中的生产，应着力于价值创造，促进公司创新活动的开展，促进公司为社会提供更优质的产品或服务。具体而言，公司治理不应纠缠于不同主体间的权力争斗，而应在平衡各方权利和责任的基础上使公司创造更多的价值，实现总体价值的最大化。这种导向的含义是，公司治理并非没有成本，如果过度追求权力的最优平衡和利益的最佳分配，公司治理将陷入日益繁杂的治理怪圈。相反，公司治理只需要确立一种多方认可的制度，正常运作中严格依照程序，遇到内外部条件发生变化时，再动态地调整内部结构。无论是静态制度还是动态调整，公司治理应着力于促进公司总体发展，通过创新活动实现价值创造。

当然，我们并不能忽视公司治理的基本职责，即保证出资人获得投资收益、各利益相关者的利益不受侵害。作为公司治理的主流理论，股东理论和利益相关者理论只将公司治理定位于保护各投资者的利益，其含义是，公司层面和国家层面均需加强投资者保护，通过设立一套完整的内外部法律机制，约束和惩罚侵害投资人利益的行为。我们认为，这些固然重要，并且一个好的利润分配方案和投资者保护方案有利于吸引投资方，融合各方力量，提高公司创造价值的可能性。但是，当一个契约人参与到一个公司中，签订的契约已基本上确定了之后的收益，即使存在收益风险，这种风险仍远不及公司创新活动的风险。收益的分配只需要一套多方认可的分配制度和法律的有效执行，创新活动却存在着诸多不确定性，需要公司治理灵活地应对。因此，公司治理更应关注创新和价值创造。

（二）以创新和价值创造为导向的公司治理：由动态企业理论到动态公司治理理念

如果认可企业的本质在于创新，公司治理应以创新作为基本导向。那么，公司治理该如何促进创新，使企业的本质得以实现？奥沙利文（O' Sulivan，2000）提出的三个条件是，财务承诺、组织整合和内部人控制。虽然奥沙利文也注意到了组织控制和制度变革的动态性，但是她的组织控制理论在总体上是静态的，并且与主流的企业理论没有紧密地衔接起来。我们结合动态企业理论的启示，在这里提出动态公司治理的理念，以此为基础分析公司治理对企业创新活动的影响关系。我们认为，动态公司治理的本质即创新型公司治理，服务于企业的本质特性，以创造价值为导向，促进企业创新。具体而言，动态公司治理包含以下三层含义。

第一，公司治理应随着企业内外部条件的变化而调整。一般而言，公司建立一套治理制度后，在初期将着力于使原有不规范的业务规范起来，提升运营效率。但是一套治理制度在带来收益的同时，也有一定的执行成本。当公司内外部条件发生变化后，原有制度的边际收益将越来越少，边际成本将越来越多，可能成为新时期公司运作的束缚。此时坚持原有制度将给公司运行带来诸多阻碍，不利于总体效率的提高。动态公司治理即意味着，公司治理不是一次性构建即一劳永逸，不是今天建立起规章制度，未来就长期不变。相反，公司治理制度应定期地根据实际情况进行调整，以适应变化的经济环境。无论公司采取何种治理结构和制度，均应立足于服务于公司，而非成为限制公司发展的桎梏。沿承熊彼特的定义，创新即是生产要素的新组合。公司治理在满足监管部门的一般性标准后，应基于公司的行业、地区和核心业务等方面的特点，形成特有的治理机制，促进公司创新活动的开展。比如，提高对创新业务部门的激励，董事会中增加具有专业知识背景的董事，股东对于创新型项目的开展提供支持，等等。当公司的创新业务发生变化后，公司的其他部门应随之调整，与之协调配套。

第二，企业在不同发展阶段应采取不同的治理结构。在企业初创阶段，核心业务亟须有所突破和创新，适当的权力集中有利于提高决策效率，提高应对市场变化的灵活性。此时，大股东兼任公司董事会和管理层具有一定的合理性。在企业成长和成熟阶段，公司面临着复杂的内外部状况，决策将涉及很多的参与主体，因此，权力应当适当分散，董事会的战略功能应得到凸显，公司运营应从以股东大会为中心转向以董事会为中心。在初创阶段，企业的核心技术可以来自引进，也可以来自模仿，但是随后如果不迅速进行自主创新，便很难成长为具有市场影响力的大企业。在成长和成熟阶段，企业需具有一定的核心创新，这些创新较难被同行业其他公司迅速模仿。此时，公司治理应在非创新业务中强调规范性，在创新活动上保持一定的灵活性。

第三，不同类型的企业应实行不同的治理规范，即动态公司治理在静态情况下应体现出结构性特点。根据《OECD 公司治理原则》，各类公司在股东权力、平等对待股东、利益相关者权益保护、信息披露与透明度和董事会责任等方面需遵循一些基本的治理要求。在此基础上，公司治理的具体实践需根据公司的实际情况，充分考虑强制性合规和灵活性适应的结合使用。不同行业的公司、同行业不同规模的公司，以及不同所有权性质的公司分别倚重于不同的创新，技术创新、市场创新和产品创新等不一而足，公司治理应围绕着创新类型设置配套的支持部门。同时不同公司对创新的依赖程度也不同，有些公司只需要简单的模仿即可（比如，劳动密集型行业），有些公司却需要有完善的技术研发体系（比如，技术密集型行业）。因此，由于不同公司的既有条件不同，要素禀赋不同及未来的发展方向不同，公司治理不应千篇一律，不同类型的公司应采取不同的治理结构，体现出结构性公司治理的特征。

当然，以上均是公司层面动态治理的含义，在国家层面，动态公司治理也具有一定的适用性。世界上现存有公司治理的英美模式、日德模式和东亚模式，不同模式均是在一定经济社会条件下长期演变的结果，源于国内外各方力量的相互博弈，这种演变体现了不同国家政治、法律和文化背景等因素，因此，公司治理不是一朝一夕即建立起来并能迅速得到规范。从动态的角度分析公司治理，我们就不会轻易得出各国公司治理将很快趋同的结论。同时，各国在某一次重大事件后建立一种公司治理秩序，该秩序也不可能是一成不变的，当国内外经济环境发生重大变化，公司治理就应适时做出调整，以适应所有公司的运作要求，服务于公司在社会中的价值创造功能。同时，国家层面的公司治理也应考虑强制性和灵活性的平衡，在公司的基本运作层面，国家应强制性要求各公司予以遵守，如股东投票权力、董事义务与责任、信息披露规范等。在基本的规范以外，国家层面应致力于为公司提供良好的运行环境，比如，防止寻租、严惩违规行为，及加强投资者保护等，给公司自主治理预留一定的空间。

（三）创新与价值创造

1. 创新与发明的区别①

亚当·斯密把大量发明归因于劳动分工，他指出，“那些大量简化与节省劳力的机器的发明，追根溯源似乎也是由于分工的缘故。当人们的心思全部集中在单一目标，而不是分散到许多五花八门的事情上时，会更可能发现更简便的达成目标的方法……那些分工最细密的制造业所使用的机器，大部分原本是一些普通工人的发明；他们每个人都只操作某种简单工序，自然而然会把心思花在设法找出较简便的操作方式上。②”

从这个观点看，发明和创新并不是那种需要许多网络才能完成的活动。专业化的工人在“干中学”中积累了足够的经验，正是这种“干中学”作为解决问题的手段，使发明得以产生。劳动分工过程为专业化的劳动力创造了激励以力图改进他们的工具和发明新工具。

这两种对发明的解释其实非常不同，并且可能看起来相互矛盾。但是，它们并不矛盾。因为通过劳动分工得到的发明一定存在着一个限度，亚当·期密自己也知道劳动分工对于经济和社会也不是一个确定无疑的好事情。他描述了那些结终其一生都用在一些简单操作的人可能具有非常有限的知识或智力，并且他们的知识资本一定是退化的。亚当·斯密强调，那些终其一生都将精力花在几个简单操作上的人，这些操作的效果可能总是相同的或者几乎是相同的，他们没有机会去运用他们的理解力或者运用他们的发明才能。

---

① 彼得·斯旺，《创新经济学》，韦倩译，格致出版社、上海人民出版社 2013 年版。

② 亚当·斯密，《国富论》，唐日松等译，华夏出版社 2005 年版。

总之，尽管劳动分工可能是发明或创造的来源，但是当劳动高度分工时，这个来源终会干涸。接下来会发生什么？如果分工后的劳动力本身不再具有发明的才智，那么，发明一定来自于不同资源的组合。亚当·斯密认识到，那些被称作哲学家或者思想家的人，他们的职业不是做什么事情而是去观察所有事物，并且他们具有把最遥远和不同的事物联系起来的能力。

这段非常有远见的文字抓住了这些专业“思想家”（或发明家）的三个本质特征：第一，他/她的职业不是“做”什么事情，他/她是一个理论家。第二，他/她观察所有的事物，要做到这点，他/她必须跟很多人交流。无疑，现在，发明和创造更倾向于成为一种网络活动。第三，他/她必须擅长把分离的或不同的知识结合在一起，这是我们谈及的创造和创新过程的第二个基本点。

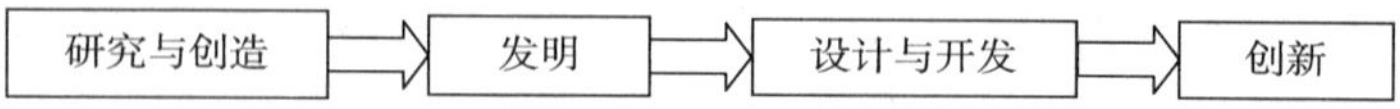

图 2－1　创新的前期基础

经过努力工作及幸运因素，研究创造会产生发明，但这仅仅是创新征途上的第一步。发明只不过是一种思想，在转化为商业上切实可行的创新之前，还需要很多开发和设计工作。并非所有的发明在成为创新之前都会经过这一步骤。只有当新的思想第一次在企业的生产过程中得以使用或者第一次在市场上销售时，才是一项创新。创新的准确定义是“对新想法的成功利用”。换而言之，创新有两个本质特征：它并非仅仅指新想法的诞生，也包括它的商业利用。这种定义有助于我们理解创新（Innovation）和发明（Invention）之间在经济学上的明确区别。创造是一种过程或活动，而发明是一种结果。创造是一个漫长，有时甚至痛苦的过程。由于创造没有什么规则，即便有，也没有人知道这些规则，所以，有些人的确可能认为，把创造描述为一项“活动”，而非一种“过程”会更好。即使最伟大的有创造力的头脑也不能总是了解他们的创造过程是如何进行的，相比而言，发明可以在书面上加以描述。如果发明者要申请专利，他们就不得不对他们进行描述。

2. 创新与创造的区别及其组织要求①

关于创新与创造的两种截然不同的观点。第一，创新由专业化和劳动分工产生。该思想源于亚当·斯密（1776）："那些大规模简化与节省劳力的机器的发明，追根溯源似乎也是由于分工的缘故。"第二，创新来自先前不同知识和能力的组合和重组，这种组合过程类似于"异类联想"。

这两种不同观点依据以下内容而有不同的含义：第一，依据它们产生的创新的种类；第二，按照创新组织的设计方面。第一种方法的创新（通过专业化和劳动分工）往往会产生稳定的渐进创新流；而第二种方法（组合和异类联想）往往为根本性创新所需。这也可以从另一个角度理解，现存生产者能否自如地应付创新，或创新对于现存生产者是否具有破坏性。如果生产者可以应付自如，那么创新是渐进的；如果不是，则创新是激进的。

第一种方法的创新是在现有的结构中发挥作用，而第二种方法的创新则需要创新者穿过现存的结构。在现存结构内产生的创新看起来平均比在该结构外产生的创新对该结构产生的威胁要小得多。总之，第一种类型的创新（产生于现有结构内的劳动分工）相对来说可能是渐进的，而第二种类型的创新（产生于穿越现存结构的组合）相对来说可能是激进的。

第一种方法的创新（专业化和劳动分工）往往在等级制度中能获得最好的发展。对于U型组织，公司的每个单位都管理一个特定的业务功能（如财务、营销或制造）。这种结构的诱因是它促进了劳动分工，从而使公司能够利用来自专业化的规模经济。

U型结构最适合相对稳定的条件和具有很少创新或技术变化的稳定市场，在那里，工作内容是稳定的，大多数决定都是例行惯例。但是U型结构不能很好地应付激进创新，因为激进创新意味着工作内容必须经常变动，许多决策都是非例行的。随着企业不断成长，U型组织演变成M型组织。在这种结构里，组织也被分成许多单位，但不是按照功能来划分。举例来说，U型组织的单位具有不同的功能（如财务、营销或制造），而M型组织的单位可能代表不

① 彼得·斯旺，《创新经济学》，韦倩译，格致出版社、上海人民出版社2013年版。

同的产品（如服务器电脑、台式电脑、笔记本电脑）。对于一个给定大小的组织，在应付需要对一个特别产品领域的惯例重新定义的创新方面，M 型结构无疑要稍微优于 U 型结构。然而，非等级制度（无论 U 型还是 M 型）更真正适合激进创新的挑战。

大公司还是小公司具有创新优势，取决于是哪种创新？大公司采用使它们发展规模经济的组织结构——特别是 U 型结构，能够发展高度的劳动专业化，从而成为激进创新中的佼佼者。

什么时候小公司具有优势呢？创业公司从开始就更容易联合一个新的能力组合。这样一个组合并没有涉及组织变革，也没有挑战现行的组织结构，具有很大的灵活性，能很好地适应激进创新。创业公司不能获得规模较大的全球参与者，或全球范围内运作的专业零部件供应商可以获得的规模经济。创业企业也不能获得同样程度的劳动分工，一般也不能在供给渐进创新方面挑战大的公司。

（四）价值创造的模式

迈克尔·波特（Micheal E. Porter）在其 1980 的著作《竞争战略》中提出了著名的“五力理论”，并指出在与五种竞争力量的抗争中，蕴涵着三类成功型价值创造模式（战略），这三种模式（战略）是：①成本领先模式（战略）；②差异化模式（战略）；③专一化模式（战略）。波特认为，这些模式类型的目标是使企业的经营在产业竞争中高人一筹：在一些产业中，这意味着企业可取得较高的收益；而在另外一些产业中，一种模式的成功可能只是企业在绝对意义上能获取些微收益的必要条件。有时企业追逐的基本目标可能不止一个，但波特认为这种情况实现的可能性是很小的。因为有效地贯彻任何一种模式，通常都需要全力以赴，并且要有一个支持这一模式的组织安排。

戴维·弗里克曼和雅各布·托勒瑞德（David Frykman 和 Jakob Tolleryd，2006）提出了外部和内部两种价值创造模式。外部的价值创造模式依靠行业结构创造价值，主要的价值驱动因素是行业集中度、进入壁垒和行业成长性。内部的价值创造模式依靠公司的智力资本，主要的价值驱动因素是品牌实力、管理层与董事会的动机、创新能力和独立于个人的知识。

蔡昌（2005）描述了价值创造的管理模式，把抽象的企业价值借助具体的现金流增量来评价，把不易解决的企业价值提升问题借助容易实施的程序化步骤进行处理。价值创造模式是一种全面发现企业价值增长空间的途径和方法，在企业价值增长过程中运用全方位、多角度的财务运行模式，来增加现金流和企业价值。

从公司角度来看，公司实际上是为创造和提供顾客价值的一系列价值创造活动的集合——价值链（宋常、郭天明，2006）。价值链模式下的公司价值创造的驱动因素包括：价值链所创造的最大化的顾客价值，公司整体价值链创造价值的核心能力，价值链成员之间的相互合作关系，公司价值链独特性。张传平、王丹（2006）提出了一种以顾客为中心的价值创造的新型模式——价值网。它采用数字化供应链概念，达成高水平的顾客满意度和超常的公司利润率，它将合作的供应商连接在一起，制订解决方案，提取核心能力，将运营设计提升到战略水平，以适应不断发生的变化，是快速、可靠、便捷的系统。

价值创造的一般模式是不断发现价值、获取价值和实现价值（王爱东，2007）。企业价值创造的一般模式如下：①价值发现。价值发现是认识企业价值的载体，价值发现是一项创造性的工作，只有创新才能发现价值。价值发现的本质是资源的获取，包括自然资源、技术资源、市场资源、人力资源，既包括有形的资源，也包括无形的资源，价值创造的本质是对资源的占有、使用和得到回报；②价值获取。通过一定的手段将价值载体物化从而获得价值载体。如生产线的建设、地理位置的占有、资源的占有等；③价值实现。价值实现是指通过运营获得现金流量，实现企业价值。

侯光明等（2006）在全球价值链的视角下，针对中小企业的特征提出了五种价值创造模式，对其产生和发展的动因进行了分析，揭示了其内在的价值创造规律。五种模式分别是集群协作模式、利基模式、专精模式、个性服务模式和虚拟经营模式。

班博和张雷（2008）对零售企业的价值创造模式进行了比较和策略研究，

提出传统价值链与虚拟价值链管理、传统供应链与虚拟供应链管理、价值平台管理模式和价值网管理模式等几种模式，并且为构建更为合理的价值创造模式提供了建议。首先，加强基于核心环节的价值链管理模式，而零售企业价值链管理的核心环节在于强化基础设施、卖场管理与人力资源管理。其次，建立基于信息手段的供应链管理系统，主要包括电子交换系统、电子数据交换系统、快速响应系统等。最后，完善全面价值共享的价值网管理业态。

（五）股东价值及其影响因素

股东价值以及公司价值可以通过以下方式进行衡量：

股东价值 = 公司价值 - 负债

公司价值 = 未来现金流量总和/以加权平均资本成本为代表的贴现率

未来现金流量取决于营业额、营业利润、现金税、固定资产、营运资本等，加权平均资本成本取决于权益成本、债务成本、资本结构、风险等。

股东价值模型的核心是三个因素：增长、风险和收益，可以展开为“七个价值驱动因素”，分别是：

① 销售额的增长（或者营业额的增长）；

② 营业利润率（EBITDA，未计利息，税项、折旧及摊销前的收益）；

③ 现金税率；

④ 营运资本（为了扩大业务的资本）；

⑤ 资本支出（固定资本），也是为了扩大业务的资本；

⑥ 加权平均资本成本——风险—通货膨胀的加权平均资本成本；

⑦ 竞争优势持续期。

研究发现，在美国，人们对股东价值体系与业绩评价普遍存在着浓厚的兴趣。这是基于 SVA 与平衡记分卡的。据估计，超过 5% 的美国财富 500 强公司与大约 8% 的全球财富 500 强公司已采取了股东价值与业绩评价体系，并且往往是大公司充当了领头羊的角色。在抽样调查中，大部分公司的股价业绩超过了他们的竞争者，这表明这些方案的价值所在。

表 2-1 价值创造的驱动因素

战略层价值驱动因素	增长、风险、收益		
财务层价值驱动因素	销售 现金流量	营运资本 固定资本	现金税率 资本成本
运营层价值驱动因素	部门销售量 价格 产品组合	销售期限 商家期约 赎买政策	
业务部门可能包括的特定驱动因素	工资率 管理费用 制造 生产力 工作进度表 停工期	付款程序 资源策略 场所决策 资本预算 创新战略 融资选择	

资料来源：安德鲁·布莱克、菲利普·赖特、约翰·戴维斯，《追寻股东价值：业绩驱动因素管理》，经济管理出版社 2011 年 8 月版。

阿尔弗洛德·拉帕波特（Alfred Rappaport，2012）研究认为，正是公司经理层的短期主义引发了 2008 年的全球金融危机，因此，必须确立长期公司业绩激励。他列出了成为一家专注于长期价值创造的公司的一些必要做法：

① 不要进行盈余管理，也不要设定赢利目标；

② 选择能最大化长期价值的战略，哪怕会降低短期赢利；

③ 通过计划、决策和绩效评估来注入顾客资产观念；

④ 从长期价值创造的角度来管理所有现存、新高或孕育期业务，而不去考虑各项业务的成熟程度；

⑤ 只保留能最大化公司价值的资产；

⑥ 当创造出超常长期价值时，才给 CEO 和高管回报；

⑦ 要求 CEO 和高管长期持有一定数量的公司股份；

⑧ 只有在连续多年创出超常价值时，才给运营单位主管回报；

⑨ 只有当对他们能够直接影响的长期价值驱动因素有了超常表现时，才给运营单位员工回报；

⑩ 只有当能实现长期价值最大化时，才进行并购；

⑪ 当找不到能创造价值的业务机会时，就把现金还给股东；

⑫ 为投资者提供有用的公司价值的信息。

第二节　公司治理对价值创造的作用机制

一、公司层面治理机制与价值创造的影响关系

总体而言，良好的公司治理可以提高公司的投资效率，使公司不仅着眼于短期目标，也立足于长远发展，进行较多的研发投入，并加强风险管理和内部控制，从而使公司获得更好的财务绩效和更高的市场价值。我们将从股权结构与股东权利、董事会、信息披露、激励机制等四个方面分别进行讨论。

（一）各种治理机制的总体分析

1. 股权结构与股东权利

股权结构是决定公司治理机制有效性的最重要因素，因为它决定着公司控制权的分配，以及所有者和经营者之间委托代理关系的性质。股权过度分散和过度集中都不利于委托代理关系的维护。一般而言，大公司的股权结构更趋于分散，这是由于股票多次增发的缘故，公司治理的主要问题是股东与经理之间的代理问题；中小上市公司的股权结构大多是集中的股权结构，公司治理的主要问题是如何遏止控股股东的各种道德风险，保护股东特别是中小股东的权利。

究竟是股权分散有利于科学决策，还是股权集中有利于公司长远发展，理论和实践均没有统一的定式。现实而言，不同公司采取不同的股权结构是必然的，这取决于公司的创始背景、所处行业、发展阶段等。对于两种股权结构，如果处理得当，均可以促进公司的创造活动和价值创造活动（见图 2 – 2、图 2 – 3）。

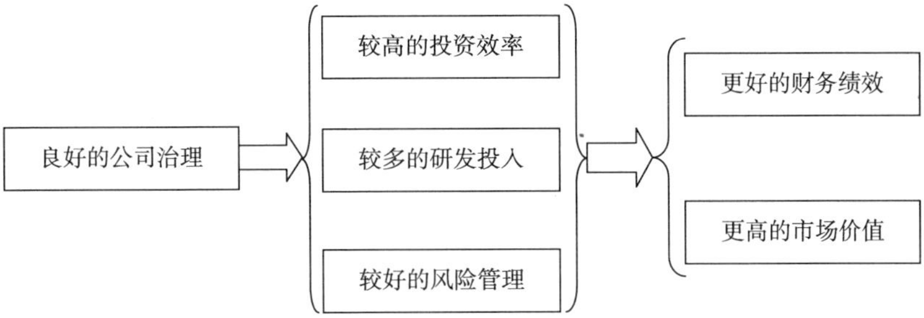

图 2-2　公司治理与价值创造的总体关系

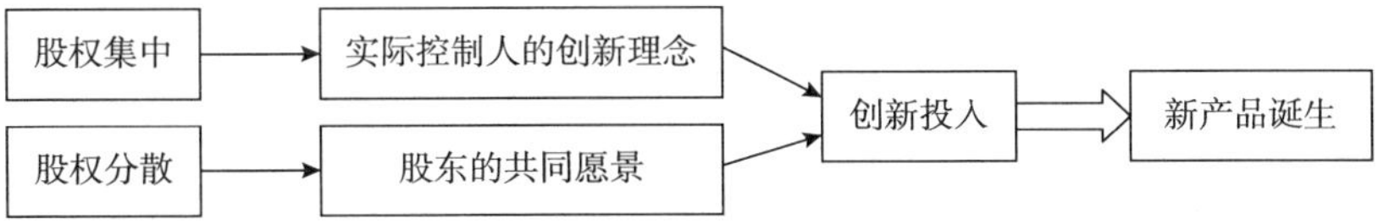

图 2-3　股权结构与价值创造的基本关系

股权集中型的股权结构往往有一个实际控制人，或几个一致行动人，实际控制人对公司发展具有决定的权力，可以影响公司所有的重大决策。如果是民营企业，实际控制人或一致行动人往往是公司的创始人，因此，公司的代理问题较弱。如果是国有企业，实际控制人往往是国有大股东或公司个人，代理冲突既包括大小股东之间，也包括股东与实际控制人之间。不论怎样，在解决好利益冲突的前提下，两种股权结构均可以立足于公司的长远发展，采取有利于长远目标的创新策略，加大研发创新、市场创新、管理创新的力度。

除了股权结构，公司对股东权利的保护也是股东层面要解决的问题之一。股份公司无论股东多少，均需要与所有股东签订明确的协议，以确定股东的权利和义务。如果公司的股东人数较多，比如，上市公司，这种协议往往是在公司章程、股东大会议事规则、投资者适当性管理规定、投资者关系管理规定等公司文件中得以体现。股东可以据此享有一定的知情权、投票权和分红权等权利。

在公司层面，对股东权利的良好保护可以赢得市场更多的认可和追捧，公司将获得更多的融资渠道、更多的资金，从而进行更多的创新投入，推动公司开展新的项目，提高企业价值（见图 2-4）。并且，良好的投资者保护水平本身就是企业的无形价值，投资者可以更放心地将资金投资于该企业，以获得企业资产增值的收益。

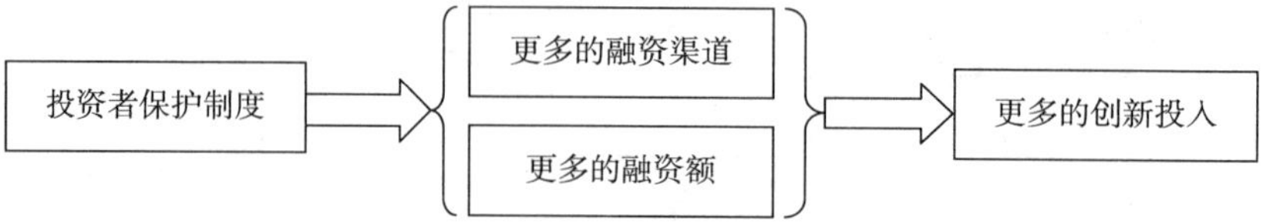

图 2-4　投资者保护水平对创新投入的影响渠道

2. 董事会

董事会是公司治理的枢纽和核心。有效的公司治理机制一方面应确保董事会对公司和股东的受托责任，另一方面应实现董事会对公司的战略指导和对管理层的有效监督。董事会的任务主要有四个方面：一是选聘和激励管理层，二是确定公司的战略发展方向，三是对公司重要事项做出决策，四是部署公司的风险管理体系和内部控制体系。

总结中外公司的董事会，我们发现，最早的董事会只是完成股东的受托责任，直到近年来，董事会才被赋予更多的功能，其战略功能被越来越多地讨论。具体而言，董事会上接股东，下连管理层，除了日常的议事、决策功能外，一个更重要的任务是确定公司的发展战略，发挥董事们的专业知识优势，运用其对未来形势的判断能力，为公司长远发展框定大的发展方向。选择经理、科学决策、风险与内部控制机制均是董事会的工作内容，均是董事会创造价值的重要组成部分（见图 2-5）。

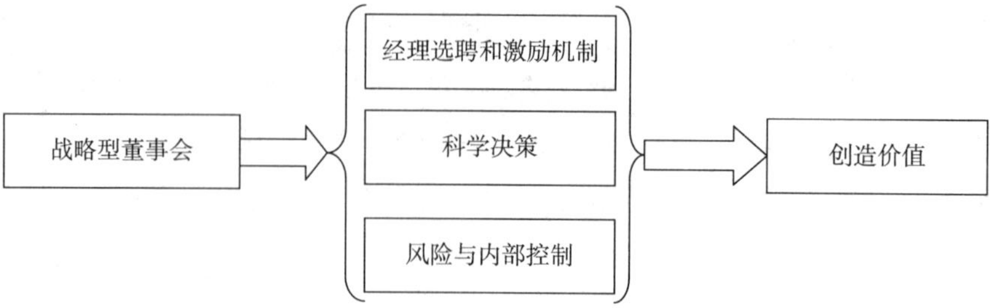

图 2-5　董事会与价值创造的基本关系

3. 信息披露

健全的信息披露是投资者了解公司并对其实施监控的基础，也有助于资本市场吸引资本和保持信心。有效的公司治理能够确保及时、准确地披露公司所有重要信息，并贯彻真实、准确、完整、及时、公平的信息披露原则。上市公司信息披露既包括数量，也包括质量；既包括披露公司的实质性信息，比如公司财务和经营成果、关联交易、内部控制、对潜在风险的分析，也包括公司的所有权、薪酬政策、商业伦理、治理政策和程序等非财务信息。

无论怎样，信息披露是信号传递的一个途径，主要目的是解决信息不对称问题。信息披露可以使公司的各利益相关者更方便地掌握公司运营的各种信息，从而对公司董事会和管理层形成一种外在监督，减轻道德风险和逆向选择的发生概率，降低公司运行的代理成本（见图2－6）。这些均是创造股东价值的一部分，有利于公司提高效率，专注于主营业务发展。

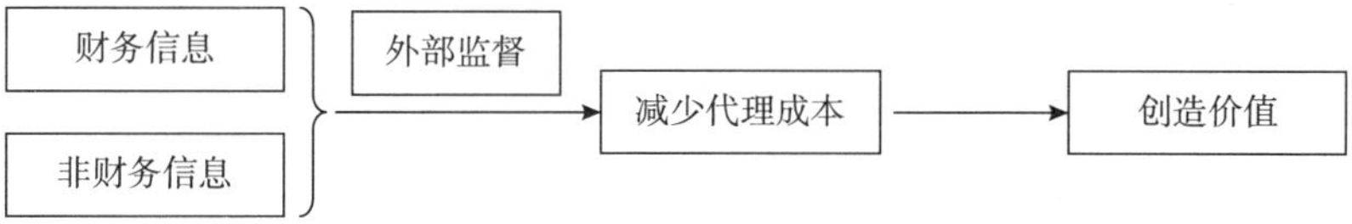

图2－6 信息披露对价值创造的影响机理

4. 激励机制

薪酬激励是与董事会建设意义同样重大的公司治理问题。在大公司，股东通常委派董事到董事会，而董事一般在股东单位任职，对董事的激励以职位激励为主，薪酬激励为辅，股权激励相对较少。对于中小上市公司，股东通常兼任公司的管理人员，内部监督比较到位，如何在高科技企业充分调动技术和管理骨干的积极性始终是一个重要的治理问题，激励是重要的，但激励需要与公司的业绩发展相匹配。最好让经营者也持有一定的股份，成为内部股东，这样，使经营者的利益与外部股东的利益一致起来。对于中小公司，短期激励和长期激励的区别非常明显。一般而言，薪酬激励主要是短期性的，满足董事和经理层的短期奋斗目标，股权和期权激励是长期性的，使董事和经理层的个人利益和公司的长远利益尽可能地一致；薪酬激励对应于经理的基本工作，股权和期权激励对应于经理的创新工作，这种长短期激励相结合的方式在上市公司中越来越普遍，目的是形成一股合力，使经理层在做好基本工作的同时，立足于公司长远发展，开展有利于公司未来业绩的创新和价值创造活动（见图2－7）。

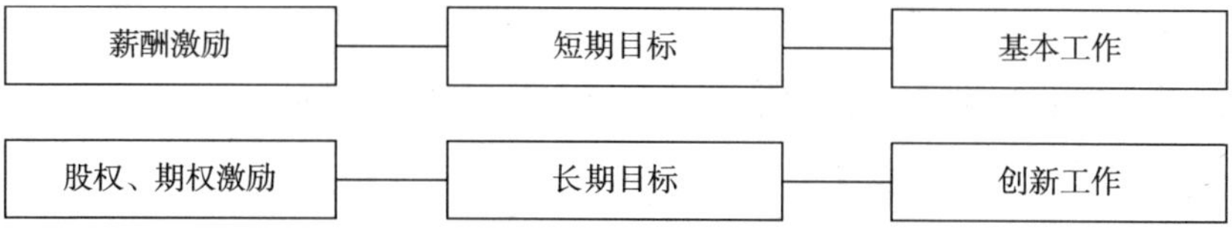

图2－7　激励机制对价值创造的影响关系

（二）动态分析：不同发展阶段的公司治理差异

1. 初创阶段

在企业的初创阶段，生存是第一位的，一切制度和管理的落脚点是先在激烈的竞争中站稳脚跟，挤占一定的市场份额。如果是规模较小、人数较少的非公众企业，无所谓公司治理的制度建设，仅需按照监管部门的要求，有基本的公司章程、部门运行管理制度、日常工作与年终的绩效奖惩制度；严格按照法定的财务规范，如实上缴税收；确保公司运行不破坏环境，不扰乱正常的周边秩序等即可。在这种企业里，公司往往是创始人一个人说了算，创始人的要求是公司运行的实际准则，公司治理不涉及股东、董事会，仅涉及对核心管理人员或核心技术人员的激励问题。

如果企业是公众公司，就必须按照公众公司的治理要求，设立股东会、董事会等治理机构，按照《非上市公众公司监督管理办法》进行定期信息披露，公司的并购、融资等事项都必须履行信息披露的义务。如果条件允许，公司还可以到场外市场挂牌。对这类企业，公司治理的重要性开始凸显。至少从形式上看，各种治理机构和治理机制必须一应俱全。这类企业通常在一个地区具有一定的知名度，业务范围和主要市场具有很强的地域性，超出所在地区，这类企业往往并不知名。对于这类企业，公司治理的重要性主要是体现在其直接股东上，利益相关者的重要性还没凸显出来。信息披露往往是程序化的，只是满足于监管部门的要求，很少对公司内部信息做详细披露。非本地公众对该公司的了解往往有限。

2. 成长阶段

随着企业的发展壮大，大到可以在中小板、创业板上市的程度，公司治理的重要性就变得非常重要。此时，公司治理除了满足监管部门的底线监管要求外，还需体现出公司的自身特点，显示出一定的独特性。对于这类公司而言，信息披露在很大程度上是满足监管部门和外部投资者的要求，而股权结构和股东权利的优化、董事会建设则具有一定的内在需求。有些公司的股权结构较为集中，而有些公司的股权结构较为分散，分别具有一定的优势和劣势，具体取决于行业的特点、公司创始人的风格特点、公司所处的行业等。比如，以人力资本为主的行业中，股权分散更具优势。对于制造业企业，集中型的股权结构可能更利于重大项目的决策。

3. 成熟阶段

随着企业的进一步发展，规模大到可以在主板上市，甚至成为跨国公司，成为世界500强，公司治理将成为万众瞩目的对象。在这一阶段，公司治理不仅是外界关注的重点，也应成为企业的内在需要。已有大量研究表明，良好的公司治理可以提高企业的财务绩效和市场价值。如果公司治理仅被视为形式，投资者和市场将很快会察觉这一迹象，公司也将很快遭到市场的惩罚。

为何投资者和市场非常关注这类企业的公司治理？第一，这类企业的股权往往比较分散，股东很少能直接参与公司运营，公司决策主要委托董事会进行，这其中难免会有一定的代理问题，完善的信息披露就非常重要。投资者和市场需要公司信息披露这一途径掌握公司治理、公司运营的各种信息。由于普通投资者仅能通过公司网站及年报了解公司的发展信息，因此，包括公司章程、董事会议事规则、股权激励计划、内部控制架构、投资者关系管理制度等均成为投资者关注的对象。或者，有些投资者关注这一类制度，另一些投资者关注另一些制度，公司必须考虑到众多投资者的不同需求。良好的公司治理意味着公司首先要有这些制度，其次是真正执行了这些制度。

第二，对于这类企业，谁也没有最终决策的主导权，制度的作用就非常重要。公司的董事、经理层可以更换，但制度不可以轻易更改。公司治理既是公司运行的基本制度，更是公司管理的基本保障，公司运行的各个方面均是在公司治理这个大框架下进行的。大到公司章程，中到部门发展计划，小到日常报销规定，公司治理及内部控制渗透在公司运行的各个环节。良好的公司治理和内部控制可以节约成本、提高效率，不良的公司治理可能会造成人员冗余，人浮于事，工作效率低下，等等。

（三）静态分析：不同行业的区别

1. 垄断性行业

对于垄断性行业（比如，航空业、电信业），或者垄断性行业的垄断性企业，公司治理往往有鲜明的行业特征。除了满足监管部门的基本治理要求，比如，设立股东大会、董事会、监事会等，也有本行业和本企业的自身治理特性。此行业公司有一个共性，即以企业集团的形式存在，有大量的子公司和分公司。公司治理在很大程度上会涉及企业集团的治理。如果有海外公司，还会涉及海外公司与国内公司之间的治理。

对于此类公司，有多个层面的股东大会和董事会，对于企业集团最上层股东会和董事会而言，其承担的决策风险最大，对公司长远发展起着决定性作用。对于子公司和分公司，分别有着不同的市场定位和发展方向，董事会的战略性将从属于企业集团的战略安排，公司治理将倾向于具体细节，比如，对不同人员的激励安排、盈余管理的方法、信息披露的口径，等等。

2. 竞争性行业

对于竞争性行业（比如，零售业），股权集中度尚没有普遍性的规律，既有分散型股权结构，也有集中型股权结构。董事会的特征也不尽相同，有的公司由大股东兼任董事长，董事会基本上由大股东主导；有的公司强调多元化的董事会，强调不同背景、不同性别的互补优势，具体哪种类型的董事会更好，要根据公司所处行业、所处发展阶段而定。此行业公司的激励机制的一个共同点可能是，都重视绩效激励，以促进公司人员努力工作，提高工作效率。

二、国家层面治理环境与价值创造的影响关系

在国家层面，为何有的国家的企业具有较强的竞争能力，而有些国家的企业无论是竞争能力还是创新能力都相对较弱？这在一定程度上受制于国家层面的治理环境。我们认为，主要有法律环境、行政环境和市场环境三方面。

（一）国家层面法律环境对企业价值创造活动的影响

良好的法律环境可以确保投资者、企业、员工和其他利益相关者的权益。从而投资者可以放心地把资金投向企业，员工可以安心地到企业工作，投入自己的人力资本，企业可以融得更多的资金，满足新项目的资金要求。

"法与金融"学派的研究表明，一国法律对投资者的保护情况会影响资本市场的发达程度，进而影响公司的融资来源和资本结构，从而影响公司的治理结构，对公司发展产生群体性影响。法律对投资者保护越好，以资本市场为代表的间接融资越发达，公司将更容易汇聚零散的资金，投入新的研发项目，公司的资本结构将以股权融资为主，债券融资为辅，并且股权结构将趋于分散，由此，股东和经理之间的代理问题将成为公司治理的主要解决对象。相反，如果法律对投资者保护较弱，企业融资将主要依靠银行等间接融资，以资本市场为代表的直接融资将相对较少，企业的治理问题主要是大股东和小股东之间的代理冲突，以及股东与债权人之间的代理冲突。

当然，一国的法律环境不仅包括对投资者的法律保护，也包括对知识产权的保护、对公民财产权的保护，等等。良好的法律环境可以降低交易成本，提高企业利益相关者之间的谈判效率和交易频率，从而提高企业的创新效率，使企业创造出更多的价值。

（二）国家层面行政环境对企业价值创造活动的影响

企业从成立、运行、发展壮大到某天破产清算，都需要与政府打交道。企业面临的政府的行政环境直接影响企业的发展速度和经营成本。比如，企业在

审批土地、审领证件、上报税务等方面的进展均取决于政府的行政效率。如果企业所在地的政府较腐败，政府对市场干预过多，那么，企业的发展势必将受到掣肘，其为社会创造的价值也势必有限。

一个廉洁、高效的政府既是当地民众的福音，也是当地企业的福音。企业将用较少的人力和物力应对政府的行政监管，投入更多的人力和物力在主营业务上，从而专注于做大做强，为社会提供更好的产品和服务，创造股东和利益相关者的更大价值。

（三）国家层面市场环境与企业价值创造

企业运行除了面临法律环境、行政环境外，市场环境也非常重要。市场环境除了本行业内的竞争环境外，也包括金融市场、劳动力市场、原材料市场等方面。良好的市场环境可以提高企业获得生产要素的便利度，使企业以更低的成本、更方便地获得生产要素，创新性地进行资源配置，从而提高总体经济效率，获得更大的产值。

在公司治理领域的诸多研究中，市场环境经常是重要的控制变量。企业在不同地区面临不同的市场化环境，从而对公司治理的要求不尽相同，是用较小的成本应对市场的要求，还是付出较大的成本去达到市场标准，对公司的生产和创新活动有重要影响。

第三章

所有权与企业价值创造

第一节　企业所有权理论分析

一、企业所有权的概念

（一）问题的提出

所有权安排是公司治理的基础。公司治理结构是企业所有权安排的具体化，离开企业所有权谈公司治理结构是没有意义的。在充分竞争的市场上，企业要生存和发展下去，必须使自己所创造的总价值最大化，否则就难以生存。给定资源投入，企业创造的总价值越大，其生存能力就越强。为了实现企业价值的最大化，企业的制度安排必须解决两个最基本的问题：第一个问题是经营者选择问题，即如何保证真正有企业家才能的人来管理企业；第二个问题是激励问题，即如何使企业成员（特别是企业经营者）有积极性努力工作，并对自己的行为负责①。要解决这两个问题，最基本的做法是通过合适的所有权安排。

（二）企业所有权的概念

企业所有权指的是企业的剩余控制权和剩余索取权两个维度。所谓剩余控制权，是指合约中无法事前规定的、对企业资产和经济活动的指挥权。剩余控

① 张维迎：《产权、激励与公司治理》，经济科学出版社2005年版。

制权的产生是因为有些权力难以用合同的形式注明。如果合同是完备的，那么在各种可能的情况下，权利和义务都会被规定得清清楚楚，也就不会存在剩余控制权。然而在现实中，几乎所有的合同都无法完备，所以一定存在着某种程度的剩余控制权。剩余索取权即企业总收益中扣除了税收和各种应缴费用以及合同上注明的利息、工资等应付的费用之外，剩下的那部分收益的索取权。剩余索取权的产生实质上也是来源于未来的不确定和无法完全预测。

关于剩余索取权和剩余控制权的关系，现代企业理论认为，这两者应该是对应的关系：享有剩余索取权的人也应该有剩余控制权；拥有剩余控制权的人也应该获得剩余索取权。剩余所有者能得到的剩余收入的多少，取决于剩余控制权的行使，为了保证剩余控制权的恰当行使，剩余所有者就必须有剩余控制权，否则，他们的利益就会受到拥有控制权的人的侵害。反之，拥有剩余控制权的人也应该有剩余所有权，因为如果他的收入是固定的话，就没有必要为自己的行为负责，企业亏损了也没有关系，反正他的收入也不会受到影响。所以为了激励有剩余控制权的人努力工作，做出帕累托最优的决策，就必须让他拥有剩余索取权①。

（三）企业所有权和财产所有权的区别和联系

为了更清楚地说明企业所有权，需要进一步区别企业所有权和财产权所有权。财产所有权是一切财产权利的基础和核心，它包括财产的占有、使用、收益和处分这四项基本的权利。法律对于财产的保护有两种方式：一种是产权规则，另一种是责任规则。从产权规则上讲，如果一件物品判决是某人所有的，没有得到他的同意，任何人都不能拿走，如果强行使用是要负法律责任的。责任规则与产权规则不一样，对物品的使用可以不经过所有者的同意，但事后要给予补偿。现实生活中对许多物品实行的是产权规则的保护，但也有一些实行的是责任规则的保护。财产所有权落实到企业，就化为一种合同安排，包括了委托——代理权。比如，同样是投资者，用债权投资的人获得合同收入，一般

---

① 张维迎：《产权、激励与公司治理》，经济科学出版社 2005 年版。

情况下不享有对企业的控制权；而以股权投资的人，不能获得合同收入，而只能享有剩余收入，同时获得对企业的控制权，从而也就获得了企业的所有权①。

二、优化企业所有权以实现企业价值最大化

（一）优化企业所有权以实现企业价值最大化的途径

1. 优化企业所有权以降低交易成本

以科斯开创的交易费用为基础的“资本雇佣劳动”的企业所有权安排理论在西方经济学中占据主导地位。这一理论把企业界定于交易的本质上，因此，把降低交易费用作为企业存在以及企业内部制度安排的唯一标准，也就意味着，企业所有权安排主要是从对风险和机会主义的防范以及如何降低由于代理问题而带来较高交易费用的视角进行的。

2. 优化企业所有权以创造更多价值

如果把企业界定为价值创造的实体，则又有一种优化所有权的安排原则——创造更多价值。这一观点认为，企业所有权安排的研究视角，应是积极主动的价值创造而非消极防御地降低交易费用，以此超越交易费用。或者说，建立在企业本质——价值创造实体基础之上，是研究企业所有权安排的立足点和切入点。

在一定意义上，参与主体的价值创造行为与降低交易费用并不矛盾，交易费用的降低自然也有利于企业价值创造的最大化。所有权对人力资本进行激励的功能也包括了交易费用的降低。所以说，企业所有权安排的研究视角，应该是充分发挥所有权的激励作用，既是积极主动的价值创造，又是积极地降低交易费用。

① 张维迎：《产权、激励与公司治理》，经济科学出版社 2005 年版。

（二）企业价值最大化的所有权安排原则

如前所述，激励问题是企业的最基本的问题之一。许多经济学家对于如何解决企业激励的问题进行了研究。经济学家阿尔钦和德姆赛茨认为，既然团队工作中可能出现有些人坐享其成，那么我们从团队中挑出一个来做"监督者"，专门行使监督其他劳动者劳动的职能，由他对勤劳者给予奖励，给懒惰者以惩罚。至于谁来监督监督者，阿尔钦和德姆赛茨的办法就是给监督者以剩余索取权，让监督者自己监督自己，也就是说，剩余索取权把监督者的行为内部化了。根据我们对企业所有权的定义，由于监督者拥有了企业的剩余索取权和剩余控制权，因此，他也就拥有了企业的所有权。

接下来的问题就是究竟让什么样的人来做监督者，进而拥有企业的所有权呢？所有者的挑选不是任意的，要有一定的选择标准。一般情况下，监督是有成本的，否则就不会有人敢偷懒了。另外，监督也不可能是完全的，因为有些偷懒行为是很难观察的。所以，从社会的角度来说，最优的所有权安排应该是使激励损失与监督成本之和达到最小。换句话说，也就是使企业价值达到最大。从监督的角度来说，有两个因素对监督者的选择是至关重要的，一个是监督的难易程度，另一个是成员在团队中的重要性。从监督的难易程度来讲，最难监督的成员应该成为监督者。从成员在团队中的重要性来说，对团队最重要的人应该拥有企业所有权。从这两个方面来说，最难被监督的和最重要的成员应当成为企业所有者，这样的安排是社会最优的所有权安排①。

很显然，在企业的所有成员中，制定经营决策的企业家不仅是最重要的，也是最难被监督的，这是企业家必须享有企业所有权的基本原因。工人的偷懒与否可以通过考勤、产量等方法加以考察，但是，对企业家来说很难做到这一点。因为企业家面临很多的不确定性，从事的是脑力劳动，需要更多的自由空间，只要他想偷懒，总可以找到借口。所以，让企业家成为所有者是将其行为后果内部化进而激励其努力工作的最重要手段②。

---

①② 张维迎：《产权、激励与公司治理》，经济科学出版社 2005 年版。

第二节　大股东在公司价值创造中的作用

一、大股东问题的提出

伯利和米恩斯（Berle 和 Means，1932）认为，股权的广泛分散是现代公司的重要特征。这一论断对公司治理的理论研究产生了深远而持久的影响，几十年来，股权分散一直是公司治理研究的一个基本出发点。在此基础上，传统的委托代理理论一直都将现代公司治理问题归结为所有权分散模式下股东与经理人之间的委托代理冲突，以及在这种冲突模式下经理人的诸多自利行为，并认为公司治理要解决的主要问题是所有权与控制权分离而产生的股东与管理者之间的代理问题。从 20 世纪 80 年代以来，随着研究的深入以及现实生活中大股东问题的不断显现，开始有研究者关注所有权集中条件下的大股东控制问题，并探讨大股东对控制权私有收益的追求对公司治理所产生的影响。随着对公司治理研究的深入，以控制权私有收益视角为切入点，基于所有权集中条件下大股东与中、小股东委托代理冲突的公司治理问题研究逐渐成为现代公司治理理论研究领域新的热点问题。

研究发现，在世界各地，某种形式的股权集中非常普遍，包括中国在内的许多国家和地区上市公司的股权结构的主要特征不是股权分散，而是相对集中或高度集中。La Porta 等（1999）对世界 27 个富裕国家和地区的各自最大的 20 家上市公司的最终控制权结构的研究发现，绝大多数国家的公司中均存在控制性股东。克拉森等（Claessens 等，2000）对 2980 个亚洲公司的最终控制权结构的研究结果表明，超过三分之二的公司被一个大股东所控制。法乔 Faccio 和 Lang（2002）分析了 232 家西欧国家公司发现，欧洲大陆国家的公司股权普遍较为集中，即便具有典型 Berle－Means 式股权结构的美国，股权结构也并非完全分散。在新兴市场，所有权集中度比成熟市场更高，例如，中国公司的股权高度集中，“一股独大”更是上市公司股权结构的主要特征。这说明，集中股权结构是现代公司股权结构的主要特征，大股东是公司治理的主导力量。关于世界范围内的一些国家的股权集中度状况，可以见表 3－1。

表 3－1　　世界范围内部分国家的股权集中度状况

澳大利亚	前 200 家上市公司的大部分股份掌握于金融机构手中，但他们的持股却是分散的（一家金融机构的持股很少超过 10%）
奥地利	在各类公司中，直接股权集中度很高的现象很普遍。在最大的 5% 的公司中，最大的股东平均持有 67% 的公司股权
比利时	大约 60% 的上市公司拥有的大股东单独或一起拥有超过 30% 的公司投票权，就使他们拥有了对公司的实际控制权
巴西	绝大多数上市公司由单个股东、外国公司直接控制或者或通过金字塔结构控制。一项对 201 家上市公司（占 85% 市场份额）的调查发现，超过 70% 的公司都为家族控制或共享的所有权控制
加拿大	多伦多证券交易所中最大的 300 家上市公司中，大约 25% 的公司拥有控股股东
智利	自 2002 年起，50 家主要的综合性大企业对超过 70% 的非金融类上市公司通过所有权进行控制。控制权的中间值为 67%。按照 10% 的所有权控制门槛，只有不到 1% 的公司为广泛的所有权控制
捷克共和国	所有权结构的特征为股权集中，通常集中于控股股东
丹麦	很多大型公司拥有分散所有权结构。然而，有相当大比例的公司，特别是中小类型的公司，只有一名或少数的控股股东，他们通常在公司治理中起到了积极作用
爱沙尼亚	7/15 的上市公司为控股股东掌握
芬兰	有一些公司为分散的所有权结构，但是，其他的公司都存在拥有重大投票权的股东
法国	所有上市公司中，最大的股东直接拥有公司 46% 的所有权以及 52% 的投票权。36% 的上市公司使用双重投票权作为加强对公司控制的工具。19% 的公司使用了金字塔结构
德国	上市公司的所有权结构，在很长时间内特征为股权集中。现在变为相当二元化，即一部分公司仍为集中控股，另一部分公司则拥有广泛的所有权基础
希腊	在银行业，上市银行主要为分散的所有权。2012 年末，雅典证券交易所中的 256 家上市公司中，有 212（82.8%）家公司为企业集团
中国香港	大约 75% 的上市公司存在占支配地位的股东。比如，一个人/家族或国有企业拥有某一公司 30% 以上的股份

续表

匈牙利	在上市公司中，集中所有权结构与分散所有权结构都存在。自由流通股比例平均为47%。1/3 的上市公司由大股东控制
冰岛	很多大型公司拥有分散所有权结构。然而，有相当大比例的公司，特别是中小类型的公司，只有一名或少数的控股股东，他们通常在公司治理中起到了积极作用
印度	印度公司的特征是广泛以集团公司的形式存在，通常以金字塔结构形式，包含了多层级别
印尼	一项对 186 家上市公司的调查发现，平均 70% 的股份由控股股东持有，58% 的公司为家族控制（2006～2007）。54% 的总市场份额由家族公司集团持有（2011）
以色列	大约 75% 的上市公司由家族或个人控制。20 家商业集团（几乎所有都是家族集团）控制了 160 家公开交易公司，占到了市场的 40%
意大利	将近 2/3 的上市公司由单个股东控制。开放型控股公司的出现仍极为有限（仅占所有公司的 6%，市值总额的 19%）
日本	超过 1/3 的上市公司不存在持有公司超过 10% 股份的股东，超过 90% 的上市公司不存在持有公司超过 50% 股份的股东
韩国	38 家家族大公司集团拥有 1364 家公司。这其中，有 213 家在韩国股票市场上市，所有股份的 51.8% 为控股股东所有
墨西哥	上市公司表现为高度的股权集中。控股股东普遍为家族集团
荷兰	相比于大多数欧洲国家，荷兰拥有更为分散的所有权结构。在 62% 的上市公司中，大股东持有少于 10% 的投票权，只有 19% 的公司有超过 30% 投票权的股东（2010）。但是，当把通过信托等形式控制也考虑在内时，这个比例从 19% 上升到了 38%。这突出了一个更为集中的控制结构
新西兰	新西兰只有少数几家非常大的公司，而相当大一部分的大型公司要么是国有要么是合作性质，或者由离岸者所有。在这些公司中，他们在当地资本市场的参与度相对有限
挪威	挪威市场表现为大部分是公有制（占总市值的 36.3%，涵盖了国有以及市政机构等所有权），无论是直接的或通过其他形式，国有资产管理公司负责管理挪威政府养老基金。外国股东在挪威股票市场的市值占比大约为 35.8%。由私人公司和私人投资者持有的股票占股比例要小得多（18%），共同基金持股则仅占市值的 7%
波兰	30%～60% 的股份属于控股股东，15%～20% 是由养老基金或投资基金持有
葡萄牙	上市公司的一个重要特点为控制股东（通常是家族）的统治地位。45 家上市公司中有 25 家公司存在拥有多数股权的单一股东
新加坡	在新加坡，大多数的上市公司控股股东持有 15% 及以上的股份。所有权结构有两种主要类型。公司主要起源于家族企业和国有企业。家族企业以及国家作为大股东的所有权集中特征在历史上就很普遍

续表

斯洛文尼亚	国内市场中，政府对相当大一部分公司有很大的直接和间接控制权。政府控制的投资基金分散在大量上市公司和非上市公司中。上市公司的所有权集中于三个主要的股东，平均持股比例占到61%
西班牙	在35家IBEX公司中，8家公司的控股股东拥有多数投票权。另有11个IBEX公司，控制权总和——包括董事会持有的股权——均超过50%，但是其中没有任何个人股东行使控制权
瑞典	在很大程度上，公司掌握在国内家族集团的手中。大约64%的上市公司存在持有公司至少25%股份的股东。另外，国家所有权也很重要
瑞士	在20家SMI公司中，有6家由控股股东或控股股东组（15%～20%的股份）控制。在中小型企业，控股股东的份额（25%～30%的股份）较高。
土耳其	通常以家族的形式控制金融工业公司集团，在一些公司集团中，有高程度的交叉持股
英国	英国公司所有权分散而且流动性高。在伦敦证交所上市的大约90%的公司，不存在持股超过25%的大股东
美国	上市公司的所有权结构通常表现为分散的股权。上市公司很少由主要股东控制，而主要是由管理层控制。一项研究显示，若考虑到董事、高级职员以及所有的大股东拥有的所有权，则大多数美国上市公司拥有大股东

资料来源：Corporate Governance Factbook，February，2014。

二、大股东控制企业的主要方式——现金流权和控制权的分离

（一）大股东控制权、现金流权的概念

一些研究成果发现，大股东往往通过掌握相对较少的现金流权来实现对公司的实质控制。公司控制权是通过投票权来衡量的，公司现金流权是通过所有权来衡量的。所有权可以划分为直接所有权和间接所有权，直接所有权是指终极控制者直接拥有的股份，而间接所有权是指终极控制者通过其控制的其他合法实体和企业而拥有的股份。根据控制权的集中程度，可将公司划分为股权分散型与股权控制型两类。股权分散型是指一个公司没有任何具有明显控制地位的所有者，而股权控制型则指公司股权集中程度相对较高，沿着控制链可以追溯到终极控制者。关于此问题开创性的研究成果是La porta等（1999）的研究。文章认为，公司实际控制人可以通过多重控制链来实现对一家公司的实质

制，实际控制人的现金流权是直接所有权与控制链中形成的间接所有权之和，而控制权则是直接投票权与控制链中最小的间接投票权之和。如上海莱士血液制品股份有限公司（股票代码：002252）2008 年的实际控制人持股情况（见图 3－1）。公司 2008 年年度报告披露，郑跃文和黄凯是大东南的实际控制人。因此，按照上述计算方法，则公司实际控制人郑跃文和黄凯持有的上市公司现金流权为：52%×55.76%×37.5%＋100%×37.5%＝48.37%，控制权为：37.5%＋37.5%＝75.00%。

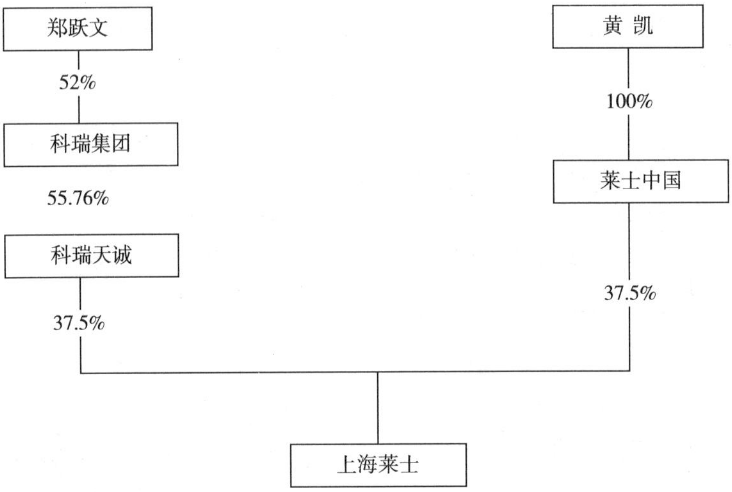

图 3－1　上海莱士血液制品股份有限公司 2008 年实际控制人持股情况

（二）控制权与现金流权分离的方式

大股东通过金字塔控股结构、交叉持股、双重股权来实现控制权与现金流权的分离，终极控制者的控制权以级数形式放大，从而导致了大股东能够以少量的现金流权来达到拥有较多控制权的目的，因此，成为全球企业最广泛运用的控股方式①。

（1）金字塔控股结构。是一种类似于金字塔的纵向层级控制权增长方式，

① 参考何骏，张祥建：“公司治理前沿研究综述——大股东控制、隧道行为、隐性收益与投资者保护”，《经济管理》，2008 年第 23～24 期，第 165～171 页。

终极控制者位于金字塔的顶端，由其控股第一层级公司，再由第一层级公司控股第二层级公司，第二层级公司再控股第三层级公司，依此延续到目标公司。金字塔控制结构通过分层链条实现控制权和所有权的分离，处于塔顶的终极控制者能够有效地控制金字塔结构中的所有企业，拥有的现金流权则随着控制链的延伸而逐渐减少，从而使终极控制者的自有资本投资在金字塔结构的底层变得非常小。在盎格鲁—撒克逊（Anglo－Saxon）法系之外的国家，金字塔控制是公司治理中最普遍的现象，通过少量的资本实现对众多上市公司的实质控制。借助金字塔控股方式，终极控制者的控制权以级数形式放大，成为全球企业最广泛运用的控股方式。

（2）交叉持股。是指企业集团内部横向和垂直的所有权连接关系，从而加强和提高核心控制者的控制能力。与金字塔控股结构不同的是，投票权在集团成员内部进行分配，而不是集中于单一控制者手中，从而使核心控制者掌握大于其股权份额的控制权。如果控制链中一家公司拥有其控股股东的股份或控制链中其他公司的股份，那么这家公司就属于交叉持股。交叉持股结构的终极控制者往往通过多条控制链来实现对公司的控制，同样能够造成控制权与现金流权的分离。

（3）双重股权。通过发行多种不同投票权的股票，控股股东可以以较小的股权份额获取较大的公司决策控制权。通常的做法是公司发行两种股票。一种股票被赋予缩小了的甚至为零的投票权，另一种股票的投票权则被绝对或相对扩大。在企业发行的所有股票中，虽然其现金流权相同，但相同现金流权的股票具有不等的投票权，导致了现金流权和控制权之间的错位和偏离，从而造成控制权与现金流量权偏离一股一权的现象，并使得其所掌握的控制权超过其所拥有的现金流量权。如 Facebook 公司实行的双重股权结构，即将普通股分为 A 系列普通股和 B 系列普通股，其中，一个 B 系列普通股对应 10 个投票权，而一个 A 系列普通股对应 1 个投票权。扎克伯格等 Facebook 的高管通过持有 B 系列普通股来放大其对公司重大决策的控制权。其中，首席执行官扎克伯格拥有公司 18% 的股份，但是却拥有公司 57% 的投票权，从而保证了扎克伯格等拥有对 Facebook 的控制权。

三、大股东在公司价值创造中的作用

（一）大股东控制的激励效应

大股东控制的激励效应的产生，是因为大宗股权所带来的决策权利与财富效应的搭配能够导致卓越的管理或监督，从而使大股东能分享到更多的公司收益。激励效应体现在控制性股东的现金流权与企业整体价值之间具有正相关关系。如果其他因素不变，随着所有权比例的上升，大股东会有更大的动力来增加公司价值，有助于降低股东与管理层之间的委托代理问题。大股东控制的激励效应作用表现在以下三个方面①。

1. 直接或间接参与公司管理

由于拥有股份较多，大股东可以直接控制公司，参与公司内部的经营管理。例如，大股东可以利用其大额投票权左右股东大会的议案，或者向公司委派董事，参与董事会决策，或者控制董事会，使董事会决策体现其意志。大股东还可以委派或者自己亲自担当控股公司的管理者，直接参与公司经营管理。大股东参与管理能有效减少股东与管理者之间的“信息不对称”问题。

2. 监督管理者

在现代公司中，由于管理层与股东之间的利益冲突，使得股东对管理层的监督成为必要。然而对股东而言，监督是一种公共物品，其成本由监督者个人承担，而由此产生的收益则由全体股东共同享有。小股东由于理性的冷漠会选择搭便车，因为他从监督中获得的收益根本不足以抵偿其监督成本。但是大股东持有的股份较多，他既可以从监督中获益，同时又掌握着公司的实际控制权，也有能力通过董事会对经营者的行为施加影响，因而具有足够的激励来监督管理层。大股东的存在部分地解决了管理层的代理问题与股东监督中的“搭便车”问题。施来弗和维什尼（Shleifer 和 Vishney）阐述了控制权共享收

① 参考黄中生：“论大股东的公司治理效应”，《管理现代化》，2008 年第 1 期，第 26 ~ 28 页。

益的存在性，认为大股东有足够的能力和激励去收集信息并监督管理层，从而能够避免在股权分散情况下的“搭便车”问题。Lafell 和 Yosha（1996）发现，大股东减少了管理者可以自由支配的支出，如广告、娱乐费用等。另外，也有文献发现，外部大股东能够发挥监督高级管理者薪酬的作用。Durnev 和 kim（2005）认为，股权集中度越高，对控股股东基于控制权的公共利益所产生的正向激励也就越大，大股东也就越有可能保持对公司经理层的有效控制；相应地，大股东“掏空”上市公司的边际成本也就越高，这在很大程度上降低了大股东为追求私有收益而使全体中小股东遭受利益损失的动力。

大股东的监督还表现在对不合格管理者的罢免上。一些研究表明，股权集中度越高，董事会等管理成员的更换速度就越高。

3. 大股东控制的支持效应

由于大股东所占公司股份较多，其利益更多地与公司利益相连，所以，公司在遭受危机的同时，也会支持公司。大股东可以通过支持公司来增加公司价值，从而增加自己分享到的利益或者避免自己遭受严重损失。国外有研究表明，金字塔式的所有权结构中，当面临不利冲击时这类公司也更易受到支持。Friedman 等（2003）认为，在特定条件下，特别是低层级公司在陷入财务困境时，大股东会利用金字塔结构向低层级公司输送利益，提升公司价值，进而使得其他中小投资者也跟着受益。

（二）大股东控制的隧道效应

大股东治理也存在明显的成本，主要体现在大股东对于中小股东的侵害和掠夺，从而获得控制权私有收益，被称为“隧道效应”。在股权集中的公司中，代理问题呈现出一种新的维度，即大股东对小股东的掠夺与侵害，大股东能够使经理人员根据自己的利益实施行为。持有绝对或相对公司股权的大股东往往会得到与其所有权股份比例不对称、超过小股东许多的额外收益，这部分收益是大股东通过自身经济权力侵占中小股东利益来实现的。由于大股东掌握着公司的实际控制权，其自利天性与机会主义行为可能会使其寻机运用公司控制权掠夺公司的整体利益（主要是小股东的利益），成为“攫取之手”。

施来弗和维什尼（Shleifer 和 Vishney，1997）认为，当大股东的所有权达到一定程度之后，大股东几乎能够完全控制整个公司，并通过隐蔽方式获得小股东无法得到的控制权私有收益。La porta 等（2000b、2002）的研究指出，在股权相对集中的公众公司中，最主要的代理问题是大股东与外部中小股东之间的利益冲突，这种冲突有可能降低公司价值。尽管小股东被赋予了与其持有股份相等的现金流权，它们仍然面临着不确定性，大股东可以通过机会主义行为来掠夺它们的利益。在这种情况下，大股东能够从公司吸取财富，独吞掠夺的全部收益，而仅仅承担一部分成本。当大股东通过金字塔控股结构和交叉持股方式分离所有权与控制权、大股东担任公司高级管理者以及法律对小股东的保护较差时，这种掠夺行为更加严重。Friedman 等（2003）认为，通过金字塔控股结构、交叉持股和发行多重股权股票等方式，大股东能够获取比与其股权份额相对应的名义控制权更大的实际控制，因而，更容易发生各种掠夺行为。

第三节　中国上市公司股权结构分析

股权结构是公司治理结构的基础。公司治理结构则是股权结构的具体运行形式，不同的股权结构决定了不同的企业组织结构，从而决定了不同的企业治理结构，并最终影响了企业的行为和绩效。关于股权结构的研究，自 1932 年伯利和米恩斯的经典文献问世以来，一直是公司治理领域研究的热点问题。

一、股权集中与大股东控制

（一）综合统计结果

国内已有的研究表明，我国上市公司的股权呈现出一种高度集中和一股独大的特征。为了揭示我国上市公司股权集中度的最新状况，这里对 2008 ~ 2012 年沪深两市 A 股非金融类上市公司股权集中度的整体状况进行了统计分析。我们用第一大股东持股比例和控股股东持股比例来衡量企业的股权集中度状况。

表 3 – 2　　上市公司持股比例状况表（%）

统计量	第一大股东持股比例	控股股东持股比例
样本数（个）	8722①	8722
最小值	2.20	2.06
最大值	89.41	89.41
均值	36.46	37.40
标准差	15.47	15.56

从表 3 – 2 中可以看出，我国上市公司的股权集中度还是比较高的。第一大股东持股比例平均为 36.46%，控股股东持股比例平均为 37.40%。

我们再分年度统计第一大股东持股比例均值，看看大股东持股比例年度变化趋势。

表 3 – 3　　上市公司持股比例年度变化情况

年度	观测值个数	第一大股东持股比例（%）	控股股东持股比例（%）
2008	1462	36.75	37.20
2009	1561	36.58	37.22
2010	1899	36.56	37.74
2011	1900	36.23	37.39
2012	1900	36.27	37.38

从表 3 – 3 中可以看出，我国上市公司的第一大股东持股比例和控股股东持股比例，在 2008 ~ 2012 年间变化不大。

① 剔除了金融股及上市时间不足一年的公司等之后的 2008 ~ 2012 年我国 A 股上市公司的年度公司样本数。

（二）不同板块的股权结构

现阶段，我国的证券交易所市场分为三个层次：主板、中小板和创业板。主板市场是我国最早成立的市场，包括深圳证券交易所的主板市场和上海证券交易所的主板市场，其中，上海证券交易所于1990年开始运营，上海证券交易所于1991年开始运营。我国中小企业板于2004年5月设立，其主要面向进入成熟期但规模较主板小的中小企业。创业板市场成立于2009年，其主要面向符合新规定的发行条件但尚未达到现有上市标准的成长型、科技型以及创新型企业。我们分三个板块对上市企业的股权集中度状况进行分析。

表3-4 上市公司股权集中度状况

板块分类	企业家数	第一大股东持股比例（%）	控股股东持股比例（%）
主板	1059	37.48	37.55
中小板	505	37.81	40.38
创业板	151	33.61	38.86
合计	1715	37.32	38.38

从表3-4中可以看出，在股权集中度方面，2008~2012年，主板上市公司的第一大股东持股比例平均为37.48%，中小板上市公司的第一大股东持股比例平均为37.81%，创业板上市公司第一大股东的平均持股比例为33.61%，创业板上市公司的第一大股东持股比例比主板和中小板上市公司第一大股东的持股比例稍低。

我们可以看出，使用第一大股东持股比例和使用控股股东比例作为股权集中度表示变量还是有差别的。如在中小板块，第一大股东持股比例平均为37.81%，而控股股东持股比例为40.38%，两者相差2.57%；而在创业板块，第一大股东持股比例为33.61%，而控股股东持股比例为38.86%，两者相差5.25%。这也说明，如果考虑到企业股东之间的关系，如一致行动人等关系，则使用第一大股东持股比例并不能真正反映企业的股权集中度状况，而使用控股股东持股比例更能说明企业的股权集中度。

从数字上看，是否就说明创业板的股权集中度就低？我们需要对这三个板块的实际情况进行分析。对于主板来说，其大多是国有企业，国有企业在改制上市后，保留一定程度的国有股份以保持其控股权是有必要也是必需的。而对于创业板和中小板来说，其第一大股东持股比例并不能完全说明其股权集中状况。中小板和创业板上市公司，尤其是创业板上市公司，多为由某个家族或自然人控制的民营企业，其实际控制人一般由家族成员组成，其通过直接或间接控股最终获得上市公司的实际控制权，其控股形态是分散的，因而其股权集中度应该比第一大股东持股比例所显示的程度更为集中。这一问题可以从控股股东持股比例中得到验证。从控股股东持股比例来看，主板、中小板和创业板的持股比例分别为37.55%、40.38%和38.86%。创业板的持股比例又高于主板了。这说明使用控股股东的持股比例更能反映股权集中度的真实状况。

我们从企业所有制属性角度来解释这三个板块的股权集中股状况。表3-5是三个板块上市企业2008~2012年的所有制属性以及股权集中度统计结果。

表3-5　分板块统计不同类型所有制企业的股权集中度状况

板块分类	企业类型	企业家数	占比（%）	第一大股东持股比例（%）	控股股东持股比例（%）
创业板	国有	10	6.90	35.25	35.25
创业板	民营	135	93.10	33.46	39.32
中小板	国有	90	18.75	41.40	41.26
中小板	民营	390	81.25	36.41	39.82
主板	国有	750	74.55	39.92	39.87
主板	民营	256	25.45	31.35	31.81
平均	国有	850	52.12	40.02	39.96
平均	民营	781	47.88	34.06	36.66

从所有制分布情况来看，创业板上市企业中国有企业所占比例最小，仅为6.90%，民营企业所占比例最大，为93.10%，中小板上市企业中国有企业所占比例为18.75%，民营企业所占比例为81.25%，而主板上市企业中，国有企业所占比例最大，为74.55%，民营企业所占比例为25.45%。

可以看到，对于国有企业，第一大股东持股比例和控股股东持股比例差别不大，而对于民营企业，则控股股东持股比例比第一大股东持股比例要大很多。

二、我国上市公司终极股权结构的特征分析

我国上市公司股权集中与大股东控制普遍存在，然而，根据 LLS（1999）提出的终极控制权理论，上市公司直接控股股东背后的终极控制人（终极控股股东）才是上市公司行为的实际决策者，终极控股股东通常采用金字塔机构、交叉持股和双重持股等方式来控制上市公司，形成控制权与现金流权的分离，能够以较小的现金流权实施对上市公司的控制，具有更大的谋取私有收益的能力与动机。因此，研究终极控股股东对上市公司的控制能力与途径具有重要的意义。本部分主要从上市公司终极控制权与现金流权的分布方面对2008～2012 年我国 A 股非金融上市公司的终极股权结构进行分析。

（一）基于终极控股股东性质的上市公司分类

这里按照上市公司终极控股股东性质将其分为国有终极控制的上市公司与非国有终极控制的上市公司。其中，国有终极控制的上市公司又划分为中央政府与地方政府控制两大类。前者是指由国务院国资委以及中央各部委控制的上市公司；而后者包括地方政府国资委、国有资产管理局以及地方政府各结构终极控制的上市公司。非国有控制的上市公司主要包括境内自然人、有血缘关系或亲属关系形成的家族、创业伙伴以及民营企业终极控制的公司。

（二）样本选择与数据来源

根据中国证监会规定，我国上市公司的年报从 2001 年开始披露实际控制人的信息，2004 年进一步增强了对实际控制人的披露要求①，规定上市公司在年报中必须以方框图的形式披露公司与其实际控制人之间的产权和控制关系，且实际控制人应当披露至自然人、国有资产管理部门或者其他最终控制人为止，这为追溯上市公司的终极控股股东提供了可行条件。国泰安数据库“上

① 《公开发行证券的公司信息披露内容与格式准则第 2 号（2004 年修订）》（证监会）。

市公司股东研究数据库”中统计了我国上市公司终极控股股东的相关信息，其中包含了终极控股股东的现金流权与控制权等信息。但是存在有缺失值以及计算不准确的情况。为此，我们下载了样本中所有企业在研究区间的年报，对每个企业的实际控制人持股比例都进行了核查，补充了原数据库中缺失的数据，也对原数据库中的计算错误进行了改正。

（三）我国上市公司终极现金流权与控制权的分布状况

鉴于在非国有终极控制的上市公司中，境外自然人、家族以及外资企业终极控制的特殊性以及所占比例较小，这里暂不予研究，并且对于非国有终极控制的其他各种类型不进一步加以区分。

1. 终极现金流权及其分布

表3－6统计了上市公司2008～2012年我国A股上市公司终极现金流权情况。

表3－6　　不同所有制性质公司终极现金流状况描述性统计表（%）

企业类型	观测值个数	最小值	最大值	均值	标准差
中央控股企业	1485	1.72	86.71	36.83	16.80
地方控股企业	3007	0.53	84.92	36.70	17.04
民营企业	3773	0.23	85.39	30.45	17.12
样本全体①	8265	0.23	86.71	33.87	17.32

从表3－6中可以看出，国有终极控制的上市公司，无论是中央政府还是地方政府，终极控股股东的平均现金流权较高，均超过36%，显著高于非国有终极控制的上市公司。

下面分年度来考察各类公司现金流权的变化趋势。

从表3－7中看出，从变化趋势来看，国有控股上市公司（包括中央和地方）的终极现金流权在各年度变化不大，相对比较稳定。但民营上市公司的现金流权均值由2008年的32.80%上升到2010年的34.43%，并在接下来基

① 表3－6～表3－12中均不包括其他类型企业。

本保持稳定。终极现金流权比例的增加往往是终极股东增强控制能力的基础。

表 3－7　　公司终极现金流状况分年度描述（%）

企业类型	2008	2009	2010	2011	2012
中央控股企业	36.23	36.69	36.96	36.94	37.26
地方控股企业	36.06	36.61	36.77	36.87	37.14
民营企业	27.45	28.53	31.92	31.36	31.17
样本全体	32.80	33.33	34.43	34.19	34.24

2. 终极控制权及其分布

表 3－8 是对样本公司终极控制权分布情况的描述。

表 3－8　　不同所有制性质公司终极控制权状况描述性统计（%）

企业类型	观测值个数	最小值	最大值	均值	标准差
中央控股企业	1485	10.35	86.71	42.04	15.06
地方控股企业	3007	4.44	84.92	40.46	15.72
民营企业	3773	2.20	89.41	37.47	16.16
样本全体	8265	2.20	89.41	39.38	15.91

从表 3－8 中可以看出，国有终极控制的上市公司，无论是中央政府还是地方政府，终极控股股东的平均控制权较高，均超过 40%，显著高于非国有终极控制的上市公司。

下面分年度来考察各类公司控制权的变化趋势。

表 3－9　　公司终极控制权状况分年度描述（%）

	2008	2009	2010	2011	2012
中央控股企业	41.56	41.90	42.15	42.05	42.50
地方控股企业	40.04	40.35	40.40	40.51	40.96
民营企业	35.70	36.19	38.50	38.05	37.81
样本全体	38.68	38.95	39.77	39.57	39.68

由表 3－9 中可以看出，从变化趋势来看，国有终极控制上市公司（包括中央和地方）的终极控制权在各年度变化不大，相对比较稳定。但民营上市公司的控制权均值由 2008 年的 35.70% 上升到 2010 年的 39.77%，并在接下来基本保持稳定。

3. 两权分离度及其分布

我们用实际控制人终极控制权与终极现金流权的差值表示两权分离度，该差值越大，表示两权分离程度越大，反之，表示两权分离程度越小。

表 3-10　两权分离度描述性统计（%）

企业类型	观测值个数	最小值	最大值	均值	标准差
中央控股企业	1485	0	39.43	5.21	8.33
地方控股企业	3007	0	40.17	3.76	7.26
民营企业	3773	0	53.42	7.03	8.35
所有样本	8265	0	53.42	5.51	8.10

从表 3-10 中可以看出，民营企业的两权分离度最大。中央企业的两权分离度次之，地方国有企业的两权分离度最小。

下面分年度来考察各类公司两权分离度的变化趋势。

表 3-11　两权分离度分年度统计表（%）

	2008	2009	2010	2011	2012
中央控股企业	5.33	5.21	5.19	5.11	5.24
地方控股企业	4.00	3.73	3.63	3.64	3.82
民营企业	8.25	7.66	6.58	6.69	6.64
所有样本	5.89	5.63	5.34	5.38	5.44

从表 3-11 中可以看出，民营企业的两权分离度呈现下降趋势。中央和地方的两权分离度变化不大。

接下来我们查看两权分离程度在不同大小区间的分布状况：

表 3-12　两权分离度分布状况表

	X=0	0<x=<10	10<x=<20	x>20	全部样本①
最小值	0	0.0001	10.0020	20.0090	0.0000
最大值	0	9.9977	19.9892	53.4240	53.4240
均值	0	4.6752	15.0175	24.3418	5.6571
标准差	0	3.0135	3.0344	4.2844	8.1837
样本个数	4660	1781	1556	725	8722
占比（%）	53.43	20.42	17.84	8.31	100

① 包含样本所有企业。

表3－12中显示，2008～2012年五年中，全部上市公司的终极控制权与现金流权未发生分离的样本公司数量为4660家，占样本公司总数的51.97%，而发生两权分离的公司为4062家，占46.57%。两权分离值在0～10%之间的上市公司有1781家，占20.42%，两权分离值在10%～20%之间的上市公司有1556家，占17.84%，两权分离值大于20%的上市公司有725家，占8.31%。可见，发生两权分离的公司，其两权分离值多集中在0～20%之间，两权分离值最大的达到53.42%，标准差为8.18%，表明两权发生分离的上市公司中，个别公司的两权分离度较大，但大多数公司的两权分离度差异并不是很大。

第四节　我国上市公司控制权转移现象及原因分析

一、我国上市公司控制权转移的背景分析

控制权转移是资本市场上的常见现象。控制权转移最开始是在西方发达资本市场上兴起的，在我国，随着我国资本市场的发展，控制权转移事件也越来越多。我国资本市场中的企业的控制权转移，除了有西方资本市场上所具有的原因外，还具有我国的一些特殊的背景。

随着我国资本市场的快速发展，一些发展壮大的民营公司产生了强烈的上市需求。但是，为了保证资本市场的健康发展，政府部门还有意识地控制我国上市公司的数量，因此，获准直接上市的公司数量都很少。而且事实上，证券主管部门也偏向于让国有大企业优先上市，一些民营企业和中小企业直接上市的难度很大。由于流通股票供不应求，上市地位能够带来各种有利条件（融资、声誉等），上市公司控制权能够带来巨大的利益。企业无论是出自实际经营需要还是“圈钱”需要，都有强烈的获得上市资格的愿望。由于直接上市

的难度大，不少企业通过获得上市公司控制权的方式达到上市的目的。在这种背景下，上市公司大股东变更事件日渐频繁。有的上市公司上市不到半年即发生大股东变更，有的上市公司大股东出现两次甚至三次变更①。

我国早期的上市公司主要是由国有企业通过股份制改造后上市而来。这些企业上市后国家仍然是第一大股东。近些年来，我国在竞争性市场实行“抓大放小”以及国退民进的政策，国家逐步开始主动把某些国有企业的控制权向社会法人和个人有偿转让。这也导致了控制权转移事件逐渐增加。

从这些背景分析可以推论出我国控制权转移公司的一些特征：控制权转移主要是出让方的主动退出，这些公司多数都是经营无效率或者业绩较差；政府主动退出的是一些对国家经济安全影响不大的行业，这些行业的经营竞争往往更加激烈，企业的经营业绩往往较差；收购方的主要动机是买壳，而这些“壳”公司的绩效往往很差。

二、我国控制权转移现象

本章把公司实际控制人发生的变化的现象称为控制权转移。按照这个标准，（2009～2012）4 年期间，我国 A 股上市公司共发生了 202 起控制权转移现象，其中，有 17 家企业在样本期间发生了 2 次控制权转移。

各年度发生的控制权转移状况如下：

表 3－13　　控制权转移事件年度分布

年　份	发生次数（次）
2009	55
2010	42
2011	62
2012	43
合计	202

① 参考李善民、曾昭灶：“控制权转移的背景与控制权转移公司的特征研究”，《经济研究》，2003 年第 11 期。

从表 3 - 13 中可以看出，2011 年发生的控制权转移事件较多，有 62 起，2009 年次之，有 55 起，2010 年和 2012 年相对较少，分别为 42 次和 43 次。

我们可以根据企业控制人的性质，将企业的控制权转让类型划分为四类：①国有企业控制权转移后仍旧为国有企业；②国有企业控制权转移后变为民营企业；③民营企业控制权转移后仍旧为民营企业；④民营企业控制权转移后变为国有企业；

样本期间各类转移方式的发生次数如下：

表 3 - 14　　不同控制权转移类型发生次数统计

转移类型	发生次数（次）
国有转国有	50
国有转民营	46
民营转国有	23
民营转民营	83

从表 3 - 14 中可以看出，民营企业之间的控制权转换案例最多，有 83 起，发生次数最少的是民营企业转为国有企业，仅为 23 次。

我们再考察控制权转移的行业分布：

表 3 - 15　　控制权转移事件在不同行业之间的分布

行业	行业名称	企业家数（个）	占比（%）
A	农林牧渔业	2	0.99
B	采掘业	5	2.48
C	制造业	105	51.98
D	电力煤气及水的生产和供应业	6	2.97
E	建筑业	3	1.49
F	交通运输、仓储业	5	2.48
G	信息技术业	9	4.46
H	批发和零售贸易	22	10.89
J	房地产业	21	10.40
K	社会服务业	8	3.96
L	传播与文化产业	8	3.96
M	综合类	8	3.96
	合计	202	100

从表 3－15 中可以看出，制造行业发生的控制权转移的次数最多，有 105 次，占控制权发生转移样本总数的 51.98%。这一方面是由于总样本中，制造业企业所占的比例较高，另一方面也说明，制造业企业更容易发生控制权转移。

三、控制权发生转移的公司特征

由于收购企业的动机和被收购企业的动机以及企业情况各不相同，再加上我国特殊的背景，这会导致发生控制权转移的企业往往具有一些共同的特征，如绩效较差、盘子较小，股权比较分散等。我们主要验证发生控制权转移的企业绩效是否比没有发生控制权转移的企业的绩效较差。

我们主要考察发生控制权转移企业在控制权转移前一年的企业的绩效（LagRoe）和没有发生控制权转移企业的相应年度的企业绩效（LagRoe）的比较，看看这两者的绩效的平均值是否有显著差异。

（一）不区分转移类型，整体考虑发生控制权转移的企业

我们以 DIF 表示发生控制权转移的企业在控制权转移前一年的企业的绩效和没有发生控制权转移的企业的相应年度的企业绩效的比较。

1. 两类样本的 DIF 指标描述性统计如下

表 3－16　　两类样本 DIF 指标描述性统计表

	个数	均值	标准差
发生控制权转移企业	202	0.0226	0.1735
未发生控制权转移企业	6620	0.0778	0.1074

从表 3－16 中可以看出，发生了控制权转移的企业的上一年的平均绩效要小于未发生控制权转移的企业相应年度的平均绩效。

2. 验证两样本均值的差异的显著性

（1）首先检验两样本的正态性。

检验结果如表 3－17：

表 3－17　　样本正态性检验表

	Shapiro－Wilk 值	Kolmogorov－Smirnov 值	p 值	结论
发生控制权转移企业	0.915703		0.0001	非正态
未发生控制权转移企业		0.154093	0.01	非正态

经检验，两个样本均不属于正态分布。因此，需要用非参数检验。

（2）用非参数检验。

检验结果如表 3－18：

表 3－18　　非参数检验表

零假设	z 值	p 值	结论
两组样本的 LagRoe 无显著性差异	－5.8625	0.0001	拒绝零假设，两组样本的 LagRoe 有显著性差异

表 3－18 的检验结果表明，发生控制权转移的企业的前一年的绩效要显著比没发生控制权转移的企业的对应年度的绩效要差。从而验证了前述的分析。

（二）区分四种转移方式考虑

1. 先对这四种转移方式和没发生转移的样本的 DIF 统计量进行描述性统计

表 3－19　　各类转移方式 DIF 描述性统计表

	样本数	均值	标准差
没发生转移	6620	0.0778	0.1074
国有转国有	50	0.0191	0.1726
国有转民营	46	0.0304	0.1730
民营转国有	23	－0.0197	0.2092
民营转民营	83	0.0321	0.1648

同样，经过检验，发现这四类控制权转移事件的 DIF 统计量都不正态分布。因此，需要用非参数检验来检验 DIF 的统计显著性。

2. 四种转让方式样本的非参数检验

表 3－20 检验结果表明，四种转移方式转移前一年的平均绩效和没发生控

制权转移的企业的相应年度的平均绩效仍然是有显著差异的。

表 3-20　四种控制权转让方式样本 DIF 指标的非参数检验结果

	z 值	p 值	结论
国有转国有	-3.2269	0.0013	有显著差异
国有转民营	-3.3027	0.0010	有显著差异
民营转国有	-2.1529	0.0313	有显著差异
民营转民营	-3.3926	0.0007	有显著差异

四、控制权转移以后的企业绩效

一些国内外的研究都表明，发生控制权转移的公司在控制权转以后都获得了更高的绩效，股东获得了正的超额报酬，且这种超额报酬随时间的推移而有所提高。这种正的超额报酬来自哪里？目前，西方理论界对此主要有两种观点：财富分配理论和财富创造理论。

财富分配理论认为，控制权发生转移的公司的股东获得的超额报酬主要来自于重组活动中其他参与方的财富转移，即控制权变更并没有创造新的价值，而是社会财富的重新分配。该理论的主要内容包括："过度支付假说""短视论"以及来自于其他参与方的财富转移，如发生控制权转移公司的超额收益可能来自于政府对公司的税收优惠、债券持有人和优先股股东在并购活动中的财富损失等。

但是，现有的实证证据似乎不支持财富分配理论，而普遍被金融学界所接受的则是财富创造理论。该理论指出，大股东变更可以通过两条重要途径增加公司的价值：一是收购公司与目标公司之间的协同效应；二是加强目标公司的高级管理人员的力量，这主要通过更换高级管理人员来实现。实证研究表明，大股东变更被正的超额收益所伴随，因此，平均来说是创造价值的，不管交易中支付的价格高低，这种效应都存在。

我们以发生控制权转移的企业在发生控制权转移的后一年和前一年的绩效差（CHANGE）作为度量指标，看这个绩效差是否显著异于 0。如果这个绩效差显著大于 0，则说明控制权转移显著提高了公司的绩效。我们剔除了在样本期间发生多次控制权转移的企业。

（一）不区分转移类型

从总体上看，CHANGE 的描述性统计如表 3－21：

表 3－21　CHANGE 指标的描述性统计表

样本数	均值	标准差	最小值	最大值
133	0.0723	0.2097	－0.6640	0.6640

从表 3－21 中可以看出，样本企业控制权转后一年的绩效与转移前一年的绩效差的均值为 0.0723，大于 0。

下面检验差值（CHANGE）是否显著异于 0。

由于是非正态分布，采用符号秩非参数检验。检验结果如表 3－22：

表 3－22　CHANGE 指标的符号秩非参数检验结果表

原假设	s 值	p 值	结论
差值变量 DIF 的均值为 0	1739.5	0.0001	拒绝原假设，即有 95% 的把握认为控制权转移会显著提高绩效

从表 3－22 检验结果可以看出，发生控制权转移的企业的绩效在控制权转移后获得了明显的提高。

（二）区分四种转移类型

下面分四种转移类型进行检验，查看这四种转移类型的转移绩效，看看转移前后绩效是否有明显提高。

表 3－23　四种转移类型 CHANGE 指标的描述性统计

	样本数	最小值	最大值	均值	标准差
总体样本	133	－0.6640	0.6640	0.0723	0.2097
国有转国有	33	－0.1853	0.4640	0.0624	0.1632
国有转民营	34	－0.6640	0.4987	0.0537	0.2388
民营转国有	17	－0.2006	0.6640	0.1558	0.2453
民营转民营	49	－0.2677	0.6640	0.0630	0.2026

从表3－23中可以看出，四种转移类型的转移绩效差异的均值均大于0，我们同样进行了检验，检验结果表明，这四种转移类型的CHANGE统计量都是显著的，从而说明控制权转移公司的绩效获得了提高。

（三）检验各类转移类型之间绩效的提高是否有显著差异

采用单因素非参数方差分析，检验结果见表3－24：

表3－24　四个CHANGE指标单因素非参数方差分析结果表

原假设	Krushal－Wallis统计量 χ^2	p值	结论
四类转移方式导致的绩效差异没有显著差异	1.5741	0.6653	接受原假设

表3－24检验分析表明，不同控制权转移类型之间转移以后的绩效差异没有显著不同。也就是说，各个转移类型在控制权转移后，绩效都获得了无差异的提高。

第五节　实际控制人与企业价值创造
——基于我国上市公司的实证分析

一、引　言

伯利和米恩斯（Berle和Means，1932）认为，股权的广泛分散是现代公司的重要特征。从20世纪80年代以来，随着研究的深入以及现实生活中大股东问题的不断显现，开始有研究者关注所有权集中条件下的大股东控制问题，并探讨大股东对控制权私有收益的追求对公司治理所产生的影响。公司治理的目的之一是为了追求企业价值的最大化，因而，大股东在企业价值创造中就会起到重要的作用。研究大股东对企业价值创造的影响，可以有两个视角，一是研究大股东是如何影响企业价值的，也就是研究大股东影响企业价值的途径，二是研究大股东对企业价值有什么影响，也就是研究大股东对企业价值创造影响的结果。本章的侧重点在于研究大股东对于企业价值创造影响的结果。

关于大股东对于企业价值影响的研究，已经有了一些研究成果，但是研究的角度以及结论都很不一致。一是对于大股东的定义有差异，二是对于企业价值的衡量指标也有差异。因此，有必要对这一问题进行更加深入的研究，包括更加明确地界定大股东以及价值创造的定义，更加详细地考察大股东对公司价值创造的影响等。

二、文献综述

研究发现，在世界各地，某种形式的股权集中非常普遍，包括中国在内的许多国家和地区上市公司的股权结构的主要特征不是股权分散，而是相对集中或高度集中，这就出现了大股东问题。La Porta 等（1999）对世界 27 个富裕国家和地区的各自最大的 20 家上市公司的最终控制权结构的研究发现，绝大多数国家的公司中均存在控制性股东。Claessens 等（2000）对 2980 个亚洲公司的最终控制权结构的研究结果表明，超过三分之二的公司被一个大股东所控制。Faccio 和 Lang（2002）分析了 232 家西欧国家公司，发现欧洲大陆国家的公司股权普遍较为集中，即便具有典型 Berle – Means 式股权结构的美国，股权结构也并非完全分散。在新兴市场，所有权集中度比成熟市场更高，例如，中国公司的股权高度集中，“一股独大”更是上市公司股权结构的主要特征。这说明，集中股权结构是现代公司股权结构的主要特征，大股东是公司治理的主导力量。

已有的研究从不同的角度、用不同的数据对大股东与价值创造这一问题进行了研究，也得出了一些不同的结论。现有的关于这方面的研究，主要从大股东持股比例和大股东股权属性两个方面研究大股东对企业绩效的影响。

关于大股东持股比例与企业绩效的关系，已有的研究主要得出了四种结论。第一种结论是大股东持股比例与公司绩效正相关，得出这一结论的相关研究有 Jensen 和 Meckling（1976），Shleifer 和 Vishney（1986），陈小悦、徐晓东（2001），徐莉萍、辛宇和陈工孟（2006）等；第二种结论是大股东持股比例与公司绩效负相关，得出这一结论的相关研究有向朝进和谢明（2003）等；第三种结论是大股东持股比例与公司绩效成曲线关系，也就是成正 U 型或倒 U 型，得出这一结论的相关研究有 Shleifer 和 Vishny（1988），孙永祥、黄祖辉（1999），白重恩等（2005），陈德萍、陈永圣（2011）等；第四种结论是大股东持股比例与公司绩效没有关系，得出这一结论的相关研究有朱武祥、宋勇（2001），吴淑琨（2002）等。

关于大股东股权性质与公司业绩的关系，有研究认为，不同所有制性质的股东在代理问题的产生和解决方式以及所有权的行使方式上有着明显差别，进而会对公司绩效产生不同的影响（Megginson 和 Netter，2001；Djankov 和 Munrell，2002）。已有经验证据表明，大股东持股比例与公司价值之间的关系受制于大股东的股权性质（Denis 和 Mcconnell，2003；等）。关于股权性质对企业绩效的影响，已有的研究多是从国家股、法人股、流通股和外资股等角度来界定股权性质，并进而分析股权性质和股权集中度对公司绩效的影响。如 Xu and Wang（1999）发现，公司盈利能力与法人股比例正相关，与国家股比例负相关，与流通股比例不相关。杜莹和刘立国（2002）发现，国家股比例与公司绩效显著负相关，法人股比例与公司绩效显著正相关，流通股比例与公司绩效不相关。但是，Sun 和 Tong（2003）却发现，国家股对公司绩效有负面影响，法人股对公司绩效有正面影响，外资股对公司绩效没有显著的影响。Wei、Xie 和 Zhang（2005）则发现，国家股和法人股都与 Tobin Q 值显著负相关，且呈明显的非线性，外资股则与 Tobin Q 值显著正相关。徐莉萍、辛宇和陈工孟（2006）发现，在中央直属国有企业和私有产权控股的上市公司中股权集中度所表现的激励程度最高，地方所属国有企业控股的上市公司次之，而国有资产管理机构控股的上市公司最低。

综合上面的研究，我们发现，一个普遍存在的问题，就是大股东的定义问题。什么样的股东称为企业的大股东？关于这一方面的研究，有人把第一大股东作为企业的大股东，有人把直接控股股东作为企业的大股东，我们认为，上述做法的合理性有待商榷。原因在于，在非单一控股股东的企业，由于企业（主要是自然人控股企业）的控股权往往掌握在几个人手中（往往是家族成员或者创业伙伴），单独使用第一大股东持股比例，并不能全面反映企业大股东的股权集中程度。而按照终极控制权的传导机制，公司实际控制人才是实际掌握上市公司的主体，因此，使用公司实际控制人持股比例作为企业的大股东的持股比例则更为合理。还有一个问题，就是大股东的股权性质问题，基于同样的理论，我们不能单纯使用公司第一大股东或者控股股东的股权性质作为企业大股东的股权性质，而应该使用实际控制人的股权性质作为企业大股东的代理变量。基于现有研究中存在的上述几个问题，我们认为对这些问题进行进一步研究很有必要。

三、研究假设和检验模型

实际控制人的持股比例对企业价值创造有什么影响，我们分实际控制人占公司股权比例大和比例小两种情况进行讨论。

实际控制人持股比例小，有利之处是，实际控制人在公司经营中的决策权不至于太大，能够使企业的决策更加民主化，同时，实际控制人为了自己的利益而损害公司其他股东利益的情况会有所减轻；不利之处是，如果实际控制人持股比例太小，一方面，在一定程度上会削弱实际控制人对公司的控制权，从而使公司的经营偏离实际控制人的理想的发展轨道，另一方面，如果公司的管理层不是公司大股东本身而是职业经理人的话，那么就会出现所谓的内部人控制问题，公司股东对公司经理层的约束和监督程度就会有所削弱，这就增加了经理人损害股东利益的可能性。

实际控制人持股比例很大，有利之处就是能够保证实际控制人的意志能够在企业中得到贯彻，也会使企业的决策更加迅速。但是也可能会出现不利的一方面，一是经营决策风险问题。实际控制人持股比例越大，容易出现实际控制人独裁、一言堂的问题，这会导致企业的决策不民主，所做出的决策不科学，从而影响企业的发展，二是实际控制人持股比例越大，则会出现由实际控制人做出的决策，进而是企业的决策，只是有利于实际控制人利益而对其他股东，尤其是小股东的利益有所损害的情况。基于以上分析，我们得出了本章的第一个假设。

假设 1：不同实际控制人持股比例对企业价值的影响是不一致的。

如前所述，不同性质的实际控制人在上市公司的公司治理中发挥作用的程度是有差别的。造成这种差别的原因在于，不同性质的实际控制人的激励方式不同，追求的目标也不同，从而导致不同实际控制人的所有权行使方式有很大的差别，进而其公司治理行为以及治理绩效也会有很大的差异。

国有性质企业的实际控制人对公司治理水平的影响较复杂。首先，对国有企业来说，产权特征决定了他们存在复杂的委托—代理关系，这种复杂的委托—代理关系不仅使国有企业存在激励不足的问题，并且导致国有企业存在监督不力的问题（吴联生，2009）。其次，政府的目标是社会利益最大化，如政府会让企业承担社会目标和个人利益的费用（Fan 等，2007）等，而企业的目标是利润最大化。由于经营目标的冲突，政府的干预会导致国有产权寻租和侵占公司利益，从而损害公司价值。第三，国有企业存在预算软约束。国有企业一旦业绩下降或者亏损，往往可以从政府那里得到补贴，从而抑制了国有企业经理人员对企业进行高效运作的积极性（吴联生，2009），这也会导致国企的低绩效。以上关于国有企业具有绩效劣势的理论，如前所述，已经在一些研究中得到了验证①。

与国有企业相比，民营企业有可能比较好地解决所有者和管理者之间的代理问题。民营企业实际控制人的自身利益和企业利益息息相关，实际控制人为了维护自身利益，获取投资收益的最大化，有足够的激励对管理层实施有效地监管。况且我国大多数民营企业的实际控制人往往就是主要管理者，这就在很大程度上减少了所有者和管理者之间的代理问题。来自实际控制人的有效激励以及监管，无疑会大大提高民营企业股权集中度对企业经营绩效的正向影响程度。

---

① 然而也有部分研究并不同意国有股权具有绩效劣势的观点。有观点则认为，政府所有制可以减少政府干预和政府攫取（Blanchard 和 Shleifer，2000；Che 和 Qian，1998），因此，政府也有可能是一只帮助之手。田利辉（2005b）认为，政府同时具有“掠夺之手”和“帮助之手”。虽然有上述观点，但本章认为，就我国现阶段，和民营控股企业相比，国有控股企业国有股权对企业绩效的正向影响要小。

假设2：国有控股企业与民营控股企业中实际控制人持股比例对企业价值的影响是不同的。

我国的国有企业也分为多种类型。包括国资委直属的企业，中央其他部委所属的企业，高校科研院所等所属的企业，省、市等地方政府所属的国有企业等。基于中国的国有资产管理体制以及企业经营环境，我们认为，中央和地方控股国有企业中国有股权的行使方式会不同，股权的激励效果也可能会存在明显差异。也就是说，不同类型的国有企业，实际控制人持股比例对公司绩效的影响程度也是不一致的。

我们可以把国资委直属的企业，中央其他部委所属的企业，中央科研院所等所属的企业称为中央控股国有企业，而把省、市等地方政府所属的企业称为地方控股国有企业。我们认为，一方面，由于中央控股国有企业隶属于中央国资委以及其他各部委，其会直接面临着中央政府部门（尤其是国资委）的严格监管；另一方面，由于中央控股国有企业能够掌握更多的经营资源，包括政策优势以及自然资源等，所以中央控股国有企业的股权集中度对企业经营业绩的激励效应会更大一些。而地方控股国有企业，由于地方的市场培育和完善程度以及法律和法规的有效执行程度会更低一些，所以地方控股国有企业面临的经营环境会更差一些，其受到的监管程度也会比较弱，这可能会导致地方控股国有企业中股权集中度对企业经营业绩的激励效应相对更差一些。

但是也可能存在另一种情况，由于地方国有控股企业可能拥有更多的地方资源优势以及受到更多的地方支持和地方保护，所以地方国有控股企业的股权集中度对企业经营业绩的激励效应也可能会更大一些。

基于上述分析，结合假设1和假设2，我们提出本章第三个假设：

假设3：国有企业中央控股国有企业和地方控股国有企业中实际控制人持股比例对企业绩效的影响也是不同的。

根据研究假设，这里的研究变量主要包括公司绩效变量、实际控制人持股比例、股权属性变量以及其他控制变量四个部分。

（一）公司价值变量

关于企业价值的衡量指标，现有研究主要采用Tobin's Q和会计利润率

ROE 来衡量企业绩效。有研究认为，采用 Tobin'Q 衡量中国上市企业的绩效会存在一些问题，原因在于：使用 Tobin's Q 的前提条件是上市公司的市场价值可以被看作是其未来现金流量现值的无偏估计，尽管研究发现，中国股市的有效性程度是逐步提高的，但是，与以美国为代表的西方成熟市场相比，中国股市的有效性程度仍然存在着较大差距，这使得采用 Tobin's Q 等指标的前提条件不完全具备（徐莉萍等，2006）。因此，相对来说，采用会计类指标可能是比较好的衡量企业价值的方法。因此，这里采用会计利润率（Roe）作为因变量的度量指标。

（二）实际控制人持股比例变量

关于实际控制人持股比例，如前所述，我们认为，大多数的文章使用公司第一大股东持股比例或者前五大股东持股比例等作为大股东代理变量是不准确的，使用这一比例来衡量大股东包含多个股东的企业的股权集中度就会有所偏差①。按照终极控制权的传导机制，公司实际控制人才是实际控制上市公司的主体，因此，使用公司实际控制人持股比例作为企业的股权集中度则更为合理。而公司实际控制人的持股比例，按照 La Porta 等（1999，2002）、Claessens 等（2002）的方法，则有实际控制人拥有的上市公司的现金流权比例和控制权比例两个指标。这两个指标的计算方法为：现金流权比例为实际控制人通过所有控制链累计持有上市公司的所有权权益比例，其中，每条控制链顶端对终端公司的所有权权益比例等于该条控制链上各层股东持股比例的乘积；而控制权比例等于实际控制人控制链上最弱的投票权相加之和。如浙江大东南包装股份有限公司（股票代码：002263）2009 年的实际控制人持股情况（见图 3－2），公司 2009 年年度报告披露，黄水寿和黄飞刚父子是大东南的实际控制人。因此，按照上述计算方法，则公司实际控制人持有的上市公司现金流权为：$55\% \times 52.8\% + 20\% \times 60\% \times 7.39\% = 29.9268\%$，控制权为：$52.8\% + 7.39\% = 60.19\%$。

---

① 对于一些企业，尤其是很多民营企业来说，其控股股东往往不只是一个人，而是多个家族成员，或者创业伙伴，因此，如果只考虑第一大股东持股比例，很容易得出有偏差的结论。

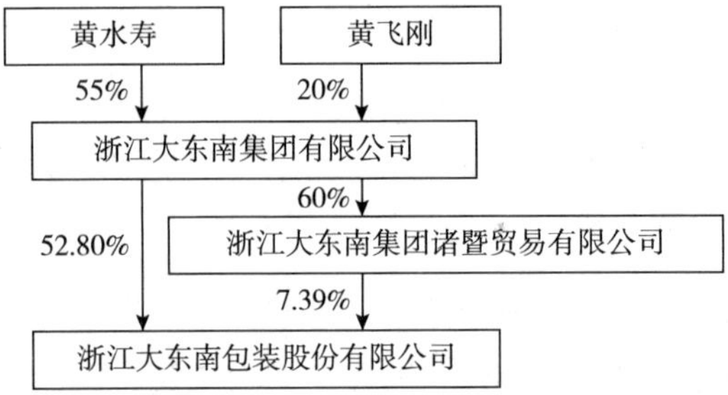

图 3-2　浙江大东南包装股份有限公司 2009 年实际控制人持股情况

遵循曹廷求等（2007）的思路，我们使用实际控制人拥有的上市公司现金流权比例作为公司实际控制人的持股比例，并以此作为企业股权集中度的代理变量。

（三）大股东股权属性变量和企业所属行业变量

我们把上市公司按照实际控制人性质分为国有控股企业和民营控股企业以及其他类型企业，同样，我们也在模型中考虑了企业所属行业变量。

（四）其他控制变量

为了控制其他因素对公司绩效的影响，我们还加入了一些其他公司特征变量，包括公司规模、财务杠杆、固定资产在总资产中的占比等。另外，参考俞红海（2010）、陈信元等（2013），我们也在模型中加入了表示企业所在省（市）市场化进程的变量。

本章的主要变量以及定义见下表 3-25。

基于以上分析，我们采用如下基本模型进行检验：

$$Roe_{it} = \beta_0 + \beta_1 \times Cs_{it} + \beta_2 \times Lev_{it} + \beta_3 \times Fixed_{it} + \beta_4 \times Size_{it} + \beta_5 \times Marketlization_{it} + \beta_6 \times Nature_i + \beta_7 \times Industry_i + Year_t + \varepsilon_{it}$$

其中，如表 3-25 所描述，Cs 表示公司实际控制人持股比例，Lev 表示企业资产负债率，Fixed 表示企业固定资产占总资产比例，Size 表示企业的规模，Marketlization 表示企业所在省（市）的市场化程度指数，Nature 表示企业的所有制属性，Industry 表示企业所属的行业。

表 3－25　　变量名称及定义

变量类型	变量代码	变量定义
公司绩效（被解释变量）	Roe	企业净资产收益率
股权集中度（解释变量）	Cs	实际控制人拥有的上市公司现金流权比例
控制变量	Year	年度虚拟变量
	Nature	把企业按照实际控制人性质分为国有控股企业、民营控股企业以及其他类型企业三类
	Industry	按照证监会分类，共 12 个一级行业
	Size	公司总资产的对数值
	Lev	资产负债率，负债总额/资产总额
	Fixed	经营杠杆，固定资产/账面总资产
	Marketlization	企业所在省（市）的市场化程度指数

在下面的具体论证过程中，我们会根据研究需要对模型进行变换。

四、样本与描述性统计

本章以上海和深圳证券交易所 A 股上市公司 2008～2012 年横截面数据为研究样本，为了避免因一些特殊因素可能造成的对研究结果的影响，我们在样本中剔除了：①证监会行业分类下的银行证券保险等金融类上市公司；②2012 年处于 ST 状态的上市公司；③样本区间控制权发生转移的公司；④上市时间不足 1 年的公司。这样我们得到的样本包含有 1279 家公司。

本章所用公司的财务数据来自于 Wind 数据库，股权结构等其他数据均来自于 CSMAR 数据库。关于实际控制人持股比例变量，也就是实际控制人持有的上市公司现金流权比例变量，如前所述，我们需要对这一比例进行单独计算。虽然 CSMAR 数据库中有这个变量，但是存在有缺失值以及计算不准确的情况。为此，我们下载了样本中所有企业在研究区间的年报，对每个企业的实际控制人持股比例都进行了核查，补充了原数据库中缺失的数据，也对原数据库中的计算错误进行了改正。

表 3-26　　主要变量描述性统计

变量代码	样本数	最小值	最大值	平均值	标准偏差
Roe	7801	-0.24	0.30	0.08	0.09
Cs	7801	0.06	0.72	0.35	0.17
Lev	7801	0.06	0.87	0.46	0.21
Fixed	7801	0.01	0.69	0.24	0.17
Size	7801	19.78	25.04	21.81	1.21

从表 3-26 中可以看出，我国上市公司的股权比较集中，实际控制人持股比例（Cs）的均值为 35%。样本公司的资产负债率（Lev）均值为 0.46，表明债权融资与股权融资相对平均。固定资产占总资产比重（Fixed）平均为 0.24。

关于各省、市市场化程度指标，按照俞红海（2010）、陈信元等（2013）等，我们使用樊纲等（2011）所计算出来的指数。

股权属性因素是本章考察的主要因素之一。参考白云霞等（2013）、田利辉等（2013）的方法，我们按照实际控制人的性质把样本企业分为国有控股企业、民营控股企业以及其他类型企业三类。具体划分标准如下：如果企业的实际控制人为国有企业、国有机构、开发区以及事业单位，则该企业类型为国有控股企业；如果企业的实际控制人为民营企业以及自然人，则该企业为民营控股企业。[①] 另外，我国部分企业的实际控制人为外国政府、自治政府或者外国公民、无国籍人士等，我们把这类企业划分为其他类型企业。经查资料得知，这类企业比较特殊，不具有普遍性，再加上这类企业个数很少，所以，为了考察结果的稳健性，我们在进行实证检验时把这类企业剔除掉。

① 关于企业的所有制属性，现有的研究一般有两种方法，一种是按照股份性质，将公司股份划分为国有股、法人股、流通股并检验各类性质股权对公司绩效的影响（如许小年、王燕（1999），陈晓、江东（2000）等），另一类是根据企业控股股东或实际控制人的股权性质将企业划分为由国有资产管理机构控股企业、中央直属国有企业控股企业、地方所属国有企业控股企业、私有产权控股企业等（徐莉萍等，2006）。本章主要采用后一种划分方法。这样划分的好处是能够更加简单明了地说明问题。

五、检验结果

为了剔除极端值的影响，我们对数据进行了 Winsorize 处理，将 2% 以下和 98% 以上的数值分别替代为 2% 和 98% 的取值，以剔除极端值对分析结果的影响。

（一）假设 1 检验结果

根据假设 1，我们检验实际控制人持股比例对企业绩效的影响。由于样本是面板数据，通过检验，我们发现，对于该模型的估计，使用固定效应检验方法比使用混合 OLS 方法更加有效。所以对于模型（1）、模型（2）和模型（3），我们使用固定效应检验方法。回归结果见表 3 - 27。

表 3 - 27　　实际控制人比例对企业绩效的影响

	(1)	(2)	(3)
	被解释变量：Roe		
Cs	0.200*** (0.029)		
Dcs		0.243*** (0.033)	
Top1			0.258*** (0.035)
Lev	-11.015*** (1.846)	-11.443*** (1.856)	-11.480*** (1.855)
Fixed	-7.977*** (1.762)	-7.917*** (1.750)	-8.000*** (1.747)
Size	1.437** (0.603)	1.556*** (0.599)	1.539** (0.598)
年度虚拟变量	是	是	是
常数项	-24.645* (13.147)	-29.376** (13.103)	-29.289** (13.074)
观测值	7801	7801	7801
企业家数	1715	1715	1715
R - squared	0.06	0.06	0.06

注：括号中的数字为回归系数的相应的标准差。* 表示在 10% 水平上显著，** 表示在 5% 水平上显著，*** 表示在 1% 水平上显著。

按照前述规定，表 3 - 27 中，变量 Cs 表示企业的实际控制人持股比例。从表 3 - 27（1）中可以看出，实际控制人持股比例对于企业绩效的影响是正向的。这和前述分析是一致的。实际控制人持股比例越大，实际控制人在企业中的利益也就越大，实际控制人的利益和企业的利益也就能越紧密地结合在一起，从而实际控制人会更加尽心地为企业工作，这就有助于企业取得更好的成绩。

实际控制人持股比例对企业绩效的影响还和企业的发展阶段有关。在企业的初始发展阶段或者在企业的高速发展阶段，保持一定程度的股权集中则是有必要的，这样可以保证企业创始人的发展战略能够在企业中得到贯彻，企业决策迅速，从而能够使企业获得快速发展。我国的上市企业的发展时间普遍较短，平均时间仅为 4 年，这就决定了一定程度的股权集中是有必要的，这样企业的控制人就能够利用已有的创业经验把握企业发展方向，从而使企业快速发展。

表 3 - 27（2）中我们使用直接控制股东持股比例（Dcs）、表 3 - 27（3）中我们使用对大股东持股比例（Top1）作为股权集中度的代理变量，进行辅助性检验，也得出了相似的结论。

再看其他因素对企业绩效的影响。我们从表 3 - 27（1）、（2）、（3）中也可以看出，企业的资产负债率（Lev）越高，企业的绩效越差；企业的固定资产比例（Fixed）越高，企业的绩效越差；企业的规模（Size）越大，企业的绩效越好。

（二）假设 2 检验结果

根据假设 2，我们考虑国有控股企业与民营控股企业实际控制人持股比例对企业绩效的影响。按照前述方法，我们把样本分为国有控股企业和民营控股企业以及其他类型企业三类。对于属于其他类型的企业，由于企业家数很少而且企业各具特殊性，所以我们不单独对这类企业进行分析。我们只考虑样本中的国有控股企业和民营控股企业。通过检验，我们同样发现，对于该模型的估计，使用固定效应检验方法比使用混合 OLS 方法更加有效。所以，对于模型

(1) 和模型 (2) 和模型 (4), 我们使用固定效应检验方法; 对于模型 (3), 由于含有虚拟变量的交叉项, 所以, 我们使用混合 OLS 方法进行回归。检验结果见表 3 - 28。

表 3 - 28 国有与民营控股企业控制人持股比例对企业绩效的影响

	(1)	(2)	(3)
	被解释变量: Roe		
	国有控股企业	民营控股企业	国有 + 民营
Cs	0.170*** (0.040)	0.260*** (0.043)	0.034*** (0.009)
Sn			-0.043*** (0.012)
Nature			0.601 (0.490)
Lev	-15.913*** (2.795)	-7.132*** (2.409)	-5.897*** (0.800)
Fixed	-9.274*** (2.402)	-6.796** (2.646)	-7.795*** (0.770)
Size	2.132** (0.844)	1.157 (0.914)	1.967*** (0.134)
Marketlization			0.086 (0.054)
板块虚拟变量	-	-	是
年度虚拟变量	是	是	是
行业虚拟变量	-	-	是
常数项	-36.753** (18.493)	-21.901 (19.677)	-37.003*** (2.864)
观测值	4139	3280	7419
企业家数	850	781	
R - squared	0.07	0.06	0.13

注: 括号中的数字为回归系数的相应的标准差。* 表示在 10% 水平上显著, ** 表示在 5% 水平上显著, *** 表示在 1% 水平上显著。

从表3-28回归结果（1）和（2）中可以看出，无论是国有控股企业还是民营控股企业，实际控制人持股比例对企业绩效的影响都是正向的。也就是说，实际控制人持股比例越大，企业的业绩越好。我们的研究结论和Shleifer与Vishney（1986），陈小悦、徐晓东（2001），徐莉萍、辛宇和陈工孟（2006），江萍、刘淑娟、邵新建（2012）等的研究结论是一致的。虽然上述文章使用的股权集中度变量是第一大股东持股比例，但是由于第一大股东持股比例和实际控制人持股比例具有很强的相关性，所以，我们的结论可以说和上述研究的结论是一致的。对于不同所有制上市企业中都存在着实际控制人持股比例和公司经营绩效之间的显著正向关系的原因，一种解释是，实际控制人持股比例越高，对实际控制人基于控制利益所产生的正向激励也就越高，实际控制人也就越有可能努力经营企业或者保持对公司经理层的有效控制；相应地，实际控制人"掏空"上市公司的边际成本也就越高，这在很大程度上限制了实际控制人为追求控制的私人利益而使企业整体利益受损的行为（徐莉萍等，2006）。这个检验结果也从另一个角度说明，在我国现阶段，股权集中，一方面是由于我国企业成立时间以及进入资本市场的时间普遍比较短，股权还不可能充分分散，另一方面，也说明股权集中对现阶段大多数的中国企业是适合的。

表3-28（3）中，变量Cs*Nature为Cs和Nature的乘积。Nature为表示企业所有制的虚拟变量，如果企业为国有控股企业，则Nature取1，否则取值为0。Cs*Nature的符号为负而且显著，说明在竞争性行业中，民营控股企业实际控制人持股比例对于企业绩效的正向影响要大于国有控股企业实际控制人持股比例对于企业绩效的正向影响。这和前面的分析是一致的。

（三）假设3检验结果

根据假设3，我们检验不同类型国有控股企业中实际控制人持股比例对公司业绩的影响。检验结果见表3-29。

表 3－29　不同类型国有控股企业控制人持股比例对公司业绩的影响

	(1)	(2)	(3)
	被解释变量：Roe		
	中央控股企业	地方控股企业	中央＋地方
Cs	0.109**	0.192***	0.005
	(0.054)	(0.032)	(0.011)
Sn			－0.054***
			(0.018)
Nature			1.589**
			(0.758)
Lev	－17.403***	－15.190***	－6.700***
	(3.408)	(2.201)	(1.086)
Fixed	－12.822***	－8.314***	－8.305***
	(3.817)	(2.153)	(0.995)
Size	2.911***	1.701***	1.852***
	(0.924)	(0.643)	(0.167)
Marketlization	－	－	0.075
	－	－	(0.074)
板块虚拟变量	－	－	是
年度虚拟变量	是	是	是
行业虚拟变量	－	－	是
常数项	－50.955**	－28.206**	－31.223***
	(20.458)	(14.029)	(3.570)
观测值	1366	2773	4139
企业家数	282	568	
R－squared	0.07	0.07	0.15

注：括号中的数字为回归系数的相应的标准差。* 表示在 10% 水平上显著，** 表示在 5% 水平上显著，*** 表示在 1% 水平上显著。

表 3－29（1）、（2）中 Cs 的符号为正而且都显著，说明无论是中央控股国有企业还是地方控股国有企业，实际控制人持股比例对于企业绩效的影响都是正向的。

表3－29（3）中变量Cs＊Nature为Cs和Nature的乘积，Nature为表示企业所有制的虚拟变量，如果企业为中央控股的国有企业，则Nature取1，否则取值为0。Cs＊Nature的符号为负而且显著，说明在竞争性行业中，实际控制人持股比例对企业绩效的正向激励效应，在地方控股国有企业中比在中央控股国有企业中更加明显。

（四）稳定性检验

由于这里使用的实际控制人持股比例变量在各个年度之间变化不大，按照Wilson H. S. Tong（2012）的方法，我们也使用各变量的年度平均值进行了横截面回归，得出了类似的结论。关于绩效的代理变量，前文使用的是Roe，作为稳定性检验，这里使用Roa指标进行了验证，也得出了类似的结论。另外，我们使用平衡面板进行了检验，也得出了一致的结论。

六、研究结论

本章利用我国A股上市企业2008～2012年的数据，研究了实际控制人与公司价值创造的关系。本章发现，实际控制人持股比例对于企业绩效的影响是正向的，也就是说，实际控制人持股比例越大，企业的绩效越好；分所有制来看，无论是国有控股企业还是民营控股企业，实际控制人持股比例对于企业绩效的影响都是正向的，但是民营控股企业的实际控制人持股比例的正向激励效应要大于国有控股企业。把国有企业分为中央控股企业和地方控股企业，则地方控股企业实际控制人持股比例对于企业绩效的影响要大于中央控股企业。

实际控制人持股比例对于企业绩效的影响是正向的，说明在我国现阶段，一定程度的股权集中也是有必要的，这有利于充分调动企业控制人的积极性，努力把企业搞好，以创造更多的企业价值。民营控股企业的股权激励效应大于国有控股企业，因此，应该对国有控股企业进行股权结构改革，逐步减少国有控股企业中国有股权的比例，增加民营股权等其他类型股权的比例，以充分发挥民营企业的灵活性和经营机制，把国有控股企业搞好。

第四章

以董事会为中心的公司治理

——从责任承担到价值创造

公司，一群人以一个独立法人的名义，共同做事。这是人类基于法治结构上的一项伟大创造，是从传统社会走向现代社会的组织创新。现在看似简单的以股东承担有限责任和董事会集中管理为主要特征的现代公司可谓来之不易，是经历了几个世纪的漫长演变之后才修成正果的。

第一节　作为一种责任追究机制的公司董事

公司为什么需要董事会？这个问题可以分解为三个层面：首先是公司为什么需要至少一位董事，然后是公司为什么需要多位董事，最后是为什么多位董事要组成一个董事会并通过“董事会”这样一个会议体来行使权力，也就是公司为什么需要董事会。

公司为什么需要至少一位董事？需要从公司的历史起源和现代公司法的确立上寻找答案。简单地说，特许公司时代，因为成立公司是一种特权，因此，先有政府（议会）任命的董事，董事以公司的名义去融资而后才有股东，这使“董事管理公司”成为一种事实和惯例。

到了普通公司时代，为了防止有限责任股东滥用公司法人地位，通过“至少要有一位董事”和“董事管理公司”的法律设置，增加一个责任追究通道。多位董事并进而要组成董事会，则是随公司对外融资、规模的扩大和严格管理规则而产生的一种需要。

一、基尔特、特许公司与合股公司

罗马人创造了公司法的一些基本概念，特别是一群人可以形成一个与构成它的人相分离的集体身份这一思想。罗马的法人团体可以由 3 人或更多人组成，可以持有财产，可以通过代理人来起诉或应诉。法人团体的延续不受其成员变化的影响，并遵循自己的章程来进行管理。

中世纪早期，法理学家们开始赞同“法人”（corporate persons）的存在：承认由一些希望被作为一个集合体对待的人组成的联合体。这些“法人”包括市镇、大学、宗教团体，以及商人和工匠们的行业公会——基尔特（gild，行会）。基尔特是个体工商业者之间合作的最早组织形式，也是中世纪大多数时间里最重要的商业组织形式。基尔特实际是一种市场准入上的行政垄断组织。在基尔特之后出现的另一类商业组织形式是“管制公司”（regulated companies）。管制公司是被授予在某一特定市场上（先是在海外，后来也在国内各地）拥有垄断经营权的独立商人们的团体。基尔特和管制公司实际并不是一个实体企业，有资格并交纳相应费用进入其中的商人，还是各自进行自己的商业交易的。

和现代公司组织特性最为接近的早期企业组织形式是合股公司（joint - stock company）。从成员把资金放到一起形成一个实体企业并一起进行有关业务交易这一点来说，在基尔特、管制公司和合股公司这三种早期的商业组织形式中，只有合股公司是现代公司的直接前身。在管制公司形式下，有资格并交纳相关费用的人就可以成为公司成员，进入相关业务领域。在合股公司形式下，必须通过购买现有成员的股份，才能进入。合股公司的发展，催生了股票、股份和资本等概念的出现与发展。

无论是形成一个实体企业的合股公司，还是没有形成一个实体企业的管制公司，都是需要获得皇家和政府的批准才能成立的。经营组织形式上不同的管制公司和合股公司，长时期里并存作为特许公司（chartered companies）存在，被国王或议会授予某种垄断经营权利，从海外特定地区贸易到国内的各种特殊行业经营，如采矿、供水等。17 世纪末期时，以制造为目的通过特许注册成立的公司日益增多，并逐渐取代了以海外贸易为目的成立的合股公司，如国王和王后英格兰亚麻生产公司（1691）、英格兰皇家丝织公司（1692 年）等。英格兰银行（1694 年）和苏格兰银行（1695 年）等合股公司也是在这一时期通过国会法案授权成立的。

与实际是政、企、军合一的海外殖民工具的海外特许贸易公司相比，国内特许经营公司与现代公司的距离更近。这些公司得到特许经营许可，修建交通运输设施，经营公用事业。公路、铁路、桥梁、运河等这些特殊行业的公司，本质上需要拥有一些属于政府的权力，如土地征用权等，也有一些行政垄断特性，这使他们与作为自由企业制度的现代公司有很大不同。但是，恰恰是这些公司，特别是铁路公司，因为需要大规模融资和大规模运营，使他们成为现代大公司融资和管理模式的先驱。直到 1929 年，在伯利和米恩斯所列的美国最大 200 家公司中，仍有一半是交通运输业或公用事业公司。

18 世纪早期，法国政府和英国政府分别通过各自的特许公司——法国的密西西比公司（Mississippi Company）和英国的南海公司（South Sea Company），对他们在 1689～1714 年之间的战争中所欠巨额债务进行了重组。他们的目的是通过将要支付定息的政府借款转为股票来降低公共负债的成本。其结果是导致了有史以来最大的金融泡沫。此后，合股公司的发展停滞了将近一个世纪。

二、有限责任与现代公司的诞生

1840 年，当英国发动鸦片战争、悍然进犯此前一直居于世界领先地位的大清帝国的时候，英国国内正在进行一场激烈的政治辩论：是否应该给予公司自由。这场政治争论最终将现代公司背后的几个伟大思想集成到了一起——独立法人、可交易的股份、有限责任和董事会集中管理——促生了英国维多利亚时代一项改变世界的发明——现代公司。

1825 年《泡沫法案》废除，1834 年授予合股公司起诉和被诉的权利。突破性进展是 1844 年出现的《合股公司法》（Joint Stock Companies Act），结束了公司成立需要皇家特许或者国会授权这一“特许公司”时代，成立公司不再是一些人的特权而是所有人的权利。按照该法案规定，完成注册之后，公司有权在名称中加上注册一词，可以有公司自己的印章，也可以公司之名诉与被诉，还可以订立合同等。公司有权并且必须指定董事，人数不得少于3人。其中，甚至还包括了今天中国还没有完全落实到位的一些细节和基础性的公司治理规则，如“与合同有利害关系之董事，不得参与对该合同之投票或执行。公司订立之任何合同如果与董事有利害关系，合同应提交股东大会”①。

但是，该法案没有包含有限责任这一关键要素。当时有限责任被许多自由主义者所诅咒，人们批评有限责任制使投资者拒付他们的欠债。亚当·斯密认为，所有者管理的企业是纯净的经济单位，合股企业与之竞争的唯一途径是有限责任“补贴”。亚当·斯密不仅非常憎恶特许公司的垄断地位，还认为合股公司天生要比独资企业效率更低，雇佣的经理人不会像所有者—经理人那样高度关心企业的利益，“疏忽和怠惰一定会永远盛行”。工业家们也是心存疑虑。稳健的企业家不能通过家庭储蓄和企业收益筹集到必要的资金吗？有限责任会不会只是把商业风险强加给了供应商、顾客和贷款人？是否将把底层民众也吸引到了商业中来？富人们认为穷人会从有限责任中获得最大回报。

有限责任的支持者们争论说，不允许商人采用如有限责任这样一种工具，其本身就是狭隘和违反自由精神的。罗伯特·罗威（Robert Lowe）对皇家商法委员会说，“如果人们愿意通过合同条款把他们的资本损失限定在一定数额，这在自然正义上是没有什么不妥的”。

约翰·斯图亚特·穆勒认为，有限责任可以帮助穷人创立企业，从事商业活动。尽管穆勒一直担心职业经理人是否能够达到所有者—经理人那样的工作热忱，但是他看到，大型商业需要公司制度，否则就需要政府出面。基督教社会主义者也给予有限责任以支持，将其当作是帮助穷人富裕和缓解阶级冲突的一个途径。

政府则关注一个很实在的问题：企业流失到其他国家。1850年代早期，

---

① 弗尔摩里，《现代公司法之历史渊源》，虞政平译，法律出版社2007年版。

约有 20 家英国企业为了享受有限责任待遇而选择了在法国注册。1807 年开始，法国准许了一种新的商业组织形式——设有可转让股份的合伙制企业（partnership with transferable shares）。这授予了睡眠合伙人（不参与业务）有限责任，并且其成立只需要登记注册。米其林公司至今仍然是采用一种两合公司（承担管理职责的无限责任股东和不承担管理职责的有限责任股东）的方式，在保持创始人家族控制的同时，又能够吸收外部资本并上市。

1855 年通过了《有限责任法案》（Limited Liability Act，1855），赋予 1844 年公司法所定义的“法人公司”（incorporated companies）有限责任权利，但要符合一套有关资本方面的规定。《1856 年合股公司法》去除了《有限责任法案》中的有关资格限定，允许企业自由地由其许可证获得有限责任。银行和保险业者被排除在外；但不再有最低资本要求。

《1856 年合股公司法》经过些许修改之后，进入了综合性的《1862 年公司法》。这是公司制度发展的一个转折点——从特许制到注册制，现代普通公司由此诞生。公司的设立不再需要从议会获取批准，公司的业务也不再像其特许制时期那样，限于一些具体的具有公益性质的领域。现在可以轻而易举地设立一家普通公司，唯一的必要条件就是要有 7 个人签署公司章程进行注册，和使用“有限”字样以警示债权人不能向股东追索[①]。英国这部《1862 年公司法》迅速被其他国家所模仿，越早进行这一模仿的国家，越早进入经济现代化的历程。法国是 1867 年，德国是 1870 年，意大利是 1882 年，股份公司的成立无需再经过政府的批准，成立一家股份公司要做的仅仅是举行一次全体股东会议，选出一个董事会来即可[②]。

世界从此发生了史无前例的改变。人类走出了传统几千年里只能依靠政府或者教会才能进行重大工程项目的状态，公司在越来越多的领域里替代了政府或者教会的职责。特别是在商业领域里，公司成为绝对的主导，家庭和政府也都要依靠公司这种组织的力量。

---

① John Micklethwait and Adrian Wooldridge, *The company: a short history of a revolutionary idea*, 2003 Modern Library Edition, NEW YORK。

② 哈罗德·詹姆斯，《家族企业》，三联书店 2008 年版。

三、董事：权利与责任

在公司的发展历史中，先有董事，他们一般是官员、议员，得到授权后进行融资，以利用民间资本。当普通公司创始人、大股东将其事业组建为公司形式时，便需要通过董事这种法定机关来行使公司管理权力。

以最早和最著名的“股份公司”荷兰东印度公司为例①，其成立之初的76名“董事”源自组建成荷兰东印度公司的六个城市中的那些“早期公司”，是由各城市议会随特许权的授予而任命的，他们组成了荷兰东印度公司六个商部各自的“董事会”。六个商部从自己的董事中推选出代表，组成“17人会议”负责荷兰东印度公司的总体决策和管理，等于是荷兰东印度公司的董事会。荷兰东印度公司的投资者享有有限责任，但是并无自行选举产生董事的权力。这些董事多半是城市议会成员或者政府官员，投资者是如同中国晚清官督商办企业里的商股股东一样仰人鼻息的。他们的“股东权力”要比今日中国国有控股企业里的中小股东还差，这些中小股东至少还有个“投票权”，尽管实际不起作用。

荷兰东印度公司是由荷兰议会批准设立的，董事是由各市议会挑选的，但资本金是个人投资者们提供的。1611年，在荷兰东印度公司办公室不远处设立的世界上第一个正式的股票交易所，为不满意的投资者们提供了退出通道，但是，这并不能完全缓解荷兰东印度公司的投资人与实际控制着公司的董事们之间的矛盾与冲突。一本抗议小册子写道：“如果我们向市上议院和参议院投诉，那里有公司的董事；如果向海军部投诉，那里有董事；如果向荷兰议会投诉，我们会发现董事和议会其实就是一回事，都穿着‘公司’这同一条裤子”②。

---

① 英国东印度公司虽然成立时间比荷兰东印度公司早一年，但是，荷兰东印度1602年成立时就成为一家可连续运营的实体企业，即其所融资金可多次航行，而英国东印度公司要在10年之后才从“每次航行单独融资、各有不同股东”的“项目运营”状态转变为可一次融资、多次航行、连续运营的实体企业。因此，荷兰东印度公司是最早的“股份公司”。

② 菲莫·西蒙·伽士特拉，《荷兰东印度公司》倪文君译，东主出版中心2011年版。

当公司制度被推广到民众中后，普通公司中董事便成为公司管理机关，并担负公司不法行为的后果。

早期合股公司发展中的欺诈横行和南海泡沫等，使英国出台了《1719 年泡沫法案》，直到《1825 年泡沫法案废止法》，合股公司才又再度发展起来。此后经过《1844 年合股公司法》和《1855 年有限责任法》等，到《1862 年公司法》颁布，现代公司的基础规则和治理机制就基本奠定了：注册成立公司（不再是特许），公司法人独立（财产和诉讼），股东有限责任，股东选举产生董事和监察人，董事管理公司，监察人检查审核公司账目。

英国《1844 年合股公司法》已经确立了“董事管理公司”这一现代公司的基础治理规则：董事是指导、处理、管理，或监督公司事务的人[①]。成立公司必须至少三位董事和一位或更多监察人[②]。股东投票选举产生董事和监察人[③]。“董事们根据本法和公司章程处理和管理公司事务，任命、解聘公司秘书和公司职员，举行定期会议及临时会议，任命主持这些会议的主席”[④]。

英国 1844 年公司法案还对“董事管理公司”这一现代公司的基础治理规则，做了细致的界限规定，如：“完成注册之后，公司可以为正常经营之目的而订立合同。对价小于 50 英镑之合同或提供服务之期限小于 6 个月之合同，可以为公司之任何经理所订立，并且应向秘书报告并登记在公司账簿；其他之合同必须以书面形式订立，有双方董事签字，加盖公司印章，或者由公司董事会备忘录或者董事会决议特别授权之经理签字。[⑤]”

到了现代公司法确立之后的普通公司时代，股东出资注册成立公司，为什么还要由董事管理，而不是由股东直接管理？特别是在那些并没有（也无权）对外公开招股的封闭公司中，可以不设立由多人构成的董事会，但却需要至少一位董事（如中国公司法中“执行董事”安排）？实际这样的公司都是股东在

---

① 英国《1844 年合股公司法》第 3 条：The Word “Directors” to mean the Persons having the Direction，Conduct，Management，or Superintendence of the Affairs of a Company。载虞政平主编《英国公司法规汇编：从早期特许状到当代公司法，1530 – 1989》，法律出版社 2000 年版。

② 同上，第 7 条。

③ 同上，第 26 条。

④ 同上，第 27 条。

⑤ 弗尔摩里，《现代公司法之历史渊源》虞政平译，法律出版社 2007 年版。

亲自管理公司，法律上的“董事”设置还有什么意义？

英国在禁止了合股公司发展一百多年之后，为了应对工业革命引发的公司发展需要，又要防止南海泡沫那样的惨剧重演，便通过了董事制度的设置及其他一些措施（如刺破公司面纱和监察人制度）来对公司法人行为的滥用加以防范。

安·比尔斯在《魔鬼词典》中给“公司”下了这样一个定义：“一种巧妙的装置，个人可以利用它获利却不用承担任何责任。”现代公司制度与生俱来的社会融资便利，使其很容易被老股东和公司董事、实际控制人合谋用来诈骗新股东和公众股东钱财。董事（会）作为公司法定机关的设置，以及相应的董事民事和刑事责任追究——董事要作为自然人来承担公司违法行为的法律责任——可以把董事送进监狱，是现代社会控制公司行为、给予其独立法人地位的前置条件。

公司管理权力属于董事，防范董事欺诈便成为公司能否顺利发展壮大的关键环节。对此，仅仅有民事处罚是不够的，还要有刑事处罚。有关公司董事的刑事责任，先是通过一些判例发展起来的，到1890年形成了《董事责任法案》（the Directors Liability Act）。

针对公司董事刑事责任上的主要控告是，董事通过对公司情况的虚假陈述来与老股东合谋欺骗新股东。在招股说明书中造假以诱使人们购买公司股份，董事要承担责任。只要陈述是虚假的就构成被告董事的责任，无须被告董事知道该陈述是虚假的，也就是说无须证明是故意造假和欺骗。1890年的《董事责任法案》规定了可以免除董事虚假陈述责任的两种情况：①陈述让人有足够的理由相信是真的；②陈述是基于权威专家之意见做出，而董事有足够理由相信该专家之资质，或者是基于公共官方文件而做出。这与现代有关董事勤勉责任的商业判断准则已经非常接近。

董事的设置是为了防止股东躲在公司法人的背后胡作非为，那如何防止公司的实际控制人躲在董事的背后来实际操纵公司又逃避责任呢？英国公司法上有明确的“影子董事”（shadow director）概念，影子董事是“这样的人，公司董事们惯常地按照他的旨意和指示行动”。在承担责任的场合，影子董事被当作正式董事对待，并课以严格的责任。美国和其他一些国家则有一个“事实董事”（de fecto director）的概念，没有正式董事身份的人，但是“他的行为表现出是以董事身份在活动（如经常参加董事会会议并积极参与公司决策等），他就被视为事实上的董事”。

从英国《1844 年合股公司法》董事是指“对公司事务进行指导、处理、管理和监督的人”到美国法律研究院 1994 年通过并颁布的“美国法律重述”之《公司治理原则：分析与建议》给“董事”所下的定义——董事指被任命为公司董事的个人或者根据有关的法律或公司决定行使董事职责的人——都表明，名义上被任命为董事的个人是“董事”，事实上在行使董事职责的人也是“董事”。

美国注册大公司最多的特拉华州，在其“普通公司法”中明确规定“公司的业务和事务应当由董事会管理或者在其指导下管理”①。在该法的同一章同一节中还明确界定了“凡在本节中所提到的董事会，董事会成员以及提到股东时，应当被认为是分别指：公司管理机构，管理机构成员以及公司成员”。就是说，董事会是公司管理机构，董事是管理机构成员，而股东是组成公司的成员。如果股东或者任何人实际介入了公司管理，行使了本该归属董事会的职权，则该股东或该人在法律上就可以被认定为“董事”。

为什么要有这种“事实董事”的概念？它有什么用处？很简单，有了这样的概念之后，法院就可以追究那些操纵或者架空董事会者个人的“董事”责任。如果没有这样的规定，就难以有效地防范和惩治那些隐藏在“有限责任之墙”和“董事会之幕”背后的“关键人”“垂帘听政者”。董事责任的概念，在中国公司法中已经很明确了，但是因为缺乏“事实董事”的概念和相应的法律实施，而使中国公司中很多董事会的权力不能落到实处，董事会成为大股东的橡皮图章，公司成为大股东的“掠夺”工具。

---

① 《特拉华州普通公司法》，法律出版社 2001 年版（中译本），第四分章第 141 节。

第二节 作为一种公司治理机制的董事会

欧美国家在理论和实践上都遵循着一种以董事会为中心的公司治理模式，这既是一种明确的公司法律规定，也是一种蕴涵在其长期的社会经济和政治历史背景中的自然演进过程。中国1904年的大清《公司律》明确设定了以董事会为中心的公司治理模式，但却一直到今天都没有真正地发展成为现实。这其中，有我们自身的社会经济和政治结构不匹配因素，也与我们对董事会中心公司治理模式的核心概念和原理的理解不足有关。

一、以董事会为中心的公司治理模式

董事会中心公司治理模式的基本含义是，公司应该由董事会或是在董事会的指导之下进行管理。

《美国标准公司法》第8章第1节规定：每个公司必须设立董事会，公司所有权力应由董事会或者在董事会授权下行使，公司的经营和事务应由董事会管理或者在其指导下管理①。《特拉华州普通公司法》第141条（一）规定：公司业务和公司事务应当由董事会管理，或者在董事会指导下处理②。

1904年颁布的清《公司律》明确规定，“各公司以董事局为纲领，董事不必长期住公司内，然无论应办应商各事宜，总办或总司理人悉宜秉承于董事局”（第67条）。清《公司律》中没有经理的概念，总办或总司理人就是经理的角色。“公司总办或总司理人、司事人等均由董事局选派，如有不胜任及舞弊者，亦由董事局开除，其薪水酬劳等项均由董事局酌定”（第77条）。“公

① 沈四宝编译，《最新美国标准公司法》，法律出版社2006年版。

② 徐文彬等译，《特拉华州普通公司法》，中国法制出版社2010年版。

司寻常事件，总办或司理人、司事人等照章办理，其重大事件应由总办或总司理人请董事局会议，议定后列册施行”（第78条）。

董事会中心公司治理模式，或说董事会的实质，包含有关董事和股东间关系，董事间关系和董事与公司执行层间关系的三个核心概念[①]。

1. 董事与股东间的关系：董事由股东选举产生

董事会中心公司治理模式的第一个核心概念是股东选举产生董事，通常是按年，在公司必须召开的年度股东大会上进行。这一概念在世界范围内的一个重要例外是德国的共决制，员工选举一半的董事（德国双层董事会结构中的上层的监督董事会成员）。不是由股东选举产生，如由政府任命等，则不是现代公司治理意义上的董事。

《美国标准公司法》第8章第3节（c）规定，董事应由第一次股东年会以及之后各届股东年会选举[②]。《特拉华州普通公司法》第211条（二）规定，应当按照章程细则规定的日期和时间，召开股东年度会议并选举董事[③]。

理解公司制企业中股东选举董事这一概念，可以比较一下合伙制企业。合伙企业法的默认规则是，企业的所有者（合伙人）仅仅因其是所有者而管理合伙企业。如美国的《统一合伙法》（1997年修订版）第401条“合伙人的权利与义务”之（6）规定，“在合伙事务的管理和经营方面，合伙人之间享有平等的权利”[④]。相比之下，公司的所有者（股东），仅仅作为股东，没有权力去直接管理公司。公司股东的权力是选举董事，和对由董事们提交给股东大会，要求股东表决的事项进行投票表决。

2. 董事间的关系：地位平等的同仁团队

董事会中心公司治理模式的第二个核心概念是，由一个地位平等的精英小组，作为一个同仁团队，通过共同行动来制定决策。

---

① 参见 Franklin A. Gevurtz, “*The Historical and Political Origins of the Corporate Board of Directors*”, Hofstra Law Review, vol. 33, no. 1 (Fall 2004)。

② 前引《最新美国标准公司法》第91页。

③ 前引《特拉华州普通公司法》第80页。

④ 虞政平编译，《美国公司法规精选》，商务印书馆2004年版。

公司董事会通常都要由1位以上的董事组成。1969年以前，《美国标准公司法》要求至少三位董事。最近的一项修改允许单人董事会存在。2006年的英国《公司法》要求公开公司的董事不能少于2人。中国《公司法》对有限责任公司和股份有限公司分别做出了董事会人数不能少于3人和5人的规定。

公司董事会的规范是，所有董事都拥有同样的投票权，出现不同意见时，实行多数决定原则，董事会内多数人的意见就构成了其决策事项范围内的最终决策。这是董事会作为一个同仁团队的集体决策和其他各种集体决策组织之间的本质不同。在层级制组织中，随着业务或规模的增长，可能会由一种集体决策取代独裁决策，并可能致力达成共识，但是总有一个人拥有做出决策的终极权力。

在层级制组织的决策中，通常会把权威在各个人中进行划分。与此不同，董事作为个人，没有任何权力，董事只有作为一个集体通过董事会会议才拥有权力。

3. 董事与经理层间的关系：董事会选聘和监督经理层

董事会中心治理模式的第三个核心概念是，董事会拥有选聘和监督公司高级管理人员（特别是首席执行官）的最终权力与责任。这一点是很多中国公司董事会不能真正到位的一个主要表现。

发达国家公司法规通常准许，也有极个别公司这么做——通过章程规定，由股东选举公司总裁或其他高级经理。《美国标准公司法》第8章第4节规定："（a）公司的高级管理人员可以依内部细则规定而产生，或者由董事会依据内部细则任命。（b）董事会可以选择若干人担任一个或者多个公司职务。如经内部细则或者董事会授权，一名高级职员可以任命一名或者多名高级职员"①。美国《特拉华州普通公司法》第142条（二）规定："高级职员的选任方式和任期由章程细则规定，或者由董事会或者其他管理机构确定"②。

但是在发达国家的公司治理实践中，几乎所有公司的做法都是由董事会任命首席执行官和其他高级经理人员。而且，美国法院坚持董事会任命经理人员

---

① 前引《最新美国标准公司法》第106页。
② 前引《特拉华州普通公司法》第43页。

的原则，认为剥夺董事会控制经理或公司其他人员的终极权力，违反了“公司应由其董事会或是在其董事会的指引之下进行管理”的公司法原则。

二、董事会中心治理模式的历史起源

在“董事会”（board of directors）一词被正式和普遍使用以前，事实上的公司董事会已经存在了数百年的时间。“助理董事会”（board of assistants）、“委员董事会”（board of committees）是两个最常用来指称董事会的概念。有据可查，最早使用董事会概念的是1618年成立的英国非洲公司，该公司“特许章程”规定了由12名“董事”构成的董事会。但是直到17世纪末，“董事”这一术语并没有得到进一步使用。1694年英格兰银行章程正式采用了“董事”一词之后，“董事”一词开始得到普及，取代了“助理”“委员”等词①。

公司董事会并不是作为一种管理商业公司的机构而发展起来的。它是商业公司从独立商人社团中演变出来时所继承来的一种机构。早期的商人社团或公司，相继采用了董事会治理来取代由官员和全体成员大会决策相结合的那种简单结构。延续早期商人社团的传统，东印度公司、俄国公司、东方地区公司、累范特公司、哈德逊湾公司和南海公司等著名英国贸易公司，普遍采用了董事会治理。

（一）从管制公司到合股公司：董事会角色的转变

特许贸易公司经历了从管制公司（regulated companies）到合股公司（joint stock companies）的转型。管制公司本质上是基尔特，拥有其成员资格的商人们在公司的特许经营权之下独立进行业务运营。合股公司则是一个实体，成员（股东）的投票权和经济收益均来自对一个共同企业的投入。这一演变没有改

① 美国太平洋大学麦乔治（McGeorge）法学院教授富兰克林·格瓦兹（Franklin A. Gevurtz），“The Historical and Political Origins of the Corporate Board of Directors”，Hofstra Law Review，vol. 33，no. 1（Fall 2004），从历史和政治两个方面对公司董事会进行了溯本求源。这里我们主要依据该文，对公司董事会的历史起源做一概述。

变治理董事会的结构，但却从根本上改变了董事会的职责。董事会从管制机构（regulatory body）——代表独立进行业务的商人集体保护他们的特许性经营权，变成了一个督导机构（supervisory body）——拥有运营一个企业的全面职责。

东方地区公司提供了一个管制公司的好样本。东方地区公司“章程”授予该公司中的商人，拥有英国对斯堪的纳维亚和波罗的海地区（不含俄罗斯）的贸易专营权。作为一个管制公司，东方地区公司没有作为一个实体来进行运营。作为该公司成员的商人们，则通过个人以单独或者合伙方式进行他们的贸易运营。如果管制公司没有作为一个公司来进行运营，拥有一个治理董事会的目的是什么？董事会通过发布禁令来对公司成员们的行为进行治理。例如，东方地区公司董事会禁止对商品进行“染色”（Colouring），染色是指把非公司成员的商人们的商品作为公司成员自己的商品来销售。非公司成员的商人们试图通过这种隐藏委托人的方式，突破公司的排他性特许经营权。正如这一例子所表明的，管制公司董事会的作用，不是行使运营一个企业的全面职责，而是对个体商人施加规则以保持垄断。

在合股公司中，不再是每个商人自己进行贸易，而是商人们出资、通过公司进行贸易——由此产生了“合股公司”这一名称，也衍生出了“股东”一词。有几个因素促进了从管制公司向合股公司的演化。最明显的一个因素是随着贸易航线由近及远的发展，需要更大规模的融资，也面临着更大的失败风险。与管制公司中的个人经营相比，合股公司可以融集更多资金，可以在更多的参与者中分散风险。

随着管制公司向合股公司的演化，在管制公司中为颁布规章和执行规则以治理独立商人们行为而存在的一个同样的董事会结构，把自己变成了服务于合股公司的机构，管理大型商业企业。合股公司的发展，还为可转让的所有者权益提供了条件。在这种可转让的所有者权益中，投票权可以依赖于所购买的权益数量，这种投票权可以广泛地分散在被动投资者手中，这为所有权和控制的分离奠定了根基。

（二）东印度公司：从管制到合股的公司治理模式演变

1602 年创建了的东印度公司“章程”规定，对航行的指导以及所有其他的公司事务的管理都归公司总督和被称作“委员”的 24 个人。从东印度公司开始，“委员”（committees）一词，就像之前那些特许贸易公司所用所用的“助理”（assistants）一词一样，开始作为比“董事”（director）或“受托人”（trustee）更早的头衔，来称呼那些由选举产生的负责一个公司的治理的委员会机关（董事会）中的成员。英国东印度公司“章程”指定托马斯·史密斯勋爵（Sir Thomas Smith）为公司第一任总督（总裁），但同时规定，公司成员（股东）每年应选举产生公司委员（董事），公司委员（董事）应在他们当中选出公司总督（总裁）。

在公司的起步阶段，东印度公司兼有管制公司和合股公司的特征。东印度公司通过一些单个商人或商人小组进行业务航行，直到 1612 年，才开始作为一个公司进行贸易航行。可是，另一方面，东印度公司从一开始就是在一种合股基础上进行其贸易航行的，不过公司成员们的投入是针对每次航行进行，而不是作为公司的永久资本或合股而投入的。最初的东印度公司章程保护公司成员在公司的特许经营权名义下自己进行贸易的权利，这和管制公司几乎一样；而且，并非所有的公司成员都投资了以合股方式进行融资的早期航行。

在 17 世纪的上半期，尽管没有形成永久资本，但是东印度公司的成员们投资的合股基金，支持了一定数量的到印度的贸易航行。这些合股基金会在其认购者中进行清算和收益分配。17 世纪中期，这一做法引起的会计混乱和维护其持续垄断的需要，导致了东印度公司的调整，用永久性合股基金取代了早期那些一次性基金。在公司还没有对早先的合股基金进行清算就开始筹集后续合股基金时，产生了账目混乱。如何处置和计量公司在印度和英国获取的永久设施使问题进一步复杂。

在转向永久资本的同时，还出现了另外两个有关公司成员权利的关键变化。投票权开始以每位成员向公司永久合股基金投入的数量为基础，而不再是所有成员都有投票权。1650 年，东印度公司股东的投票权规定是，每投入 500

英镑有一个投票权。1693 年的“新章程”规定，在“股东大会”（general court）上，每 1000 英镑投资拥有一个投票权，一人最多可以拥有十个投票权。此外，1654 年，东印度公司不再向其成员授予在公司特许权下个人进行贸易的权利。这两个变化的结果是，把作为东印度公司成员的两个利益——投票权和经济收益——都完全与对公司活动的共同基金的投入联系在一起了。由此，东印度公司完成了从一个商人联合体到普通公众进行被动投资的转型。

东印度公司在现代董事会实践的多个方面都有先锋表现。典型的现代公司董事会的一个关键权力是雇佣和解聘首席执行官的权力。东印度公司的最初章程可能是第一份将选择公司总督的权力授予其治理董事会，而不是把这一权力保留在公司成员手中的公司章程。通过后续的特许章程或者其他方式，东印度公司的治理结构出现了各种各样的变化。在 18 世纪时，委员（董事）们选举出了主席和副主席，来主持他们的会议，并由此建立了与总督办公室分开的主席办公室——这是今日一些董事会改革者们所正在推动的事情。另一项今日仍很普遍的、被引入东印度公司的治理实践，是来自 1773 年的一项议会法案。该法案把董事任期错开的概念引入了东印度公司董事会——那时已经称为“董事”（director）——每年改选四分之一的董事。

三、为什么需要董事会的逻辑解释

基于以上分析，我们就不难理解公司需要有董事会的内在逻辑了。

首先是因为要让公司股东享有有限责任，没有有限责任，就没有公司的永续生命和无限的扩张前景。有限责任及其相应的法律支撑，扩展了公司制企业的股东边界，才会产生成千上万以至几十、几百万股东共同拥有的现代大型企业组织。

其次，如果没有配套的董事和董事会制度，有限责任制度则会被股东滥用于过度的冒险、掠夺，而不是真正的企业发展。在“有限”责任条件下，股东通过提高财务杠杆及从事一些高度风险的项目，可以以有限的损失博取接近于“无限”的高额利润。美国银行业股东的有限责任是从多倍责任经过 100

多年逐步发展过来的，就是因为银行业企业股东更有掠夺存款人利益和过度冒险的动机与便利条件。在公司制企业中，法律上“董事”的引入，就是为了在提供“有限”责任的同时，设立一个追究“无限”责任的通道。作为股东，你可以在财务上享受有限责任的保护，但是如果你由此而胡作非为，则追究你作为“董事”的责任。作为董事的责任，没有了“有限责任”之墙的屏蔽，既是直接追究到个人的，也是“无限”的。

最后，董事和董事会制度，进一步扩展了公司制企业的合作边界。现代公司制企业中的董事会制度设计，不仅有其上述防范性的一面，也有建设性的一面。防范性一面的主要表现是可以在股东借有限责任而通过公司胡作非为的时候，追究其作为董事的个人责任。董事会制度对公司制企业发展的建设性的一面的表现则是扩展了公司制企业的合作边界。有限责任制度扩展了股东之间物质资本的合作边界，使不相识的股东之间可以共同投资和拥有一家企业。董事和董事会制度则进一步扩展了拥有物质资本的“富人”和拥有管理才能的“穷人”之间的合作边界。

可以试想一下，如果没有现代公司制企业及其董事和董事会制度，穷人只能简单地给富人打工，听从富人的指挥调遣。这种情况下只有那些既有物质资本又有管理才能的人才能建立起较大一些的企业，而再有才能的穷人也只能是个低级打工的命运。中国几千年的传统社会就是这个样子，整个社会的想象力甚至都限于贫穷落难的才子要遇上富家小姐才能改变命运。上帝是公平的，也是人性使然，富家后代甚至仅仅是一个人富裕之后，往往就不再刻苦和努力，“奋斗”、“拼搏”似乎只是穷困者所能依然拥有的禀赋。

在人类发明现代公司制度之前，我们即使能够找出来一些所谓百年老店，其规模与现代大型公司相比，也实在是小的可怜。同时拥有创建企业的物质资本和管理企业的人力资本的人已经太少了，再足够幸运地拥有能够继承和光大父业的后代，就绝对是小概率事件了。“富不过三代”的根本原因，并非是家规不好、家教不严，而是没有能够让有才能的穷人与不想再辛劳的富人及其后代之间能够相互信任并有效合作的一种机制。再好的家规、再严的家教，也改变不了“好逸恶劳”的人类天性。一套以有限责任为基础、以董事会为核心的现代企业制度，则可以使富人与穷人双方能够各得其所，“富人”作有限责任的股东，享受财富的快乐并保持财富的升值，有才能的“穷人”得到经营和管理的机会。以至发展到现代的大型公众公司，穷人和普通人也可以作大公司的股东，让财富创造财富，而不再百分之一百地靠双手吃饭了。

如果说股东会按股说话，是股东们按投入公司的资本数量来决策公司大政方针的地方，董事会则按人说话，是按个人能力才识来进行公司日常经营决策的地方。现代的独立董事主导的董事会，是资本市场高度发展后逐渐演变出来的，公司法上资格股规定的取消，则是对这种演变趋势的适应。就中国目前的公司发展和股权分散状态来说，特别是在众多的非上市公司中，还是要以股东为主构成的董事会才能发挥作用。

第三节 现代公司的董事会与控制模式演进

从法定的董事机关到实际运作中的董事会设置的发展，是公司规模扩大、利益关系复杂的一个结果。

以会议体形式行使权力的董事会制度，相比可单独行使权力的董事制度，是对董事权力行使方式的进一步规范，有利于防范董事权力的滥用。

董事制度也方便了将公司管理权力赋予有能力的人，不愿意或能力不足的股东可以当甩手掌柜。董事制度由此成为公司广纳人才的有利方式。

一、从大亨控制到市场控制

20 世纪初，现代巨型公司出现之后，很快成为最重要的社会经济组织机构，大亨和经理人依次成为这些大型公司的主导者。但是，从 20 世纪 80 年代开始，一场并购浪潮终结了管理主义，“由市场来管理”的公司模式诞生。

（一）所有者兼经理人的大亨时代

就主流企业的治理模式来说，大亨时代大致起始于 1860 年前后，到 1920 年代结束。统治企业的大亨有两类，一类是范德比尔特、洛克菲勒和卡内基等这类实业大亨，另一类是摩根这一类的金融大亨。

大亨时代的企业英雄多为所有者兼经理人，或者所有者密切介入公司治理，经理人实则充当老板助手的角色。这个时代里缔造出现代巨型公司的企业并购以追求生产效率的横向一体化或纵向一体化为主。横向一体化的典型代表是美国钢铁公司，纵向一体化的典型代表则是福特汽车公司。

从作为现代公司缔造者和统治者的角度看，实业大亨略早于金融大亨。先是原子式市场竞争中的优胜者成为实业大亨，这些实业大亨们通过托拉斯等方式寻求控制市场。《控股公司法案》和《股票融资法案》的出台，给摩根这样的金融大亨们提供了通过收购企业组建巨型公司的机会。

铁路大亨范德比尔特、石油大亨洛克菲勒、钢铁大亨卡内基等美国这些实业大亨们所建立起来的巨型企业，没有像欧洲国家一些企业家族那样以家族所有或家族控制的方式延续至今，其原因就是摩根这样的金融大亨的崛起和美国资本市场特别是实业公司股票市场的高度发达。公司金融和资本市场的发达催生了美国现代巨型公司，现代巨型公司推动美国获取现代世界经济的领导地位。

（二）经理人为王：管理主义时代的公司

职业经理人走上舞台之后，公司治理模式也按职业经理人主导的逻辑向前演进，进入了所谓的管理主义时代，大致从 1920 年代开始，到 1980 年代结束。

职业经理人作为实业大亨们的跟班，在金融资本的帮助之下，开始走上了现代巨型公司的王位。推动这种演变的力量主要有来自以下几个方面。

首先是金融大亨个性上与实业大亨不同，给予了职业经理人更多的权利和自主空间。实业大亨们领导过企业由小变大，事无巨细亲自过问，把握过程关注细节，是他们在竞争中胜出的法宝。在企业规模变大、不得不更多地向经理人授权的时候，他们很少有人不是反反复复、疑神疑鬼的。金融大亨与此不同，他们是借助市场机会，通过发行股票和债券等，用别人的钱获得了公司的控制权，他们真正关心的只是结果，他们对过程的关注只限于那些会影响到结果的关键节点，对太具体的过程和细节他们不感兴趣。实业大亨在工厂里可以很陶醉，金融大亨进到工厂里可能只是走走过场。

金融大亨摩根收购实业大亨卡内基的钢铁公司组建美国钢铁公司之后，同样的一位经理人在前后两位大亨手下工作的感受完全不同，可以很好地说明这一点。由卡内基钢铁公司总裁升任美国钢铁公司总裁的斯瓦布评价摩根时说："卡内基在批评我的时候，根本就听不进我的任何解释，但摩根先生不同，他有着博大宽广的胸怀，我愿意听从他的任何指挥。"只要管理者个人工作干得出色，摩根就不会干涉他们。摩根曾明确地声明说："放手让属下工作，这已成为我的原则，除非他们犯的是原则性错误，否则我不会干涉他们的工作。"

其次，金融大亨和实业大亨对公司的看法不同。在实业大亨眼里，公司是自己的孩子，自己公司的产品是最好的，自己公司的股票是世界上最好的投资对象。福特不能容忍公司经理人开非福特汽车，ZARA 创始人阿曼西奥不能容忍公司经理人出售本公司股票转投其他资产。金融大亨眼里公司是猪，养肥了有高价钱后就可以卖，资金要流动，要追逐市场上不断出现的更好的投资对象。这样，金融大亨们替代实业大亨们成为现代巨型公司的控制者之后，股权分散的进程开始呈现出加速度的状态。

最后，金融大亨扬长而去，留下了股权分散的现代巨型公司给职业经理人们打理。股权越分散，职业经理人们的自主空间越大，他们在公司治理体系中的地位越高：他们从为一位或少数几位大亨服务，变成了为全体股东服务。

经理人为全体股东的共同利益服务，本是公司法律上的一个基本规定，也是良好公司治理的第一原则，但是在大亨时代和控制性大股东存在的情况下，总是难免沦为实际是为大股东服务的状况。可以说，这就是包括中国在内的当今世界绝大多数国家中公司治理的实际状况。

美国的主流公司从 1920 年代开始进入了股权高度分散、经理人为王的管理主义时代。在没有了大亨和控制性股东这样一种具体的服务对象之后，“为人民服务”的公司经理人自己变成了“官员”，开始把公司作为工具为自己服务。这一时代公司的典型表现就是以增长为第一目的，分红水平开始下降，更多的企业留利和再投资，其巅峰表现是1960年代的混合多元化。从股东的角度看，有限关联多元化是合理的，混合多元化则只是有利于经理人经济控制权力的提升和职业风险的降低。

经理人为王的时代，公司成为一种社会组织，呈现出一种强大的背离股东利益的自我存在、自我发展倾向。也正是这个时候，出现了公司组织发展方向的一场大争论：公司应该是股东主权还是利益相关者主权，应该以股东价值为导向，还是以社会责任为导向？就全球范围来说，这场争论还没有完结，但是美国已经由具有自我矫正和自我进化功能的资本市场做出了选择。

（三）公司控制权市场：管理主义时代的终结

颠覆了管理主义模式的公司控制权市场这一概念是由法和经济学运动带头人亨利·梅恩于1965年提出来的。当时正是管理主义模式的顶峰时期，严格遵循理性人假设的经济学家不能理解为什么会存在可以忽视投资者利益的公司？1976年，迈克尔·詹森和威廉·麦克林进一步提出了“公司是一组契约关系”的概念。他们问道：数百万人都把财富的很大一部分投资到那些管理层根本就不关心其利益的公司，这怎么可能？投资者不是傻子，只要还有其他选择，聪明的投资者绝不会把他们的资本交给忽视他们利益的公司。那些忽视投资者利益的公司，要么被收购而出局，要么因要支付更高的融资成本而在市场竞争中出局。

在有效的股票市场上，管理不善、无视投资者利益的公司，股价会下跌，公司会成为并购对象，管理层会被驱赶出局。但是，那些能够识别这种机会并发出收购要约的都是行业内的竞争对手，而传统上过于偏重市场份额的“反垄断法规”阻止了这种能够提升价值的同行业并购。

从梅恩到詹森和麦克林的学术讨论，为1980年代的并购浪潮提供了理论支撑，崇信市场力量的里根政府则为这场并购浪潮从法规和政策上提供了催化剂。1980年代开始，里根政府为振兴经济所采取的一系列保守主义政策中，非常重要的一条就是促进并购，让“公司控制权市场”发挥作用。1982年，公平贸易委员会反托拉斯部发布了新的并购指引，放松了对行业内部企业之间并购活动的管制。

这是一场再一次改变了美国公司管理和运作模式的并购浪潮。其外在的主要表现是公司回归主业，终结了混合多元化的经营模式。1980年，世界500强企业平均涉足3个行业，有些公司涉足10个以上行业。到1995年，大部分企业都是只在一个主要的行业中从事经营活动。除了通用电气等少数几个企业之外，美国绝大多数的大型混合多元化经营企业都不存在了。

在这个从混合多元经营到聚焦主业的公司业务模式变化背后，则是公司治理模式和相关人员力量对比关系的变化——机构投资者等各类积极股东走上舞台。现在，不满意的股东们，已经不仅仅是消极地在事后“用脚投票”，让并购市场发挥作用，而是积极地在事前“用手投票”，通过参与公司治理发挥作用。公司变成了可以随时修正的一组契约关系而不再是一个大而不能倒的社会组织，社会经济运行的中心也不再是公司这种组织，而是资本市场这种机制。

二、控制董事会：连锁董事的历史演变

伯利和米恩斯认为，现代公司中所有权和控制权相分离，所有者靠边站了。无视投资者利益、为自己服务并自我延续的管理者控制着现代公司。金融经济学者们提出质疑，认为并购活动和公司控制权有效地终结了管理主义公司时代。但是，一些制度主义者则坚持认为，一个管理者精英集团控制着大型公司，并进而统治着整个经济以至社会，他们的一个主要根据就是连锁董事会。

所谓连锁董事会是指公司之间通过一个人出任两个以上公司董事而形成的关系网络。出任多个董事职位的人被称作“多重董事”（multiple director）。两个公司共同拥有同一个人做董事，或者一个公司的经理人员出任了另一个公司的董事，都会形成直接的连锁董事关系。在两个公司都有董事共同出任了第三个公司董事的时候，这两个公司之间则形成了间接的连锁董事关系。

自布兰代斯指出“连锁董事会这种做法是许多邪恶的根源”，是少数商业银行和投资银行控制绝大多数大型公司的一种最重要手段之后，连锁董事会成为一个重要的研究领域。

（一）早期的连锁董事会：大所有者们的控制工具

根据 G. William Domhoff 在《谁统治美国》中的说法，美国最早的连锁董事出现在 18 世纪 90 年代注册成立的一些新英格兰州纺织公司中。这些公司通常由属于一个大的富人集团中的一小群人所有。比如，甲、乙、丙三人拥有公司 A，甲、丁、戊拥有公司 B，乙、丙、己拥有公司 C，如此往下，这些公司通过共同的董事和股东而形成连锁关系。到 1845 年，波士顿商会中的 80 人控制了 31 家纺织公司，占有全美 20% 的市场份额。这些人中，有 17 人是占有该市银行总资本 40% 份额的波士顿银行的董事，有 20 人是六家保险公司的董事，还有 11 人出任了五家铁路公司的董事。很明显，这些连锁董事关系被用来协调这些公司的运作，照看这一所有者利益集团的共同利益。

根据 David Bunting 在《美国公司网络的形成》一书中所做的研究，到 1816 年，纽约市的主要银行和保险公司已经紧密地通过董事互相连锁在一起了。10 家最大的银行和 10 家最大的保险公司，通过连锁董事关系紧密地结成了一个网。1836 年，纽约市 18 家最大银行、10 家最大保险公司和 10 家最大铁路公司通过连锁董事关系结成了一个共同网络。这 38 家公司中有 12 家公司之间存在着高达 11 ~ 26 个连锁董事，有 10 家公司存在 6 ~ 10 个连锁董事，有 16 家之间存在着 1 ~ 5 个连锁董事。连锁程度最强、出任董事职务最多的董事是那个时代的主要资本家，通过他们的董事席位最大程度地保护他们的利益。

（二）进步主义时代开始的变化：董事连锁程度下降

到了 20 世纪初期，大型银行、保险公司、铁路公司和工业公司，都是一个大的公司网络的一部分。但是随后，事情开始变得复杂了。

首先，禁止竞争性公司之间存在连锁董事关系的法律获得通过。1914 颁布的反垄断法案《克莱顿法》（Clayton Act）禁止同行业公司之间的董事连锁，如果这些公司合为一家公司会触犯反垄断法的话（尽管有此禁律，当前，美国公司的连锁董事关系中还是约有八分之一的比例是存在于具有竞争性的公司之间的）。其次，开始有越来越多的雇佣经理，并且雇佣经理开始进入公司董事会。如洛克菲勒那样一些富有家族，开始雇佣别人代表他们坐镇公司董事会。

在 1900 ~ 1920 年之间，随美国第一代实业大亨和金融大亨们的离去或逝去，他们的后代或者他们选定的其他接班人，都无法完全承继他们那么大的影响力和控制力。相应地，董事连锁程度在下降。根据 David Bunting 等在《大公司中控制权的转移：1905 ~ 1919》一文中所做研究，1905 年时，165 家美国大公司中有 145 家存在连锁董事。到 1919 年，则是 167 家公司中有 143 家存在连锁董事。1905 年时，165 家公司中有 2542 个董事席位被 1944 人占据，人均 1. 31 个，董事任职人数占董事席位数的比例为 76. 5%。到 1919 年时，167 家公司中有 2834 个董事席位被 2262 人占据，人均 1. 25 个，董事任职人数占董事席位数的比例为 79. 8%。在存在连锁董事的公司中，连锁程度也有所下降。1905 年时，有 312 位多重董事占据 910 个董事席位，人均 2. 92 个，人数占席位数比例为 34. 3%。到 1919 年时，有 347 位多重董事占据 919 个董事席位，人均 2. 65 个，人数占席位数比例为 37. 8%①。

此外，从进步主义时代开始，美国还出现了一个新的变化，就是银行家开始倾向于较少出任工业公司的董事。与此同时，一些成功爬到顶层的工业公司领导人，开始到银行董事会中就职。对此，著有《美国公司网络 1904 ~ 1974》的 Mizruchi 认为，银行可能从权力中心变成了一个利益协调场所。其他人认为，这些大公司已经与那些商业银行和投资银行同样具有权势。

到了 1980 和 1990 年代，银行开始逐渐失去了其中心位置。尽管银行依旧要比绝大多数的公司更有“经济中心”的地位，但是他们不再拥有过去那种密集性与大公司之间的连锁董事关系。大所有者和大金融家不再是主要的董事会席位占据者，而高层经理们则依旧相互坐在对方的公司董事会中。

① 马克 · R. 图尔、沃伦 · J. 塞缪尔斯主编，《作为一个权力体系的经济》，商务印书馆 2012 年版。

（三）董事多样化之后，连锁董事性质发生变化

从1960年代开始，特别是到了1980年代，公司受到了巨大的社会压力，要求通过增加女性和其他种族成员而使董事会成员多样化。即使如此，美国公司董事会仍然是白人男性的天下。2004年，在最多样化的100家美国公司董事会中，白人男性占71%，女性占17%，非裔占10%，拉丁裔占4%，亚裔占1%。与历史上的董事来源不同，这些新增加的女性和非裔董事一般不是大金融家或大公司高管，而是通常来自政府部门、政治团体、体育或娱乐界，或者拥有他们自己的小公司。

如同过去一样，公司董事会里仍然坐着所有者、金融顾问和法律顾问，但是现在增加了公司高管、前政府官员、妇女和有色族群人员。公司圈子的“小世界”是由人际联系和已经加入一个或多个公司董事会的人的专业能力相结合所构成的。这产生了一个不是因为要加强公司间联系（实现某种战略意图）而是因为拥有解决董事会所面临的那些问题的经验而加入两个以上公司董事会的连锁董事圈子。判断连锁董事产生于董事个人关系还是公司关系的一个标准是，一位董事去世或离职之后是否会有从同一联系密切的公司中选聘一位新董事来承接这种关系。在美国公司中，当前已经很少这种情况。因此，每过几年公司“中心”就会发生一些变化。

对连锁董事会的研究，加深了我们对董事会如何运作的理解。最近的研究，还得出了一些与100多年前迥然不同的结论。因为连锁董事在当前的意义和过去有很大不同。历史上，连锁董事被用做战略目的，把公司联结在一起实现所有者的经济利益。今天，连锁董事往往是董事会多样化和选择合适与有能力的人出任董事所带来的一种附带结果。还有一点值得注意的是，当今绝大多数的公司董事都不是连锁董事。统计显示，大约只有15%～20%的公司董事是担任两个或两个以上董事职务的。

（四）连锁董事会价值何在?

在没有了大所有者和银行控制因素之后，人们为什么会成为两家及更多公

司的董事？收入是一个重要原因吗？高额的董事薪酬只是最近这些年才有的现象，出任董事可以得到很多无形的东西，如声望、信息和新的关系。很多公司领导人，并不仅仅是坐在他们自己的公司，参与他们自己的事务。通过在诸多董事会的会议中相聚，这些连锁董事们发展出了一种社会关系和凝聚力，形成了一种有关运用他们经济权力的共享观念。Michael Useem 在《内部圈子：美国和英国的大公司与企业政治活动的兴起》一书中提出，出任两个或更多公司的董事会成员，可以扩展公司高级管理人员的视野。

有些学者认为，多重董事往往在不同产业的企业里拥有利益，因此，会更多地从整个公司企业界利益角度出发考虑问题，较少限定在具体一个公司的视野之中。但是，另一方面，这些人往往来自于富裕阶层，交往的也是上层社会，也多是从公司层级中往上爬的，因此其价值观更为阶层内部化，个人倾向上更为支持工商企业界的利益。多重董事往往会比其他董事更多地出任政府顾问委员会、非营利组织和基金会董事会成员等职务，作为公司阶层的“内部圈子”人员，他们具有更大的影响力。

即便绝大多数董事可能都不是因为公司之间要相互合作的战略原因而被选来的，但是连锁董事网络仍然具有一定的组织间效应。连锁董事会所构成的关系网络，是公司间相互学习的通道，使各董事会之间可以通过那些能够获得多家公司内部信息的多重董事共享信息，使一种新思想或新方法很容易地从一个公司传递到另一个公司。连锁董事会还使公司能够通过联合使用权力而提高影响力，采取一致行动，追求共同目标。帮助公司通过减少竞争和增加协调，从而获得对工人和消费者的更大权力。相比托拉斯、卡特尔和其他垄断形式，连锁董事会还具有更为灵活和更少透明、从而也更少受到公众质疑的优势。

（五）中国公司中的连锁董事关系

截至 2011 年年底，A 股 2314 家上市公司共设有 7595 个独立董事职位，独立董事总人数达 5593 人，平均每位独立董事在 1.36 家公司任职，独立董事任职人数占独立董事席位数比例为 73.64%，这比 1905 和 1919 年时美国大公司中全体董事的连锁程度都要高。不过，很显然，中国上市公司之间通过独立董事所形成的连锁董事关系，在性质上与美国历史上作为公司控制手段的连锁董事不同，而与当前美国公司的董事连锁关系性质接近。

有123位独立董事同时任职4家上市公司，60人同时在5家上市公司任独立董事，另有2人同时担任6家公司的独立董事（中国法规限定一人担任独立董事职务最多为5个，任6个的应该是同一年度中任新和辞旧交叉所致）。这表明，在存在连锁关系的少数独立董事中，连锁程度非常之高。但是，相比当前美国公司独立董事也是以工商企业界人数为主的状况，中国以高校教师（占独立董事总数的38.95%，其次是律师10.44%、会计师6.54%）为主的独立董事队伍，即使形成了密集的连锁网络关系，对公司行为的影响程度也会是很有限的。

中国资本市场上，出现了严重的由不同控股股东所控制的这个系那个系，这些上市公司之间，由控股股东或其代理人员担任董事所形成的连锁董事关系，则与美国历史上的大所有者和银行作为控制手段而产生的连锁董事关系性质相近，也是一个更值得我们研究和关注的问题。

第四节　创造价值的公司董事会

作为一个集体的董事会，要比各自行使权力的董事，在决策水平、决策过程和透明度上有大幅度提高，也使董事决策的过程记录成为董事责任追究可资利用的基础。

董事会主导人物从官员、创办者、大股东、银行家到经理人和独立董事，越来越从倚重传统资源向倚重人力资本、专业能力方向转化。

董事来源经历从倚重权力到倚重资本，再到倚重能力的三个阶段，人员也经历了从官僚、大股东、银行家到专业人士的转变。

董事会相应地从公司控制和保证规范的角色，向更多的战略制度和帮助公司创造业绩的方向转化。

一、董事会的功能：价值创造与利益协调

为什么在发达国家的公司法规和公司治理实践中，长期以来都坚持实行以董事会为中心的公司治理？对此，学术界有各种各样的解释，大致可以分为价值创造和利益协调。

（一）价值创造：集中管理、团队决策和监督管理层

从价值创造的角度看董事会的作用，或说公司为什么需要一个董事会，主要有三种解释：董事会满足了公司集中管理的需要，董事会通过团队决策提高了公司重大事项的决策质量，董事会通过对公司管理上的监督降低了代理成本。

拥有众多股东的企业需要集中管理，或说要有一个管理中心，要有中央管理。让企业的众多所有者——特别是如果他们持有的是可自由转让的权益——经常和持续地会集到一起来做出决策，对于企业来说是不现实的。这解释了为什么所有者众多时不能按照合伙法的默认规则行事——全部的所有者都参与管理企业。

集中管理的需要是一个企业家要创立一个预期有众多所有者的企业时会选择公司而不是合伙的原因。但是，仅仅这一原因不足以完全解释董事会的存在，比如，为什么股东们要每年选举董事会成员。很多所有人众多的非公司制企业，都是通过协议具体指定谁将管理企业，而不是定期选举。更基本的是，集中管理的需要没有解释为什么这种管理要用共同行动的同仁团队形式。

一个独裁者或是自我永续的寡头执政体也可以提供集中管理。为什么要在公司管理的最高层面上设置一个董事会而不仅仅是一位首席执行官？这需要有关董事会作用的第二种观点——团队决策理论来回答。

斯蒂芬·贝恩布里奇（Stephen Bainbridge）在其《理论与实践中的新公司

治理模式》[1] 一书中，根据行为心理学研究结果提出，在需要做出判断的事项上，团队，如公司董事会，要比单独的个人，能够做出更好的决策。问题是，这种团队决策理论是否足以证明，如董事会那样的同仁团队决策，是否一定优于层级制团队决策。

团队可以比单独个人作出更好的决策，但是到目前为止，有关团队决策的实验研究并没有证明，该团队一定要以同仁（一人一票的委员会）方式行动，并最终以多数决定原则解决分歧，而不是以内阁方式行动——赋予某个人拥有最终发言权。这也许正是中国公司董事会的现实，董事长或总裁，往往也是实际上的大股东或者是上级委派的公司关键人，拥有最后发言权，并事实上把董事会当作了一个咨询顾问机构。

除集中管理和团队决策之外，董事会还可以作为一种公司管理的监督机构发挥作用，这是董事会的第三种价值创造角色，也是当前有关董事会职责的流行和主流观点。这一理论认为，由股东选举产生的董事会，是监督公司管理层的必要工具。

这一理论的出发点是，通过高层代理人监督低层代理人来最小化代理成本，如偷懒、逃避责任和不忠实等。但是谁来监督监督者？股东作为剩余索取者，具有监督最高代理人的最好激励，但是在公众持股公司中，因为股东太多太分散而难以形成有效的来自股东的直接监督。由此得出推论，由股东选举产生的公司董事会来代表股东们进行监督。

这一理论并没有解释对董事会的需要，只要股东们选举产生，无论何人，站在公司管理层的最高点即可。换句话说，可以通过由股东选举产生公司的首席执行官来达到同样的监督效果。

监督理论实际上依赖于一个自相矛盾的假设：股东太多并且闲散，以至不能自己亲自去监督管理层，却又能有效地参与和组织起来去挑选出警觉的董事，为股东们履行监督职责。

① 斯蒂芬·贝恩布里奇，《理论与实践中的新公司治理模式》，法律出版社 2012 年版。

（二）作为一种利益协调机构的董事会

把董事会看作是一种利益协调机构的理论可谓是五花八门。并且，这里又可以分为狭义说和广义说两种。

狭义说承认公司股东主权至上，其他各方持有的都是合同利益。这时，董事会作为一种与股东会不同的公司权力机关，主要是要协调公司控制性股东和非控制性股东之间的关系。广义说则否认公司股东主权至上，坚持一种利益相关者（stakeholder）的观点，或者是与利益相关者概念类似的公司委托人或公司选民（constituent）的观点，认为公司董事会要代表公司所有各方面，协调各方之间的利益冲突。

根据这一解释中的一种说法，公司采用董事会，可以保护非控制性股东受到控制性股东的剥夺，特别是在公司分配方面。非控制性股东可以通过公司董事会获得对企业管理问题的一些发言机会，包括公司分配问题。这是包括中国在内，当前有关董事会治理和董事会改革讨论中的一种主要呼声，特别表现在希望通过增加独立董事来保护中小股东利益。

但是，董事会中心公司治理模式要比其他的治理模式，如合伙制默认规则，更容易让控制性股东剥夺非控制性股东。股东定期选举董事，是控制性股东在想要压制非控制性股东时，将非控制性股东从董事会中排挤出去的一个途径。当然，存在有关各方在分歧发生之前所同意的一些机制，保证非控制性股东留在董事会中。相比之下，合伙制法律保证所有的所有者都对管理有发言权，只要他是合伙人（除非有其他的协定），仅仅凭借其作为合伙人的身份，就有资格参与合伙企业的管理。即使非控制性股东留在了董事会中，董事会的多数决定规则（而在合伙制中是遵循事先协议）也使控制性股东可以损害非控制性股东，从公司得到不成比例的利益分配。

非控制性股东可以通过在出现分歧之前制定股东协议来保护自己在公司分配中的权利。但是，这种协议行为损害了董事会通过多数决定规则来管理公司这一董事会中心治理模式的基本原则。历史上，英美法院都经常以这一理由推翻这种协议。当前的公司法通常许可这种协议。与此相反，有关合伙制和其他非公司制企业的法律，不仅关注，而且鼓励有关企业分配及其他事项的协议。

董事会的存在不仅是为了协调股东之间的请求权矛盾，还要协调股东和公司其他权利人，如经理、雇员、债权人以及社区等之间的矛盾。这把问题追溯到了伯利和多德关于公司目的的争论。各种各样的团体——股权投资者、贷款人、经理人以及雇员等，都对公司收入做出了贡献，并且都期望从这一收入中获得一个份额。所有这些对创造公司收入的贡献的最终价值的不确定性，导致无法完全按事前合同约定对每方请求权人进行恰当的补偿。由此产生了对一个拥有权力在事后做出有关分配决策的协调机构的需要。

这一理论似乎是解释了由股东选出的代表和员工选出的代表共同组成的德国共决制下的监督董事会的存在。但是，对于美国以及世界绝大多数国家来说，董事会中心公司治理模式中，董事会都是由股东选举产生的。如果董事会中没有由各方权利人选举出的代表，为什么还需要一个董事会？对此问题的一种解释是，董事会具有中立仲裁者的角色，是一个独立而非代表性的机构。但是，如果是这样，为何还要坚持由股东选举董事？各种各样的公司权利人（选民）怎么会设计出一种只有一种权利请求人（股东）拥有法定权利选举他们认为合适的人员作为各种请求权之间的分配仲裁者？

似乎没有一种理论，能够完美无缺地解释董事会中心公司治理模式的存在理由。可是，公司董事会却是实实在在地就在那里，并且正是董事会中心治理模式的公司发展壮大了起来，真真切切地在改变和创造着我们这个现代世界。这里，一定有什么事情做对了，一定有什么原因我们还没有发现。

二、董事会主导下的股东价值创造

公司为谁的利益而存在，这是一个100多年来伴随着公司的成长而纷争不断的话题。与公司为谁的利益而存在密切相关，并且经常混淆在一起的一个问题是，公司由谁主导，股东、经理还是董事？理清这一问题的难度要比理清公司为谁存在的问题更难。

法治发达国家的一个共同特点是，公司独立，公司为股东的利益而存在，但由董事会主导，只是程度略有差异而已。

（一）公司存在的基础法则：股东利益

公司，不是小型私人企业发展壮大自然而成的，其作为一种企业制度是法律的创设物。回溯公司制度产生的历史，我们知道，公司最初是被作为依官方旨意集合民间之力兴建公共工程的手段。随后，公司被作为普通工商业可以采用的企业组织形式得到发展，诞生了今天我们所要讨论的现代公司。

普通工商业企业由私人兴办，为业主利润而存在，这是无可争议的事实。但是当这些私人业主兴办的普通工商企业，采用了公司制之后，事情是否就发生了变化呢？对此，在著名的1917年道奇兄弟诉亨利·福特一案中，密歇根州高等法院给予了明确的回答："一个商业公司设立和运行的主要目的是为股东创造利润。董事被赋予权力也是为了服务于这个目的。董事可以行使自由判断权，但这只能是为了实现这个目的，不能自作主张地去改变这个目的，或者消减利润，或者为了将利润用于其他目的而不将之分给股东。"该案所确立的公司目的使股东财富最大化理论被美国各州法院所普遍接受，成为美国公司的一个基础法则。1989年，美国公司的主要注册所在地特拉华州法院还在一项判决中重申，"董事的义务便是在法律允许的范围内最大化股东的长期利益"。

在法律上，公司为股东利益而后在这一基础法则没有实质变化的情况下，为什么关于公司目的的争论却长期不休，股东价值论时常成为攻击对象，社会责任论和利益相关者论等经常甚嚣尘上？对此，我们还是要从历史源流上寻找答案。

现代公司所应承担的社会责任是指公司的管理者在决策时，既要考虑股东的利益，也要考虑其他与公司有关的主体的利益。不过，这种社会责任只是一种道义上的而非法律上的。产生要求公司承担社会责任这种道德呼吁的背景是公司成为了社会经济资源配置的主导力量，随着公司对经济的影响日益扩大，公司的力量逐渐渗入到了社会、政治、文化、艺术等各个领域。

掀起有关公司目的的争论的是伯利和多德。伯利坚持股东优先论，多德坚持利害相关者论，他们在20世纪30年代大萧条后的公开争论引发了广泛影响。

伯利认为，公司首先应对股东负责，为了股东利益的最大化即使牺牲一些社会利益也在所不惜。公司经营者对股东负有受托责任，只有在对股东有利时才能够行使权力。公司的目标就是最大化股东财富，不能因屈从社会因素而牺牲股东利益。诺贝尔经济学奖获得者弗里德曼是伯利理论的坚定追随者，坚持一致于公司基础法则的古典理论，企业的责任就是股东利润最大化，企业有且仅有一个社会责任——在法律和规章制度许可的范围之内，利用它的资源从事旨在增加其利润的活动。公司管理者仅仅是股东的代理人，除非能增加股东的财富，否则他没有权力花费或者分发金钱。为何公司要被一系列的社会责任所限制和束缚，公司既没有权力也没有义务将股东的利益转移到一般的公众身上。如果不设法增加股东财富，而是考虑像社会责任这样的外部因素，这就超越了公司的边界，是不合理的。

多德认为，董事的受托责任应该扩展到保护整个社会的利益，而不仅仅是股东的利益。企业应当提供社会服务，为了雇员、债权人、顾客和广泛社会成员，即使以牺牲股东利益为代价也值得。在后来一些学者的努力下，利益相关者理论的分析框架、核心理念和研究方法逐渐明晰，并明确指出企业对利益相关者负有社会责任。这些利益相关者包括企业的股东、债权人、雇员、消费者、供应商等交易伙伴，也包括政府、当地居民、社区、媒体、环保主义者等压力集团，甚至还包括自然环境、人类后代、非人物种等受到企业经营活动直接或间接影响的客体。

（二）消减公司权力，增加公司责任

股东价值论反映的是一种古典的公司责任观，公司所承担的社会责任只有一个：使用自己的资源从事旨在实现股东利益的行为，只要这些行为符合游戏的规则。社会责任论和利益相关者论的兴起并且发挥影响，正在于公司经营所在社会环境的变化，在一定程度上改变了“游戏的规则”。

对公司社会责任的关注起因于19世纪末开始的公司日益大型化及其引发的诸多社会问题。首次系统论述公司社会责任概念的伯文就指出，现在企业家比以前社会责任更强的原因有：政府的管制威胁与劳工运动压力，所有权与经

营权分离以及职业经理人的出现等。

股权分散、股东疏远，职业经理人控制公司，公司从股东直接控制下的一种“经济组织”发展成了一种“社会组织”，这是引起有关公司目标的股东价值论和利益相关者论争议的一个重要原因。面对十分强势、影响力巨大的现代公司，社会的反应出现了两种倾向：消减公司权力，还是增加公司责任?

消减公司权力，显然很难，只有一些极端和激进主义者有此主张。不要大公司，就得有大政府。大政府之恶和难以控制，更甚于大公司。市场经济和民主国家没有强势政府，如果再没有强势公司，如何完成一些巨型工程，发展关键产业？于是，增加公司的社会责任成为了一种看似很“自然而然”的选择，并由此发展出了一套复杂的理论体系，公司社会责任论、利害相关者论以及公司公民论等。

美国主流的公司法学者在坚持着古典的公司责任观，并以其清晰的逻辑指出了社会责任论和利害相关者论的公司基础法则层面上的不可行性。哈佛大学法学院院长克拉克（Robert C. Clark）认为，以清楚的标准，向谋求股东利益的最大化为公司客观目标，远比以模糊的目标向合理、适当地考虑公司其他利害关系人之利益来得容易。监控经营者，自然能期待其以负责任、有效率的方式经营公司。如果在经营层应考虑的目标中加上社会责任，会使本来已位高权重的董事会拥有更大的自由裁量权，其权力的行使更难以被控制和监督。

著有名著《企业所有权论》的汉斯曼在其《公司法历史的终结》一文中指出，在公司的历史实践中，国家主导模式、利益相关者主导模式和雇员主导模式毫无例外地受挫，唯股东利益主导模式立于不败之地。股东是剩余风险的承担者和剩余价值的索取者，管理人员仅仅应对股东的利益负责。做到这点，公司在股东价值最大化的目标下参与竞争，就能更好地承担它对利益相关者的责任。其他利益相关者的利益可以通过合同、政府的监管而得到有效的保护，没有必要让他们参与公司治理。

股东价值最大化的公司具有其逻辑上的一致性，符合现代经济发展的历史经验，也具有现实的可操作性。但是，这并不意味着社会责任论、利害相关者论以及公司公民论等，就都是一堆垃圾。

在遵守以创造股东价值为目标这一基础法则的前提下，通过政府法律和监管规章施加产品责任、环境责任以及通过合同责任保护员工等其他利害相关者，社会完全可以“用”好并“管”好公司。从创造长期股东价值和公司战略管理层面考虑，社会责任论和利害相关者论实际为公司经营提供了很好的管理工具。

1984 年，弗里曼在其《战略管理：利害相关者分析方法》里把利害相关者分析引进管理学中，并把利害相关者定义为影响企业的经营活动或受企业经营活动影响的个人或团体。任何一个健康的企业必然要与外部环境的各个利益相关者之间建立一种良好的关系，从而达到一种双赢的结果。处理好公司、股东与相关利益者之间的关系有利于提高公司的社会声望，提高公司的反应能力和增加创造性地解决问题的能力。

创造股东价值是普通商业公司存在的根本目的，社会责任只应是一种锦上添花的道义性要求，关照利害相关者只应是一种公司战略手段，二者均不可是公司的经营目的。

（三）三种类型的董事会：形式差异背后的功能一致

世界各国之间，公司董事会采取的结构差异很大。大致上可以概括为三种主要类型。

单层董事会制：执行和非执行董事均由股东直接选举产生，二者被纳入单一结构里，以确保所有董事都有平等的地位，共享集体决策的责任。由于设置了强有力的非执行董事，这一类型董事会可以负起广泛的职责。这一模式存在于英国及其他受英国传统影响的国家。

纵向双会制：监督功能和管理功能分设。监督董事会或者说“上层”，由股东选举产生，全部是非执行人员，一般主要关注于督导公司管理层。“下层”或者说管理董事会，由执行人员组成，由上层的监督董事会选聘。该模式可以在欧洲大陆国家找到，如德国和荷兰。在德国，资金提供者代表，如银行和劳工代表在监督董事会中拥有席位。法国公司分为两种模式，大型公司多采用纵向双会制，中小型公司多采用单层董事会制。纵向双会制的一个关键特征是上层的监督董事会拥有任命和撤换下层的管理董事会成员的权力，这使其与独立董事日益增多的单层董事会制之间在功能上是明显趋同的。

平行双会制：监督功能和管理功能分设。“董事会”主要执行管理功能，同时负有对经理层的监控职能，与董事会地位平行的监事会没有管理功能，只是执行对董事会和经理层进行监督的功能。虽然这种平行双会制和上面的纵向双会制都可以归为双会制，但是二者之间有着本质性的不同。这里的监事会和董事会成员均由股东选举产生，地位平等，谁也不能撤换谁。中国大陆和中国台湾省都属于这种类型。

日本2002年公司法改革之后，有两种董事会类型。一种是“委员会制公司”，不设监事会，但要在董事会下设立由外部董事任职的审计、薪酬和提名等三个法定的董事会委员会，可以归为上面的单层董事会制。日本的委员会制公司董事会与欧美国家的单层董事会制之间的一个差异是，前者的审计、薪酬和提名等三个董事会委员会是公司法定机关，后者的所有董事会委员会均非公司法定机关，而是源于交易所上市规则或者公司治理最佳实践的要求。日本的传统型公司，要设立平行的董事会和监事会，属于平行双会制类型。这类与董事会平行设立监事会的日本公司董事会，与中国的平行双会制之间，也有一个差异，就是日本不要求这类公司董事会再设立法定的董事会委员会，尤其是不需要再设立董事会的审计委员会。这类公司设立董事会委员会属于公司的自愿行为。

发达国家在近二十多年的公司治理改革进程中，已经再度加强了董事会主导公司的力度。换句话说，英美国家的公司治理逻辑又回到了它的法律和历史起点：公司以董事（会）为中心，公司事务由董事（会）管理。

德国在公司组织架构形式上与英美国家有所差异，二者之间有纵向双层董事会和单层董事会之分，但是在董事会管理公司这一基础规则上没有差异。日本的委员会型公司与英美现代公司一样，平行双会制的监事会型公司则是英美前现代公司时代“股东直接选任董事管理公司，同时选任监事监督董事和公司事务”这一做法的现代翻版。

与其说德国和日本是与英美不同的公司治理模式，不如说是公司制度发展阶段差异。作为现代公司缔造者的英国，在公司制度发展上却落后于美国了。与美国公司很早很快就从大股东和家族控制走上了职业经理人管理和市场控制不同，相比美国，英国至今仍然有较强的家族控制特色，也较少大型公众公司。

美国能够终结现代公司的大股东控制和家族控制，在职业经理人管理和市场控制上遥遥领先，有其具体的政治、历史和文化原因，以至美国学者罗伊坚持认为"美国是特例"。在1994年出版的《强管理者，弱所有者——美国公司财务的政治根源》一书中，罗伊提出是美国式民主和分散化的政治结构，拆散了大型金融中介机构（银行），使广泛分布的股东而不是银行在20世纪初成为美国公司资本的主要来源。

在《公司治理的政治维度——政治环境与公司影响》一书中，罗伊进一步论证，"政治环境决定了大型公众公司能否诞生并逐步壮大，它还决定着公司能否轻松地实现所有权和控制权的分离。[①]"在美国、英国、瑞典、日本、意大利、德国和法国这七个富裕的民主和法治国家中，具体政治环境上的差异也导致了他们公司治理模式上的差异。一直没有社会民主主义传统的美国政治环境，十分适宜现代公众公司的成长，而欧洲大陆式的社会民主主义一直与美国式的公众公司难以融合。

美国的大股东和银行退出公司，使公司的实际管理权威向董事会集中，进而发展出了现代公司的职业经理人和市场控制体系——发达的职业经理人市场和证券市场。德国、法国、意大利、日本和瑞典等，在股权分散、职业经理人管理和市场控制（证券市场）发展上，不仅落后于美国，也落后于英国。这些国家的公司，保持着较高的股权集中度，更多地是大股东和银行通过董事会控制着公司。

以美国的标准来评判，德、日、法、意等这些国家董事会的独立性远远不够，但是其董事会制度也是比较完善的，董事会的权威和管理权利也是得到充分尊重并落到了实处的。尽管我们很少看到这些国家也有美国公司那样，董事

① 马克·罗伊，《公司治理的政治维度》，中国人民大学出版社2008年版。

会把大股东和公司创始人赶走的案例，但是也没有像目前中国时常发生的这种双董事会或者创始人—经理人不服从董事会、不承认董事会权威的乱象。

（四）公司为股东而在、由董事主导的理论逻辑

公司为股东价值还是为利益相关者而存在，争议相对不大，并且这种争议对实际公司治理改进的影响也不大。学术上存在着公司社会责任论和利益相关者论等，但是在实践上，特别是公司法则基础上，世界主要国家并没有从公司制度的根基上否认股东价值。把公司社会责任和利益相关者利益纳入公司决策者的视野，特别是将其作为一种公司战略管理和保持可持续竞争力的一种工具，对于改进公司治理、创造长期股东价值也是大有裨益的。

公司应该由股东、经理人还是董事主导，也就是公司控制权的最佳配置问题，不仅存在着激烈的争议，这种争议对实际公司治理的改进也有着重大影响。特别是对于中国这样的公司制度是舶来品的国家里，对于公司应该由谁来主导这一问题的认识，直接决定了公司治理机制设计的出发点和公司治理改进的目标选择。

英美国家公司制度，有其自然演化的历史。现代公司法人虽然是经过激烈政治争议之后诞生的一种法律创造，但有其现实经济活动中工业从业者们的商业组织形式创造为基础。无论特许公司时代，还是现代公司时代，公司发起者们追逐利润的动机都是十分鲜明的。福特汽车公司股东对股东价值的追求和审理道奇诉福特案的密歇根州法院法官对公司的股东价值创造宗旨的理解，远远早于现代股东价值理论的提出。董事管理公司，更是在荷兰东印度公司和英国东印度公司的皇家特许状中就确立了的“公司”的本质属性。1844 年的英国公司法案，不过是将这一特性直接附加在了民间自由组建和自治性的现代公司身上。从早期的特许公司时代开始，董事制度和公司融资权利就是一对孪生兄弟。相比之下，现代类型的股东权利和股东大会制度倒是后来才逐步发展出来的。

明明是要以创造股东价值为目标的公司，却为什么要由董事主导，而不能是由股东主导或经理人主导？这里问题的关键在于公司融资制度。现代公司之

所以能够迅速发展壮大，关键在于其可以从广泛的股东手中进行直接融资。公司要从广泛的股东手中融资，就要对广泛的股东群体负责，就要有具体的人负责按照对广泛的股东群体负责这一目标来管理公司，这些人就是公司法理定义上的董事。

接下来的问题就是，大股东是否是公司董事的最佳和合理人选呢？经理人是否是公司董事的最佳和合理人选呢？因为利益冲突的存在，大股东和经理人都不是公司董事——全体股东利益看护人的最佳和合理人选。大股东和经理人都有强烈的通过制造虚假信息而牟利的动机（前者是股份高位套现，后者是奖金和股票期权兑现），这种可以利用公司控制权获取巨额私人收益的诱惑，将使他们很难保持对全体股东利益的忠心。

作为公司制度发展的后来者，中国需要好的理论来指导公司发展。在公司制度发源地和作为公司制度发展领先者的英美国家，实践领先于理论，实践检验出来的和竞争中胜出的做法，有其背后的逻辑，就是最好的理论。更多独立人士出任公司董事的现代做法，是从早期以大股东和经理人为主导的董事会实践中逐渐发展出来的。换句话说，独立董事会是在与大股东董事会和经理人董事会的竞争中胜出的现代最佳实践。导致独立董事会胜出的逻辑，和投资者主导型公司在与消费者主导型（消费者合作社）、员工主导型（员工合作社）及政府主导型（国有企业）的竞争中胜出的逻辑是一样的，都是因为具有与公司发展前景高度一致的更为纯粹的利益，相对更少的利益冲突。

第五章

管理层激励与价值创造

高管人员与股东之间的代理问题是现代企业制度中所有权与经营权分离情形下公司所面临的基本问题。如何优化代理人行为，使得他们的管理决策既有利于实现公司价值最大化，又带来高管人员自身效用的最大化，避免因道德风险问题而导致效率损失，使得对高管人员的激励机制设计成为公司治理研究体系中的重要组成部分之一。同时，也是企业价值创造的重要内容。本章将首先对管理层激励的理论基础、激励形式以及应遵循的原则进行阐述，然后采用大样本实证研究方法，以目前西方国家较流行的股票期权激励为考察对象，为管理层激励对企业投资效率、财务风险以及市场绩效的影响提供经验证据。

第一节 企业激励机制理论基础、激励形式与原则

一、激励机制的理论基础

（一）理论基础

作为资本市场中的微观主体，所有权与经营权分离是企业的基本特征之一。由此便形成了企业中普遍存在的委托代理关系。通常，投资者，即股东分布于企业外部且呈分散状态，管理者处于企业内部且直接负责企业的经营管理。股东的主要目标在于企业价值的提升或者股利发放，从而获取预期的投资

报酬率；而管理层的目标主要在于薪酬待遇、在职消费以及个人声誉或社会地位等。上述委托—代理双方的效用函数差异以及由此导致的利益目标的不同，成为双方矛盾的根源。

一旦所有权与控制权分离开来，就出现了所有者与经营者之间风险分享、收益分配和动力机制的关系问题，处理这些关系的讨论产生了许多理论如依靠组织结构调整的理论，委托—代理理论（通过设计一种机制或合同，给代理人提供某种刺激和动力，使他按有利于委托人的目标努力工作），这些理论要解决的中心是对经理（管理人员）的监督问题，即所有权对经营权的控制与激励问题。在一定的产权结构下，若确保产权效率，需避免所有权的利润被侵蚀超过可承受的界限，或者说尽量维持在最低的水平上。亚当·斯密在《国富论》中提到的所谓“疏忽与挥霍”势必在经理阶层蔓延开来。亦即股份公司下的两权分离解决了产权不明晰的问题，但随之产生的问题是，所有权与经营权的日益分离是否削弱了所有权对经营权的控制而影响了产权效率。所以，所有权对管理者的约束与激励机制在我国改革进程中显得特别重要。

股东作为所有者，通常并不参加企业的日常经营管理。此外，由于管理层的行为通常不能为外部人直接观测，作为经营者，他们便拥有了有关企业真实业绩的私有信息。这种信息不对称进一步加剧了委托—代理双方的矛盾。加之各种不确定性和风险的存在，以及缔约双方的有限理性和利己行为，使得契约的签订各方都具有较强的利己主义动机，从而就有可能产生欺骗、隐瞒等机会主义行为，从而就更加加剧了信息的不对称程度。总的来看，信息不对称能够引发“逆向选择”和“道德风险”两个方面的问题。

所谓“逆向选择”，是指由于交易参与者或潜在交易参与者中的一方或多方掌握了其他参与者所不知情的信息（William，1999）。在企业中，公司管理层和其他内部人员通常比外部投资者掌握了更多的有关公司当前状况及未来前景的信息，他们可以通过各种途径，凭借信息优势，以牺牲外部投资者的利益来谋取自身利益的最大化。例如，他们可以通过操纵财务报告的行为达到上述目的。当投资者担心财务报告信息的可靠性时，他们就会在股票定价时给予一定折扣，甚至退出市场，从而导致资本市场和经理人市场无法正常运作。在这种情形下，企业的财务报告行为可以成为通过将内部信息可靠地转化为外部信息来控制逆向选择问题的手段。

所谓“道德风险”，是指交易参与者或潜在交易参与者中的一方或多方在整个交易履行过程中的真实行动不能被其他参与方有效观察。在企业中，股东或债权人不可能有效地直接观察到管理层的努力程度和工作效率。由此，管理层就有可能偷懒或在职消费，或将公司状况的恶化归结为外部不可控因素的影响。道德风险带来的问题是，一方面投资者担心投入的资本存在被公司管理者或控股股东剥夺的风险，从而减少投资甚至退出市场，阻碍资源配置效率；另一方面，企业实际上是一系列契约的联结体，相关会计信息（如净收益）往往是这些契约中衡量管理者（包含在公司中担任要职的控股股东）的经营状况和成果的指标，并成为支付管理者薪酬的依据，由于契约的不完全，管理者有动机歪曲或操纵有关信息（如盈余管理）保证或提高自身薪酬，增加信息不对称程度，使整个经济透明度降低，阻碍市场发展。

上述逆向选择和道德风险问题，降低了投资者进行投资的效率，使投资者处于不公平的地位，他们不得不承担额外的信息风险以及相应的不公平交易的风险，这对企业价值创造乃至市场的正常运作以及经济体制的公平有效性具有重大的负面影响。因此，合理、科学的激励机制是企业价值创造的重要保障。

（二）激励机制与企业价值创造

从理论上而言，理想的激励机制首先应该在一定程度上对经理的才能和努力做出补偿，即应该对投资于经理的私人成本做出反应，其次，理想的激励机制应该将股东利益和高管利益相联系，设计良好的高管薪酬契约，被认为是协调经理行为决策和股东目标的主要机制之一（Jensen 和 Meckling，1976；Jensen 和 Murphy，1990），因此，有效率的高管薪酬激励契约应该能够促使经理人员做出有利于股东利益和公司价值最大化的管理决策，因为在这种情况下，当高管人员在选择满足私人利益的管理决策时，他同时不得不承担由股东利益受损所带来的自身利益的损失，如薪酬降低，从而有效地保证高管人员做出正确的管理决策。

公司金融领域有关高管人员财务决策的研究往往是基于高管人员的行动决策是基于股东利益最大化目标的前提假设（如 M－M 定理，静态均衡理论和融资优序理论等），而代理理论却认为，高管人员为了追求个人私利，很可能会背离公司价值最大化的财务决策（如 Jensen 和 Meckling，1976）。薪酬计划作为一种解决委托—代理问题的激励手段可以缓解高管与股东之间的这种冲突。

激励机制对于企业价值创造的作用路径主要体现在高管在经营管理中的决策之中，其中，最为主要的途径即企业的投资和融资决策。当高管不能得到充分的激励时，作为代理人，他们在投资时会倾向于尽可能扩大投资规模，甚至于投资于净现值为负的项目，从而扩充其掌控的企业帝国；或者选择最大限度地扩大企业债务，享受高杠杆带来的业绩增长，而忽略股东所关注的财务风险。高管人员的上述行为是对股东价值的损害。而当实施有效的激励，即将管理层的个人经济利益与股东的利益最大化目标相绑定时，高管的管理决策会更好地服务于股东财务最大化的经营目标，从而为股东创造财富与价值。具体而言，激励机制对于企业价值创造的实现路径可如图 5－1 所示。

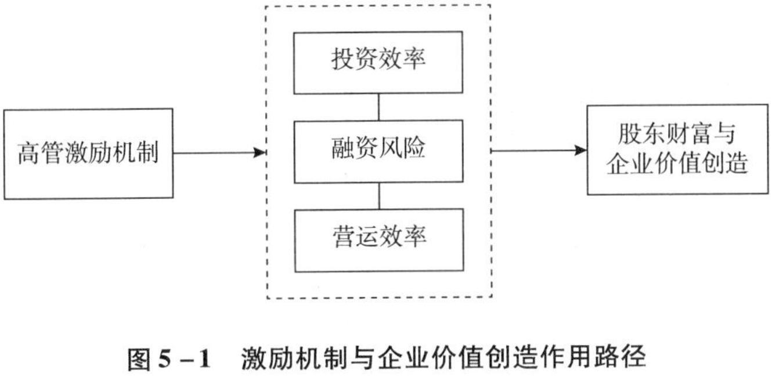

图 5－1　激励机制与企业价值创造作用路径

二、激励机制的主要形式

目前，就激励机制的主要形式来看，主要可分为事前激励（主要指激励制度设计）、事后激励（管理层业绩考核）和管理层可能享有的隐性激励。

（一）事前：激励制度设计

1. 货币薪酬与奖金制度

本节所谈到的货币薪酬是指现金薪水（即工资）、现金分红或现金奖金等形式的现金报酬（cash compensation）。现金报酬激励是最早采用、适用最普遍的激励方式。现金报酬形式并非单一，常见的如现金薪水（工资）、薪水加分红、薪水加分红加长期收入、薪水加分红加合同规定的现金延期报酬以及短期的利润分享计划，等等。

图5－2给出了我国上市公司高管（董事会、监事会和高层管理人员）的薪酬占上市公司营业收入比重（年度中位数）的趋势图。可以看出，我国上市公司高管的薪酬占销售的比重逐年升高。就不同产权性质的企业类型来看，民营企业高管的货币薪酬明显高于国有企业。从长期变动趋势来看，民营企业高管薪酬的增长速度亦显著快于国有企业。自2010年以来，国有企业高管的平均薪酬甚至存在总体下降的趋势。

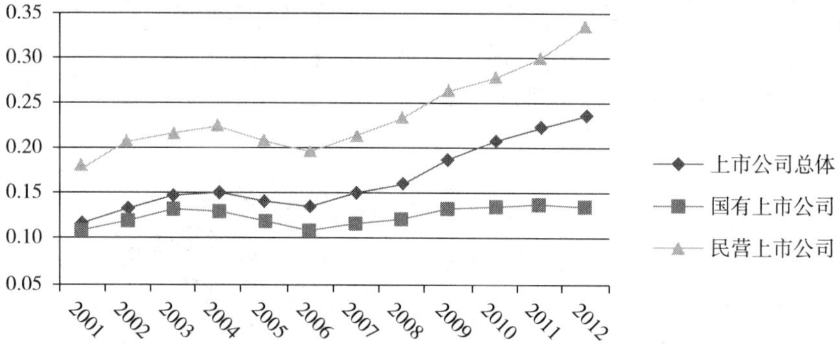

图5－2　我国上市公司高管薪酬占营业收入比重（%）

数据来源：笔者根据国泰安数据库（CSMAR）提供的上市公司（不含金融业）财务和公司治理数据整理得出。

2. 股权激励

股权激励最早发源于美国。早在20世纪40年代，美国已有公司实施管理层股票期权计划。随着美国的税法改革和资本市场的不断发展和创新，越来越多的上市公司逐渐引入股权激励方式，促使管理层着眼于公司的长远利益。但股权激励真正大行其道则是在20世纪90年代，因为当时美国股市一片繁荣，许多公司的股票一路高歌，股权对经理人的激励效应体现得淋漓尽致。据统计，到20世纪90年代末，《财富》“500强”中，90%以上的公司都对其管理层实施了股权激励计划。随后，股权激励风靡欧洲和日本，继而影响到印度、墨西哥等新兴市场国家和地区。

按照基本权利义务关系的不同，股权激励方式可分为三种类型：实股激励、期股激励和期权激励。所谓实股激励，指企业为激励高管人员或关键岗位员工实际持有企业股份；期股激励，指公司和高管约定，在将来某一时期内购买一定数量的股权，购股价格一般参照股权的当前价格确定，同时，对经理人购股后再出手股票的期限做出规定；而所谓股票期权激励，指公司给予高管在将来某一时期内以一定价格购买一定数量股权的权利，高管到期可以行使或放弃该权利，购股价格一般参照股权的当前价格确定，同时，对高管购入股票后再出售股票的期限作出规定。鉴于股票期权激励的低成本特征，该激励方式自20世纪90年代以来在西方企业中得到了广泛应用。

在我国，股票期权激励在近些年亦日益盛行。从图5－3中可以看出，我国上市公司自2006年开始推出期权激励以来，实施股票期权激励的上市公司数量呈逐年递增趋势。其中，在实施上述激励的公司中，民营企业占有绝对比重，且民营企业实施期权激励的数量增加趋势显著高于国有企业。从而表明，民营企业在探索对高管团队的激励方面，其创新方式较国有企业更为积极灵活和与时俱进。

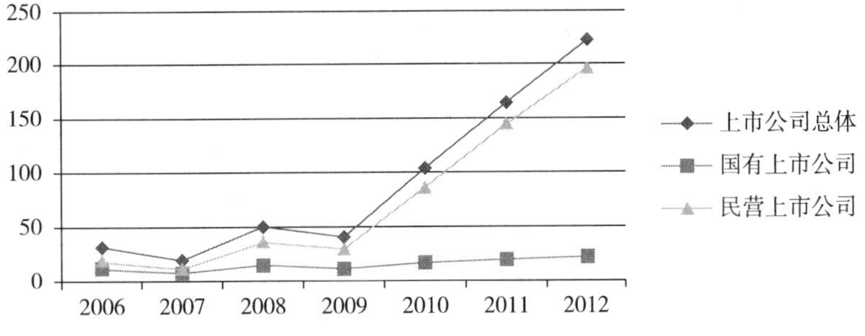

图5－3 实施股票期权激励的非金融业上市公司数量（家）

数据来源：笔者根据国泰安数据库（CSMAR）提供的上市公司（不含金融业）公司治理数据整理得出。

（二）事后：业绩评价激励

1. 财务绩效评价

由于经济体制的原因，我国的企业财务综合绩效评价起步较晚。真正意义上的财务绩效评价，无论理论还是实践，均是在改革开放以后随着商品经济的发展而日益丰富起来的。改革开放伊始，受利润驱动，各类型企业开始主动接触并引进国内外先进的管理思想和评价方法等，对高管业绩进行评价考核，以发现经营管理过程中的不足。在该阶段，政府在企业绩效评价的理论引入、实践操作及推广等方面起到了主导作用。

1992 年，国家计委、国务院生产办、国家统计局为考核全国工业经济的运行状况，联合下发了关于工业经济考核的 6 项指标，即成本费用利润率、产品销售率、资金利税率、全员劳动生产率、流动资金周转率和净产值率。本次活动着眼于我国工业经济的整体运行状况，重点对我国工业经济的运行效益进行考核。考核结果主要作为国家经济政策制定的依据，具有较强的宏观性。

1993 年，财政部出台《企业财务通则》（以下简称《通则》），分别从获利能力、偿还债务能力以及营运能力等三个方面运用八个指标对企业的综合财务业绩进行评价。该《通则》评价的角度不再仅仅局限于政府评价，使得相关利益方对企业财务绩效有了较充分的了解。

1995 年，财政部制定和颁发了《企业经济效益评价指标体系（试行）》的通知，在原有财务指标体系基础上进行了一定的增删并将评价指标扩充为十个，分别从债权人、投资者和社会贡献三个角度评价企业综合绩效。

1997 年，原国家经贸委、国家计委、国家统计局三部委对原来的工业经济评价指标作了进一步改进，指标数目由 6 项调整为 7 项，从获利能力、偿还债务能力、营运能力以及发展能力等角度考核我国工业经济的整体运行情况。

1999 年，国家计委、国家经贸委、财政部、人事部四部委联合下发《国有资本金绩效评价规则》及《国有资本金绩效评价操作细则》。该评价体系既包含财务指标又含有非财务指标，旨在规范国有企业财务绩效评价。上述评价体系的推出，标志着我国企业财务综合绩效评价制度的初步形成。

2002 年，国家计委、中央企业工委、财政部、国家经贸委以及劳动保障部再次联合颁布了《公司绩效评价操作细则（修订）》。修订后的《操作细则》评价方法更加贴近实际，可操作性和适应性更强。

2006 年 4 月，国资委审议通过了《中央企业综合绩效评价管理暂行办法》，并于同年 9 月份，根据该办法制定了《中央企业综合绩效评价实施细则》（以下简称《细则》）。《细则》以投入产出分析为基本分析方法，建立综合评价指标体系，对企业经营期间的资产质量、盈利能力、债务风险、经营增长以及管理状况等方面进行综合评价。

2009 年 12 月 28 日，国务院国有资产监督管理委员会颁发第 22 号令，公布实施《中央企业负责人经营业绩考核暂行办法》。修订后的《中央企业负责人经营业绩考核暂行办法》从 2010 年 1 月 1 日起施行，经济增加值（EVA）将取代原有的净资产收益率成为业绩考核的核心指标，占到 40% 的考核权重，这是中央企业考评向价值管理阶段的一次转变。

在 2013 年开始的第四任期中，国资委又进一步在对央企负责人的绩效评价中将 EVA 指标的权重提高到 50%，从而更加明确了对中央企业经营的价值导向。

总体来看，国内外对企业财务综合绩效评价的发展历程，经历了由单纯的财务指标演变至财务与非财务指标相结合的螺旋式上升的轨迹。

2. 非财务业绩评价

在薪酬契约设计中，单纯地使用会计业绩指标很容易导致高管人员在财务决策中的短视行为，为了个人短期利益，而放弃有利于公司长期发展的资本投资，从而损害了公司价值（如，Kaplan 和 Norton 1992；Deloitte 和 Touche，1994；Bushman 等，1996）。以市场业绩为基础的评价体系从股东的视角、从企业财务管理的最终目标——股东财富最大化视角评价企业的业绩，从而能够有效地将企业战略与日常业务决策联系在一起，最终为股东创造财富。在有效市场中，公司股票价格能比财务数据包含更多的有关公司未来现金流量的信息，因而，以股票价格为基础的市场业绩指标评价也开始在薪酬契约中成为不可缺少的一部分。然而，受管理层控制之外的市场波动因素的影响，经常被认为是以股价为基础的市场业绩评价标准的最大噪音来源（如 Sloan，1993；Gibbons 和 Murphy，1990），而财务因素可以保护高管薪酬免受股价市场波动的影响。

另外，其他非财务业绩考核方式也在企业中被采纳，如平衡计分卡（Balance Sheet Scorecard）。平衡计分卡中的目标和评估指标来源于组织战略，它把组织的使命和战略转化为有形的目标和衡量指标。在客户方面，管理者们确认了组织将要参与竞争的客户和市场部分，并将目标转换成一组指标。如市场份额、客户留住率、客户获得率、顾客满意度、顾客获利水平等。在内部经营过程方面，为吸引和留住目标市场上的客户，满足股东对财务回报的要求，管理者需关注对客户满意度和实现组织财务目标影响最大的那些内部过程，并为此设立衡量指标。在这一方面，平衡计分卡不仅重视现有经营过程的改善，而且形成了以确认客户和股东的要求为起点，以满足客户和股东要求为终点的全新的内部经营过程。在学习和成长方面，平衡计分卡确认了组织为了实现长期的业绩而必须进行的对未来的投资，包括对雇员的能力、组织的信息系统等方面的衡量。组织在上述各方面的成功必须转化为财务上的最终成功。产品质量、完成订单时间、生产率、新产品开发和客户满意度方面的改进只有转化为销售额的增加、经营费用的减少和资产周转率的提高，才能为组织带来利益。

（三）隐性激励

除了显性的薪酬收入外，公司高管还存在着另外一种非常重要的收益，那就是公司高管凭借控制权地位所得到或享受的私人收益，这是高管隐性激励中的重要组成部分。例如，洪功翔（2001）的研究认为，企业经理人员将可以同时获得货币收益和非货币收益，包括有形、无形的在职消费、各方面的精神回报和职位晋升等。与市场化程度比较高的发达国家相比，我国国有企业之间的显性货币收入水平相差非常悬殊，用非正当手段获得隐性收入的情况比较严重。企业高管之所以能够接受国有企业低报酬的原因在于高管人员可能通过获取控制权收益以提高其人力资本价值，而这必然会损害股东利益，增加企业的交易费用，阻碍职业经理人才市场的发展（童卫华，2005）。在我国特有的制度背景下，由于激励手段的缺乏，管理层拥有的权力、地位及其所带来的在职消费的便利常常成为远远大于工资福利等因素的一种隐性激励，即在职消费是一种严重的代理成本（孟令国，2005）①。

三、激励的基本原则

无论事前高管激励制度的设计，还是事后对高管的业绩考核激励制度，均需要企业把握和处理好以下几方面的主要原则，以尽可能避免激励带来的负面影响，从而规避对价值创造带来的损害。

（一）激励的强度原则

对高管激励强度的设计，应视企业所处的市场环境、行业特点、企业规模等而有所差异，即使是同一行业的不同企业，也因为公司的内部治理结构、人员的素质、公司的层级组织等不同而有所区别，故不能寄希望于一种激励模式来解决所有企业的情况。因此，在设计公司高层管理人员的激励方式或强度时要具体问题具体分析，不能搞“一刀切”。在把握激励的强度时，一方面，应避免激励不足而导致高管的积极性得不到充分调动；另一方面，又要避免过度激励带来的边际效益递减效应，从而损害企业价值最大化目标的实现。

（二）激励的信息量原则

随着经济发展和环境竞争的加剧，股东越来越关心内部运作中能否传达清晰准确的信息，并且消除那些模糊不清甚至自相矛盾的信息。对于高管的激励

---

① 但是，在实际的研究过程中，包括在职消费在内的隐性激励方式很难进行精确地量化，相应的数据也很难获得。这就使得针对企业高管隐性激励的研究大多只能停留在定性层面。当然，隐性激励方式中很多都是非规范化和非制度化的激励方式。所以，本章的实证研究主要以股票期权激励为代表，考察事前激励机制对价值创造的作用机制。

设计，应充分传递股东对于企业运营重要方面的关注度。如当股东关注企业的运营安全时，则相关薪酬激励的设计应重点将高管激励与衡量企业财务风险的指标相绑定，当股东关注企业的业绩和成长性时，则要相应地提高股东回报率以及成长性指标的权重。总而言之，在设计激励制度时，应明确向高管人员传递股东的预期与关注面等信息。同时，激励的支持系统应包括一套精确、科学、量化的激励制度和流程，支持激励整个环节完成的各级支撑部门和一套汇总、分析激励数据的信息系统。

（三）激励的动态与平衡原则

在设计激励方案时，应该把多种方式结合起来进行综合激励，以起到最大限度地激励高层管理人员努力工作的作用。同时，对高管的激励应与企业的发展阶段相结合，并区别不同类型的高管而实施差别设计，从而动态调整与横向的平衡。所谓纵向动态调整，主要指对于高管的激励应结合企业所面临的行业环境和风险状况等随时间变化的因素而对激励设计进行适度调整；所谓横向平衡，则应平衡公司高管与内部员工，尤其技术员工薪酬水平的比较，既要突出高层管理者人力资本的异质性，又要兼顾普通员工的心理平衡。

（四）激励的多样化原则

企业在解决激励问题时，往往只注重某一方面的激励，如早期侧重于精神激励，后期又侧重于物质激励，特别是短期的货币激励。根据行为科学理论，人的需要是多种多样的，是有层次的，如马斯洛提出的生存的需要、安全的需要、社交和爱的需要、尊重的需要、自我实现的需要。在较低层次的需要得到满足后会产生较高层次的需要。同样，企业家也有四种基本的需要，即生存需要、关系需要、权力需要和成就发展需要。单纯的任何一种激励方式都很难获得满意的效果，需要集中激励模式有效配合，使其发挥各自的激励优势，做到长期激励与短期激励结合，物质激励和精神激励结合。

第二节　激励机制、投资效率与价值创造

一、研究假说

鉴于公司战略、产品战略决策等研究数据的可得性问题，有关高管激励对高管决策的影响的研究更多地集中在财务投融资决策领域，如投资决策中的过度投资和投资不足问题，融资决策中企业资本结构问题等方面。公司金融领域有关高管人员财务决策的研究往往是基于高管人员的行动决策是基于股东利益最大化目标的前提假设（如 M - M 定理、静态均衡理论和融资优序理论等），而代理理论却认为，高管人员为了追求个人私利，很可能会背离公司价值最大化的财务决策（如 Jensen 和 Meckling，1976）。薪酬计划作为一种解决委托—代理问题的激励手段可以缓解高管与股东之间的利益冲突。

学术界关于薪酬激励对投资决策的影响主要集中于薪酬结构与高管人员的决策视野和行为之间的关系。20 世纪后半期，美国商业竞争力的下降成为被关注的热门话题，其中，原因之一就归因于高管人员的短视行为（见 Jacobs，1991），管理层的投资短视行为也在当时引起了学术界的广泛关注，自然就将话题引向高管薪酬激励契约的设计是否能将管理层的投资动机与所有者的利益相一致。Agrawal 和 Mandelker（1987）研究了公司的投融资决策是否受管理层持有的股权激励的影响。通过使用 1974 ~ 1982 年的 153 家公司的数据，分析投资决策公布前后股票收益波动的变化，得出管理者持有股权激励较多的公司股票的波动性变化较大，而管理者持有股权激励较少的公司股票的波动性较小。Lambert 和 Larker（1991）建议将高管薪酬与股票价格相挂钩能够解决或缓和管理层的决策短视行为。Bizjak 等（1993）研究发现，在薪酬激励中，与短期回报相比，长期股票收益比重较大的契约能够导致更有效率的投资。

Narayanan（1996）研究了薪酬形式对高管人员决策视野的影响，发现，如果在薪酬激励契约中全部为现金报酬，会导致管理层长期内投资不足，全部为股权激励又会过度投资，只有二者都包含时，才会引导管理层有效率地投资。Ryan 和 Wiggins（2002）考查了公司的薪酬政策和研究与开发（R&D）支出之间的关系，研究发现，股票期权对企业的 R&D 支出产生正的影响，即高管持股水平越高，他们越注重企业的未来发展，在 R&D 方面的投入也越大。

就投资效率而言，管理层总是通过各种方式追求扩张自己的“商业帝国”，其追逐私利的行为很可能导致企业现金流被投向净现值为负的项目，进而损害股东财富最大化的财务目标。相应地，提高资金的管理效率，需要设计一套完善的激励约束机制来有效制约和监督作为代理人的管理层的行为，从而有效抑制过度投资。为达到上述目标，激励机制被寄予厚望。通过在委托—代理方之间建立一系列激励兼容的制度安排，良好的制度安排可以有效监督企业运作，并激励利益相关者为企业整体利益而一致努力，从而提高公司的投资效率，最终创造企业价值。

基于上述分析，我们提出本节的研究假说：高管股票期权激励与投资效率显著正相关。

二、研究设计

借鉴研究投资效率的同类研究文献（如 Richardson，2006；钟海燕等，2010；张会丽和陆正飞，2012），这里将估计企业正常投资水平的模型设定如下：

$$Inv_{i,t} = \alpha_0 + \beta_1 Asset_{i,t-1} + \beta_2 Lev_{i,t-1} + \beta_3 Growth_{i,t-1} + \beta_4 Ret_{i,t} + \beta_5 Age_{i,t} + \beta_6 Cash_{i,t-1} + \beta_7 Inv_{i,t-1} + \varepsilon_{i,t} \tag{1}$$

其中，因变量 $Inv_{i,t}$表示公司 i 第 t 年的实际新增投资支出；自变量为代表公司期初规模（*Asset*）、杠杆（*Lev*）、成长性（*Growth*）、市场业绩（*Ret*）、公司年龄（*Age*）、现金持有水平（*Cash*）以及滞后一期投资水平（*Inv*）的变量。以上变量的具体计算与定义可详见表 5 - 1。借鉴 Richardson（2006）的方法，我们将企业的公司 i 第 t 年的实际新增投资支出表示为公司期初规模、杠杆、成长性、市场业绩、公司年龄、现金以及滞后一期投资水平函数，回归估计得到的企业投资水平的估计值即为企业的正常投资水平，由此得到的残差大小即代表企业的过度投资程度。当观测值的残差大于0时，我们将公司的过度投资取值为1，否则为0。本节拟采用如下 Probit 模型考察上述研究假说：

$$
\begin{aligned}
OVERINV_{i,t} = {} & \beta_0 + \beta_1 MANA\_IC_{i,t} + \beta_2 FCF_{i,t} + \beta_3 MANA\_IC \times FCF_{i,t} \\
& + \beta_4 INDRATIO_{i,t} + \beta_5 DUAL_{i,t} + \beta_6 BOARD_{i,t} \\
& + INDUSTRYEFFECT + YEAREFFECT + \xi_{i,t}
\end{aligned} \tag{2}
$$

FCF 表示企业的自由现金流水平，计算方式为经营现金净流量与估计得到的正常投资水平之差取自然对数。同时借鉴同类文献，我们控制了董事长与总经理是否两职合一（*dual*，两职合一取值为1，否则为负）、独立董事比例（indratio）、董事会人数规模（board，董事会人数取自然对数），用以控制公司治理状况或企业内部等方面的代理成本。另外，对行业和年度效应加以控制。根据本节的研究假说，我们预期 β_3 的符号显著为负。

三、数据选取与描述性统计

本章的研究样本选取我国证券市场中2006～2012年的上市公司，上市公司财务数据、公司治理数据以及股票期权激励数据均来自国泰安（CSMAR）数据库。与同类研究的做法相一致，我们剔除了以下样本观测：①金融类公司；②IPO 当年的观测；③存在相关变量缺失值及异常值的观测。最后，共得到8645个样本观测值。同时，为了剔除极端值的影响，我们对所有连续变量进行了1%～99%水平的 winsorize 处理。

表5－1是本节研究中用到的主要变量的描述性统计。从表中可以看出，虚拟变量 *MANA_ IC* 的均值为0.049，意味着占5%比重的样本在对高管的激励中实施了股票期权激励。可以看出，我国上市公司对这一新兴的激励方式应用的普及程度还不够，相应地，本章检验股票期权激励对于企业价值创造的经济后果就会对我国上市公司产生重要的借鉴和启发意义。

表 5 -1　　主要变量描述性统计

变量	均值	中位数	最小值	最大值	标准偏差
OVERINV	0. 000	-0. 004	-0. 228	0. 251	0. 041
ALTMAN	0. 281	0. 490	-17. 280	2. 294	1. 613
TOBINQ	2. 477	1. 905	0. 787	15. 805	1. 854
MANA_ IC	0. 049	0. 000	0. 000	1. 000	0. 216
SIZE	21. 629	21. 521	10. 842	28. 405	1. 367
LEV	0. 523	0. 500	0. 027	3. 886	0. 361
GROWTH	0. 242	0. 133	-0. 852	8. 202	0. 750
RETURN	0. 304	-0. 033	-0. 584	7. 559	0. 996
AGE	9. 875	10. 000	1. 000	23. 000	5. 198
CASH	0. 185	0. 143	0. 000	1. 000	0. 150
INV	0. 055	0. 039	-0. 164	0. 280	0. 060
DUAL	0. 182	0. 000	0. 000	1. 000	0. 386
INDRATIO	0. 364	0. 333	0. 091	0. 800	0. 053
BOARD	2. 188	2. 197	1. 609	2. 708	0. 202

四、实证结果

表5 -2 报告了期权激励与企业投资二者关系的 Probit 回归结果。从表中可以看出，*FCF* 的结果显著为正，且在1%水平显著。上述结果与已有相关文献得到的结果相一致，我国上市公司存在着显著的对自由现金流的过度投资现象。本节所关注的变量 *MANA_ IC* 与 *FCF* 的交互项回归系数为 -0. 023，但从统计意义上看，该结果并不十分显著。但从回归系数来看，也可以表明期权激励对企业投资效率的影响总体效应大体为负。

从控制变量的回归结果来看，*DUAL* 的系数显著为正，表明我国上市公司中董事长与总经理两职合一，权力过于集中，会导致过度投资水平上升，投资效率降低；*BOARD* 的系数显著为正，表明董事会规模过大，会带来决策效率的下降，从而导致过度投资水平上升。

表 5-2 股票期权激励与企业过度投资

变量	(1)	(2)
FCF	0.734***	0.737***
	(4.48)	(4.48)
*MANA_ IC * FCF*	-0.862	-0.766
	(-1.31)	(-1.16)
MANA_ IC	0.068	0.055
	(1.15)	(0.93)
DUAL		0.095***
		(2.61)
INDRATIO		0.282
		(1.05)
BOARD		0.073
		(0.94)
CONSTANT	0.033	-0.236
	(0.35)	(-0.97)
OBSERVATIONS	10642	10539①
PSEUDO R2	0.0038	0.0045

注：括号内为回归系数的相应的标准差。*** 表示在 1% 的水平上显著。

表 5-3 进一步区分国有与民营企业，重复了表 5-2 的回归结果。可以看出，无论国有还是民营企业，FCF 的系数均显著为正，从而表明，不同产权性质的企业中过度投资的问题均显著存在。而在国有企业样本中，*MANA_ IC* 与 *FCF* 的交互项为 -3.533，10% 水平下显著；而在民营企业样本中，*MANA_ IC* 与 *FCF* 的交互项符号为负值，但统计意义并十分显著。上述结果表明，期权激励对于投资效率的提升作用在国有企业更为显著。

① 本章各个表格观测数有所差异，原因在于不同回归中相关变量的缺失数量不同。

表 5-3 股票期权激励与企业过度投资（不同产权性质的比较）

变量	国有企业	民营企业
FCF	0.684***	0.777***
	(2.89)	(3.49)
MANA_ IC × FCF	-3.533*	-0.313
	(-1.94)	(-0.45)
MANA_ IC	0.142	0.046
	(1.02)	(0.70)
DUAL	0.073	0.107**
	(1.05)	(2.50)
INDRATIO	0.398	0.106
	(1.17)	(0.24)
BOARD	0.094	0.053
	(0.92)	(0.45)
CONSTANT	-0.395	-0.030
	(-1.26)	(-0.08)
OBSERVATIONS	5761	4778
PSEUDO R2	0.0064	0.0079

注：括号内为回归系数的相应的标准差。*、**、*** 分别表示在 10%、5%、1% 的水平上显著。

五、结　论

本节研究了我国上市公司股票期权激励对上市公司投资行为的影响。研究结果表明，总体而言，期权激励对过度投资的影响为负，但统计意义并不十分显著。从进一步区分产权性质来看，在国有企业中，期权激励的实施与过度投资水平显著负相关；但在民营企业中上述关系并不十分显著。本节的结论表明，期权激励总体上可以降低企业发生过度投资行为的概率，尤其在国有企业，当高管为追逐政治晋升而极易从事过度投资时，给予高管人员适当的期权激励，可以有效防止过度投资行为的发生，从而提高投资效率，促使企业更好地创造价值。

第三节 激励机制、财务风险与价值创造

一、研究假说

有关薪酬激励机制对公司融资决策领域的研究，主要集中在对资本结构决策的考察。在现代公司运行中，资本结构与高管薪酬激励机制之间的关系非常微妙和复杂（吴晓求、应展宇，2003）。一方面，经济学家往往把资本结构的选择作为公司股东调控高管人员行为的一种有效的激励手段（如 Grossman 和 Hart，1982、1985、1988；Hart，1995 等）；另一方面，在资本结构与企业资本成本和企业价值密切相关的条件下，由于薪酬激励机制的有效性直接影响高管决策，因而资本结构决策必然会受到激励机制的影响。Mehran（1992）研究了高管薪酬激励计划、公司控制权与资本结构之间的关系，研究得出，公司的股权激励影响到高管人员对待风险的态度，股权激励越多的公司对债务的利用效率越高，长期债务比率与高管持股水平显著相关，表明高管持股能够促使管理决策与股东利益相一致。

从债务融资带来的风险而言，在有效的激励机制下，管理层在融资方式选择上将权衡股权与债权融资的优缺点，在追求股东财富最大的总体目标时，更加重视企业运营的平稳性和控制财务风险。由此，提出本节的研究假说：管理层激励程度与企业财务风险显著负相关。

二、研究设计

为验证上述研究假说，本节拟采用如下模型对样本进行 OLS 回归：

$$FDR_{i,t} = \beta_0 + \beta_1 \times MANA\_\ IC_{i,t} + \beta_2 \times SIZE_{i,t} + \beta_3 \times LEV_{i,t} + \beta_4 \times GROWTH_{i,t} + \beta_5 \times DUAL_{i,t} + \beta_6 \times INDRATIO_{i,t} + \beta_7 \times BOARD_{i,t} + INDUSTRYEFFECT + YEAREFFECT + \varepsilon_{i,t} \quad (3)$$

在研究中，我们采用经 MacKie－Mason（1990）修正后的 Altman Z 值测度财务风险（*FDR*），该指标的明显优势在于可以避免股票市场指标对财务风险测度可靠性的干扰，更适用于评价新兴市场中的企业财务风险。其具体计算公式如下：（3.3×息税前利润＋1.0×营业收入＋1.4×留存收益＋1.2×营运资金）/总资产。修正后的 Altman Z 值越大，企业陷入财务困境的潜在可能性越低，财务风险也相应越小（Graham，2000；Byoun，2008）。

自变量为公司是否对高管实施股票期权激励（*MANA_ IC*，企业当年实施股票期权激励取值为 1，否则为 0），控制变量为公司的规模（*SIZE*）、负债率（*LEV*）、成长性（*GROWTH*）、董事长与总经理是否两职合一（*DUAL*，两职合一取值为 1，否则为负）、独立董事比例（*INDRATIO*）、董事会人数规模（*BOARD*，董事会人数取自然对数）。

依据本节的研究假说，预期 β_1 的系数将显著为正。

三、实证结果

样本选取与数据来源同第二节内容。表 5－4 报告了实施股票期权激励与财务风险的 OLS 回归结果。可以看出 *MANA_ IC* 的回归结果显著为正，即意味着实施股票期权激励的公司的 *Altman Z* 值越大，公司陷入财务危机的可能越小，即财务风险越低。无论是否添加控制变量，*MANA_ IC* 的系数均在 1% 水平下，显著为正，从而支持本节的研究假说。

从控制变量来看，*SIZE*、*GROWTH*、*DUAL* 的回归系数显著为正，意味着公司规模越大、成长性越好以及董事长与总经理两职合一的企业财务风险相对较小。而 *LEV* 与 *INDRATIO* 的回归系数显著为负，表明负债比率越高、独立董事比例越高，则公司的财务风险越高。

表 5－5 进一步区分了不同产权性质下股票期权激励对财务风险的影响。

无论国有还是民营企业，*MANA_ IC* 的回归系数均在 1% 水平下，显著为正，从而表明在不同产权性质的企业中，股票期权激励的实施均能显著带来财务风险的下降。

表 5－4　　　　股票期权激励与财务风险

变量	(1)	(2)
MANA_ IC	0.603***	0.453***
	(13.51)	(11.61)
SIZE		0.199***
		(7.06)
LEV		－0.420***
		(－2.62)
GROWTH		0.081***
		(2.96)
DUAL		0.123***
		(2.74)
INDRATIO		－0.706**
		(－2.31)
BOARD		－0.081
		(－0.89)
CONSTANT	0.202**	－3.333***
	(2.15)	(－6.20)
OBSERVATIONS	12164	11433
ADJUSTED R－SQUARED	0.04	0.28

注：括号内为回归系数的相应的标准差。*、**、*** 分别表示在 10%、5%、1% 的水平上显著。

表 5－5　　　　股票期权激励与财务风险（不同产权性质的比较）

变量	国有企业	民营企业
MANA_ IC	0.259***	0.320***
	(3.69)	(7.64)
SIZE	0.169***	0.357***
	(6.67)	(5.99)
LEV	－2.196***	－0.354***
	(－6.41)	(－2.79)
GROWTH	0.102***	0.068*
	(4.38)	(1.79)

续表

变量	国有企业	民营企业
DUAL	-0.031	0.144***
	(-0.68)	(2.65)
INDRATIO	-0.451*	-0.587
	(-1.81)	(-1.16)
BOARD	0.048	-0.197
	(0.71)	(-1.25)
CONSTANT	-2.269***	-6.445***
	(-5.52)	(-5.58)
OBSERVATION	6162	5135
ADJUSTED R-SQUARED	0.52	0.33

注：括号内为回归系数的相应的标准差。*、**、***分别表示在10%、5%、1%的水平上显著。

四、结　论

本节考察了我国企业股票期权激励的实施对公司财务风险的影响。研究结果表明，实施股票期权激励企业的财务风险显著降低，且在不同产权性质的企业中，上述关系均非常显著。本节的研究结论表明，对高管实施有效的激励，可以促使他们更为关注企业运营的财务安全性，更加关注企业可持续的财务健康发展，从而为企业创造更大价值。

第四节　激励机制、公司绩效与价值创造

一、文献综述与假说提出

已有的有关高管薪酬与其未来业绩之间的关系，研究文献得出了不同的结论。早期的研究发现，股权激励薪酬的引进可以降低代理成本（如 Bhagat 等，

1985；Yermack，1997），然而近期的研究却发现，股东对严重稀释股权的激励计划具有强烈的负向反应（Martin 和 Thomas，2005）。Mehran（1995）利用 1979～1980 年随机抽样的 153 家制造业公司的数据，得出对 CEO 的薪酬激励是提供公司绩效的动力。Abowd（1990）、Thorley Hill 和 Stevens（2001）、Hanlon 等（2003）等人的研究均发现，高管薪酬与公司未来的经济、市场和相关公司业绩存在相关关系。

在我国国内的研究结论中，李增泉（2000）研究发现，我国上市公司高管的年度报酬并不与企业业绩相联系，薪酬激励制度很难发挥其应有的激励作用。陈学彬等（2003）通过 SWARM 软件对商业银行的激励约束机制进行模拟分析，得出提高银行高管的固定薪酬并不能增加银行的收益，而提高与经营效益挂钩的浮动收益比重则更有利于充分调动他们的积极性。王华、黄之骏（2006）研究得出，在考虑到经营者股权的内生性影响下，经营者股权激励与企业价值之间依然存在显著的区间效应，股权激励与企业价值之间存在显著的倒 U 型曲线关系。

国内外学术界对于高管薪酬的激励效果，尤其是对于薪酬激励机制的设计如何影响高管人员的投资与融资决策进而影响公司价值和股东利益的问题非常关注。随着近些年来股票期权等各种长期激励制度在我国的逐渐兴起和发展，加上我国特殊的市场和制度背景，为该领域的研究提供了很好的研究契机。作为一种新兴的激励方式，股票期权激励将高管的利益与未来公司的发展前景相绑定，从而应能够充分调动高管的积极性为股东创造价值。由此，提出本节的研究假说：高管股票期权激励与公司市场绩效显著正相关。

二、研究设计

本节拟采用如下模型考察上述研究假说：

$$\begin{aligned} TOBINQ_{i,t} = {} & \gamma_0 + \gamma_1 \times MANA\_IC_{i,t} + \gamma_2 \times SIZE_{i,t} + \gamma_3 \times LEV_{i,t} + \gamma_4 \times GROWTH_{i,t} \\ & + \gamma_5 \times ROA_{i,t} + \gamma_6 \times INDRATIO_{i,t} + \gamma_7 \times INDRATIO_{i,t} + \gamma_8 \times BOARD_{i,t} \\ & + INDUSTRYEFFECT + YEAREFFECT + \varepsilon_{i,t} \end{aligned} \quad (4)$$

本章采用 TOBINQ 值表示企业的市场绩效。自变量为公司是否对高管实施股票期权激励（MANA_ IC，企业当年实施股票期权激励取值为 1，否则为 0），控制变量为公司的规模（SIZE）、负债率（LEV）、成长性（GROWTH）、财务业绩（ROA）、董事长与总经理是否两职合一（*DUAL*，两职合一取值为 1，否则为负）、独立董事比例（INDRATIO）、董事会人数规模（BOARD，董事会人数取自然对数）。同时对行业和年度效应一并加以控制。

根据本节的研究假说，预期上式的 γ_1 显著为正。

三、实证结果

数据来源与样本选取同本章第二节。表 5 -6 报告了股票期权激励与公司市场绩效之间的 OLS 回归结果。可以看出，无论是否添加控制变量，MANA_ IC 的回归结果显著为正，且在 1% 水平下显著。从而表明，实施股票期权激励的企业市场绩效显著更好，企业价值显著更高。支持了本节的研究假说。从控制变量结果来看，公司规模与企业市场绩效显著负相关，从而表明企业的规模越大，则市场绩效显著更差；公司营业收入增长率、独立董事比例以及董事会规模与企业价值显著正相关，从而表明企业的成长性越大、公司治理越好则企业的市场绩效显著更好。

表 5 -7 进一步区分了不同的产权性质中股票期权激励对企业市场绩效的影响。可以看出，在国有与民营企业样本中，股票期权激励对于市场绩效的影响均在 1% 水平显著为正；国有企业 MANA_ IC 的回归系数为 0. 749，而民营企业 MANA_ IC 的回归系数为 0. 259，且统计检验表明二者存在显著差异。即意味着国有企业实施股票期权激励对于市场绩效的提升作用显著高于民营企业。

表 5 -6　　股票期权激励与市场绩效

变量	(1)	(2)
MANA_ IC	0. 297***	0. 306***
	(3. 13)	(3. 85)

续表

变量	(1)	(2)
SIZE		-0.644*** (-19.42)
LEV		0.007* (1.73)
ROA		2.546*** (4.49)
GROWTH		0.090*** (2.97)
DUAL		0.052 (0.82)
INDRATIO		1.855*** (3.84)
BOARD		0.221* (1.71)
CONSTANT	1.949*** (13.43)	14.101*** (21.99)
OBSERVATION	11692	11538
ADJUSTED R-SQUARED	0.20	0.39

注：括号内为回归系数的相应的标准差。*、**、*** 分别表示在10%、5%、1%的水平上显著。

表 5-7　　股票期权激励与市场绩效（不同产权性质的比较）

变量	国有企业	民营企业
MANA_ IC	0.749*** (2.68)	0.259*** (3.37)
SIZE	-0.507*** (-14.97)	-0.931*** (-17.28)
LEV	0.664*** (4.17)	0.003 (1.02)
ROA	4.054*** (5.40)	2.376*** (3.06)

续表

变量	国有企业	民营企业
GROWTH	0.066*	0.087**
	(1.69)	(2.37)
DUAL	-0.006	0.053
	(-0.07)	(0.71)
INDRATIO	0.842	1.949***
	(1.51)	(2.75)
BOARD	0.087	0.485**
	(0.64)	(2.32)
CONSTANT	11.527***	19.543***
	(16.77)	(17.85)
OBSERVATION	6216	5181
ADJUSTED R-SQUARED	0.38	0.44

注：括号内为回归系数的相应的标准差。*、**、*** 分别表示在 10%、5%、1% 的水平上显著。

四、结　论

本节研究了股票期权激励的实施对于企业市场绩效的影响。实证结果表明，对公司高管实施股票期权激励可以显著提升企业的市场绩效。对于国有企业而言，期权激励对于企业市场绩效的提升作用显著强于民营企业。本节的结论表明，在所有者严重缺位的国有企业，尤其需要对高管实施有效激励使得高管与国有企业的长远利益相一致，从而实现企业价值创造的最大化。

第六章

公司治理在价值创造中的作用：实证研究

第一节　公司治理在价值创造中的作用：大型公司

一、中国大型上市公司治理评价：指标及方法

（一）评价指标

为保证评价方法的科学性、客观性，我们把国际公认的公司治理准则与中国的法律和监管框架结合起来。根据经济合作与发展组织（OECD）的《公司治理原则》（1999、2004）和中国证券监督管理委员会等推出的《上市公司治理准则》（2002），以及中国的《公司法》、《证券法》等法律法规，并结合中国公司治理的实践，我们制定了中国上市公司100强治理评价体系，由股东权利、股东平等待遇、利益相关者作用、信息披露和透明度、董事会职责以及监事会职责等六大方面共84个指标组成。依据该体系，我们对100强上市公司分别进行治理评价，进而得到“中国上市公司100强公司治理指数”（China Corporate Governance Index of 100，$CCGI^{100}$）。具体评价体系如图6-1所示。其中，六大方面在指标体系中的权重是参照国际上各大评级机构的评级标准，在结合中国公司治理具体实践的基础上，审慎论证而定。

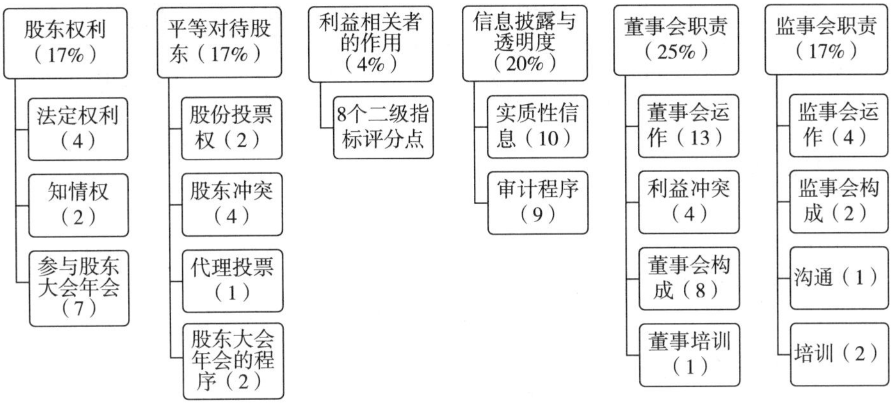

图6－1　评分体系结构图①

（二）评价方法

与其他研究从大样本角度考察公司治理水平不同，这里着重关注中国大型上市公司，具体选取截至2009年6月30日按市值排名的前100强，这100强上市公司的市值占当日中国A股市场总市值的82%。作为中国上市公司代表性群体，其公司治理的特征及其发展趋势具有风向标意义。考虑到样本数据的有效性和可比性，符合下列情形之一者，将从样本库中剔除：①未完成股权分置改革的；②公司被列入ST、*ST类公司或暂停上市的；③公司近三年内有重大违法违规行为的，或公司及董事、监事和高级管理人员受到中国证监会行政处罚或证券交易所公开谴责的。

在评价方法上，我们主要依靠上市公司所有的公开信息，包括公司年报、公司网页、公司章程、公司公告、交易所网站、财经资讯等。这种方法的优势是能够保持评价的独立性和连续性。数据采集时间截至2009年12月31日，其中，年度报告内容来自上市公司2008年年度报告，部分财务指标数据来自色诺芬数据库。为了避免信息搜集和评价过程的误差，每一家上市公司都由不同的研究人员独立进行两轮信息收集、打分和复核，并由专门人员对评价结果

① 本图显示的是一级指标和二级指标的分布。其中，括号中的百分数为一级指标分数在总分中的比重，括号中的基数为该二级指标所包含的评分点的个数，总计84个评分点。

进行审查和监督。我们相信，这种不断反复的过程是保证公司治理评价质量的重要环节。

二、评价结果

（一）总体情况分析

1. 数据分布状况

（1）样本公司的行业、地域及上市地分布。行业上，样本公司共涵盖了11个行业。制造业公司比例最高，共有30家，其次为金融保险业20家，采掘业18家，交通运输与仓储业9家，房地产业7家。地域分布上，样本公司的注册地分属于21个省（市、自治区）。其中，北京市、上海市和广东省分别为24家、17家和14家，占总样本数的55%。从上市地来看，样本公司中仅发行H股的公司有3家，其余97家在A股上市，其中，在上海证券交易所上市的有76家，在深圳证券交易所上市的有21家。

（2）样本公司的总体及各部分得分。样本公司的总体评价最高分为81.9分，最低分为38.1分，平均分为61.6分，中位数为62.4分，其中，治理分数在50～55分之间的公司有11家，在55～60分之间的公司有16家，在60～65分之间的公司有36家，在65～70分之间的公司有22家，80分以上及40分以下的公司各有1家，总体得分的直方图如图6－2所示。虽然本年度样本公司治理评价的平均分达到了“及格”水平，但最高分与最低分有43.8分的差距，两极分化现象较明显。

表6－1是样本公司治理评价的总体指数与子指数的描述性统计，我们可以看出，在六个子指数中，“信息披露和透明度”表现最佳，平均分为77.9；“监事会职责”表现最不尽人意，平均分仅为51.1；“董事会职责”的表现也不容乐观，平均分为55.8。我们认为，我国上市公司在“信息披露与透明度”方面已基本符合国际上公认的“最佳实践”，如果监管部门在完善“强制披露”体系的同时，能够鼓励上市企业“主动披露”公司治理信息，信息披露

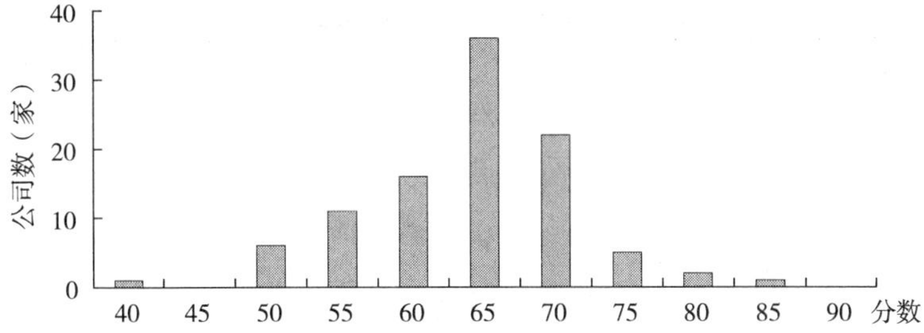

图6－2　样本公司治理评价总体得分直方图

将成为保护中小投资者从而提高中国证券市场有效性的一条有效途径。而监事会和董事会的运作质量仅停留在“合规”阶段，尚没在公司治理中起到应有的作用。

表6－1　样本公司治理评价总体指数及子指数描述性统计

变量	平均分	中位数	最高分	最低分	标准偏差
总指数（$CCGI^{100}$）	61.7	62.2	81.9	38.1	7.2
股东权利指数（Sub－A）	59.4	61.5	76.9	19.2	10.8
平等对待股东指数（Sub－B）	65.3	66.7	100	33.3	13.6
利益相关者指数（Sub－C）	55.6	62.5	87.5	6.3	15.2
信息披露与透明度指数（Sub－D）	77.9	77.6	94.7	26.3	12.6
董事会治理指数（Sub－E）	55.8	55.7	80.8	34.6	9.6
监事会治理指数（Sub－F）	51.1	50.0	88.9	22.2	13.9

数据来源：世界经济与政治所公司治理中心数据库。

（二）分类数据分析

1. 金融行业与非金融行业公司的对比

样本公司中共有20家金融类公司，其中，包括银行业14家，保险业3家和证券业3家。如表6－2和表6－3所示，除“股东权利”指标外，金融业上市公司的公司治理水平，无论整体还是绝大多数分部指标，都明显高于非金融业公司。这反映出金融业上市公司在整个经济中的特殊地位，在多重监管的约束下，其治理水平明显好于其他行业的上市公司。

表 6－2　　金融业与非金融业上市公司治理综合得分对比

	平均分	最低分	最高分	中位数	样本数
金融业	68.5	58.1	81.9	68.7	20
非金融业	59.9	38.1	73.3	61.1	80
所有样本	61.6	38.1	81.9	62.4	100

数据来源：世界经济与政治所公司治理中心数据库。

表 6－3　　金融业与非金融业上市公司治理各部分得分对比

	股东权利	平等对待股东	利益相关者的作用	信息披露和透明度	董事会的责任	监事会的责任
金融业	59.2	73.0	57.8	84.4	61.8	66.7
非金融业	59.4	63.3	55.1	76.3	54.3	47.1
所有样本	59.4	65.3	55.6	77.9	55.8	51.0

数据来源：世界经济与政治所公司治理中心数据库。

2. 七大国有控股行业上市公司与其他行业上市公司治理状况比较

样本公司中共有23家属于国有控股行业。从数据上看（表6－4、表6－5），国有控股公司的公司治理水平略低于其他行业公司。具体到各项指标，国有控股公司的平均得分水平只在“利益相关者的作用”这一项指标上高于其他行业公司，其他五个方面均处于相对劣势。这反映出国有控股公司在承担社会责任中表现突出，但在其他方面尚有改进余地。

表 6－4　　国有控股与非国有控股上市公司治理综合得分对比

	平均分	最低分	最高分	中位数
国有控股行业	60.7	49.2	69.8	60.5
其他行业	61.9	38.1	81.9	63.1

数据来源：世界经济与政治所公司治理中心数据库。

表 6－5　　国有控股与非国有控股上市公司治理各部分得分对比

	股东权利	平等对待股东	利益相关者的作用	信息披露和透明度	董事会责任	监事会责任
国有控股行业	57.5	65.2	56.8	77.4	55.4	48.3
其他行业	59.9	65.3	55.3	78.1	56.0	51.8
所有样本	59.4	65.3	55.6	77.9	55.8	51.0

数据来源：世界经济与政治所公司治理中心数据库。

三、公司治理指数与公司绩效的实证分析

（一）变量定义及描述性统计

一般而言，较高的公司治理水平往往伴随着较好的公司绩效，在这里，公司治理评价总指数与公司资产收益率的相关系数为0.38，与资本充足率的相关系数为-0.48，说明公司治理水平越高，其盈利能力越强，并且更易获得债务融资，能以较低的自有资本保持稳健运营。然而治理水平与绩效变量之间究竟有多大程度的关系，这是理论和实务界都非常关注的问题。在公司治理评价的基础上，我们主要考察公司治理对绩效是否具有促进作用，以及公司治理是否内生于公司绩效。需指明的是，我们的公司绩效包括市场价值、经营绩效以及发展能力等三个方面，市场价值用公司市值与账面价值比（MTBV）来衡量，经营绩效用净资产收益率（ROE）、每股收益（EPS）来衡量，发展能力用总资产增长率（TAG）来衡量。我们认为，这三个方面能比较全面地反映一家上市公司的绩效表现，表6-6是公司治理指数以及其他有关公司治理、财务情况的变量一览，表6-7是除公司治理指数外的各变量描述性统计。

表6-6　研究变量及含义说明

变量名称	变量代码	含义及说明
市值面值比	MTBV	MTBV=2008年末收盘价/（包含少数股东的所有者权益合计/总股本），反映公司的市场价值情况
净资产收益率（营业利润）	ROE	ROE=营业利润合计/所有者权益合计，反映公司的盈利能力
每股收益（营业利润）	EPS	EPS=营业利润/期末总股本，反映公司的盈利能力
总资产增长率	TAG	TAG=本年总资产增长额/年初资产总额，反映公司资产规模的增长情况，即发展能力
资产规模	LNASSETS	样本公司总资产的自然对数

续表

变量名称	变量代码	含义及说明
所在地区	REGION	指代上市公司所在地，其中，1 = 东部，0 = 其他①
负债权益比率	DE	样本公司的负债总额与资本总额之比
第一大股东持股比例	TOP_ 1	样本公司第一大股东持股比例
第一大股东持股比例平方	TOP_ 1SQR	样本公司第一大股东持股比例的平方
董事长与 CEO 两职设置	CEODIR	样本公司董事长与总经理是否由两人分别担任，1 = 两职务分别由两个人担任，0 = 其他
第一大股东机构类型	TYPE_ 1	样本公司第一大股东机构类型，1 = 政府或政府代理机构，0 = 其他
托宾 Q	TOBINQ	TOBINQ = （年末流通市值 + 非流通股份占净资产的金额 + 长期负债合计 + 短期负债合计）/年末总资产，反映市场价值
资产收益率	ROA	ROA = 净利润/平均资产总额，平均资产总额 = （期初资产总额 + 期末资产总额）/2，反映盈利能力
净资产增长率	NAG	NAG = 本期净资产/前一期净资产 - 1，反映发展能力

表 6 - 7　　变量的描述性统计

	平均值	中位数	最大值	最小值	标准偏差	备注 *
MTBV	2. 521	1. 933	10. 804	0. 510	1. 780	
ROE	0. 168	0. 168	0. 634	- 0. 625	0. 181	
EPS	1. 025	0. 730	7. 188	- 0. 904	1. 263	
TAG	0. 347	0. 202	1. 710	- 0. 329	0. 408	
LNASSETS	6. 473	6. 258	11. 488	3. 283	1. 750	
DE	3. 959	1. 294	30. 399	0. 06	6. 447	
TOP_ 1	0. 453	0. 489	0. 864	0. 059	0. 200	
TOP_ 1SQR	0. 245	0. 239	0. 747	0. 004	0. 175	
TOBINQ	2. 85	1. 819	21. 06	0. 121	3. 461	

① 东、中、西部的划分按照国家统计局 2003 年的划分标准，其中，东部地区包括北京、天津、河北、辽宁、上海、江苏、浙江、福建、山东、广东、广西、海南等 12 个省（自治区、直辖市）。

续表

	平均值	中位数	最大值	最小值	标准偏差	备注 *
ROA	0.127	0.025	0.958	-0.025	0.218	
NAG	0.414	0.172	8.1	-0.4	0.973	
REGION	0.75	1	1	0	0.435	75
CEODIR	0.74	1	1	0	0.441	74
TYPE_ 1	0.28	0	4	0	0.451	28

注：表内各变量含义所指可参见表6-6。

数据来源：世界经济与政治所公司治理中心数据库、色诺芬数据库。备注 * 为虚拟变量取“1”的值的个数。

（二）基本假设及回归模型

为分析公司治理与公司绩效的关系，我们选取七个控制变量，分别是资产规模（LNASSETS）、负债权益比（DE）、第一大股东持股比例（TOP_ 1）、第一大股东持股比例平方（TOP_ 1SQR）、所在地区（REGION）、董事长与总经理两职设置情况（CEODIR）、第一大股东机构类型（TYPE1）。之所以选取这七个为控制变量，我们认为，前两个变量能反映出一家公司的总体规模及资产负债结构，第三、第四个变量能反映出股权集中度尤其是第一大股东在公司的地位，第五个变量能反映公司所在的地方经济环境，这与当地的政策及市场发展程度有关，第六个变量区分公司董事会与经理层的关系，第七个变量控制第一大股东类型对公司绩效的作用①。选取控制变量的理论依据是，可能存在第三方因素同时影响公司治理和公司绩效，或者不同类型的公司自发地采取不同的治理实践，实证分析中需要控制这些因素的影响。基本假设为：

H1：公司治理对公司绩效有影响，较好的公司治理水平是公司获得优良经营绩效的必要条件。

H2：资产规模大的公司有更充足的资本，更可能取得较好的公司绩效。

① 我们没有选取已往研究中采取的独立董事比例、上市年限等控制变量，是因为我们考虑到，我国自2001年在上市公司正式设立独立董事制度以来，独立董事在上市公司的作用一直存在较大争议，基本的共识是，其对公司的决策、运营等作用非常有限，故不采用该变量。同时，由于一批大型国有企业回归A股的热潮始于2006年底，上市年限小于之前在A股上市的诸多公司，但绩效明显更优，上市年限和公司绩效之间不具有可比性。

H3：东部地区经济比中西部地区发达，因此，东部地区公司的整体绩效更优。

H4：杠杆比率对公司绩效有影响，负债权益比越高，意味着公司资产对债权人的保障程度越低，债权人面临的风险越高，不利于公司绩效的提升。

H5：第一大股东持股比例越大，也即股权集中度较高，有利于公司提高决策效率，进而获得更好的公司绩效。但随着该比例的上升，会出现大股东攫取中小股东利益的行为，这不利于公司绩效的提升，即股权集中度与公司绩效之间存在倒 U 型曲线关系。

H6：董事长与总经理由两人分别担任有利于公司将制定战略与日常经营分离，进而提高公司绩效。

H7：若第一大股东为政府或政府代理机构，不利于实现经营绩效的最大化。

根据以上七个基本假设，我们构建如下回归模型：

$$Dep = C + B_1 CCGI^{100} + B_2 LNASSETS + B_3 REGION + B_4 DE + B_5 TOP\_1 + B_6 TOP\_1SQR + B_7 CEODIR + B_8 TYPE1 + \varepsilon \quad (1)$$

其中 Dep 为公司绩效变量，包括 MTBV、ROE、EPS、TAG。

（三）公司治理指数与公司绩效的回归结果

根据式（1）的回归模型，我们得到表 6－8 所示的回归结果。其中，基本结论与假设 H2、H3、H4、H6 不符，与其他三个假设相符合。

表 6－8　　公司绩效对公司治理总指数的 OLS 回归结果

变量	市值面值比（MTBV）	净资产收益率（ROE）	每股收益（EPS）	总资产增长率（TAG）
C	3.371*** （5.28）	0.225*** （3.41）	1.286*** （2.68）	0.525*** （3.44）
$CCGI^{100}$	0.037*** （3.71）	0.004*** （4.21）	0.033*** （4.36）	0.008*** （3.47）
LNASSETS	－0.551*** （－10.43）	－0.044*** （－8.12）	－0.319*** （－8.02）	－0.111*** （－8.78）

续表

变量	市值面值比（MTBV）	净资产收益率（ROE）	每股收益（EPS）	总资产增长率（TAG）
REGION	-0.838*** (-5.65)	-0.134*** (-8.74)	-0.570*** (-5.11)	-0.011 (-0.32)
DE	0.096*** (7.06)	0.009*** (6.69)	0.038*** (3.73)	0.007** (2.01)
TOP_ 1	3.558*** (2.81)	0.123 (0.94)	1.891** (1.98)	0.522* (1.72)
TOP_ 1SQR	-3.191** (-2.21)	-0.013 (-0.08)	-1.326 (-1.22)	-0.149 (-0.43)
CEODIR	-0.088 (-0.61)	-0.057*** (-3.81)	-0.657*** (-6.06)	-0.309*** (-8.96)
TYPE1	-0.339*** (-2.76)	0.046*** (3.66)	0.012 (0.13)	0.139*** (4.75)
Adj. R^2	0.252	0.229	0.16	0.186
F-stat	34.594***	30.737***	19.967***	23.888***

注：表中括号内为t值，*、**、*** 分别表示在10%、5%、1%的水平上显著。表内各变量含义所指可参见表6-6。

在1%的显著水平上，公司治理指数对市值面值比、净资产收益率、每股收益、总资产增长率的回归系数分别为0.037、0.004、0.033、0.008，说明在其他条件相同的情况下，较高的公司治理水平会使公司获得较好的绩效水平。其中，公司治理指数对市场价值和基本每股收益的影响较大，对净资产收益率、总资产增长率的影响较小，说明公司治理水平的提高首先会提高自身的收益和未来的增长预期，获得市场的认可后这种治理的溢出效应得以放大。在1%的水平上，资产规模对公司绩效具有负向作用，潘福祥（2004）、Black等（2006）的研究也有这一结论，但未给出基本解释，我们认为规模对绩效的正向作用往往体现在公司的稳步上升阶段，而当公司的规模已经很大时，规模再度扩张将使公司管理和运营的成本大幅上升，反而不利于绩效的提高。这正是样本公司的情况，在各方面制度、体制尚未配套搭建完善的情况下，公司盲目扩张规模反而不利于绩效的提升。

在1%的水平上，地区因素对市值面值比、净资产收益率、每股收益的影响为负，也即中西部地区公司的绩效好于东部地区，这反映了2008年金融危机的背景下，东部沿海地区的公司受金融危机影响较明显，绩效出现下滑。而随着东部地区市场的逐渐饱和，中西部地区的公司迎来发展机遇，业绩处于明显上升阶段，短期表现好于东部地区的公司。

在1%和10%的水平上，负债权益比对四个绩效变量的影响均为正，这与通常的理解不同，但与潘福祥（2004）、Black等（2006）的研究结论一致，可能的解释是负债权益比越高，意味着公司的自有资本越少，借用更多的外债进行经营，这在一定程度上说明，公司的综合资信足够好，使资金提供者足以信任该公司；或者是因为公司提供了很好的项目计划，未来有稳定的预期收益，因而获得大额借款使得负债权益比上升。

在不同的显著水平上，第一大股东持股比例对市值面值比、每股收益、总资产增长率的影响为正，但在5%的显著水平上，第一大股东持股比例的平方对市值面值比呈负向关系，其他的回归系数虽不显著，但方向与以上两变量的影响方向一致。该结论与原假设相符，即第一大股东持股比例较高有利于公司战略决策的实施，提高决策效率，使公司更关注于长远发展。但该比例上升到一定阶段后，可能会出现第一大股东侵害小股东利益的行为，这又反过来不利于公司绩效的提升，说明第一大股东持股比例与公司绩效存在倒U型的曲线关系。该结论与白重恩等（2005）相反，我们认为，其只考虑股权分散时没有股东关注公司运营的情况，只是股权集中度曲线变化的前一阶段，而在后一阶段，随着股权集中度变高，大股东专断独行则不利于小股东及公司整体利益。

在1%的水平上，董事长和总经理两职分任对净资产收益率、每股收益、总资产收益率有负向影响，对市场面值比也呈负向关系但不显著，这与我国公司治理改革中倡导两职分任的初衷有所不同。我们认为，出现这一结果与我国公司治理机制中董事会职能没有完全到位有关。中国的公司总是有“一把手”情结，董事长和总经理分任之后“谁大谁小”的问题引发了不少管理难题。在公司治理实践中，董事长负责战略性职责，总经理负责执行性职责，便是对这一特色难题的一个似是而非的解答（仲继银，2009）。在1%的水平上，政府或政府代理机构对市值面值比、净资产收益率、总资产增长率呈负向关系，说明第一大股东的政府背景客观上不利于公司绩效的提升，这是因为我国的政府职能尚未完全转变，政府对公司的管理和运营经常出现“缺位”和“越位”现象，不利于公司依照市场化原则进行决策。这也说明我国进行国有经济布局调整的必要性，即通过市场化改革缩小国有经济在整个经济中的比重等，解决国有垄断公司的低效率问题。

（四）公司治理子指数与公司绩效的回归结果

在考察公司治理总指数对公司绩效影响的基础上，进一步把（1）式中的$CCGI^{100}$替换为六个子指数进行回归，我们得到各子指数与公司绩效的影响关系。由表6－9的回归结果可知：第一，在1%的显著水平上，股东权利指数、信息披露与透明度指数对四个公司绩效变量有正向影响关系，对市值面值比的影响最大（系数分别为0.101、0.231），其次为每股收益（系数分别为0.187、0.099），对总资产增长率、净资产收益率的影响相对较小（系数均小于0.06），说明这两个子指数对公司绩效水平的提升具有突出作用；第二，股东平等待遇指数除了对净资产收益率的影响系数不显著外，对其他三个绩效变量的影响系数均显著为正，说明公司若切实提高股东的平等待遇，会有利于绩效水平的提升；第三，利益相关者治理指数对市值面值比的回归系数不显著，对其他三个绩效变量的回归系数均为负，这说明利益相关者治理的完善会给公司带来额外的运行成本，不利于绩效水平的提升，然而，公司若完全不进行利益相关者的治理建设，将产生不良的生存发展环境，也不利于总体绩效的提升，因此，我们认为，公司加强利益相关者治理存在一个均衡点，不关注或过度关注均不利于公司绩效的最大化；第四，董事会治理指数、监事会治理指数对四个绩效变量的回归结果不稳定，正负影响均有、显著与不显著并存，说明截至2008年底，我国公司治理改革中这两方面的建设效果尚不明显，对公司总体绩效的正向作用呈不稳定状态。

表 6-9　　公司治理各部分指数与公司绩效的 OLS 回归结果

市值面值比	股东权利指数	平等对待股东指数	利益相关者指数	信息披露与透明度指数	董事会治理指数	监事会治理指数
C	3.945*** (7.33)	4.851*** (11.82)	5.029*** (12.52)	2.180*** (4.03)	5.459*** (12.36)	5.225*** (11.8)
Sub-CCGI	0.101*** (3.33)	0.062** (2.40)	0.137 (1.49)	0.231*** (7.69)	-0.029 (-1.13)	-0.002 (-0.07)
LNASSETS	-0.453*** (-9.28)	-0.533*** (-10.48)	-0.507*** (-10.34)	-0.588*** (-12.26)	-0.472*** (-9.36)	-0.490*** (-10.23)
REGION	-0.801*** (-5.76)	-0.701*** (-5.08)	-0.749*** (-5.4)	-0.900*** (-6.64)	-0.694*** (-4.92)	-0.726*** (-5.22)
DE	0.097*** (7.6)	0.103*** (8.13)	0.105*** (8.24)	0.097*** (7.88)	0.103*** (8.07)	0.104*** (7.75)
TOP_1	3.610*** (2.99)	2.430** (2.02)	2.952** (2.48)	4.924*** (4.15)	2.863** (2.4)	2.833** (2.33)
TOP_1SQR	-3.335** (-2.43)	-1.952 (-1.41)	-2.694** (-1.97)	-4.914*** (-3.62)	4.97364	4.79322
CEODIR	-0.019 (-0.14)	0.019 (0.15)	0.024 (0.18)	-0.197 (-1.49)	0.079 (0.6)	0.068 (0.51)
TYPE1	-0.394*** (-3.33)	-0.309*** (-2.67)	-0.296** (-2.54)	-0.153 (-1.33)	-0.302*** (-2.6)	-0.307*** (-2.62)
Adj. R^2	0.249	0.244	0.241	0.287	0.241	0.24
F-stat	38.227***	37.349***	36.762***	46.193***	36.605***	36.393***
净资产收益率	股东权利指数	平等对待股东指数	利益相关者指数	信息披露与透明度指数	董事会治理指数	监事会治理指数
C	0.254*** (5.72)	0.425*** (12.44)	0.474*** (14.25)	0.314*** (6.81)	0.395*** (10.79)	0.364*** (9.98)
Sub-CCGI	0.015*** (5.97)	0.003 (1.32)	-0.025*** (-3.24)	0.010*** (3.78)	0.005** (2.54)	0.009*** (4.2)
LNASSETS	-0.032*** (-7.87)	-0.039*** (-9.26)	-0.034*** (-8.4)	-0.041*** (-10.1)	-0.041*** (-9.73)	-0.038*** (-9.75)
REGION	-0.132*** (-11.51)	-0.120*** (-10.43)	-0.117*** (-10.21)	-0.128*** (-11.1)	-0.127*** (-10.88)	-0.127*** (-11.07)
DE	0.009*** (8.88)	0.010*** (9.72)	0.01*** (9.41)	0.01*** (9.51)	0.01*** (9.85)	0.009*** (8.03)
TOP_1	0.153*** (1.53)	0.021 (0.21)	0.022 (0.22)	0.127 (1.26)	0.037 (0.38)	0.126 (1.25)

续表

净资产收益率	股东权利指数	平等对待股东指数	利益相关者指数	信息披露与透明度指数	董事会治理指数	监事会治理指数
TOP_ 1SQR	-0.052 *** (-0.46)	0.087 (0.75)	0.076 (0.67)	-0.040 (-0.34)	0.059 (0.53)	-0.025 (-0.22)
CEODIR	-0.051 *** (-4.69)	-0.041 *** (-3.72)	-0.031 *** (-2.79)	-0.05 *** (-4.43)	-0.041 *** (-3.77)	-0.045 *** (-4.11)
TYPE1	0.037 *** (3.83)	0.050 *** (5.19)	0.048 *** (4.96)	0.057 *** (5.8)	0.049 *** (5.07)	0.045 *** (4.68)
Adj. R^2	0.235	0.217	0.221	0.223	0.219	0.225
F - stat	54.77 ***	49.327 ***	50.732 ***	51.332 ***	50.078 ***	51.869 ***
每股收益	股东权利指数	平等对待股东指数	利益相关者指数	信息披露与透明度指数	董事会治理指数	监事会治理指数
C	0.575 * (1.83)	2.531 *** (10.25)	3.36 *** (14.02)	1.608 *** (4.81)	3.312 *** (12.45)	2.467 *** (9.26)
Sub - CCGI	0.187 *** (10.51)	0.066 *** (4.23)	-0.338 *** (-6.17)	0.099 *** (5.36)	-0.046 *** (-3.02)	0.055 *** (3.33)
LNASSETS	-0.195 *** (-6.85)	-0.310 *** (-10.14)	-0.222 *** (-7.6)	-0.307 *** (-10.37)	-0.235 *** (-7.75)	-0.272 *** (-9.46)
REGION	-0.607 *** (-7.46)	-0.444 *** (-5.34)	-0.419 *** (-5.07)	-0.546 *** (-6.52)	-0.419 *** (-4.93)	-0.507 *** (-6.05)
DE	0.033 *** (4.47)	0.045 *** (5.84)	0.040 *** (5.31)	0.042 *** (5.54)	0.044 *** (5.72)	0.037 *** (4.55)
TOP_ 1	2.669 *** (3.78)	0.820 (1.14)	1.011 (1.42)	2.157 *** (2.95)	1.287 * (1.79)	1.763 ** (2.41)
TOP_ 1SQR	-2.166 *** (-2.69)	-0.117 (-0.14)	-0.550 (-0.68)	-1.795 ** (-2.15)	-0.814 (-0.99)	-1.275 (-1.53)
CEODIR	-0.678 *** (-8.72)	-0.571 *** (-7.16)	-0.415 *** (-5.18)	-0.634 *** (-7.8)	-0.5 *** (-6.31)	-0.556 *** (-6.98)
TYPE1	0.20468	0.038 (0.54)	0.008 (0.12)	0.106 (1.5)	0.049 (0.7)	0.011 (0.15)
Adj. R^2	0.206	0.154	0.166	0.16	0.149	0.15
F - stat	46.388 ***	32.817 ***	35.78 ***	34.408 ***	31.532 ***	31.827 ***

续表

总资产增长率	股东权利指数	平等对待股东指数	利益相关者指数	信息披露与透明度指数	董事会治理指数	监事会治理指数
C	0.599*** (5.84)	0.838*** (10.7)	1.095*** (14.5)	0.205** (1.98)	0.873*** (10.35)	1.038*** (12.29)
Sub - CCGI	0.027*** (4.63)	0.017*** (3.4)	-0.12*** (-6.96)	0.056*** (9.71)	0.007 (1.48)	-0.013** (-2.42)
LNASSETS	-0.087*** (-9.38)	-0.109*** (-11.22)	-0.082*** (-8.91)	-0.121*** (-13.2)	-0.102*** (-10.58)	-0.096*** (-10.47)
REGION	-0.006 (-0.23)	0.021 (0.78)	0.032 (1.24)	-0.028 (-1.09)	0.005 (0.19)	0.021 (0.81)
DE	0.007*** (2.7)	0.008*** (3.37)	0.007*** (2.77)	0.007** (2.87)	0.008*** (3.45)	0.010*** (3.97)
TOP_ 1	0.565** (2.46)	0.250 (1.09)	0.273 (1.22)	0.863*** (3.82)	0.360 (1.58)	0.249 (1.07)
TOP_ 1SQR	-0.212 (-0.81)	0.158 (0.6)	0.073 (0.28)	-0.575** (-2.22)	-0.013 (-0.05)	0.095 (0.36)
CEODIR	-0.297*** (-11.71)	-0.287*** (-11.37)	-0.237*** (-9.38)	-0.338*** (-13.44)	-0.278*** (-11.04)	-0.266*** (-10.54)
TYPE1	0.123*** (5.45)	0.146*** (6.58)	0.135*** (6.17)	0.183*** (8.4)	0.144*** (6.5)	0.152*** (6.82)
Adj. R^2	0.19	0.184	0.205	0.23	0.179	0.181
F - stat	42.052***	40.538***	46.186***	53.171***	39.107***	39.666***

注：表中括号内为t值，*、**、***分别表示在10%、5%、1%的水平上显著。表内各变量所指可参见表6-6。

（五）内生性问题

在公司治理与公司绩效关系的研究当中，诸多文献仅先验地假设公司治理的完善有利于公司绩效的提升，加入控制变量也的确能滤去同时影响公司治理和公司绩效的第三方因素，以及公司治理的自发选择因素。然而理论和实践中有两个突出问题：一是公司治理也可能受到公司绩效的反向作用，比如，一家公司当期因偶然因素获得较好的公司绩效，为了下一期继续保持良好的绩效，在下期期初引入一定的公司治理安排；二是一家公司虽然制定了一系列治理原则，设立了一系列治理架构，但这些原则或架构的确立仅是为了满足监管部门的要求，没有真正地实施，这样虽然治理评价分数很高，与绩效变量有一定相关关系，但并非实质性的因果关系。此即常见的内生性问题，需要引入工具变量进行解决。

关于公司治理与公司绩效的工具变量，潘福祥（2004）选取公司是否属于垄断行业、是否境外上市、成立时间，李汉军、张俊喜（2006）选取外部董事比例、归一化每股收益（即每股收益与年末收盘价之比），Black 等（2006）选取公司规模的虚拟变量进行分析。我们认为，规模大的公司和规模小的公司在治理中存在明显的不同，当一家公司资产规模较小时，只需采取基本的治理框架即可维持正常运营，而随着规模的扩大，原有的治理框架不能满足继续发展的要求，就需要对治理框架进行制度性改革，扩充原有的治理实践，此即规模因素在公司治理实践中所起的作用。因此，我们选取规模为公司治理指数的工具变量，如果总资产大于 1 万亿元则取值为 1，否则为 0。样本公司中共有 10 家公司资产规模大于 1 万亿元，我们以该规模虚拟变量进行分析。

四、考虑内生性后的回归分析——TSLS 回归

工具变量的确定需要满足一定的条件，即与自变量相关，而与影响因变量的其他因素（即残差项）不相关，并且只能通过自变量间接地影响因变量。这需要构造两阶段最小二乘回归（Two Stage Least Squares，TSLS），第一阶段为工具变量和其他控制变量对自变量（$CCGI^{100}$）的回归，第二阶段为前一回归得到的自变量的拟合值，加上其他控制变量之后对因变量的回归。也即如下两个回归方程：

$$\begin{aligned} Dep = {} & C + B_1 CCGI^{100} + B_2 LNASSETS + B_3 REGION + B_4 DE \\ & + B_5 TOP\_1 + B_6 TOP\_1SQR + B_7 CEODIR + B_8 TYPE1 + \mu \quad (2) \end{aligned}$$

$$\begin{aligned} CCGI^{100} = {} & C + B_1 ASSETDUM + B_2 LNASSETS + B_3 REGION + B_4 DE \\ & + B_5 TOP\_1 + B_6 TOP\_1SQR + B_7 CEODIR + B_8 TYPE1 + \nu \quad (3) \end{aligned}$$

其中 Dep 为四个绩效变量，包括 MTBV、ROE、EPS、TAG。

首先，规模的虚拟变量（ASSETDUM）与治理指数（$CCGI^{100}$）的相关系数为 0.45，满足工变量与自变量的相关性要求。其次，适应于大型公司的治理条款通常并不适于中小型公司，大型公司往往设有一些中小型公司所没有的公司治理机构，因此，我们可以认为规模的虚拟变量具有外生性。最后，进一步考察发现，资产规模与绩效变量的相关系数均为负数（如表 6－10 所示），最小二乘回归中资产规模的回归系数也全为负数，然而，规模的虚拟变量与经营绩效（ROE、EPS）的相关系数为正，说明规模的虚拟变量并非直接影响经营绩效，而是通过治理指数间接地影响；规模的虚拟变量与市场价值（MT-BV）、发展能力（TAG）的相关系数为负，使得无法直接判断其对后两者的影响。Hausman 检验可以用来考察内生性，第一阶段用 CCGI 对工变量及其他控制变量进行回归，第二阶段用绩效变量对 CCGI、控制变量、第一阶段回归的残差项进行回归，第一阶段回归的残差项在第二阶段中的回归系数可以说明 CCGI 的内生程度。由表 6－11 可知，该系数在经营绩效（ROE、EPS）的两个回归方程中显著，而在市场价值、发展能力的两个回归方程中不显著，说明公司治理指数仅在影响经营绩效上具有内生性，而在影响市场价值、发展能力上不具有内生性。因此，进一步的两阶段最小二乘回归中仅考虑公司治理对经营绩效的关系。

表 6－10　资产规模（LNASSETS）与绩效变量的相关系数

	市值面值比（MTBV）	净资产收益率（ROE）	每股收益（EPS）	总资产增长率（TAG）
LNASSETS	－0.354	－0.197	－0.237	－0.215
ASSETDUM	－0.141	0.141	0.023	－0.116

表 6－11　工具变量的 Hausman 检验结果

	市值面值比（MTBV）	净资产收益率（ROE）	每股收益（EPS）	总资产增长率（TAG）
Coefficient on First－stage Residual	－0.125 （－1.48）	－0.087*** （－10.37）	－0.447*** （－7.16）	0.022 （1.08）

需说明的是，资产规模（LNASSETS）与规模的虚拟变量（ASSETDUM）相关系数为0.68，式（3）可能因多重共线性而产生整体回归误差，但规模虚拟变量作为个体而言其回归系数仍具分析价值。这里仅考虑治理指数的一个工具变量，故不存在检验过度识别约束问题。由上文绩效变量对公司治理总指数和子指数的回归结果，子指数的回归结果与总指数基本相同，因此，两阶段最小二乘回归中我们仅对总指数进行考察。具体回归结果如表6－12所示。

表6－12　考虑内生性后的经营绩效对公司治理总指数的TSLS回归

变量	$CCGI^{100}$	净资产收益率（ROE）	每股收益（EPS）
C	50.816*** (35.54)	0.225*** (4.19)	1.286*** (3.28)
$CCGI^{100}$		0.004*** (5.17)	0.033*** (5.36)
ASSETDUM	2.517*** (2.79)		
LNASSETS	1.437*** (7.84)	−0.044*** (−9.96)	−0.319*** (−9.84)
REGION	3.095*** (6.37)	−0.134*** (−10.72)	−0.570*** (−6.27)
DE	0.166*** (3.54)	0.009*** (8.21)	0.038*** (4.58)
TOP_ 1	−19.420*** (−4.65)	0.123 (1.15)	1.891** (2.43)
TOP_ 1SQR	16.311*** (3.41)	−0.013 (−0.1)	−1.326 (−1.5)
CEODIR	4.120*** (8.95)	−0.057*** (−4.68)	−0.657*** (−7.43)
TYPE1	0.552 (1.32)	0.046*** (4.5)	0.012 (0.16)
Adj. R^2	0.431	0.232	0.162
F－stat	86.161***	46.280***	30.064***

注：表中括号内为t值，*、**、***分别表示在10%、5%、1%的水平上显著。表内各变量含义所指可参见表6－6。

由表6－12并对比表6－8，考虑内生性后的二阶段回归结果中各系数的显著性水平均得到提高，但系数大小没有明显的变化，说明内生性问题的确存在于公司治理与经营绩效的相互影响中，但内生性程度很小。这与Black等（2006）得出的结论一致。具体而言，在规模大于1万亿元和小于1万亿元的两家公司之间，前者比后者在治理分数上高出2.517分，在净资产收益率上高出0.01（2.517×0.004），在每股收益上高出0.083（2.517×0.033）。

五、稳健性检验

为使实证分析的结论具有可靠性，我们另选其他绩效变量进行稳健性检验。市场价值选取托宾Q，经营绩效选取资产收益率，发展能力选取净资产增长率。新的公司绩效指标在普通最小二乘回归及考虑内生性后的工具变量回归中得到与前文四个绩效指标类似的结果，因此，实证结果具有稳健性。

六、结论与政策含义

我们依据国内外已有的公司治理原则，设计了符合中国大型上市公司实际情况的治理评价体系，对中国100强上市公司进行治理评价，以考察中国代表性上市公司的治理状况，并为分析公司治理与公司绩效的关系提供新的证据。总体评价结果显示，公司治理最高分与最低分的差距很大，两极分析现象明显。六个子指数中“信息披露与透明度”表现最佳，“监事会职责”表现最不尽人意。金融业上市公司的公司治理水平，无论整体还是绝大多数分部指标都明显高于非金融业公司。国有控股公司的公司治理水平略低于其他行业公司，只在“利益相关者作用”这项指标高于其他行业公司。

总体指数的实证结果显示，公司治理水平对公司绩效具有正向的促进作用，对市值面值比、净资产收益率、每股收益、总资产增长率的回归系数分别为0.037、0.004、0.033、0.008。控制变量中规模因素对公司绩效有反向作用，说明公司规模的盲目扩张不利于提升公司绩效；中西部地区的公司绩效好于东部地区公司，这反映出2008年金融危机背景下东部地区公司受影响明显，中西部地区的公司在良好发展机遇的带动下业绩表现短期向好；负债权益比对绩效变量有正向作用，这反映出公司综合资信的重要性；第一大股东持股比例对公司绩效具有倒U型曲线关系，反映出中小股东权益保护的重要性；董事长和总经理两职分任的公司治理效果还没有完全体现出来；第一大股东为政府或政府代理机构客观上不利于公司绩效的提升。

子指数的回归结果显示，股东权利指数、信息披露与透明度指数对公司绩效的提升作用明显。股东平等待遇指数的提升也有利于改善公司绩效。利益相关者指数显示其对绩效水平具有负向作用，反映出完善利益相关者治理会增加公司的运行成本，公司在利益相关者治理中存在一个均衡点，不关注或过度关注均不利于绩效的最大化。董事会治理指数、监事会治理指数对绩效变量的影响不稳定，说明截至2008年，样本公司治理中这两方面的建设效果尚不明显。进一步地考虑内生性后，两阶段最小二乘回归结果显示公司治理的内生性程度较小，公司绩效对公司治理的反向影响不明显，这更说明好的公司治理对公司绩效有促进作用。

第二节　公司治理在价值创造中的作用：中小型公司

一、中小上市公司治理评价体系的构建

如何制定公司治理评价标准，既能准确反映公司治理实践的状况，又可量化、可测量，始终是研究者面临的一项挑战性工作。我们在确定治理评价框架和指标方面，主要考虑的因素包括：评价指标体系需贯彻国际公认的公司治理基本原则，这些原则已明确地反映在经济合作与发展组织的《公司治理原则》（1999、2004）中，评价标准应具有国际可比性。同时，评价标准应该与中国

的文化制度、法律法规框架接轨，并且能够体现公司治理与时俱进的理念。再者，评价体系需考虑中小上市公司治理的需求和特点，以求更客观地反映该群体公司的治理状况和结构特征。

综合以上因素，我们从股权结构与股东权利、董事会和监事会运作、信息披露与合规性以及激励机制等四个方面对中小上市公司治理水平进行系统评估。

股权结构是决定公司治理机制有效性的最重要因素，因为它决定着公司控制权的分配，以及所有者和经营者之间委托代理关系的性质。股权过度分散和过度集中都不利于委托代理关系的维护。中国中小上市公司的股权结构是典型的集中股权结构，公司治理的主要问题是如何遏止控股股东的各种道德风险，保护股东特别是中小股东的权利。从这个逻辑分析和评估上市公司的治理状况，我们重点关注公司是否有一个合理的股权结构，股东之间是否存在制衡关系，公司实际控制人的所有权和经营权是否匹配，股东权利是否得到了充分的保障，股东大会是否受到股东的积极参与等问题。

董事会是公司治理的枢纽和核心。有效的公司治理机制一方面应确保董事会对公司和股东的受托责任，另一方面应实现董事会对公司的战略指导和对管理层的有效监督。监事会受股东大会的委托，对董事会和管理层的管理活动进行监督。董事会、监事会成员的专业性和独立性以及勤勉尽责是确保其履行职责的必要条件。在评估董事会、监事会有效运作方面，我们关注董事会、监事会成员能否诚实尽职、谨慎地开展工作，最大程度地维护公司和股东的利益；董事会成员能否做出客观、独立的判断，平衡各方对公司的利益和要求等。具体而言，在董事会和监事会运作方面，评价体系关注董事会和监事会的开会情况、独立非执行董事的比例、董事会委员会构成、董事会多元化、独立董事参与公司事务的方便程度等。

健全的信息披露是投资者了解公司并对其实施监控的基础，也有助于资本市场吸引资本和保持信心。有效的公司治理能够确保及时、准确地披露公司所有重要信息，并贯彻真实、准确、完整、及时、公平的信息披露原则。在评估上市公司信息披露的质量方面，我们着重考察公司披露的实质性信息，包括公司财务和经营成果、关联交易、内部控制、对潜在风险的分析以及公司的所有权、薪酬政策、商业伦理、治理政策和程序等非财务信息。在信息披露与合规方面，评价体系重点关注监管部门如证监会和交易所对上市公司的处罚情况、公司是否有财务重述，以及交易所对公司信息披露质量的评估结果等。

薪酬激励是与董事会建设意义同样重大的公司治理问题。对于中小上市公司，股东通常兼任公司的管理人员，内部监督比较到位，如何在高科技企业充分调动技术和管理骨干的积极性始终是一个重要的治理问题，激励是重要的，但激励需要与公司的业绩发展相匹配。最好让经营者也持有一定的股份，成为内部股东，这样，使经营者的利益与外部股东的利益一致起来。在评估上市公司是否建立了合理的薪酬激励机制时，我们特别关注高管薪酬是否与企业的经营业绩挂钩，企业长、短期薪酬激励的搭配，公司高管和技术人员的股权分配，是否存在长期激励机制等方面的问题。

总体而言，股权结构与股东权利是公司治理的基础性因素，董事会是公司运行的核心，信息披露关乎投资者能否真实全面地了解公司，激励机制直接影响经营行为。在评价方法上，我们使用国际通行的“等权重指数编制方法”。公司治理评价体系中上述四个方面分别占25%的权重，除信息披露与合规方面设4个指标外，其他三个方面均设5个指标，每个指标的评价得分区间均为0～5分①。在这里的评价体系中，“股权制衡度”指标乃考虑到中小上市公司多为家族企业的特点，在这两类企业中，实际控制人的作用较突出，很容易产出一言堂现象，一定的股权制衡度有利于公司稳健发展。“女性董事比例”指标的设置考虑到了近年来国际上倍受呼吁的董事会多元化问题。“信息披露质量”直接沿用深交所对上市公司的年度评估，具有一定的权威性。

① 在董事会运作方面，董事会多元化情况包含两个二级指标，各自的得分区间均为0～2.5分。在信息披露与合规方面，“信息披露质量”的评价得分区间为0～10分，其他三个指标的得分区间为0～5分。

表 6－13　　中小上市公司治理评价体系

一级指标	权重	二级指标
股权结构与股东权利	25%	股东大会出席会议的股东及股东代表个数、投资者接待活动情况、股权制衡度、出席股东大会的非第一大股东所持股份占所有出席者持有股份的比例、机构投资者持股比例
董事会运作情况	25%	董事会开会次数、监事会开会次数、独立非执行董事人数、董事会的委员会数量、董事会多元化情况（包括女性董事比例、独立董事与上市公司地点是否一致两方面）
信息披露与合规	25%	受证监会处罚情况、受交易所处罚情况、是否有财务重述、信息披露质量
激励机制	25%	是否实施股权激励、董、监高薪酬总额增长率与业绩增长率关联度、董、监高持股价值与薪酬总额的比例、核心技术人员是否持有公司股权、监事会持股比例

我们以深圳证券交易所中小板和创业板全部上市公司为评价对象。为确保评价结果的客观性和可验证性，评价所依据的信息源是被评价上市公司的所有正式、公开信息，主要包括公司年报、公司章程、公司网页、公司公告以及 WIND 数据库、CSMAR 数据库、中国证监会官网、深圳证券交易所官网等。数据采集的截止时间是 2013 年 7 月 31 日。其中，公司年度报告信息来自上市公司 2012 年度报告。在评价过程中，每一家上市公司都由不同的研究人员独立进行两轮信息收集、打分和复核，以降低评价过程的误差。从信息披露的连续性和完整性角度考虑，我们剔除两个板块上市时间未满 12 个月的公司，即评价对象不包括 2012 年 1 月 1 日后上市的中小板和创业板公司。样本公司共有 927 家，其中，646 家来自中小板，281 家来自创业板。

二、公司治理评价结果

（一）总体数据分析

总体评价结果显示，927 家中小上市公司的平均治理得分为 52. 69 分，最高分为 80 分，最低分为 24 分，中位数为 52 分。总体得分呈正态分布，表明评价体系有效地对不同公司的治理水平做了区分。平均分仅为 52. 69 分，说明中小板和创业板上市公司的治理水平总体较低。综合得分最高分与最低分相差56分，表明公司治理两极分化现象明显（见图6－3）。

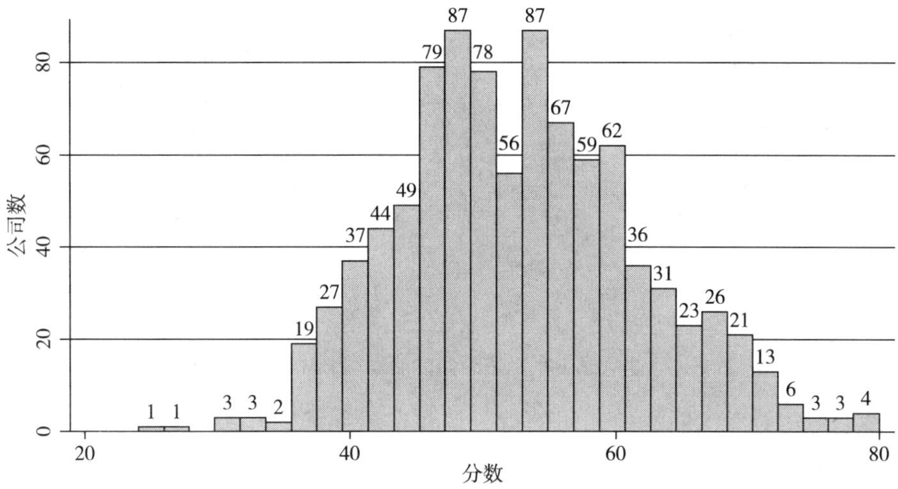

图6－3　927家公司的治理得分直方图（家）

（二）板块间的比较及公司治理四个方面的比较

中小板公司的平均治理分数为51.51，创业板公司的平均治理分数为55.39。创业板公司的治理得分高于中小板，反映出创业板公司在更严格的监管要求下，各项制度更加健全，公司治理更加完善。中小板和创业板分别于2004年、2009年设立，创业板在设立时即汲取了中小板运行中的经验教训，在上市门槛、监管规定和信息披露等方面制定了较高要求，这既是为了扶持高成长性企业，也是为了防范企业运营不善，产生市场风险，因此，创业板公司的较高治理得分有一定的制度基础（见图6－4）。

从总体来看，在公司治理的四大方面，信息披露与合规方面的得分最高，董事会和监事会运作次之，然后是股权结构与股东权利，得分最低的是激励机制运行情况（见图6－5）。这表明，中小上市公司与主板的大公司一样，在严格的监管要求下，信息披露是公司治理中表现最好的方面（鲁桐等，2010）。分板块来看，创业板公司在公司治理四个方面的得分均高于中小板。虽然在信息披露与合规、董事会和监事会运作两方面，两个板块的差别不太明显。但是

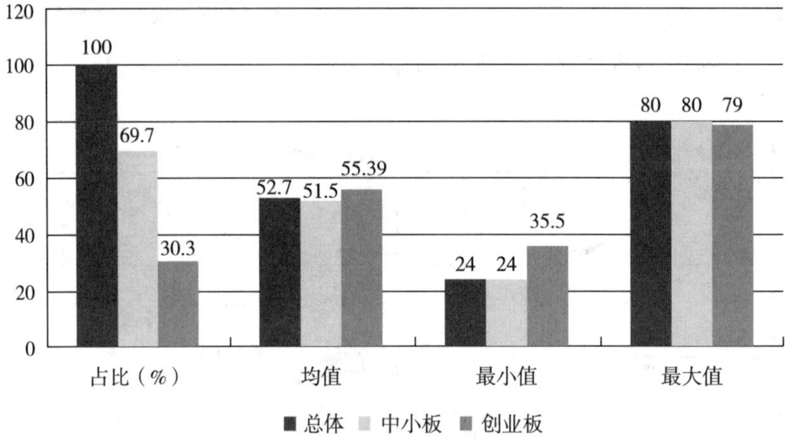

图 6－4　927 家中小上市公司的治理得分总体情况（分）

在激励机制方面，创业板公司的得分优势非常明显。在激励机制的五个指标上，创业板公司的得分均高于中小板，表明以高科技公司为主的创业板，更加重视对高管和核心技术人员的激励。比如，创业板公司“董监高持股价值与薪酬总额的比值”的均值是 338 倍，远高于中小板公司的 254 倍；创业板公司实行股权或期权激励的公司数占创业板公司总数的 30%，中小板的这一比例仅为 21%，表明创业板公司更注重激励机制的建设。

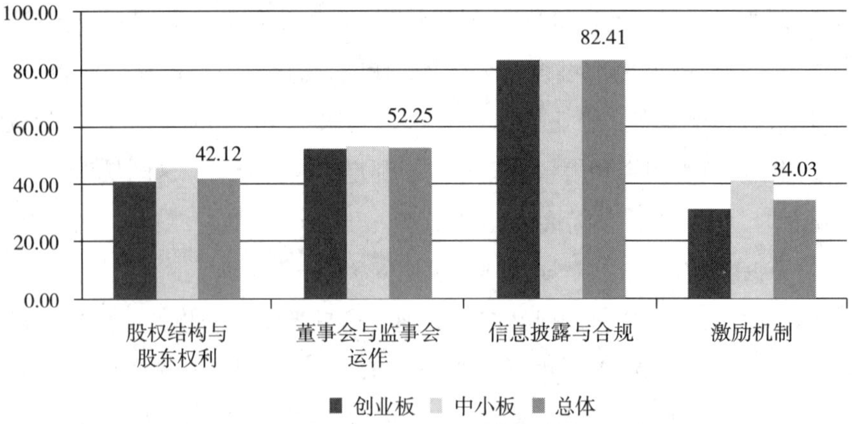

图 6－5　中小板、创业板公司在治理评价四个部分的分别表现（分）

（三）实际控制人差异对治理得分的影响

样本公司中实际控制人为个人的公司有749家，远高于实际控制人为政府的117家，以及实际控制人为外资的38家。需要说明的是，如果实际控制人为个人，若该个人是外资背景，我们认定其为外资。无法确定实际控制人，或者年报显示没有实际控制人的公司，我们将其划分到“其他”一类。

在公司治理得分上，“其他”类公司的治理得分平均值最高（53.6），鉴于此类公司仅23家，占总体样本较小，且实际控制人性质不明确，这里不予考虑。除此之外，实际控制人为“个人”的治理得分为53.19，高于实际控制人为政府（50.2）和外资（50.17）的情况。这表明，至少对于深交所中小板和创业板的公司而言，由于规模、发展阶段等原因，实际控制人为个人的情况下更利于公司发展。一般而言，在公司规模较小、处于发展初期时，拥有强有力的一个实际控制人有利于提高决策效率，但是随着公司规模的扩大，公司决策需要以稳健为主，将决策权委任于一人具有很高的风险性，此时亟须集体决策。很明显，中小板、创业板公司目前属于前者，而主板公司属于后者。

三、公司治理与绩效关系的实证分析

（一）变量及数据

我们选取文献中常用的绩效变量作为因变量，包括资产收益率（ROA）、净资产收益率（ROE）、基本每股收益（EPS）、营业收入增长率（INCOME）、利润总额增长率（PROFIT），前三个指标反映企业的盈利能力，后两个指标反映企业的成长能力。自变量是公司治理总指数及子指数。按照现有研究的惯例，控制变量是指企业规模、财务杠杆、第一大股东持股比例、实际控制人背景、行业和地区等因素（见表6-14）。治理评价中包括两家金融业公司，这里予以剔除，因此，得到925家样本公司。企业财务指标及特征变量的数据来自CSMAR数据库或WIND数据库。主要变量的描述性统计如表6-15所示。

表 6-14　　　　实证分析的主要变量

变量分类	变量名称	变量定义及说明
因变量	资产收益率（ROA）	净利润/资产总额
	净资产收益率（ROE）	净利润/股东权益总额
	基本每股收益（EPS）	归属普通股股东的净利润/普通股加权平均数
	营业收入增长率（INCOME）	（本期营业收入 - 上期营业收入）/上期营业收入
	利润总额增长率（PROFIT）	（本期利润总额 - 上期利润总额）/上期利润总额
自变量	中小上市公司治理指数（CCGI）	总体上反映上市公司的治理水平，涵盖公司治理的四大方面
	股权结构与股东权利指数（Sub - A）	反映上市公司股权结构是否优化，股东权利受保护情况
	董事会运作指数（Sub - B）	反映上市公司董事会的运作情况
	信息披露与合规指数（Sub - C）	反映上市公司信息披露的完善情况，受监管部门的处罚情况
	激励情况指数（Sub - D）	反映上市公司激励机制的运行情况
控制变量	企业规模（SIZE）	企业资产总额的自然对数
	财务杠杆（LEV）	负债总额/资产总额
	第一大股东持股比例（SHARE）	上市公司第一大股东所持股份占总股份的比例，最大值为 1
	实际控制人背景（ACTUAL）	分个人、国有、外资和其他四类，3 个虚拟变量
	行业虚拟变量（IND）	按中国证监会的行业分类，这里共涉及 12 个行业，生成 11 个虚拟变量
	地区虚拟变量（REGION）	按国家统计局关于东、中、西部和东北地区的划分方法，生成 3 个虚拟变量

表 6-15　　　　主要变量的描述性统计

变量	N	平均值	标准偏差	最小值	p25	p50	p75	最大值
ROA	925	0.0470	0.0470	-0.388	0.0220	0.0450	0.0710	0.281
ROE	925	0.0660	0.0920	-1.510	0.0380	0.0670	0.101	0.419
EPS	925	0.373	0.438	-2.557	0.150	0.330	0.550	5.700
INCOME	925	14.19	34.08	-79.09	-3.333	9.562	24.88	507.6
PROFIT	925	-15.13	254.5	-2700	-36.88	-3.887	24.48	4574

续表

变量	N	平均值	标准偏差	最小值	p25	p50	p75	最大值
CCGI	925	52.69	8.960	24	46.50	52	58.50	80
Sub - A	925	42.10	16.97	4	28	44	56	88
Sub - B	925	52.23	10.70	24	44	52	58	82
Sub - C	925	82.37	11.77	24	76	88	88	100
Sub - D	925	34.07	20.84	0	20	32	48	92
SIZE	925	21.26	0.788	18.86	20.70	21.17	21.72	25.06
LEV	925	0.311	0.193	0.0140	0.155	0.279	0.441	0.940
SHARE	925	0.362	0.143	0.0520	0.250	0.352	0.459	0.852

注：表内各变量含义所指可参见表6-14。

描述性统计结果显示，资产收益率、净资产收益率的最大值分别为0.281、0.419，最小值分别为-0.388、-1.51。基本每股收益的最大值为5.7，最小值为-2.557，1/4分位数为0.150，表明大部分公司为盈利状态。利润总额增长率的平均数为负数，营业收入增长率的最大值与最小值分别为507.6、-79.09，分化现象很明显。企业规模对数值的标准差为0.788，表明企业之间的规模差别不太明显。财务杠杆的最大值与最小值分别为0.940、0.0140，平均数为0.311、表明不同公司的财务杠杆存在较大差异。第一大股东持股比例最大值为0.852，最小值仅为0.0520，平均值为0.362，四分之一分位数为0.250，表明不同公司中第一大股东的控制权存在明显差别，并且大部分公司存在明显的第一大股东。

主要变量的相关系数（表6-16）显示，无论是公司治理总指数，还是四个子指数，与绩效指标的相关系数均为正，并且，除了与利润总额增长率的相关系数较小外，与其他几个指标的相关系数均大于0.3，数值很接近。四个子指数中，反映“董事会和监事会运作”的子指数（Sub-B）与盈利指标和成长能力指标的相关系数相对较小，另外三个子指数与五个绩效指标的相关系数普遍较大，这反映出董事会、监事会运作对绩效的相对弱相关性。

表 6 - 16　　主要变量的相关系数

	ROA	ROE	EPS	PROFIT	INCOME
CCGI	0.418	0.356	0.385	0.161	0.306
Sub - A	0.333	0.259	0.332	0.0950	0.171
Sub - B	0.0203	0.0249	0.0462	0.0528	0.0712
Sub - C	0.303	0.287	0.252	0.117	0.0261
Sub - D	0.288	0.226	0.226	0.106	0.336

注：表内各变量含义所指可参见表 6 - 14。

（二）公司治理总指数对绩效的影响

回归结果显示，在控制了规模、财务杠杆、第一大股东持股比例、实际控制人背景、行业和地区等因素后，公司治理指数的回归系数均为正，并且在1%的水平上具有显著性（见表 6 - 17）。因变量无论是以资产收益率、净资产收益率、基本每股收益衡量，还是以营业收入增长率、利润总额增长率衡量，这种显著性始终存在。这表明，中小上市公司拥有良好的公司治理是有价值的，而非用处不大，不需重视。进一步地，公司治理总指数对前三个反映盈利能力指标的回归系数相对较小，对后两个反映成长能力指标的回归系数较大。这说明，对于中小上市公司，公司治理与盈利能力、成长能力均有正向的影响关系，并且成长能力受公司治理的影响更大。企业规模对盈利能力的回归系数显著为正，但对成长能力的回归系数为负，表明随着企业规模变大，成长成力逐渐下降，盈利能力逐渐突显。第一大股东持股比例的回归系数均为正，表明中小上市公司若有控股股东，控股股东不论是出于对自身利益的保护，还是出于对公司整体利益的考虑，均倾向于做出有利于公司发展的决策。

表 6 - 17　　公司治理指数对公司绩效的总体回归

	ROA	ROE	EPS	PROFIT	INCOME
CCGI	0.002 ***	0.004 ***	0.017 ***	4.772 ***	1.405 ***
	(12.42)	(10.30)	(10.26)	(4.34)	(10.30)
SIZE	0.006 ***	0.009 **	0.162 ***	-9.644	-2.281
	(2.90)	(1.99)	(7.96)	(-0.71)	(-1.35)

续表

	ROA	ROE	EPS	PROFIT	INCOME
LEV	-0.101***	-0.096***	-0.753***	-30.932	30.688***
	(-12.04)	(-5.30)	(-9.15)	(-0.56)	(4.46)
SHARE	0.051***	0.094***	0.394***	34.802	28.862***
	(5.06)	(4.33)	(4.00)	(0.53)	(3.51)
ACTUAL	控制	控制	控制	控制	控制
IND	控制	控制	控制	控制	控制
REGION	控制	控制	控制	控制	控制
Intercept	-0.140**	-0.231*	-3.546***	119.313	-59.167
	(-2.43)	(-1.86)	(-6.29)	(0.31)	(-1.26)
N	925	925	925	925	925
adj. R-sq	0.332	0.192	0.270	0.018	0.156
F	22.892	11.467	17.293	1.792	9.147

注：表中括号内为t值，*、**、***分别表示在10%、5%、1%的水平上显著。表内各变量所指可参见表6-14。

（三）公司治理子指数对绩效的影响

在公司治理的四个方面，哪个更重要，对公司绩效的影响更大？我们进一步以“股权结构与股东权利”、“董事会与监事会运作”、“信息披露与合规性”和“薪酬激励”四个子指数为自变量进行考察。在因变量的选择上，基本每股收益是普通股股东获得的年度收益，乃从股东的角度看企业的盈利能力，营业收入是企业后续利润指标核算的基础，营业收入增长率可以广义地测度企业的成长能力，因此，这里选这两个指标为代表性因变量，作进一步分析①。

回归结果显示，四个公司治理子指数的回归系数均为正，但是大小和显著性存在差异。总体来看，四个子指数对盈利能力指标的回归系数大小相差不大，对成长能力指标的回归系数存在明显差异，并且后者的系数明显大于前者。这与表6-17公司治理总指数的回归结果一脉相承，表明公司治理对企业

① 我们在这里做了稳健性检验。将因变量替换为资产收益率、净资产收益率，其回归结果与基本每股收益的回归结果相似，将因变量替换为利润总额增长率，其回归结果与营业收入增长率相似。

盈利能力、成长能力均有正向的影响关系，并且对于这些中小上市公司，成长能力受公司治理的影响更大。具体而言，除了“信息披露与合规”的系数未表现出显著性外，其他三个子指数均具有显著性。并且按照系数大小进行排列，激励机制的回归系数最大，其次为股权结构与股东权利，再次为董事会和监事会运作，信息披露与合规的系数最小，并且未表现出显著性。这种系数大小关系在盈利能力和成长能力的回归中表现出一定的相同性，这表明，对于中小上市公司，激励机制对绩效的影响更大，其次为股权结构与股东权利，相对于这两者，董事会和监事会在治理中发挥的作用较弱。信息披露与合规对绩效的影响不明显，表明上市公司在这方面很大程度上是满足监管部门的要求，很少有公司执行了高于监管部门的披露标准，因此，未表现出对绩效的促进作用，并且过多地披露可能会提高运营成本，泄露商业信息，反而不利于提升绩效。

（四）哪种激励因素更重要

中小板和创业板的公司大多具有高科技、高成长的特点，多数企业控股股东也是公司高管，内部监督相对比较到位。在公司治理的两大机制——监督和激励中，激励的重要性远高于监督。表6－17、表6－18的回归结果证明了激励机制对公司盈利能力、成长能力的重要性。那么，诸多激励因素是否对公司绩效具有同等重要性？或者哪种因素对公司绩效的影响更大？对这一问题的回答可以为企业和监管部门提供决策借鉴。

表6－18　　公司治理子指数对公司绩效的回归结果

	EPS	EPS	EPS	EPS	INCOME	INCOME	INCOME	INCOME
Sub－A	0.006*** (9.78)				0.518*** (5.89)			
Sub－B		0.004*** (5.06)				0.214** (2.06)		
Sub－C			0.001 (1.06)				0.103 (1.07)	
Sub－D				0.010*** (5.97)				0.559*** (10.46)

续表

	EPS	EPS	EPS	EPS	INCOME	INCOME	INCOME	INCOME
SIZE	0.149*** (7.14)	0.224*** (10.97)	0.212*** (10.44)	0.211*** (10.49)	-0.860 (-0.48)	2.828* (1.66)	2.885* (1.68)	1.047 (0.65)
LEV	-0.714*** (-8.45)	-1.020*** (-12.34)	-0.916*** (-10.91)	-0.950*** (-11.60)	24.297*** (3.33)	8.075 (1.17)	10.335 (1.45)	18.077*** (2.74)
SHARE	0.721*** (6.11)	-0.023 (-0.24)	-0.029 (-0.31)	0.078 (0.83)	32.595*** (3.20)	-6.047 (-0.77)	-6.223 (-0.79)	8.150 (1.07)
ACTUAL	控制	控制	控制	控制	控制	控制	控制	控制
IND	控制	控制	控制	控制	控制	控制	控制	控制
REGION	控制	控制	控制	控制	控制	控制	控制	控制
Intercept	-2.927*** (-5.10)	-3.937*** (-6.62)	-4.173*** (-7.09)	-3.678*** (-6.29)	-38.388 (-0.78)	-94.329* (-1.90)	-94.104* (-1.89)	-57.143 (-1.21)
N	925	925	925	925	925	925	925	925
Adj. R	0.263	0.186	0.208	0.216	0.092	0.062	0.058	0.159
F	16.711	11.064	12.525	13.128	5.465	3.889	3.728	9.325

注：表中括号内为t值，*、**、***分别表示在10%、5%、1%的水平上显著。表内各变量所指可参见表6-14。

这里分别以激励机制指标中的二级指标作为自变量，因变量同表6-18，包括基本每股收益和营业收入增长率①。回归结果显示，除了“监事会持股比例”（SUPV）不具有显著性外，其他几个变量均具有显著性。“是否实施股权激励”（INCEN）的系数最大（分别为0.088、11.778），其次是“核心技术人员持股比例”（TECH）（分别为0.013、2.289）（见表6-19）。另外两个激励指标的系数（SALA_ P、S_ SALA）相对较小，但也表现出显著性，表明董事高的薪酬激励既要与董监高的持股价值相匹配，保持适当的绝对数，也要与企业业绩相匹配，保持适当的相对数，适当的绝对数和相对数有利于提升企业绩效。总体来看，在评价体系的五个反映激励机制的指标中，高管和核心技术人员的股权激励最为重要，这符合中小科技型企业的特点，揭示出此类公司有针对性激励的重要性。监事会持股比例的系数不显著，表明中小上市公司中监事会形同虚设，没有发挥预期的公司治理作用。

① 这里亦进行了稳健性检验，将因变量替代为资产收益率、净资产收益率、利润总额增长率，得到的回归结果类似。

表 6－19　激励因素对公司绩效的回归结果

	EPS	EPS	EPS	EPS	EPS	INCOME	INCOME	INCOME	INCOME	INCOME
INCEN	0.088*** (2.78)					11.778*** (4.47)				
SALA_ P		0.002*** (5.79)					0.310*** (12.83)			
S_ SALA			0.000*** (4.86)					0.013*** (4.64)		
TECH				0.013** (2.05)					2.289*** (4.23)	
SUPV					0.595 (0.93)					2.470 (0.05)
SIZE	0.219*** (10.69)	0.226*** (11.31)	0.209*** (10.23)	0.224*** (10.98)	0.226*** (11.06)	2.143 (1.26)	3.150** (2.01)	1.763 (1.03)	2.710 (1.60)	3.139* (1.84)
LEV	−1.000*** (−12.12)	−1.022*** (−12.59)	−0.961*** (−11.66)	−1.009*** (−12.21)	−1.010*** (−12.17)	10.843 (1.58)	7.819 (1.23)	13.014* (1.89)	10.086 (1.47)	8.551 (1.23)
SHARE	−0.008 (−0.09)	−0.018 (−0.20)	−0.004 (−0.05)	−0.009 (−0.10)	−0.001 (−0.01)	−4.155 (−0.53)	−5.304 (−0.73)	−4.609 (−0.59)	−3.724 (−0.47)	−6.032 (−0.74)
ACTUAL	控制	控制	控制	控制	控制	控制	控制	控制	控制	控制
IND	控制	控制	控制	控制	控制	控制	控制	控制	控制	控制
REGION	控制	控制	控制	控制	控制	控制	控制	控制	控制	控制
Intercept	−3.756*** (−6.32)	−3.880*** (−6.65)	−3.608*** (−6.11)	−3.854*** (−6.49)	−3.916*** (−6.59)	−69.208 (−1.40)	−84.763* (−1.85)	−65.499 (−1.33)	−80.501 (−1.63)	−89.358* (−1.80)
N	925	925	925	925	925	925	925	925	925	925
adj. R−sq	0.192	0.214	0.206	0.189	0.186	0.078	0.203	0.079	0.075	0.057
F	11.457	13.003	12.406	11.248	11.048	4.703	12.175	4.780	4.593	3.669

注：表中括号内为 t 值，*、**、*** 分别表示在 10%、5%、1% 的水平上显著。表内各变量所指可参见表 6－14。

（五）内生性及稳健性检验

内生性一直是公司治理与绩效关系研究中的一大难题。实证研究需要滤去影响绩效的非治理因素，或者找出影响治理但不影响绩效的因素，以单独考察治理对绩效的影响。前者即加入控制变量，后者即寻找工具变量。虽然前文分析中已结合现有文献加入了诸多控制变量，但仍无法完全确定治理对绩效的单向影响关系，因此，需要寻找适当的工具变量，解决这一内生性问题。

1. 工具变量的选择

学界在工具变量上做了诸多探索，比如，潘福祥（2004）选取是否属于垄断行业、是否境外上市、成立时间为工具变量，李汉军、张俊喜（2006）以外部董事比例、归一化每股收益为工具变量，Black 等（2006）和鲁桐等（2010）以公司规模的虚拟变量为工具变量。我们认为，工具变量的确定除了要考虑计量方法的标准，也要考虑到具体的研究问题。这里的样本对象均为中小上市公司，规模普遍较小，所处的发展阶段相似，因规模产生的治理差异较难区分，因此，需遗憾地放弃 Black（2006）已充分论证的“规模”工具变量。

我们注意到，样本对象是中小板和创业板上市公司，先后于 2004 年、2009 年开板，其目的均是服务中小企业发展。设立创业板的初衷是打造中国的纳斯达克市场，弥补中小板未能覆盖到的企业群体。虽然创业板的明文上市条件略低于中小板，但是创业板设立过程中充分借鉴了主板、中小板的一些经验教训，在信息披露、公司治理结构等方面采取了更加严格的要求，这客观上提高了其上市门槛，也使创业板公司的治理质量普遍高于中小板。从上市时间上看，上市越晚的公司受到的监管要求越全面，公司治理也越规范，这可以从表 6 – 20 得到验证。

在表 6 – 20 中，除 2004 年以外，样本总体的治理得分呈现出年度上升趋势，即上市年份越晚，治理得分的均值越高。治理水平的年份差异也在板块之间有所体现，设立较晚的创业板的公司治理水平高于中小板，这种差异在 2009 至 2011 年均有所体现。一个值得注意的现象是，在 2004 年上市的中小板公司治理水平较高，高于在其后几年上市的公司，在2009年上市的创业板公司治理水平较高，亦高于在其后两年上市的公司。我们认为原因有二：第一，在两个板块刚设立时进行IPO的公司，遵循了更严格的治理要求，这既源于公司自身的需求，也源于作为首批代表性公司，政府对其加强了监管，非市场化因素起到一定作用；第二，两个板块刚设立时，公司数量较少，公司普遍的治理水平较高，算术平均后提升了总体治理水平。去除首批上市公司的代表性意义，后续公司“上市越晚、治理水平越高”的趋势则体现了市场的自发演进趋势。因此，可以认为，上市年份与公司治理水平存在一定的相关关系。

表6-20　不同年份上市的治理得分差异

年份	总体		中小板		创业板	
	公司数	均值	公司数	均值	公司数	均值
2004	38	52.316	38	52.32		
2005	12	48.042	12	48.04		
2006	52	49.058	52	49.06		
2007	100	48.69	100	48.69		
2008	71	50.725	71	50.73		
2009	90	54.739	54	52.89	36	57.51
2010	321	53.695	204	52.91	117	55.07
2011	243	53.936	115	52.67	128	55.08
合计	927	51.51	646	52.69	281	55.39

从计量方法上看，工具变量需与自变量有相关性，与因变量无相关性。关于与公司绩效的相关性，我们认为，上市晚的公司也会出现业绩不佳的情况，上市较早的公司也可能取得良好的经营绩效，上市时间与公司业绩不存在必然的相关性。以这里的数据为例，2010年，样本公司基本每股收益的平均值为0.38元，小于2009年的0.43元。因此，我们选取上市年份为公司治理指数的工具变量。鉴于创业板于2009年10月30日正式开板，我们以2009年为界限，设置一个年份虚拟变量（YEAR_ DUM），将2009年以后（含2009年）上市的公司赋值为1，2009年以前上市的公司赋值为0，公司数分别为272家、653家。

2. 内生性检验及两阶段最小二乘回归的结果

相关性检验显示，年份虚拟变量与公司治理总指数的相关系数为0.214，并且在10%的水平上具有显著性，与基本每股收益、营业收入增长率的相关系数分别为0.165、0.104，小于0.214，并且不具有显著性。两个正的相关系数可能是数据上的相关性，没有经济意义上的相关性，故没有表现出显著性。因此，该虚拟变量符合工具变量的选择标准。

用豪斯曼检验做内生性检测，我们发现，在5%的水平上拒绝原假设，因此可以认为，公司治理质量具有内生性。这里仅考虑治理指数的一个工具变量，故不存在检验过度识别约束问题。由表6－18和表6－19可知，子指数的回归结果与总指数的回归结果基本相同，因此，在两阶段最小二乘回归中，我们仅对总指数进行考察。具体而言，先将公司治理总指数内生于年份虚拟变量，进行第一阶段回归，然后将公司治理指数的拟合值作为自变量，进行第二阶段回归。在第二阶段回归中，因变量仍选取盈利能力和成长能力的代表性指标——基本每股收益和营业收入增长率，控制变量与表6－17中回归模型的控制变量相同，回归结果如表6－21所示。

表6－21 两阶段最小二乘回归的结果

变量	Stage 1	Stage 2	Stage 2
	CCGI	EPS	INCOME
CCGI		0.026***	3.183***
		(2.70)	(3.74)
YEAR_ DUM	3.526***		
	(5.57)		
SIZE	3.803***	0.126***	－9.150**
	(10.02)	(3.37)	(－2.04)
LEV	－12.363***	－0.608***	58.762***
	(－7.35)	(－3.54)	(3.70)
SHARE	－25.817***	0.623***	73.168***
	(－14.63)	(2.73)	(2.82)
ACTUAL	控制	控制	控制
IND	控制	控制	控制

续表

变量	Stage 1	Stage 2	Stage 2
REGION	控制	控制	控制
Intercept	-23.260 (-2.84)	-3.349*** (-4.74)	-20.984 (-0.38)
N	925	925	925
adj. R-sq	0.2998	0.245	0.02
F	155.99		

注：表中括号内为t值，*、**、***分别表示在10%、5%、1%的水平上显著。表内各变量含义所指可参见表6-14。

我们发现，在第一阶段回归中，年份虚拟变量的系数为3.526，并且在1%的水平上具有显著性。这表明年份虚拟变量是公司治理指数的重要影响因素。由于这里将公司治理质量内生化，第一阶段的回归结束后，公司治理总指数的拟合值是固定的，无论第二阶段回归以哪个指标为因变量，公司治理总指数的拟合值是相同的、共同的，因此，在表6-21中有两列第二阶段回归结果，但只有一列第一阶段回归结果。

在第二阶段的回归结果中，当因变量是基本每股收益时，三个控制变量——规模、财务杠杆、第一大股东持股比例——的回归系数正负号与表6-17第三个回归模型的回归结果类似，当因变量为营业收入增长率时，三个控制变量的回归系数正负号与表6-17第五个回归模型的回归结果类似。虽然第二阶段回归的R方小于表6-17中相应回归模型的R方，但是，公司治理总指数的系数均变大了，分别由表6-17中的0.017、1.405上升到这里的0.026、3.183。两阶段最小二乘回归与普通最小二乘回归的结果明显不同，再次验证了公司治理指数具有内生性，内生于以上市年份所代表的监管标准和治理要求。平均而言，在2009年及之后上市的公司，公司治理总指数将高出3.526分，基本每股收益将高出0.09元，营业收入增长率将高出11.22%。这里考虑内生性后，公司治理对绩效的影响得到了强化，并且公司治理对中小上市公司成长能力的影响大于对盈利能力的影响。这再次反驳了“中小公司不用重视公司治理”的观点，对于中小公司而言，完善公司治理有益于提升企业的盈利能力和成长能力，有益于促进企业快速发展壮大。

3. 稳健性检验

我们在表 6－17 中选择了五个因变量，分别得出了类似的回归结果，均表明公司治理与公司绩效具有正向的影响关系。在表 6－17、表 6－18、表 6－19 中，分别选取基本每股收益和营业收入增长率作为代表性的绩效指标，考虑公司治理对公司盈利能力和成长能力的影响。为确保实证结果的稳健性，我们均选取另外三个绩效指标作为因变量，再次验证表 6－18、表 6－19 和表 6－21 的回归模型，并得到了类似的结论。并且，我们亦尝试其他的因变量（比如，净利润增长率）、控制变量（比如，第一大股东的股权性质），也得到了类似的结果，因此，实证分析是稳健的。

四、结论与政策含义

中国的公司治理是舶来品，滥觞于 20 世纪 90 年代的国有企业改革，其初衷主要是弥补市场化改革的缺陷，通过理清产权，构建合理的内部治理结构，促进现代企业制度的建立。经过二十余年的努力，中国众多大企业均已按照监管部门的要求，建立了形式规范的治理结构，但是仍无法阻止层出不穷的治理乱象。于是出现一种反对声音，认为公司治理是花架子，是摆设，顶多大企业需要公司治理，中小企业的首要目标是生存，不用重视公司治理。

我们以深交所中小板和创业板全样本公司为研究对象，通过构建一套公司治理评价体系，评估中国的这一代表性中小企业群体的治理水平，发现其治理质量不容乐观，仅信息披露与合规方面表现尚好，其他方面均在及格水平以下。但是即使这样，在运用各种绩效指标进行考察后，我们发现，良好的公司治理对应着良好的盈利能力和成长能力，治理与绩效的正向关系没有因企业规模相对较小而不存在，并且对于这些公司而言，成长能力受公司治理的影响更大。这回应了对“公司治理有效性”的争论和“中小公司不用重视公司治理”的常见谬误，也为中国大批中小企业完善公司治理提供了参考依据。

总体而言，我们有以下三点结论。

第一，对于中小上市公司而言，公司治理与绩效之间存在显著的同步性，良好的治理对应着良好的盈利能力和成长能力，并且，成长能力受公司治理的影响更大。这些治理良好的公司的共同特点是，它们已经在激烈的市场竞争中，认识到改善公司治理成为其自身发展的必然需要，是提高企业竞争力实现长期可持续发展的保证。在改善公司治理的过程中，这些公司并不满足于合法、合规的底线要求，而是根据公司的客观条件，不断实践和探索自主性治理的途径。这些由自监管、自愿标准组成的公司治理机制是公司实现强劲增长的动力。

第二，对于以高科技企业为主的中小板、创业板公司，不同的治理因素对企业绩效的促进作用表现出明显差异。激励机制对公司业绩的提升作用最明显，其次为股权结构与股东权利，再次为董事会和监事会运作。由于各公司在信息披露与合规方面的差别不大，其对绩效的影响不明显。薪酬激励是公司治理的内部治理机制的核心，其作用在于使高管利益和股东利益保持一致，降低他们之间的委托代理冲突，从而为公司创造更大的价值。激励机制不健全是当前中小上市公司最为突出的问题，主要表现在：短期激励有余，长期激励不足；高管激励有余，核心技术人员激励不足；对董事激励有余，对监事激励不足等，本研究为监管部门进一步调整监管政策提供了新的依据。

第三，在激励机制方面，股权激励是影响业绩的最重要因素，其次为核心技术人员持股比例。这说明，高管和核心技术人员的激励是最为重要的激励因素，值得高科技型企业重视。中小板、创业板公司具有高成长性、高科技和对人力资本高度依赖的特点。除了对高管人员实行激励安排以外，能否重视对公司核心技术人员的激励是导致公司能否实现持续性高成长的重要因素。数据调查显示，只有不到20%的上市公司考虑到对技术人员的激励安排问题。而如何对不同类型的技术人员进行适度激励仍是上市公司需要进一步探讨的管理实践。研究结果表明，良好的激励制度与公司业绩之间具有直接的关联性。特别是重视长期激励安排的公司，往往会取得更好的业绩。我们的数据显示，2012年，220家实施股权激励公司的营业收入增长率平均值为25%，其他未实施股权激励公司的营业收入增长率的平均值为11%，前者是后者的一倍多。从总资产收益率（ROA）来看，实施股权激励公司的平均值为6%，其他未实施股权激励公司的平均值为4%。从净资产回报率（ROE）来看，实施股权激励公司的平均值为9%，其他未实施股权激励公司的平均值为6%，这可以为广大中小科技型企业完善激励机制做参考。

本节的政策涵义有三点。第一，公司治理不仅是大企业需要关注的事情，中小企业亦需关注并完善公司治理。中小企业完善公司治理不能仅是为了满足监管部门的要求，而更多地应源自内在需求。公司治理的形式易于满足，但功能的实现因公司而异，取决于股东和董事会是否认识到公司治理对公司发展的保障意义。第二，中小板和创业板公司完善治理需要往激励机制方面倾斜，这是由公司所处的发展阶段所决定的。公司治理乃监督和激励的结合，对于中小板和创业板公司而言，激励比监督更重要。第三，要提高公司治理的有效性，就需先加强其针对性。对于中小高科技型企业，高管团队和核心技术人员是激励的重要对象，该群体上市公司需要有针对性地完善激励机制，提高公司治理的有效性。

第七章

公司治理与价值创造的历史视角

第一节　工业化、股票市场与现代公司的兴起

领先工业化的国家，领先出现了现代公司，也领先发展出了一套大同小异的现代公司治理体系。

从公司制度的起源来看，荷兰领先，英国迅速跟上并超越荷兰。美国则在19世纪末和20世纪初，迅速实现了公司制度的一次大跃进：通过托拉斯、控股公司和换股收购等实现公司联合，诞生了股权分散、立足于股票市场的现代巨型公司。

一、工业化、竞争的国家与竞争的公司

工业化之前的商业世界，是一个个人事业的世界。商人、他们的职员、竞争对手以及他们的供应商和顾客都是通过个人和血缘关系而联系在一起的。以友谊和家庭为基础的企业经营方法支配着企业舞台。工业化开始之后，尤其是钢铁、石油等重化工业开始蓬勃发展之后，公司这种企业组织形式的优越性日益明显，法律和各种支撑机制也随之发展起来。除了公司法提供的一些现代公司治理基础规则之外，股票市场、投资银行、会计制度和专业审计机构以至财经媒体等也都是现代公司治理体系的重要组成部分。

传统的独资企业和合伙企业也可以从事大规模的经济活动，但是公众持股公司却比他们具有明显的两个优点。公众持股公司能让投资者通过分散投资和迅速转让股份而分散投资风险。大规模组织总是需要通过一套层级结构来管

理，而这必然带来所谓代理成本问题。相比政府、教会和军队等传统类型的层级结构，公众持股公司这种制度之下，投资者可以自由地通过用脚投票来表达不满，并由此形成一种强有力的控制机制。

英国1720年的《泡沫法案》禁止了股份公司，但是通过非独立法人的合股公司，资本积累仍然可以进行，各种类型的信托协定使股票可以传给下一代。1856年和1862年的新公司法，确立了有限责任制度，使资本积累更容易进行。推动这一转变的背后力量，就是工业革命的需要。以发行股票来筹措资金这种现代公司的兴起，与发电能力提高和内燃机利用所带来的重大经济变化，基本是相伴而行的。

在美国，纽约州于1811年通过第一部州层次的普通公司法，到1860年，所有的工业州都有了某种类型的普通公司法。与英国的有限责任法律类似，美国各州的公司法也给予了投资者免于承担其所投资公司债务的保护。这些法律也都赋予了公司以独立的生命，不会因为一个投资者的离去而遭解散。到1904年，公司在美国全部工业产出中的份额就已经达到了75%。

1880年代末期以前，工业公司股票在伦敦和纽约这两个交易所都没有大量流通。伦敦于1773年就开始有了股票交易市场，并于1802年正式建立了伦敦证券交易所，但主要从事政府债券和特许公司股票的交易。纽约股票交易所创办于1817年，也是直到19世纪的最后二十年，才开始有工业公司股票的交易。1884年最初推出的道·琼斯股票指数中只包括铁路公司股票，到1887年才区分了铁路股票指数和工业股票指数。投资银行成为公司融资的重要机构，与股票市场的发展密切相关。

工业化之后，公司成为最适应大规模生产和大规模分配的企业组织形式，公司也随工业化而成为社会经济中最重要的一种组织力量。主要工业国之间国力的竞争，不再仅仅是军事力量的竞争，而是公司力量的竞争，形成了一种“竞争的国家，竞争的公司”状态。

法国在推进有限责任上领先，英国在现代公司法成型和创设现代公司外部审计制度上领先，但是在发展公司制企业的步伐上，却是美国领先而英、法都落后了。作为一个年轻和崭新的国家，美国没有经历过像英国南海泡沫和法国密西西比泡沫那样严重的公司投机和股票泡沫，这使美国在现代公司制度创生之后，以最开放和最少怀疑与担忧的心态接纳了这种制度。美国人对公司制度的批评和公司制度被滥用的担忧是在公司发展壮大甚至进入所谓“垄断”阶段之后才产生的。

美国相对英、法是个机遇和风险都更大，同时又缺乏高度集中的财富和资本来源的新型国家，公司这种组织正好提供了将分散的财富和资本聚集起来、适应更大市场需要的方式。起步时期的美国，没有富人阶层，没有强大政府，没有集中性的财富，需要公司制这种组织形式去汇集众人之力。试想，今日中国，如果没有一个如此高度集资金和资源于一手的政府体系，这个庞大国家所必然需要的那些庞大项目该如何兴办？必然需要更为充分地利用公司这种企业组织形式。

与欧洲那些发达但是古老的国家相比，美国最大的特点是土地充足但劳动力短缺。这在法律体系上都有影响，如英国有关土地的财产法律非常发达，而美国则不然。广阔的土地和稀缺的劳动力，促使美国人发明、改进和使用机器设备的愿望非常强烈，与此同时，技术工人和熟练劳动力的缺乏，也促使美国人着力发展标准化的流水线作业，进而使美国率先诞生了大量现代大型公司，特别是在发展公众持股公司发展方面一马当先。

在19世纪末期的兼并浪潮中，美国就开始出现了股票持有者的广泛化。1900年、1920年和1930年，美国公司股票持有者的数量分别是50万、200万和300万。1900年时，美国电话与电报公司（AT&T）有7500个股东，到1931年增长到64.2万个。铁路把幅员广阔的美国联结成了一个统一的市场，改变了投资环境，并且成为公司股票市场的增长点。铁路公司是19世纪最大的公司，铁路建设所需要的资金规模超过企业家个人的社会关系网络能提供的程度。铁路行业还对公众起了一个教育作用，帮助转变大家对有限责任的看法，使有限责任公司这种法律形式逐渐受到更多人的尊重。

相比之下，作为现代公司制度发源地的英国，在巨型公司发展，特别是在通过股票市场融资和引入职业经理人管理方面，却落后于美国。保守的英国人一贯强调个人控制公司，人们也比较信任由此带来的信誉保障。到第一次世界大战前夕，英国公司扩张所需要的新资本中，利润再投资占了50%。广泛的股票市场，直到1950年代才开始出现。即使在英国规模最大的企业中，家族所有和经营都比美国普遍。直到1930年，英国最大的200家公司中，70%的公司还有家族成员占据着董事会的席位。1930年，英国只有最大的50家工业公司的规模达到了可以列入美国制造企业前200家名单的程度。

日本1868年明治维新后，采取了一系列有利于工商企业发展的法律和政策措施。1871年废除了武士、农民、工匠和商人的四等级制度。1872年和1876年颁布了准许成立股份公司的法律。1893年日本通过了《普通公司法》，这是与英国的《1856年公司法》和《1862年公司法》及美国各州的普通公司法基本类似的现代公司法律。1899年颁布了《商法》，进一步鼓励股份公司的发展，并促使工商业人士以新的方式来思考企业发展问题。

1879年，日本有153家股份公司，1882年有3336家股份公司，1902年发展到了8612家。股份公司在日本的快速普及有以下几个因素。一是在公司这种制度下，股东承担有限责任，股份可以自由转让，更容易筹集资本。二是公司这种企业形式，在当时是与备受推崇的西方制度和技术相联系的。三是更容易获得人才，当时日本社会中的精英人物——前武士们，不喜欢在传统家族企业中工作。即使废除了武士、农民、工匠和商人的四等级制度，武士及其后代仍在很长时间内是日本社会的精英团体。19世纪80年代的日本企业领导人中，19%是商人的后代，31%是小企业家的后代，23%是武士的后代，22%是农民的后代。到20世纪20年代，35%是企业家的后代，37%是武士的后代，21%是农民的后代①。日本人甚至是将工商业人士看作是他们民族的新武士。为了推动维新，明治政府对1871年被行政长官取代的大名和对1876取消了俸给的武士，都给予了巨额的政府债券作为补偿，这些资金成为新企业的重要资本来源。

1870年代，明治政府在矿业、造船、钢铁、纺织、水泥和玻璃等多个产

① 曼塞·G. 布莱克福德著，《西方现代企业兴起》，锁箭译，经济管理出版社2001年7月版。

业领域建立和经营了一些示范性的国有企业。但是到1896年，日本政府就出售了几乎所有的国有示范工厂，仅保留了几家军需工厂和海军造船厂，以及一些军用纺织厂和八幡钢铁厂。这场“国退民进”帮助日本民营企业迅速进入了矿山及重化工业领域，为其日后在各种其他产业领域里的发展也提供了有力支撑。

二、从托拉斯到控股公司

工业领域里最早的大型联合企业采取了一种“托拉斯”的形式。所谓“托拉斯”，就是“信托”的意思。1882年，洛克菲勒的标准石油公司率先采用了这一方法。洛克菲勒自己建立或其收购的在美国各个州的石油资产，法律形式上属于在各个州所建公司。这些公司的普通股股东将其股票投入到信托（TRUST，托拉斯）之中，换取信托证书。这样所有纳入信托之中的公司资产，就统一在一个“托拉斯”的集中管理之下。由此，一方面，在企业组织上是实现了联合，可以避免恶性竞争，甚至谋取垄断收益；另一方面，股东们实现了将公司资产交给可信赖之人管理而又保留经济收益和作为股东的终极控制权。但是这些做法，在当时的美国却处于一种法律上的“灰色”地带或说是为垄断行为披上“合法”外衣，以至1892年，俄亥俄最高法院宣布标准石油托拉斯为非法。

托拉斯的产生在当时是有其历史和现实原因的。由于害怕垄断的祸害，美国各州公司法对公司跨州经营都有严格的限制，特别是限制一个公司持有另一个公司的股票，也就是还没有现代这种控股公司的概念。但是，随着铁路的发展、企业规模的扩大和全国市场的形成，商业竞争越来越激烈，甚至常常陷入一种恶性竞争之中。企业之间合作和联合的需求变得越来越强烈。铁路公司是第一批大型现代公司，而来自铁路的特殊优惠又是工业领域里一些大型联合企业建立的一个重要因素，因为大型工业公司有更强的谈判能力，可以大幅度地压低铁路运输的费率水平。洛克菲勒的标准石油公司甚至以自建铁路线为威胁，迫使铁路公司降低对其货物运输的收费水平。

1889年，新泽西州出台了《控股公司法》，允许企业按法律规定持有其他企业的股票及享有与普通持股个体一样的权利。随后，1893年和1896年，新泽西州又连续修改公司法，进一步明确和强化了“持有其他公司股份”的企业“可以行使所有拥有所有权的个体所享有的各项权利和特权，比如投票表决权”[①]。到1899年，新泽西州开始准许纯粹控股公司的存在。

在新泽西州准许纯粹控股公司存在之前，美国各州的基本情况都是一般不准许企业持有其他公司的股票。这种法律规定的目的是通过严格限制企业持股行为而防止一个公司控制另一个公司，导致垄断。除了纯粹控股公司之外，新泽西的公司法律还率先赋予了公司可以进行任何合法商业行为的权利，也就是取消了此前普遍存在的对企业经营范围进行严格限制的有关“公司宗旨”的法律条款。

新泽西率州先迈出这一步的原因是，当时该州债务沉重，试图通过放松对公司行为的管制，给予公司更多的自治空间，吸引企业到该州注册和投资。新泽西州的做法，取得了立竿见影的效果，每年新增上百家企业。新泽西州还专门成立了一个“新泽西企业信托公司”（Corporation Trust Company of New Jersey），在宣扬该州公司法律优势的同时，以十分低廉的收费帮助投资商在该州完成公司注册事务。

新泽西州的做法虽然引起其他州的不满，但是他们无法单独抵抗，如禁止新泽西州公司购买本州公司股票等，也难以联合起来行动，于是只好纷纷加入到了这一修改公司法、放松公司管制、准许控股公司的行列之中。纽约州于1892年通过了该州的《控股公司法案》。到1903年，最为推崇企业诚信、对公司管制最为严格的马萨诸塞州也加入了这一行列。直到今天，各州之间在公司法和公司法律服务上的竞争，仍然是美国公司能够保持高度自治、公司治理上创新不断的一个重要原因。

---

① 劳伦斯·米切尔，《金融如何压倒实业》，钱峰译，东方出版社2011年版。

专栏：洛克菲勒的托拉斯

所谓托拉斯，字面含义是信托、托管，实际就是在准许控股公司存在的现代公司法出现之前，那些成为行业领导者的企业家们，在企业扩张过程中，为了从地方走向全国而采取的一种规避法律风险（一州注册的公司不能在外州持有财产）的企业组织形式。在公司法准许控股公司存在之后，这些企业可以重组为控股公司，托拉斯作为一个特定时代的大企业组织形式，也就成为了历史。

洛克菲勒的一生就是托拉斯的发展史，他曾得意地说："如今所有的生意人都在按照现代的法则经商，而这些法则都是我们在当年首先确立的。"洛克菲勒的一个创造性举措就是，在1879年秘密签订了一份委托协议，指派凯斯、切斯特和韦拉斯等3人作为托管人，代持俄亥俄州标准石油公司在俄亥俄州外的公司股份，他们收到红利后，按照俄亥俄标准石油公司37位股东的股权比例分配给大家。

三年之后的1882年，美国当时著名的公司法律师多德受聘为标准石油公司重新设计了一套法律结构。第一步是先在拥有大宗业务的各个州建立一家独立的标准石油公司。于是，洛克菲勒出任新生的新泽西标准石油公司总裁，威廉·洛克菲勒出任了纽约标准石油公司总裁，等等。法律上，注册于各个州的公司都需要有自己的董事会，同时也有一个权力分配问题。多德的解决方案是"你们可以有共同的名字，有共同的办公室，有共同的董事会，有共同的管理层。公司的股份可以交给托管人，由他们签发信托财产证明书，其中将注明各人应得的红利①"。这样就意味着，形成持股人的联合体，而不是企业的联合体。根据一份新签署的委托协议，9名住在纽约的托管人（就是每天中午在百老汇26号共进午餐者，事实上的标准石油控股公司董事会成员）组成一个理事会，掌管着法律上的俄亥俄标准石油公司和其他40家公司的股份（其中，完全控制26家，部分控制14家），

① 《洛克菲勒自传》第172页。

有权任命其管理人员。这是一个拥有 7000 万美元资产、控制全美 90% 炼油厂和输油管网的巨大企业。洛克菲勒占有不到三分之一的份额，价值 1900 万美元。

这份 1882 年“标准石油公司委托协议”，标志着美国商业组织结构从自由竞争经过松散联合的卡特尔，发展到了组织严密的托拉斯，这是洛克菲勒在创建现代企业制度上面的历史性贡献。在面临无数法律束缚的状态下，洛克菲勒成功地将众多风格迥异的企业整合为天衣无缝的整体，一个原本笨重的庞然大物在他手中化身为精巧的工具。1889 年，新泽西州通过了《控股公司法案》，准许该州公司持有外州公司股份。1892 年，标准石油公司托拉斯宣布解散，代之以新组建的新泽西标准石油公司，托管证书换为相应比例的公司股份。新公司的 97.25 万股股份中，洛克菲勒持有 25.6854 万股。新泽西标准石油公司买下原标准石油公司各下属公司全部或部分股份，成为一个既经营具体业务又控股其他公司的现代型公司。

三、股票市场：公司时代的土地

股票市场在城市化和公司化的美国大显身手的时代到来了，它的作用和土地在历史上的作用差不多。但是走上这一步，仅有控股公司法也许是不够的，还有《新泽西股票融资法》。

《新泽西股票融资法》给托拉斯创建者和公司发起人更大的股票发行自由，可以用股票去收购企业。创立新公司变得更容易，授权资本制度，股票发行通过认购形式进行，初始股东不需要全额缴纳认购的出资额度，公司就可以先行成立，并且在新公司成立伊始就可将股票抛向市场。当然，如果公司破产，债权人可以向没有全额缴纳资本金的股东追究责任。

用股票支付也是成本最小的一种并购方式，一般做法是用新公司——收购主体企业的股票（包括优先股或者抵押债券）与目标企业股东换股。最常见的一种形式是按照真实有形资产向其股东发行优先股，同时再发行数量相同的普通股。能够这么做，是因为新泽西股票融资法授予了公司董事会酌情确定公司价值的权利。只要董事会对其所确定的公司价值能够提供合理的依据，法院就会认为该价值的确定是合理的，这对传统法律在公司估价上的种种限制是一种突破。

当时已经流行了按市盈率或收入—资本倍数法确定企业价值的方法。西尔斯·罗巴克公司于1906年进行IPO，由高盛和雷曼兄弟联合承销，就是根据公司有形资产数量发行了1000万美元的优先股，根据公司210万美元的净利润水平、按7%的资本利润率水平确定股本总额为3000万美元。

更多以公司自治为原则的公司法、控股公司法和股票融资法等催生了新的企业领军人物——托拉斯和公司发起人，代表性人物是摩根和弗林特，这些人用实际行动促成了现代大型公司这种企业形式的出现和现代股票市场的形成。摩根通过收购重组创建了通用电气和美国钢铁公司等，弗林特通过收购重组创建美国橡胶、全美淀粉及后来改名为IBM的C－T－R公司。美国普通大众进入了股票市场，帮助组建公司，并能通过股票市场控制产业。

到1900年，美国有27个州要求公司向政府报告财务信息，有一半的州规定向股东公开信息，但是还没有财务报告内容和形式方面的具体要求。正式的公司信息很少，虚假信息铺天盖地。为了信誉，好人举手，摩根控制下的那些基于股票市场的现代巨型公司陆续开始自觉发布年报和财务信息。通用电气公司从1893年开始，美国钢铁公司从1902年开始发布年度报告，披露财务信息。美国电话电报公司在1906年摩根加入公司后，也进入了自觉发布年度财务报告的公司行列。

新泽西州吸引公司发起人的公司法、控股公司法和股票融资法在促进企业之间合作的同时，也使股票成为发起人获取创建现代大型公司资本的一种有效工具。在兼并浪潮之前，很少工业公司股票公开交易。兼并浪潮中大量工业公司股票抛向市场，形成了现代股票市场，可以说现代股票市场和现代巨型公司是一对孪生兄弟。

第二节 摩根式治理、别人的钱与职业经理人制度

从公司制度诞生的第一天起，人们就没有停止过担心能否信赖职业经理人按所有者—股东的利益行事。拥有公司的“委托人”和管理公司的“代理人”之间的潜在利益冲突，贯穿于公司的历史之中。从早期的磨坊到今日的互联网公司，股东们不断地努力寻找一种能够将经理人利益与自身利益一致起来的方法，但是经理人通常都是设法逃避。公司治理，这一广大股东与公司经理人之间的“战争”，也是今天全球金融和经济危机情景中的一幕重头大戏。

在美国——公司的影响最大，反对公司这一“掠夺财富的犯罪分子”的抗议之声在20世纪初时曾达到一个高峰——摩根遭遇国会有关“货币阴谋”问题的调查。可是，还没等到社会控制住那些强盗式资本家的时候，仍然是缺少责任的另一类恶棍——经理人已经控制了公司。有意思的是，这一转变正是这些“强盗资本家”之间合作的结果——摩根买下卡内基的钢铁公司，启用职业经理人管理。

一、摩根式治理：职业经理人制度的起源

摩根挽救铁路公司、整顿钢铁行业和支持工业企业发展时所采用的一些公司金融和治理安排——“摩根式治理”，即奠定了美国工业和金融业的一些基础结构，也开启了美国职业经理人登上企业舞台的历史进程。

（一）重组铁路公司：与投资者站在一起，以普通股方式拿报酬

摩根式治理是从铁路行业开始的。由于铁路建设的长周期性，美国铁路公司需要从资本市场上不断地融资。成千上万的股票和债券持有人广泛地分散在

各地，他们“拥有着”这些大大小小的铁路公司，但是无法参与运作，并对实际管理公司的经理们缺乏有效的控制。摩根这样的银行家乘虚而入，他会告诉不听招呼的铁路公司主席，“你的铁路是属于我的客户的”。

重组凯罗—温塞尼斯铁路是摩根式治理的一个很好的早期例子。1872 年，摩根银行曾为这家铁路公司发行了 70 万英镑的债券，把其从破产边缘拯救出来。为了他们的客户——债券持有人的利益，摩根银行要求，在这家公司的董事会中“我们的朋友”必须占到大多数，必须要保证“那种毋庸置疑和绝对的控制”，摩根出任总裁，摩根的几位合伙人及朋友成为董事，把公司带入破产境地的原总裁波恩塞德成为一名“一直置于我们朋友的控制之下的名誉总裁”并“根据我们的指示”进行投票表决。

1879 年秋天，时年 58 岁的美国铁路大亨范德比尔特想要兑现自己的财富（1877 年，从其父亲手里继承下来纽约中央铁路公司 75% 的股份），委托摩根公开发售。摩根就此将这家铁路公司的控制权从范德比尔特手中转移到了董事会的手里，摩根自己也在董事会中占了一席。

1885 年，摩根通过发行债券重组了费城—里丁铁路公司。为了保证重组后各种整顿措施的实施，摩根拒绝把重组后的公司交给那些将公司带入破产境地的人员手中。他任命了一个三人管理委员会和一个为期 5 年的投票信托委员会。管理委员会的主席是一位费城的银行家，但实际是摩根负责。摩根还是投票信托委员会的主席。这个掌握实权的投票信托委员会由摩根的合伙人和由摩根挑选出来的铁路公司人员组成。

摩根整顿铁路公司的主要财务手段是用股票（主要是优先股）替代债券，减少公司的利息支出。并且摩根自己也坚持用股票（普通股）而不是现金的方式获得重组工作的酬金，认为这样可以担负起一种“道义上的责任”。在 1895 年重组伊利铁路公司之后，摩根及其合作者们从将近两年时间的重组工作中获取以每股 5 美元的价格支付的总计 50 万美元的报酬。他的合作者想要现金，摩根表示，“我们一直以普通股的形式赚取报酬，首先是因为普通股适合我们的需要，本身更具有价值”，而且这样还公开表明了“公司经过整顿后，我们对资产的信心”。

（二）整顿钢铁业，组建美国钢铁公司，起用经理人管理

1898 年，摩根接受了伊利诺伊钢铁公司首席律师加里的一个合并建议，把伊利诺伊钢铁公司、罗兰钢铁公司和明尼苏达铁矿公司合并成一个联邦钢铁公司。摩根不同意原伊利诺伊钢铁公司总裁管理新公司，启用了加里出任联邦钢铁公司总裁。加里对炼钢一无所知，但是熟知法律和法人组织运作，他和摩根都相信，可以通过加强行政管理和产量及价格的协调来使过度竞争、重复建设的产业结构更为合理。在摩根的支持下，加里完成了联邦钢铁公司的整合工作之后，又组建了国家钢管公司（由 14 家企业合成）和美国大桥公司（由 25 家公司合成）。

完全靠提高生产效率、降低产品价格和留存利润再投资占据美国钢铁业霸主地位的卡内基 1898 年时评价说，“我认为联邦钢铁是世界上迄今为止最大的股票证券制造商，但他们将在钢铁生产上面临惨败”。但是两年后，面对联邦钢铁公司和国家钢管公司，卡内基坐不住了，让时任卡内基钢铁公司总裁的斯瓦布着手新建立一家投资额达 1200 万美元的大型钢管工厂。卡内基喜欢用“你死我活、适者生存”的“硬碰硬”竞争方式解决问题。但是斯瓦布却有另外一套想法：通过联合解决问题。斯瓦布认为，卡内基公司通过一些强硬的手段使钢铁的生产成本大大降低了，但是销售方面却仍然有很大的节约空间，可以通过横向及纵向的整合来挖掘。斯瓦布在一次晚宴上关于钢铁行业整合前景的演讲打动了在座的摩根，摩根决定收购卡内基钢铁公司。斯瓦布牵线，摩根以卡内基开口所要的价格答应收购。当时，卡内基公司年利润是 4000 万美元，卡内基按 12 倍市盈率开出了 4.8 亿美元的总价。卡内基本人占有卡内基公司股份的 50%，进账 2.4 亿美元，成为世界上最富有的人。从斯瓦布的晚宴演讲到 1901 年 3 月 3 日摩根宣布组建世界上最大的公司——美国钢铁公司，只有 12 个星期的时间。除联邦钢铁公司、卡内基钢铁之外，摩根还按斯瓦布提出的名单一一照价收购了其他一些公司，组建出了在新泽西州注册、总资本达 14 亿美元的美国钢铁公司。1901 年的 14 亿美元相当于当年美国国民生产总值的 7%。

美国钢铁公司，这个庞大企业的权力全部集中在由摩根任命的少数人手中。原卡内基钢铁公司总裁斯瓦布出任美国钢铁公司总裁，原联邦钢铁公司总裁加里出任美国钢铁公司执行委员会主席，摩根的合伙人培根出任财务主管。摩根坐镇共有 24 人组成的董事会，还有他的朋友第一国民银行总裁贝克尔与他一起在财务委员会任职。组建美国钢铁公司发行了大量股票和债券，为了取得这些投资者的信任，1901 年秋天，美国钢铁公司发布了季度财务报告，开启了上市公司发布定期财务报告的先河。

斯瓦布因为一些个人原因于 1903 年辞去了美国钢铁公司总裁职务，其助手科里接替他出任总裁。但是此后的 25 年里，美国钢铁公司的真正经营决策者一直是加里。加里非常害怕触犯反垄断法，没有沿袭斯瓦布的区域优化和联合销售等措施，也没有秉承卡内基的降低成本、低价销售策略，而是使美国钢铁公司发展成了一个松散的控股公司。斯瓦布离开美国钢铁公司之后，接手了一家小型钢铁公司——伯利恒钢铁公司，经过 10 年时间，发展成为了美国第二大钢铁公司，成为了美国钢铁公司的最大竞争对手。

（三）支持爱迪生发明，起用科芬管理，缔造通用电气公司

1878 年摩根公司支持爱迪生成立了爱迪生电灯公司。摩根的合伙人法布里出任了爱迪生电灯公司的董事和五人执行委员会的委员兼公司财务主管。爱迪生电灯公司共计 30 万美元的股份，爱迪生占 50%，另外 50% 由投资者认购，投资者中包括法布里及摩根的另外两个合伙人德雷克塞尔和赖特。保守的摩根父亲不同意摩根支持爱迪生，但是摩根却认为此事没有多大风险，“如果取得成功，收获不可估量”，继续支持为爱迪生项目提供资金的计划。1880 年底，摩根公司提供 100 万美元帮助组建了爱迪生照明公司。1889 年 5 月，设在新泽西州、注册资本 1200 万美元的爱迪生通用电气公司成立。选择设在新泽西州是因为当时新泽西州刚刚修改了公司法，允许公司持有其他州公司的控股权。

1892 年，爱迪生通用电气公司与汤姆森—休斯敦公司合并成为通用电气公司，合并后资产为 5000 万美元。虽然爱迪生的名气很大，但是爱迪生通用

电气公司的效益没有汤姆森—休斯敦公司的效益好，两个公司股东的股份分别以一比一和三比五的比例换成新公司的股份，并且是汤姆森—休斯敦公司的总裁科芬成为了新公司——通用电气公司的总裁，摩根进入董事会。爱迪生不满公司名称中没有了自己的名字，并且股权也被稀释为不再是最大股东，在仅仅出席了一次董事会会议之后就离开了通用电气公司，继续自己的发明事业。

在爱迪生发明灯泡 14 年之后，以摩根为代表的投资者们发现，由合适的专门人才来管理已有产业，对于取得长远的成功是至关重要的。爱迪生并不是能将电气工业带入 20 世纪的人，而科芬正是这样的人才。

在道·琼斯公司 1889 年开始出版的《华尔街日报》于 1896 年开始发布工业股票平均指数的时候，有通用电气公司等 12 家公司名列其中，100 年之后通用电气公司是唯一一个仍然名列其中的公司。

公司需要贷款时找银行，需要首席执行官时就找通用电气。科芬时代，通用电气就确立公司组织原则的核心思想：公司最重要的产品不是灯泡，也不是变压器，而是管理人才。通用电气公司从创立之始到今天，都是由内部成长和自己培养的职业经理人掌控，第一任 CEO 科芬也是通用电气两家前身公司之一的汤姆森—休斯敦公司内部成长的，职业化管理就是通用电气的公司信仰！

（四）摩根式治理催生美国职业经理人制度

摩根式治理的核心内涵是为了对投资者负责，严格监控融资企业。摩根并不像卡内基、洛克菲勒等那些工业大亨们那样富有（卡内基在得知摩根去世后留下了 6700 万美元遗产后不由得感叹摩根“并不特别富裕”），并且他铭记着他父亲的忠告：不要给人这样的印象，即摩根家的人作为银行家关心自己的享乐胜过客户们的利益。为了对自己客户（投资者）的利益负责，摩根严格监管着资金使用者——投资对象企业。他监管的范围十分广泛：从提供财务和金融建议、清理不良项目，到解雇不称职的经理人员和任命新的主管。

在摩根所处的那个时代，私人投资银行家担任客户公司董事、介入公司治理的现象很常见，但是，摩根是把这种方式做到极致并因此而非常引人注目的一位。根据美国国会针对“金融托拉斯”行为进行调查的普若委员会的报告，

1912 年，摩根、花旗等纽约的 5 家大银行的管理人员在 112 个美国公司中拥有 341 个经理职务，摩根及其合伙人共在 72 个董事会任职。普若委员会试图指控摩根的网络是一种“货币阴谋”，指控摩根银行利用自己的实力剥削它的客户，但是委员会列出的一长串受害者名单中，无人认为自己“受害”，都向调查委员会做证说，他们对自己成为了摩根的客户感到骄傲，而且认为摩根的介入对他们的公司有利。

摩根不仅坐镇被其拯救公司的董事会，也受邀出任很多其他重要公司和机构的董事职务。摩根的父亲曾认为，摩根摊子太大，让他辞去一些董事职务。摩根辩解说，他每接受一个董事职务的时候，就已经拒绝了十个，而且从不接受对自己公司业务发展不利的董事职务。作为董事，摩根愿意履行职责，并且“从来不愿意成为一件摆设”。他认为，出任这些董事职务，“对我们的业务大有裨益，而且还可以与地位显赫、势力巨大的绅士们结交”。在老摩根眼里似乎是浪费时间的事情，到了小摩根手里则成为了监控企业运营和金融局势的重要工具。

摩根在对一家企业进行财务重组的同时，总是进行配套的管理重组，在自己或其合伙人坐镇董事会的同时，还要替换管理层，挑选和任命更为优秀的经理人。在对一些企业进行重组的关键阶段，摩根会毫不犹豫地出任董事、掌管公司的管理委员会，任命自己所信任的人，让他们得到应有的职位和权力，并为以后规章制度的建立提供了可靠的保证。然而一旦危机过去，他又会努力避免明显的利益冲突。

可以说，摩根对现代公司制度中经理人价值的认识是超越时代的，其对经理人的启用和任用都堪称楷模。组建联邦钢铁公司时，最初加里因为不愿意放弃自己 7.5 万美元的律师职业收入而拒绝摩根让其担任总裁的提议，摩根告诉他“这个我们会处理好，会体现你的价值”。当加里进一步问到谁来当新公司的董事时，摩根答道，“你可以自己选择董事会成员，任命执行委员会，挑选自己的工作人员，决定自己的工资”。

只要管理者个人工作干得出色，摩根就不会干涉他们。摩根曾明确地声明说，“放手让属下工作，这已成为我的原则，除非他们犯的是原则性错误，否则我不会干涉他们的工作。我不喜欢那些循规蹈矩、惟命是从的人”。由卡内基钢铁公司总裁升任美国钢铁公司总裁的斯瓦布评价摩根时说，“卡内基在批评我的时候，根本就听不进我的任何解释，但摩根先生不同，他有着博大宽广的胸怀，我愿意听从他的任何指挥”。

摩根式治理，作为投资银行家把管理重组作为实现企业财务和资产重组效益的关键手段，在帮助所有者—创业者退出的同时，也催生和推进了美国公司中引进职业经理人管理的制度革命。

人们喜欢把日、德的银行控制、内部人主导和英、美的市场控制、外部人主导作为并列和平行的两种公司治理模式。但这种形象上的对比，不仅没有加深我们对公司治理问题的理解，反倒可能给我们造成了很多的误解。摩根式治理的案例表明，与其说银行控制和市场控制是公司治理的两种模式，不如说是公司治理体系发展的两个阶段。美国发展出了一套职业经理人主导的现代公司治理做法，率先走出了公司治理体系发展的大股东和银行控制阶段，日德还没有完全跟上，而其他的很多国家，包括中国在内，可能是甚至还没有很好地发展起来一套能够通过银行和大股东进行有效并公平地控制的公司治理体系。

二、别人的钱：布兰代斯终结摩根式治理

利用资本市场力量控制公司、银行家出任公司董事、启用职业经理人管理，是摩根式治理的历史贡献。终结摩根式治理、把公司从银行家手中解放出来，交由市场控制和职业经理人管理则是摩根的敌人——布兰代斯的历史贡献。

（一）问题的本源

人之初，性本善还是性本恶，这是从先哲到今人一直都在争论的问题。性本善则德治，则大同理想；性本恶则法治，则市场竞争、自由企业制度。无疑，今日之现实世界里，基于性本恶假设的法治社会取得了更大的成就。

性本恶、人自利，每个人自己才是其利益的最佳看护者。如此，自利的人

能否看管好别人的钱，自利的人又如何能够放心地把自己的钱交由他人打理？如果自利的人不能看管好别人的钱，自利的人不能放心把自己的钱交由他人打理，现代公司又如何能够发展起来？

但是，现代公司发展起来了，职业经理人管理着的都是别人的钱。在《现代巨型公司的出现》和《从大亨到市场：谁在管理现代公司》等文中，我们论述了美国各州在公司法上的竞争、控股公司法和股票融资法案的出台，引发了并购浪潮诞生现代巨型公司，与此同时，金融大亨替代实业大亨成为公司主宰者，为职业经理人上场开辟了道路。

我们也分析过金融大亨和实业大亨本性上的不同，金融大亨从职业习惯和本性上要比实业大亨更倾向于放手和放权，启用职业经理人管理公司的具体事务。但是为什么只是在美国，金融大亨和银行家不仅启用职业经理人管理公司的具体事务，而且很快（20 年左右）进一步放弃了对这些公司大政方针上的控制，从公司董事会退出，使这些巨型公司完全掌握在了职业经理人的手中？

在德国和日本这样的国家，银行却一直在保持着对公司的控制，银行人员出任公司董事的现象依旧很普遍，并且只是在银行或家族作为控制性股东对公司大政方针保持控制的前提下，“有限引入”职业经理人。美国为什么率先走出了“银行控制公司”的状态？美国这种股东退出控制、“完全引入”职业经理人的做法是领先还是例外，是有其内在的发展逻辑，还是仅仅是一种历史的偶然？

（二）转折点：纽黑文铁路公司破产

摩根式治理终结，或者说美国能够走出银行家控制产业公司的状况，有多种历史原因，布兰代斯对纽黑文铁路公司及货币托拉斯的指控有着重要影响。摩根式治理开始于铁路公司，也终结于铁路公司。1913 年 3 月 31 日，在美国议会开庭调查金融托拉斯控制美国企业一事刚过几星期后，76 岁的皮尔庞特·摩根在欧洲旅行途中去世。1914 年，摩根财团控制下的纽黑文铁路公司濒于破产，是金融大亨退出公司董事会、放弃公司控制的转折点。皮尔庞特·摩根的接班人、他的儿子杰克·摩根被迫辞去纽黑文铁路公司董事职位，与此同时，还从纽约中央铁路以及多家银行的董事会中退出。金融大亨控制美国公司的摩根式治理开始衰微。到 1930 年代，美国联邦立法禁止投资银行和商业银行混业经营，摩根财团一分为二：J. P. 摩根和摩根·士丹利，摩根式治理也随之彻底终结。

1911 年，由于债台高筑，纽黑文公司开始解雇员工、降低工资、推迟维修铁路轨道。1913 年 6 月，纽黑文公司的火车发生事故，7 人丧生；3 个月后又一起事故发生，21 名乘客遇难。司法部长对纽黑文铁路公司提出起诉，州际商业委员会发表报告，对纽黑文铁路公司的财务管理状况提出了批评，并建议剥夺该公司在有轨电车公司和轮船公司中的股份。

时任纽黑文铁路公司总裁的查尔斯·梅林是皮尔庞特·摩根于 1903 年聘请的。梅林对摩根言听计从，甚至曾对记者说，“如果摩根先生叫我明天去西伯利亚，我会拿上行李拔腿就走”，“当他（皮尔庞特）不想再听反对意见时，便会拳头向下一挥，说‘表决吧’。这时，董事会成员就会乖乖地向他屈服”。这为布兰代斯等指控货币托拉斯、银行家控制企业的人提供了证据。

最初，杰克·摩根选择了牺牲掉公司总裁梅林。但是情况继续恶化，1913 年底，纽黑文公司 40 年来第一次没有分发红利，公司濒于破产。那个时代的美国公司，为了维持投资者的信心，都是每年固定发放红利。红利时常超过公司净利润，要靠进一步融资来支撑。但是，这一次不行了。

国会调查发现，纽黑文铁路公司与其连锁商业公司一起，在融资过程中利用种种不正当手段搞金融掠夺和投机，在经营中大肆挥霍、浪费公司资产，导致公司破产。1914 年，《克莱顿反托拉斯法》获得通过，重申保持铁路公司之间竞争的必要性，并根据对纽黑文铁路公司破产案的调查结果，制订了一些管制铁路及与其有连锁利益的商业公司之间进行交易的条款。

（三）银行控制公司的不合理性

在布兰代斯看来，纽黑文铁路公司中银行家管理的失败不能以个人的缺点来解释。这个失败不是一个偶然，也不是一个特例。这个失败是制度性的，是银行家职能和商人职能混淆的必然结果。银行家参与公司管理失败的原因，包括个人利益破坏了商业判断的完善性，损害对公司应有的忠诚度，同时，因为银行家职业习惯方面的原因而适用了错误的评价标准——总是过于关注股票市场的反应。

银行家的职能是向其他企业授信或拒绝授信，购买或拒绝购买其他企业的证券，以及向其客户出售证券。恰当地行使银行家的职能要求银行家同他所考虑授信或投资的企业完全分离。银行家授信或拒绝授信、购买或不购买证券的决定包含着对企业管理效率和完善程度的判断。他不应当占有一个对他自己进行判断的位置——以一个银行家的身份来判断自己作为一名公司董事或管理人员所做的计划和活动是否明智。

银行家出任董事、参与公司管理，违背了人类局限性的基本法则：第一，没有人能够同时服侍两个主人；第二，没有人能够同时做好许多事情。投资银行家出任公司董事，对公司和中小投资者两个方面都是不利的。

投资银行家作为公司董事参与决定公司的证券发行，再把这些证券卖给作为投资银行家的自己。这会给公司带来双重损害——一是要承受发行不应该或不必要发行的证券所带来的风险，二是要承受以低于应有价格来发行证券的风险。中小投资者需要投资银行家的客观建议。投资银行家出任董事，成为公司管理层的一分子，参与制造向投资者发行的证券时，他做出的建议不可能是不偏不倚的。

布兰代斯对银行家控制公司所带来的商业交易行为的扭曲也进行了分析。公司用别人的钱来经营，银行家则在用别人的钱来控制别人——公司。银行家们控制公司的具体手段包括直接持股、投票权信托、对其客户委托投票的控制以及连锁董事会等。连锁董事会是许多邪恶的根源。连锁董事会下普遍存在的关联交易是无法做到公正的。当买家和卖家由不同的人来代表时，才会有最好的谈判。

当时，美国法院的判例法规则是，当公司和其董事之间或是拥有共同董事的两家公司之间，订立合同时，如果公司由独立董事所代表，关联董事的投票不是通过决议所需要的，并且关联董事的出席不是满足董事会会议法定人数所需要的，则合同是有效的。如果共同董事积极参加了两个公司间的合同订立，则该合同是可撤销的，撤销选择权属于公司。布兰代斯对此批评到，法院假设董事的影响只局限于投票行为，这忽视了人性的规律，因为最有效的工作是在投票之前以微妙的、难以察觉的方式完成的。

在对银行家控制公司的指控中，布兰代斯开创性提出了诸多改进公司治理机制的建议，如竞争或者潜在竞争的公司之间，不应该有共同的董事；一个公司不得订立有其管理层私人利益的合同；公司董事会中要有少数派股东的代表。布兰代斯还在那个还没有信息披露规范的时代里提出了通过强制信息披露保护投资者的见解。这些建议和见解，都在现代公司治理和证券监管规则中得到了应用。

三、从创始人到经理人的公司控制模式转型

公司控制模式大致可以分为创始人控制、家族控制、大股东控制和市场控制。所谓市场控制就是股权分散和董事会独立之下的职业经理人控制，也可以说是经理人控制。

无论是如宜家那样从小本生意逐渐积累起来，还是如星巴克那样靠融资起步，创始人控制都是公司的起点。微软、谷歌、Facebook、ZARA、优衣库和万科等目前还是这种状态。能够保持住公司控制权的创始人，要比较幸运，更要非常精明。

首先公司的业务发展要比较好，能产生足够和可持续的现金流，以使创始人不必为了挽救企业于财务困境而被迫出让控制性股份或让出控制性权力，从而导致自己出局，如杜兰特和思科创始人。能够像宜家那样一直自我积累而发展起来当然非常好，如果要不得已而融资，则最好未雨绸缪地同时进行一些相应的制度设计，如谷歌和 Facebook 的双重股份设置，上市前签署原始股东将投票权委托给公司创始人行使的协议等这样的制度安排。

创始人离世之后的公司发展则呈现出了不同的状态。一种是继续家族控制，如福特、沃尔玛、欧莱雅、贝塔斯曼、米其林、丰田、保时捷、菲亚特、美津浓和三星等。这是多数企业都会走的一条道路，只是各自的走法、家族控

制的方式和控制程度都不同。一个极端是为了保持家族控制而拒绝上市，如贝塔斯曼，或者虽然上市融资，但不惜承担无限责任，让公司采取一种两合股份公司的特殊结构，如米其林。比这种严格控制做法稍微向前迈进一步的是，家族保持一定比例的股份，同时努力实现公司管理权也在家族内代代相传，如菲亚特和美津浓。家族控制再宽松一点，也更常规且公平合理一些的做法是把家族股份传承和企业管理权传承分开安排，家族保持股份控制，企业实行职业化管理，如沃尔玛和欧莱雅。与此类似，由于企业内部崇尚实力主义，丰田、佳能等公司创始家族的后人实际是竞争上岗的，企业管理权在职业经理人和家族后代之间往往是轮番交替。

有些公司创始人和创始人家族或自觉或被迫退出公司的话，公司的控制权则将流向大股东或者经理人，或者经由新的大股东之后再流向经理人，这主要取决于公司能否顺利地实现股权的高度分散化。创始人离开之后，很快实现了股权分散化、经理人控制的公司，有通用电气、雀巢、惠普、索尼、ASICS 等公司。另外一些公司则是直接流向了新的大股东手里，如古奇和宝马等。

能够实现股权分散化并成功建构起来一套职业经理人体制的公司虽然不少，但是规模已经大到难以有新的控制性大股东产生，或者公司已经做出了如通用电气和雀巢那样的一种坚持立足于高度分散的股东基础，并从公司内部治理制度安排上做出了限制新大股东（控制性投票权）产生的战略性选择的公司，还是凤毛麟角。通用电气执行一种随股价上涨而不断拆细的做法，以使中小股东能够投资于该公司股票。雀巢则是直接通过公司章程限制单一股东的最高持股比例不能超过 3%。有公司在经过了股权分散、经理人治理之后，因为业务发展不顺或公司陷入困境需要救助等原因，又重新回到了新的大股东控制模式，如西尔斯。王石在万科已经摆脱了原大股东控制，股权相当分散了之后，又自己主动选择了华润成为新的大股东，以背靠大树好乘凉。

尽管公司控制的实际情况千变万化，控制模式也是千种万种，但是综观主要发达国家的公司治理模式演进，主体线条是从创始人到经理人的治理转型，并且这一治理模式转型很有几分像鲤鱼跃龙门。在中国公司中，新浪算是完成了从创始人到职业经理人的治理转型，万科和金山是创始人控制，国美处在创始人和经理人的控制冲突之中。大多数公司尚都处在大股东控制阶段，有的连形式上的董事会机能都不够健全。

可以说，王石和万科的案例有相当的代表性，中国公司对越过治理转型这一龙门的做法缺乏信心。鲤鱼跃龙门，需要鲤鱼自身强健，能够跃得过去。也需要龙门别太高，别高到跃过去成龙也会精疲力竭而死。还有跃门成龙之后要有足够广大、可以自由遨游的大海。这座龙门就是进入资本市场的通道，龙门之后的海洋就是真正的资本市场。中国现在不仅是龙门太高，同时有人把守，决定谁有跃过去的资格，而且，龙门之后也不是一片自由的海洋，而是一个内海或只是个湖。

第三节　大众消费产业的公司化运作

西尔斯和沃尔玛是美国两家代表性的商业企业。这两家兴起于不同时代的企业，反映了公司治理模式和公司组织适应力的两个端点。西尔斯是从创始人控制到经理人控制，经股权分散下的市场控制，再重回新的投资者控制；沃尔玛是从创始人控制到创始人家族掌控下的职业经理人管理。

一、西尔斯：创始人、经理人和投资人的轮回

20 世纪的公司发展的主流模式总体来说是，创始人成为产业大亨后让位给投资人和职业经理人，生成了一批股权高度分散、缺乏核心人物掌舵的企业。这给 21 世纪的一种公司发展新模式提供了机遇：投资人入主那些业绩不佳、股价低迷的股权高度分散的企业，进行管理和业务整合，并成为新型的产业大亨。

（一）里查德·西尔斯：从业余小贩到公司创始人

里查德·西尔斯（Richard W. Sears）是明尼苏达州北雷德伍德的一名火车站代理。因为家庭负担较重，要做些副业增加收入。1886 年的一天，他发现当地一位珠宝商拒收了一箱货到付款的怀表。在得到发货钟表厂商的同意后，里查德·西尔斯收下了这箱怀表，并很快将其转卖给了他的火车站代理伙伴们，进而开始了他的钟表邮购业务。半年之后，里查德·西尔斯从铁路公司辞职，在明尼苏达州的明尼阿波利斯（Minneapolis）创建了西尔斯钟表公司（R. W. Sears Watch Company），这时他还不满 23 岁。1887 年，里查德·西尔斯将公司搬到了芝加哥后，雇用了看到广告来应聘的钟表匠罗巴克，负责维修。虽然公司业务发展不错，但是里查德·西尔斯于 1889 年以 7.2 万美元的价格卖掉了西尔斯钟表公司。

1891 年，里查德·西尔斯又找到罗巴克商讨重新合作，这样，两人于 1892 年合伙组建了罗巴克公司（A. C. Roebuck Inc），1893 年重组更名为西尔斯—罗巴克公司（Sears and Roebuck Co.）。这一名字一直沿用到 2005 年与凯玛特（Kmart）合并重组成西尔斯控股公司（Sears Holding Corporation）为止。

重新组建了西尔斯—罗巴克公司后，两位创始人雄心满满，邮购产品的范围从以前的钟表和珠宝等少数产品迅速扩展到缝纫机、自行车、运动商品和诸多其他商品。1894 年的公司邮购目录达到了 322 页，1895 年进一步达到了 532 页，这本邮购产品目录“大书”直到 1993 年才停止印发。

1908 年，由于糟糕的健康状况，里查德·西尔斯退出了公司的日常管理活动，不再担任公司总裁，只任公司董事会主席。1914 年 9 月 28 日，里查德·西尔斯去世。

（二）罗森沃德：从供应商到接班人

1895 年，由于罗巴克退股，里查德·西尔斯向纳斯鲍姆（Aaron Nusbaum）出售了一部分公司股份。纳斯鲍姆作为公司的新股东把他的内弟罗森沃德招进了西尔斯·罗巴克公司。罗森沃德（Julius Rosenwald，1862～1932）

出身于一个服装店之家，1885 年与一位堂兄弟合伙创建了一个男装厂，里查德·西尔斯很偶然地成为了该工厂的客户，因此也较为了解罗森沃德。

罗森沃德和里查德·西尔斯能力互补，相辅相成。销售、广告和推销是里查德·西尔斯的强项，但他不善于管理公司。里查德·西尔斯了解农民，理解他们的需求，更会写广告语。工厂出身的罗森沃德可以更有效地处理订单，给里查德·西尔斯的感性销售添加上了理性管理。从 1895 年到 1907 年，公司的年销售额从 75 万美元，高速增长到了 5000 万美元。1908 年，里查德·西尔斯辞去总裁职务后，罗森沃德成为了公司的第二任总裁。

虽然西尔斯和罗巴克是公司的创始人，但是把西尔斯—罗巴克公司做强做大并给予了公司第二次生命的是罗森沃德。1906 年，因为需要额外资本，里查德·西尔斯和时任副总裁兼司库的罗森沃德决定进行 IPO，公开出售公司普通股和优先股，使西尔斯—罗巴克公司成为了公众公司。

罗森沃德坚信，公司的主要目标必须是对顾客负责，诚实低价销售合格产品，会有更多的人购买。作为邮购公司，要让顾客相信你的产品质量，要首先自己把好进货质量关。为此，1911 年成立了公司实验室，对纳入邮购目录的产品进行质量检测。为使顾客放心，罗森沃德为西尔斯—罗巴克公司确立了“保证满意，不满意全额退款”的原则。

第一次世界大战之后，西尔斯—罗巴克公司一度陷入严重的财务困境中。罗森沃德用其总计价值 2100 万美元的个人财产将公司从破产的边缘拯救了出来。1922 年，西尔斯·罗巴克公司重新获得了财务健康。罗森沃德 1924 年从总裁位置退下，凯特（Charles Kittle）接任了罗森沃德的总裁职务。罗森沃德继续担任董事会主席，直到 1932 年去世。罗森沃德的长子雷辛·罗森沃德（Lessing Rosenwald）在其去世后接任了董事会主席职务，直到 1939 年。

（三）伍德：职业经理人塑造现代西尔斯

罗伯特·伍德（Robert E. Wood，1879 ~ 1969），1900 年西点军校毕业。1919 年复员后，加入了当时的邮购巨人蒙哥马利沃德公司，从商品部经理做到公司副总裁。1924 年，伍德转投西尔斯—罗巴克公司，担任副总裁，从此开始了作为职业经理人塑造现代西尔斯的 30 年历程，把西尔斯从主要面向农村人口的美国最大邮购商，转变为了一个世界最大的零售商。

在里查德·西尔斯创业的时代，美国三分之二的人口生活在农村，邮购是他们购物的主要途径。但是，随着汽车和公路的发展，西尔斯的农村顾客不再限于通过邮购购买物品。与此同时，农民也开始进入工厂。1900 年，美国农村人口仍然大于城市人口，但到 1920 年则已经反过来了。连锁商店的发展开始侵蚀了西尔斯的邮购业务。1914 年，全美有 2.4 万家连锁店，15 年后超过了 15 万家。

伍德是西尔斯从邮购商扩展为零售商的推动者，是西尔斯的实体店零售业务之父。1925 年，伍德在西尔斯公司位于芝加哥的邮购工厂旁边试验性地开了一个零售店，非常成功。随后在当年就又迅速开了 7 家新店。到 1927 年，伍德已经开设了 27 家零售店。随后，西尔斯的零售店面逐年迅速增加，1928 年达到 192 家，1929 年达到 319 家。1931 年，西尔斯的实体店零售销售额首次超过了邮购销售额，实体店销售额占到了公司 1.8 亿美元总销售额的 53.4%。

由于实体零售店的巨大成功，伍德于 1928 年 1 月在公司第三任总裁凯特去世之后，坐上了西尔斯—罗巴克公司总裁的宝座。1939 年，伍德接替了罗森沃德长子雷辛，出任第四任董事会主席，领导公司度过了第二次世界大战。在许多公司都在节省每一分钱的二战原料配给制期间，伍德领导西尔斯研究和预测战后的人口和经济形势。1945 年，销售额超过了 10 亿美元，1946 年开始在城市郊区兴建大型商店。从 1945 ~ 1953 年，销售额翻了近三倍。1954 年，伍德因身体原因不再担任董事会主席职务，但仍留任为公司董事。1968 年，伍德从公司董事职位退下后，被公司聘为董事会名誉主席。

在伍德领导期间，西尔斯—罗巴克公司于 1916 年开始设立的雇员储蓄和利润分享退休基金得到大力发展。伍德视此为其一生在商业事项上的最大骄傲，在其于 1969 年去世时，该基金成为西尔斯的最大股东。西尔斯—罗巴克公司对员工权益和福利的重视始自其创始人里查德·西尔斯，1907 年就建立了雇员带薪休假和折扣购物制度。1931 年，伍德在设立了公司全资的全州保险公司（Allstate Insurance Company）时，又设立了公司雇员的团体生命保险。

（四）伍德之后西尔斯的管理传承与业务发展

伍德之后，西尔斯—罗巴克公司再没有产生能够在位几十年的卓越领导人，进入了公司领导人的平稳接替状态。从 1886 ~ 1954 年的前 68 年中，西尔斯—罗巴克公司共有过四位董事会主席，平均在位 17 年。从 1954 到 2005 年与凯玛特合并这 51 年中则共有过 10 位董事会主席，平均在位 5 年。缺少强势人物持久领导，五年左右一换届，前任唱罢后任登场，整个公司呈现出了一部庞大机器的自我惯性运转状态。

1969 年，在山姆·沃尔顿将其 32 家商店重组为沃尔玛公司准备上市和大展宏图，雷·克洛克以公司 22.5% 的股份为代价获得 150 万美元助推麦当劳公司起飞的时候，西尔斯—罗巴克公司领导者们的兴奋事项却是兴建新总部大楼。耗时四年，最终于 1973 年落成的西尔斯大厦，20 世纪的世界第一、至今仍是世界第八的高楼，成为这家公司从因时而变、锐意进取转为骄傲自大和故步自封的象征。幸好，1992 年，西尔斯—罗巴克公司能够因危机而清醒，决定搬出这座大厦，开始整顿、重组和自我救赎。

导致西尔斯—罗巴克公司在 1990 年代初期陷入困境有两个方面的原因。一是自沃尔玛等新兴零售商的崛起夺走了一定的市场份额；二是西尔斯—罗巴克公司自身过于热衷并购，扩张和发展金融等其他业务，忽略了在其传统主营的零售业务领域里随时代变化而进行业态创新。

（五）投资人变股东—经理人：兰伯特能否让西尔斯重放光芒?

2005 年，经过两个公司股东会的批准，西尔斯—罗巴克公司与凯玛特公司合并成为西尔斯控股公司（Sears Holdings Corporation）。虽然合并后公司名称采用了西尔斯，但实际是凯玛特方面的人士主导着新公司。兰伯特（Edward S. Lampert），凯玛特的董事会主席，出任合并后新公司西尔斯控股公司的董事会主席，凯玛特的总裁兼首席执行官 Aylwin B. Lewis 成为合并后西尔斯控股公司的总裁兼首席执行官。2011 年 2 月，此前担任了 6 个月的西尔斯控股公司董事会顾问的 Lewis D'Ambrosio 被任命公司总裁兼首席执行官。短短两年之后的 2013 年 3 月就离职了，兰伯特成为西尔斯控股公司的董事会主席兼首席执行官。

1962 年出生的兰伯特，也许会成为西尔斯控股公司的新一代强势和可持续领导人。他是西尔斯和凯玛特合并的幕后推动者。通过他的 ESL 投资公司持有凯玛特 53% 的股份，持有西尔斯—罗巴克 15% 的股份。兰伯特出生于律师家庭，但因父亲早逝而成为苦孩子，要和里查德·西尔斯、罗巴克一样早早地勤工俭学，帮助维持家计。1984 年，兰伯特从耶鲁大学经济学专业本科毕业后，作为实习生到了高盛，然后在高盛的企业风险套利部门，直接在鲁宾的手下工作。1988 年，兰伯特从高盛离职，创建了 ESL 投资公司（ESL 为其姓名的首字母简写）。兰伯特的投资风格是"集中价值"，被称为下一个"巴菲特"。他通常选择 3 到 15 只股票，持有几年时间。

兰伯特入主凯玛特的途径是在凯玛特陷入破产境地时购买其债务，然后以债权人的身份帮助凯玛特进行破产重组，在 2003 年凯玛特以美国《破产法》第十一章的重整方式新生之后，成为了公司董事会主席。兰伯特随后对凯玛特进行了业务重整，实现盈利。凯玛特的股价也从 15 美元上涨到 109 美元，这使兰伯特的投资大获其利。

高盛出身的兰伯特作为对冲基金经理和投资人，推动凯玛特和西尔斯—罗巴克的合并，同时出任董事会主席掌控公司，并聘请职业经理人打理公司，已经很有几分当年摩根整顿铁路公司的风范。现在，投资人兰伯特进一步任职到了经理层，董事会主席兼首席执行官，本来要保持距离的投资人变成了所有权与经营权融合的股东—经理人，能否让西尔斯重新回到有核心灵魂人物、强势持久领导的因时创新、锐意进取状态，还需要我们拭目以待。

二、山姆·沃尔顿：双重合伙，打造沃尔玛

在人类几千年中均以小店主为主导的零售世界里，山姆·沃尔顿（Sam

Walton）打造出了世界第一大公司——沃尔玛百货有限公司（Wal－Mart Stores Inc），向世人展示了一幅关于公司能力的宏伟画卷。

（一）从小城镇和加盟店开始创业

沃尔顿大学毕业后应聘到了当时美国零售业龙头 J. C. 彭尼公司的一家分店工作，月薪75 美元。在彭尼公司工作了18 个月之后，1942 年初，沃尔顿报名参军。1945 年从军队复员之后，沃尔顿决定投身零售行业。

沃尔顿做店主的生涯是从加盟一家地区性零售商巴特勒兄弟公司开始的。该公司旗下有两个特许经营商店系统——由小型百货商店组成的"联合百货店"和由杂货店组成的"本·富兰克林商店"。

1945 年9 月1 日，经过在本·富兰克林商店的两周培训之后，沃尔顿自己的第一家商店、位于约有7000 人口的阿肯色州纽波特镇的一家本·富兰克林特许加盟店开张了。沃尔顿是以自己的5000 美元积蓄和从岳父那借的2 万美元，总计2.5 万美元的价格买下这家店面经营权的。

从1945 年算起，通过分别与不同人合伙、各自独立存在方式运作了15 年之后，1960 年，沃尔顿共有15 家商店。但是因为每家商店的规模都太小，营业额总计才140 多万美元。而且由于多是本·富兰克林加盟店，进货渠道和折价销售策略，都受到一些限制。沃尔顿开始设想开设单体规模更大并且是真正廉价销售的商店。

沃尔顿决定在本顿维尔南的一个比本顿维尔规模大很多的罗杰斯镇开设第一家"沃尔玛"商店。沃尔顿投入95%、弟弟巴德（Bud Walton）投入3%、将负责管理该店的经理唐·惠特克投入2%。该店选择"沃尔玛（WAL－MART）"作为名称的原因是：一要表现出这是沃尔顿的廉价商店的意思，二是只有7 个字母可以节省制作招牌的费用。相比之下，以前的Ben Franklin 名称有11 个字母，招牌制作者要按字母数收费。沃尔顿还让在该店招牌的两边分别写上"低价销售"和"保证满意"，这成为了以后沃尔玛的两条重要经营哲学。这家沃尔玛的第一家店于1962 年7 月2 日正式开张。此时沃尔顿44 岁，已经在商店经营领域打拼近17 年。

在沃尔玛商店创立之后的一段时间里，沃尔顿同时经营着三种类型的商店：挂名富兰克林的加盟店，冠名沃尔顿的杂货店和沃尔玛商店。但是，随后逐步撤销了前两类商店，并以沃尔玛商店取而代之。许多年里，这些商店的总部只有沃尔顿一个人负责，每家商店由店经理负责。沃尔顿到处查看自己的商店，考察竞争者的商店，并为自己的商店招揽人才。早期沃尔玛的商店经理们，都是实干家出身，没有一人是大学毕业，这些人也不希望沃尔顿雇佣大学毕业生。这一点很像亨利·福特，早年要到福特汽车公司工作，大学毕业者要装作自己没有上过大学。

第一家沃尔玛商店的营业额为100万美元，比沃尔顿此前开的那些杂货店（营业额在20万~30万美元之间）大了一些，但是，当时已有别人的商店营业额在200万美元。沃尔顿和他的合伙人在这第一家沃尔玛商店埋头苦干了两年多，凭借永远比别人低20%的价格逐渐发展起来，并开始从罗杰斯镇向外扩张。

沃尔顿开设的那些富兰克林加盟店只是低价销售某些商品，但是沃尔玛商店则是真正和全面的低价销售。1962年是廉价销售开始在美国兴起的一年，至少有四家大公司开设了廉价销售商店，其中包括美国廉价销售商店的早期领导者凯玛特（K-mart），沃尔玛在当时实在是小得非常不起眼。甚至在五年之后，凯玛特有250家分店，沃尔玛只有19家，凯玛特销售额达到8亿多美元，而沃尔玛只有900万美元。

企业和个人以及国家一样，都有其发展的路径依赖性。沃尔顿没有足够的资金，想成为一家大公司子公司（说服巴特勒兄弟公司支持他开设廉价商店）的想法也未成。一定程度上是不得不选择从罗杰斯这样的小镇上开始。如果说，最初是沃尔顿的妻子海伦不愿意住在人口1万人以上的大城市，使沃尔顿在小城镇开始了自己的开店创业历程，而创建沃尔玛商店之后，凯玛特等大公司对小城镇的忽视，又给沃尔玛在小城镇发展和壮大提供了大好机会。1970年代，凯玛特不会到人口5万以下的小城镇开店，而另一家强有力的廉价商店竞争者吉布森百货的开店标准也是在1万到1.2万以上人口的城镇。沃尔玛则是对人口在5000以下的小城镇都照开不误。在这种“农村包围城市”的思想指导下，沃尔玛在开始向大城市发展时，也采取了一种先在大城市周围一定距离内开设分店、然后静候城市向外发展的战略。这种战略使沃尔玛在整个1970年代获得了飞速的发展，商店数量从1970年的32家发展到1980年的276家，商店数量的增加带来营业额的增加，也带来公司利润从1970年的120万美元提高到了1980年的4100万美元。

（二）重组32家商店，创立沃尔玛公司

1969年，沃尔顿已经有18家沃尔玛百货商店和14家杂货店，总计32家商店，78名合伙人和投资人。在这32家中的每一家，沃尔顿和其家人都绝对控股，为此，沃尔顿个人背负了大约200万美元的债务。不堪重负的财务负担，迫使沃尔顿打算让沃尔玛上市。

沃尔顿的长子罗布（Robson Walton）从哥伦比亚大学法学院毕业之后，在一家法律事务所工作，被聘为沃尔玛公司的法律顾问。他的首要任务就是审查沃尔玛各店的合作协议，研究将独立的32家商店统一为一家公司的重组上市方案。最后决定将各店合伙人的权益全部转换为沃尔玛公司的股份，然后对外发行20%的股份，将公司上市。

经过重组之后，沃尔顿家人（夫妻及3个孩子）持有75%，沃尔顿的弟弟巴德持有15%，余下10%为一些亲戚和高管所持有。关于最难办的各店股份的价值问题，并没有对每家店一一进行价值评估，而是采用了简单的账面价值办法。但是每位合伙人和股东都爽快地在协议上签了字，并在后来也都很高兴当时的明智决定。1969年10月31日，沃尔玛百货有限公司（Wal - Mart Stores Inc）正式成立。

1970年10月1日，沃尔玛公司股票首次公开发行，进行场外市场交易（1972年，转为纽约股票交易所交易）。首次公开发行30万股，每股面值15美元，以16.5美元的价格溢价发行。总计有包括机构投资者和熟人在内的约800名投资者购买了沃尔玛公司的股票。不用说，这些沃尔玛首次公开发行的投资者和那些将商店合伙权益转换为沃尔玛公司股票的人，都发了大财。1970年时以1650美元购买100股沃尔玛股票，经过9次配股之后，1990年将变成

5.12 万股，市值 300 多万美元。

首次对外发行之后，沃尔顿家人持有的沃尔玛公司股份从 75% 下降到了 61%。但是，他们从此偿清了个人的所有银行贷款，并且再也不需要个人借钱来维持沃尔玛公司的运作了——公司能自我发展并解决自己的资金问题。

（三）与家人及员工的双重合伙：沃尔顿的独特治理之道

沃尔玛能够从一个人口不足 1 万的小镇起步，发展成为全球第一大公司（雇佣人数及销售额），与其创始人的经营哲学及其一套有特色的公司治理做法高度相关。

沃尔顿的父母经常争吵，这使他形成了埋头工作和重视家庭和谐的强烈个性。沃尔顿仿照其岳父的做法，并按其岳父的建议，在沃尔玛发展壮大之前，就成立了一个全体五位家人（夫妻二人和三个孩子）各占 20% 比例、平等合伙的沃尔顿企业，由沃尔顿企业持有沃尔玛公司的股份。家人定期就沃尔顿企业的事务开会，做出决策。通过这种安排，沃尔顿即把财产在其增值之前就转让给了孩子从而避免了高额的遗产税，又可以合理有效地统一家人作为股东对沃尔玛公司的意见。

除通过沃尔顿企业，把家人当作合伙人之外，在沃尔玛公司中，沃尔顿把经理和员工也都当作“合伙人”，并切实采用了一套“合伙”做法。沃尔顿认为，一些公司的失败是由于他们不把顾客当回事，不努力搞好店面管理，不端正服务态度。归根结底是因为公司没有真正关心自己的员工。如果要求店里的员工能为顾客着想，那就应该先为员工着想。因为员工们会不折不扣地以管理层对待他们的方式对待顾客，你越与员工共享利润，流进公司的利润就会越多。1971 年以前，是经理人员有利润分享，从 1971 年开始，所有在沃尔玛工作一年以上，以及每年工作 1000 小时以上的员工，都可参与利润分享。与此同时，沃尔玛还实施了一个员工购股计划——员工以工资扣除方式以低于市场价格 15% 的折扣价格购买公司股票。

分担责任和分享信息，是任何合伙关系的核心。要赢得员工的真正合作，仅仅口头承诺不行，甚至是仅仅利润分享也不行，还要在管理上真正落实员工参与。用沃尔顿的话说，你必须给予同仁责任，信任他们，然后才是检查他们。沃尔玛的每家商店都定期向全体员工公布该店的利润、进货、销售和减价情况。沃尔顿相信，与员工分享信息的好处要远远大于信息因此而泄露给外人可能带来的负作用。沃尔玛抵制工会遭遇了很多批评，但事情的另一面是，沃尔玛能够长期地有效对抗工会，与其把员工当作合伙人、有一套完整的员工利润分享措施密切相关。

（四）家族掌控之下的职业经理人管理

1974 年开始，56 岁的沃尔顿虽然仍是沃尔玛公司的董事长兼总裁，但开始将日常管理责任交给 40 岁的罗恩·迈耶——负责财务和分销，和 45 岁的费罗尔德·阿伦——负责商品经营。公司开始产生罗恩·迈耶和费罗尔德·阿伦两大派系，加上迈耶明确提出由他负责管理沃尔玛公司，否则将辞职的要求，沃尔顿不想让罗恩·迈耶走，便决定由罗恩·迈耶出任沃尔玛公司董事长兼首席执行官，费罗尔德·阿伦任总裁，沃尔顿任董事会执行委员会主席，承担监督和检查职责。

但是，一方面，沃尔顿没有做到真正放手，另一方面，罗恩·迈耶和费罗尔德·阿伦之间的派系斗争问题没有真正解决，30 个月之后的 1976 年 6 月，沃尔顿重新出任沃尔玛公司董事长兼首席执行官。沃尔顿想让罗恩·迈耶留下来担任副董事长兼财务总监，但是罗恩·迈耶没有接受。罗恩·迈耶——财务总监、数据处理经理和分销中心负责人离职，一批高级管理人员也随之而去。在应对罗恩·迈耶的离职风波中，沃尔顿破格提拔了一位年轻人杰克·休梅克为经营、人事和商品部执行副总，又导致更多的经理人员离职，以至高级管理人员中总计有三分之一的人离职。这种局面甚至使沃尔顿自己都一度对公司前景失去信心，但是凭借其从创业开始就对招揽人才加盟格外重视所积累起来的“后备人才库”，沃尔顿很快渡过了这场人事危机。折价杂货连锁店风云人物、被沃尔顿视为零售业天才之一的戴维·格拉斯（David Glass）加入了沃尔玛，负责财务和分销，并进入了公司董事会，使公司恢复了正常秩序。

杰克·休梅克和戴维·格拉斯之间，虽然还是存在竞争，但是保持在了良性状态，没有演变为沃尔顿所痛恨的状态——把同事之间工作上的竞争变成“个人之间的私事”。1978 年，杰克·休梅特开始担任公司总裁和经营主管，戴维·格拉斯负责财务。1984 年，戴维·格拉斯出任总裁和经营主管，杰克·休梅特转而负责财务。1988 年，沃尔顿进一步将首席执行官职位交给了戴维·格拉斯，杰克·休梅特（个人不想在沃尔玛干到退休年龄）从管理层退职，但仍为公司董事。

尽管发生了人事地震，但是整个 1980 年代，沃尔玛仍保持了持续强劲的增长。商店数从 1980 年的 276 家发展到 1990 年的 1528 家，销售额和利润则分别从 1980 年的 12 亿美元和 4100 万美元，增长到了 1990 年的 260 亿美元和 10 亿美元，成为全美国最大的零售商。1992 年 4 月 5 日，在其 74 岁生日后不久，沃尔顿因癌症离世。1992 年 4 月 7 日，1978 年加入了沃尔玛董事会的沃尔顿长子罗布·沃尔顿出任沃尔玛公司董事长，并至今仍然担任这一职务。沃尔顿的小儿子吉姆·沃尔顿（Jim Walton）于 2005 年也加入了沃尔玛公司董事会。

戴维·格拉斯作为接替创始人沃尔顿的沃尔玛公司第二任总裁兼首席执行官，领导沃尔玛到 2000 年，李斯阁（Lee Scott）出任沃尔玛公司第三任总裁兼首席执行官。2009 年，麦道克（Mike Duke）接替李斯阁出任沃尔玛公司第四任总裁兼首席执行官。在职业经理人管理之下，沃尔玛继续高歌猛进，从美国最大零售商发展成为了世界最大企业。

管理学大师汤姆·彼得斯说，“除了亨利·福特之外，山姆·沃尔顿就是 20 世纪最出色的企业家”。沃尔顿在商业零售领域里，彻底实行了跟亨利·福特在汽车制造领域里所实行的“大规模”和“低价格”战略。完全彻底地为普通大众服务，为普通大众节省每一分钱，使山姆·沃尔顿成为了与亨利·福特并列的 20 世纪最伟大的两位企业家之一。

第四节　互联网与公司治理系统的嬗变与升华

谷歌与 Facebook，网络世界里互为最大对手的两个王者。谷歌源自斯坦福，沿袭惠普文化，两位创始人合力制胜。Facebook 源自哈佛，沿袭微软文化，一位创始人离开，另一位创始人成为公司灵魂。谷歌开辟了一个理性计算的世界，Facebook 开辟了一个人际交流的世界。这些种种不同的背后，有一种两个公司共同的成功要素，公司内部治理机制安排上的创始人控制，保证了作为理想主义者的公司创始人不受资本摆布和短期市场压力的自主空间。

作为互联网核心硬件提供商的思科公司，则提供了与谷歌和 Facebook 不同的，另一种模式的互联网公司治理安排。在强有力并经验丰富的投资者主导和董事会管理之下，创始人出局可以不影响公司作为一个组织的自我发展能力。Twitter 公司在多位创始人连续出局的情况下，同样取得了高速发展和公司的成功，也说明创始人的控制并不是互联网企业成功发展所必需的。

由于互联网产业至今仍处于产业新生和勃发的时期，这使它们与 100 多年前的铁路、钢铁、石油等产业一样，需要一种来自创始人的“大亨”式的决断力、领导力和动物精神，需要敢下赌注。现代资本市场的高度发达，使这些新时代的新产业大亨，可以不用再向他们上个世纪的前辈们那样，需主要依靠产品市场成功和企业留存收益来“辛苦并漫长”地逐渐积累和发展壮大。

原则严格而机制安排灵活的现代公司治理体系，在董事会主导、严格保护投资者利益和同时给公司足够的自主空间之间保持一种动态的平衡，是从传统产业到新兴产业的公司发展中，所同样必需的。

一、谷歌：创始人与职业经理人的共同治理

1998 年，比尔·盖茨在回答《被谷歌》一书作者肯·奥莱塔“你最害怕

哪种挑战”的问题时回答说，“我害怕有人在车库里进行全新的发明”。这个时候，拉里·佩奇（Larry Page）和塞吉·布林（Sergey Brin）正在硅谷的一个地下车库里，做着这样的事情。

（一）起步与融资

佩奇和布林都出生在 1973 年，都出自书香门第，都曾就读于以自由放任为特点的同一所小学。布林出生于前苏联，6 岁时（1979 年）随父母移民到美国。佩奇出生于美国，1995 年进入斯坦福大学，在迎新会上认识了布林。1998 年，以他们攻读计算机科学博士学位所做出的研究成果——互联网搜索引擎，共同创建了谷歌公司。研究生宿舍成为了谷歌的办公室，计算机和服务器也都放在这里。

与 Facebook 可以通过开放注册学校的数量来控制流量和服务器压力，从而使其早期可以不需要太大的资金投入不同，谷歌的搜索引擎一开始就要处理巨大的数据流量，从而一开始正式运作就需要比较大的资金投入。经斯坦福计算机科技教授乌尔曼介绍，佩奇和布林认识了通过网景公司发了财的天使投资人施拉姆（Kavitark Shriram）。施拉姆最初建议他们出售技术，他们接洽了几家公司，但是没有成功。其中包括创立于 1995 年，当时已经上市了的雅虎公司。相对改进搜索相比，当时雅虎更想成为一个门户网站。谷歌致力的是快速提供给用户满意的搜索结果，使用户能最快地离开谷歌，而雅虎想要把用户更长时间地留在他的围墙花园之外，从而可以有更多的广告收益。谁能发明后悔药，一定会成为世界首富。从老沃森到杨至远一定都会花巨资购买：前者当年拒绝了送上门的施乐、后者则是没有收购谷歌。

1998 年 9 月 7 日，首批融资后的谷歌公司正式成立，佩奇担任首席执行官和首席财务官，布林出任总裁和董事长。施拉姆提供了 25 万美元的天使资本，成为了谷歌最早的三位董事之一。其他的原始投资人包括太阳微系统公司创始人，思科公司首席执行官，斯坦福计算机教授切瑞顿以及亚马逊创始人贝索斯，四位投入总计为 100 万美元。谷歌公司以每月 1700 美元的价格，租下了两间地下车库和同样位于地下的两个房间。

1999 年 6 月，经过几个月的艰苦谈判，谷歌与硅谷的两家著名风投公司，凯鹏华盈和红杉资本达成了注资协议：以谷歌 1 亿美元的估值，两家风投公司共同向谷歌投资 2500 万美元。为了保持控制和公司的独立性，这次融资中，谷歌两位创始人坚持的原则是出售股权比例不超过 25%，两家风投公司要一起进入，不接受哪家单独进入。

（二）风险投资人压力之下的职业经理人引入

施拉姆对谷歌和泰尔对 Facebook 的态度很相似，作为天使投资人，给予公司创始人以极大的信任和支持，扮演一个只是提出咨询意见而没有硬性干预的良师益友的角色。但是风险资本却不同，他们往往具有更为强烈的“资本意志”。谷歌的两位创始人选择要以少数股权“同时”接受凯鹏华盈和红杉资本两家风投，其用意就在于防范只有一家注资时，风投的势力过于强大。但是即使这样，谷歌还是遭遇了来自风险资本的“管理”压力。在决定注资之初的 1999 年上半年，两家风投就提出了对佩奇和布林两位创始人管理经验缺乏问题的担忧，要求公司逐步招聘包括首席执行官在内的高级管理人员，但是被两位创始人拒绝了。

到了 2000 年，谷歌已经成为了大多数专家眼里最好的搜索引擎，但是由于一心只要打造最好搜索引擎的佩奇和布林对于承接广告一直非常谨慎，谷歌的收入增长缓慢，亏损居高不下。风险资本家加紧了对谷歌聘请首席执行官和高级管理人员的催促。但是佩奇和布林对于风险资本家倡导的“职业管理”这一套从内心里不太信任，担心会破坏以工程师为王的谷歌文化。他们面试了 15 位以上的候选人，没有一个能让他们满意的。聘请首席执行官的事情始终没有进展。2000 年 12 月，一直热衷于为谷歌寻找首席执行官的凯鹏华盈合伙人杜尔（Doerr，L. John）把他的朋友、时任 Novell 公司董事会主席兼首席执行官的埃里克·施密特（Eric Schmidt）介绍给了佩奇和布林。

施密特出生于 1955 年，也是书香门第，拥有普林斯顿大学本科和加州伯克利大学的硕士及计算机科学博士学位，是屈指可数的能够使用工程师语言的职业经理人。1982 年毕业之后，施密特先在施乐工作一段时间之后，于 1983

在太阳微系统公司就职，并最后成为该公司的首席技术官。1997 年施密特离开太阳微系统公司，出任 Novell 公司的首席执行官。2001 年 3 月，施密特出任谷歌公司董事会主席，并于 8 月被聘为谷歌公司首席执行官。谷歌开给施密特的价码是 25 万美元工资以及年度业绩奖金。股票授予包括两个部分：以每股 0.5 美元的价格授予约 1433 万 B 级普通股，以每股 2.34 美元的价格授予约 43 万 C 级优先股。

（三）“三驾马车”的磨合与有效运作

施密特的加入使谷歌形成一个比较独特的权力结构：施密特任董事长兼首席执行官，佩奇任产品总裁，布林任技术总裁。施密特、佩奇和布林三人作为一个团队来工作，如果两位创始人出现分歧的话，施密特将扮演打破僵局的人。对于任何重大决定，他们三人必须达成一致。即使在美国这样一个不仅是技术创新层出不穷，公司管理结构上的创新也是层出不穷的国家里，人们对于施密特加入谷歌之后所形成的这样一种权力结构也是难以理解，出现了施密特是奴才、宠物总裁和没有自我等的一些说法。

即使是董事长兼首席执行官，但是施密特不能对公司的两位创始人发号施令，他不得不去劝说。这时的谷歌面临着一种复杂和紧张的力量平衡：急于推动公司赚钱的风投代表杜尔（凯鹏华盈）和莫里茨（红杉资本），专心打造谷歌成为最好搜索引擎的两位创始人，夹在中间的施密特，居中调停的施拉姆。为了消除紧张局面，让两位创始人和施密特三人之间能够有效协同地领导谷歌，杜尔又请来了他最好的两位朋友之一的坎贝尔担任“教练”。当时，61 岁的坎贝尔还真是教练出身，曾任哥伦比亚大学橄榄球队的主教练，时任财捷集团的董事会主席，还是苹果公司的两位联席领导董事之一（实际就相当于联席董事长，因为苹果公司是由两位联席领导董事行使董事会主席职权的，另一位是雅芳公司董事长钟彬娴）。

2001 年夏末，坎贝尔开始每周花两天时间到谷歌做顾问工作。他除了参加谷歌的董事会会议之外，还参加每周一进行的数小时的谷歌行政管理会议，并经常与谷歌高级管理人员进行一对一的会晤，以提出评估意见，调节管理纠纷，携手达成一致。尽管是风投方推荐过来的，但是经验丰富、情商巨高的坎贝尔得到了谷歌董事会、创始人和施密特及其他高管们的信任，成为了“三驾马车”的润滑剂。坎贝尔有效地推动了施密特和两位创始人之间的有效协同工作，同时也帮助避免了公司在发展壮大时往往会产生的钩心斗角。布林说：“我们能够避免钩心斗角的原因之一就是坎贝尔。当问题出现时，他心甘情愿居中调节。”坎贝尔大致的时间分配是苹果公司 10%，财捷和谷歌各 35%。谷歌公司的第 268 号员工、推动谷歌广告业务取得巨大成功的前谷歌广告主管、现 Facebook 首席运营官谢丽·桑德伯格，当年也是由坎贝尔引进到谷歌的。

60 多岁的坎贝尔教练，40 多岁的职业经理人施密特和 30 来岁的两位创始人，形成了一个老、中、青三代结合的“领导集体”。有了施密特做董事会主席兼首席执行官，两位创始人可以更为专注地做他们自己感兴趣的事情。用布林的话说：“我们非常幸运，因为我们有我们两人再加上施密特，我们能够选择关注的事情，这是一种难得的奢侈。”尽管三人之间有重叠，但是产品总裁布林更为关注“终端用户的体验”，而技术总裁佩奇则更为关注“技术开发进行到了哪一步”。

在 2004 年上市时，对于这种独特的三驾马车式管理结构，谷歌是这样描述的：施密特担负首席执行官的法律职责，同时主要负责管理公司副总裁和销售机构；布林主要负责工程和业务交易；佩奇主要负责工程和产品管理。所有三人都要拿出相当的时间负责公司的总体管理和其他各种事项。为了及时决策，三人会每日碰头，沟通一下有关公司业务和各自对一些重要问题的想法。三人之间高度地相互信任，一些决策由他们中的一人做出，但会在随后很快知会另外两人。三人意见相左的事情，一定是重要的问题，这时他们会扩大人员范围来讨论这一问题，最终达成一致意见。

2008 年，当被问到谷歌最成功的里程碑是什么的时候，风险投资者杜尔回答说：“最成功的里程碑就是佩奇、布林和施密特认定他们要一起工作。他们学会了互相适应，这不是一朝一夕就发生的。坎贝尔在其中帮助很大，我也起了点作用。”坎贝尔于 2009 年因为谷歌和苹果之间在手机操作系统业务上的利益冲突而离开谷歌（此前的苹果和谷歌之间董事兼职比例很高，包括施密特也是苹果的董事）。三驾马车运作的结果众所周知，施密特、佩奇和布林共同带领谷歌一步一步走向了辉煌。今天，我们已经不能再只是把佩奇和布林这两位创始人看作是“老板”，而把施密特看作是“打工者”了。

（四）“被迫”上市与分类股份设置

美国法律规定，股东超过 499 人之后的一年之内必须转为“公众公司”，即使不上市也要对外公布财务报告。需要对外公开财务报告是许多公司不愿意上市的一个主要原因，怕因此被竞争对手掌握一些公司的重要信息。谷歌在 2003 年股东人数超过了这一门槛，本不想让公司上市的佩奇和布林（除了担心泄密之外，他们还憎恶华尔街规则：要让投行赚一大笔和迫于季度报告的短期市场压力），不得不选择让谷歌上市。

谷歌要首次公开发行，一个新矛盾产生了。两位创始人拒绝听从专家或者施密特以及另外三名董事（施拉姆、凯鹏华盈的杜尔和红杉资本的莫里茨）的意见。他们要采用一种“科学”和更加公平的方法，通过一种拍卖机制确定价格和分配股票，而不是让投资银行家来确定价格和把股票分配给他们青睐的客户。为了保护他们珍视的谷歌“核心价值”（当然，我们也可以说就是为了保住控制权），他们决定公司要设置分类股份制度：出售给公众的是 A 类普通股，每股 1 个投票权；两位创始人和施密特及公司高管保留的是 B 类普通股，每股 10 个投票权。两位风投董事对此强烈反对，施拉姆居中不想表态。两位创始人不愿让步，并为此专门向人咨询了实行分类股份制度的《华盛顿邮报》公司、《纽约时报》公司、出版《华尔街日报》的道·琼斯公司以及巴菲特的伯克希尔—哈萨维公司的情况。最后还是请坎贝尔出面说服两位风投董事与创始人保持了一致。

为了让两家风投及其他投资者放心，佩奇和布林写了“一封来自公司创始人的信”，与招股书等文件一并呈交美国证券交易委员会备案。这封信中，两位创始人表示，谷歌不是一家传统习惯的公司，他们更为关注的是用户而不是投资人，他们坚持关注用户更有利于股东的长期利益。对于设置分类股票制度的目的他们也直言不讳："随着股票的易手，这种结构的主要作用是，可以给予我们的团队，特别是布林和佩奇，对公司重大决策和命运日益重要的控制权。"根据谷歌2004年第三次修订版公司章程，谷歌公司的授权资本结构为：60亿股A类普通股和1亿股B类普通股。A类股份每股1个投票权，B类股份每股10个投票权。在分红等其他方面，两类股份同股同权。

2004年8月，谷歌股票通过一种竞价机制、绕过投资银行直接面向公众首次公开发行其A类普通股，募集资金19.2亿美元。谷歌A类普通股股票在纳斯达克上市交易，B类普通股股票不公开发行，也不公开交易。佩奇和施密特及一个约10人组成的高管团队到纽约参加了仪式。布林留在公司工作，他拒绝参加的理由是："这将传递出错误的信号。"在布林看来，这只是一个普通的工作日，首次公开发行并不是为了发财，而是为了谷歌的发展。自上市开始，两位创始人每年都会写给年度股东大会"一封来自公司创始人的信"，这构成谷歌年报的一个重要部分，不过内容不再是解释谷歌独特的高层架构和分类股份设置，而是有关谷歌公司发展的重要事项。

谷歌上市时，前几大股东持股比例情况是，佩奇和布林两位创始人合计持有32%，施密特持有6.1%，红杉资本9.9%，凯鹏华盈8.7%，施拉姆2.2%。投票权方面，佩奇、布林和施密特控制37.6%的投票权，整个管理团队加上董事会成员控制61.4%的投票权。谷歌还扩展了董事会规模，新增了斯坦福大学校长John Hennessy、基因技术（Genentech）公司首席执行官Art Levinson和英特尔公司总裁兼首席运营官Paul Otellini三位董事。2004年12月31日，全体高管和董事拥有谷歌68.2%的投票权。施密特、佩奇和布林三人持有49.8%的B类股份和47.2%的投票权。到2009年底为止，16到17位的谷歌高管和董事会成员一直控制谷歌70%左右的投票权，其中，施密特接近10%，佩奇和布林都是接近30%（见7-1表、表7-2）。

表7-1　2004~2009年谷歌的股权结构及高管和董事的投票权比例

	2004	2005	2006	2007	2008	2009
高管和董事投票权（%）	68.2	78	73	70	71	70
施密特、佩奇和布林（%）	47.2	69	66	67	68	68

续表

	2004	2005	2006	2007	2008	2009
持有 B 股比例（%）	49.8	84	85	88	90	90
A 股流通在外数（亿股）	0.96	2.03	2.28	2.36	2.40	2.44
B 股流通在外数（亿股）	1.79	0.93	0.81	0.77	0.75	0.74
B 股股东人数（次年 2 月）		148	136	111	105	90

数据来源：Google Annual Report 2004～2009。

表 7－2　2007～2010 年谷歌的投票权结构（%）①

		2007	2008	2009	2010
施密特	持 B 类股	13.3	12.4	12.5	12.7
	占投票权	10.3	9.4	9.5	9.5
布林	持 B 类股	35.6	38.0	38.9	38.6
	占投票权	27.7	29.0	29.4	29.0
佩奇	持 B 类股	36.2	37.3	38.2	39.3
	占投票权	28.2	28.5	28.9	29.6
杜尔	持 B 类股	3.7	3.1	2.9	2.6
	占投票权	2.9	2.3	2.2	2.0
高管及董事	持 B 类股	93.0	91.4	93.1	93.2
	占投票权	72.5	70.0	70.6	70.2
	人数（人）	17	16	17	16

资料来源：Google proxy statement 2007～2010。

（五）后“三人执政”时代的谷歌公司治理

因为环境变迁和自身发展到了一个新的高度和阶段，谷歌需要对调整自己的高层权力架构以应对变化。2010 年底，施密特、佩奇和布林三人经过长时间的讨论之后达成了一个新的共识：过去 10 年里三人平等地参与决策这种“三驾马车”的管理方式在共享智慧上确实有好处，他们将继续在三人之间讨论重大决策。但是，为了建立更为顺畅的决策流程和更为明确三人各自的责

① 当年股东大会召开前数据。

任，要在公司高层进行更为清晰的职责划分。2011 年 1 月 21 日，在发布第四季度业绩报告的同时，谷歌宣布将从 2011 年 4 月 4 日起由佩奇接替施密特出任谷歌的首席执行官，负责公司的日常管理。布林将不再担任产品总裁一职，将以联合创始人的头衔将时间和精力放在战略项目上，特别是新产品的开发。佩奇将从布林手中全面接收控制权，将同时负责谷歌的产品开发和技术战略。

对于卸下首席执行官职务，只担任谷歌的执行董事长一职，施密特似乎如释重负，在 Twitter 上发布一条微博说："再也不需要像大人操心孩子一样关心日常运营了！"在谷歌新的高层架构下，施密特给自己的职责定位是："作为执行董事长，我将关注我能带来最大价值的地方。从外部来说，是负责并购交易、合作伙伴、客户和更广泛的企业合作、政府沟通和技术领导，鉴于谷歌的全球影响力，这些都将日益重要；从内部来说，我将担任拉里和谢尔盖的顾问。"佩奇则表示："过去 10 年，施密特领导谷歌取得了卓越的成果。世界上没有第二个人，作为首席执行官能够像施密特这样，在如此坚持己见的公司创始人还深深介入的情况下，仍然能够把公司运营得如此精彩。施密特是位卓越的领导人，我从他那学到了很多东西。他的劝告和努力，对于我将开始承担的新角色是无价之宝。"

从谷歌公司的声明及施密特和佩奇各自的表态来看，谷歌在高管职位配置上的变化以及各自职责范围的调整，突出了佩奇的地位。佩奇是谷歌的联合创始人，谷歌搜索引擎赖以胜出的一个关键特性就是对搜索结果的"佩奇排名"。佩奇作为谷歌首席执行官，无疑会比施密特作为首席执行官，更多地发挥其"个人意志"。但是，如果我们宣告"三人执政"时代已经正式结束，也许还为时过早。从过去 12 年的历史来看，佩奇绝不是一个喜欢独断专行的人，他曾常说的一句话是"管理是一件没有多少技术含量的事情"，他应该会是个民主和分享型的管理者。

二、思科：投资者主导下的创始人出局与经理人控制

思科是互联网基础设施市场上占绝对优势的公司，如果没有思科的路由

器，也许就不会有互联网。思科从夫妻店开始，经历了创始人被赶出局和频繁的管理层更换，但是这一切都没有阻挡住思科公司的步伐，演绎了一曲矛盾和冲突之中的前进之歌。

（一）自家客厅里的公司

思科可以说是一个互联网企业的传奇，思科的创立过程则是一个爱情故事的传奇。计算机科学博士莱恩·博萨克（Len Bosack）和统计学研究生毕业的桑迪·勒纳（Sandy Lerner）都在斯坦福大学就职，分别负责管理斯坦福计算机科学系和斯坦福商学院的计算机设施，经朋友介绍相识。当时正是局域网兴起的时代，各种局域网在斯坦福各自为政，没有形成统一的校园网。莱恩和桑迪这对都是计算机发烧友的恋人所共同烦恼的一件事情是，他们各自所在系的计算机网络之间不能相互通信，彼此无法相互发送电子邮件。

莱恩作为计算机科学系的项目负责人，负责为 DEC-20 计算机建立一个以太网界面。这个时候，毕业于斯坦福大学物理系、时为电子工程系系统程序员的柯克·拉菲德加入到了莱恩的 DEC-20 以太网界面开发工作中来。为了能让斯坦福大学的各个局域网相互连接起来，他们决定采用多协议路由器作为解决方案。当时斯坦福大学的研究员比尔·耶格尔（Bill Yeager）已经发明了一种多协议路由器。莱恩和柯克得到了耶格尔的源代码，柯克对之进行了易于使用者操作的一些改良，并加上了 IP 协议，这个软件就变成了思科的互联网操作系统（IOS）。

桑迪和莱恩已经结婚，桑迪非常有激情和动力要将这种路由器商业化。但是，他们要创建自己公司的想法遭到了斯坦福大学的反对。斯坦福大学允许学术人员为了商业目的而对自己的研究成果进行开发，但是不允许其他员工这么做。莱恩和桑迪决定不顾斯坦福大学的反对，冒着可能会被起诉的风险——在斯坦福大学看来思科的路由器是靠它的资金才研发出来的情况下继续前行。1984 年下半年，莱恩和桑迪夫妇带 5 美元到旧金山政府秘书处注册了思科系统公司。采用“思科”（Cisco）这个名字是桑迪的主意，取自英文旧金山（San Francisco）的后五个字母，她还仿照旧金山金门大桥的形象设计了思科公司的标志。莱恩和桑迪夫妇自家的客厅是思科公司的第一个总部兼制造车间。

莱恩和桑迪迫切需要风险投资，但是他们总计找了 75 家风险投资企业，都没有成功，没有人愿意向一个在客厅里制造路由器，并还很可能会遭到知名大学起诉的小企业投资。思科的起步资金主要来自一些私人借款、信用卡透支以及莱恩卖掉自己所持 DEC 公司股票所得。为了让刚刚起步的思科公司维持运转，桑迪还继续为别的公司工作了几个月。最早的 5 名员工——桑迪、莱恩、柯克、格雷格·萨茨（工程师）和理查德·特罗亚诺（负责销售），在没有一分钱工资的情况下为思科工作了三年。1986 年 3 月，思科卖出了第一台路由器产品。7 月，莱恩和柯克辞掉了斯坦福大学的工作。

到了 1986 年 11 月，思科公司的收入达到了每月 25 万美元。他们凑钱买下了思科公司的第一个正规办公地点，搬出了莱恩和桑迪夫妇的客厅。1987 年年初，思科的创业者们意识到他们需要具有专业水准的企业管理者。1 月，桑迪选择了比尔·格雷夫斯（Bill Graves）担任思科的第一位首席执行官。格雷夫斯是位物理学家，在思科 CEO 的职位上坚持了 16 个月。3 月，思科公司任命了第一位 CFO——劳埃德·恩布里（Lloyd Embry），他为思科工作了两年多的时间。4 月，格雷夫斯与斯坦福大学达成了和解协议：思科要将其总收入的 3%（但不超过 15 万美元）交给斯坦福大学，作为使用其路由器软件的许可费用。与斯坦福大学之间知识产权争议的解决，扫除了影响思科发展的一个最大阴影。这笔当时对思科来说似乎是“天价”的费用，现在看来连九牛一毛都算不上，以至有人认为这是“世纪之偷”。

思科的起步可以说相当艰难，但是，相比中国的创业者们还是非常幸运的。思科系统公司可以从 5 美元注册起步，并且在两位创始人自家客厅里运营两年多。仅仅最低注册资本和办公场所要求这两条，就可以让“中国的思科”胎死腹中。

（二）红杉资本入主，瓦伦丁出任董事长

1987 年春，通过一位律师的介绍，思科公司联系上了从 1974 年开始就担

任红杉资本常务合伙人的唐·瓦伦丁。在瓦伦丁看来，“这是一家没有管理可言的创业公司，但他们有非常好的想法，”并且在其产品的知识产权问题上还与斯坦福大学之间存在着纠葛。但是瓦伦丁还是决定向思科投资，因为思科的技术比瓦伦丁所熟悉的其他公司要先进得多。红杉资本向思科投资 250 万美元，得到思科 29.1% 的股份。思科创立三年，估值达到 860 万美元。1987 年 7 月结束的财政年度中，思科的利润为 8.3 万美元。

尽管红杉资本在思科占 29.1% 的股权比例，低于两位创始人的持股比例（桑迪和莱恩各自持有思科 17.6% 的股份，合计 35.2%），但是，红杉资本要对公司的日常运营进行控制，这自然会遭到两位创始人的抵制。瓦伦丁在第一次见到桑迪时就曾直言不讳地说：“我听说你就是思科一切问题的根源。”桑迪反驳道：“没有我就没有思科。”瓦伦丁坚持认为，要为思科引进专业的管理方法，否则它将永远无法走出苦苦挣扎的创业阶段。加强销售力量是当务之急。1988 年 1 月，在瓦伦丁的主导之下，思科以 9 万美元年薪和 5.1% 的股份，聘请了特里·埃格——思科的第 17 名员工，出任首任销售副总裁。

这时，思科的内部管理还是处在两位创始人（莱恩和桑迪）和职业经理人（CEO 格雷夫斯和 CFO 恩布里）之间的激烈冲突之中。两位职业经理人认为，自己有责任也有权告诉两位创始人应该如何运营一家企业，但是两位创始人却不这样认为。作为让瓦伦丁同意解雇格雷夫斯的交换条件，桑迪和莱恩把他们拥有的合计 35.2% 股份的投票权交给了瓦伦丁，这使瓦伦丁在思科拥有了 64.3% 的股份投票权，也为日后这两位创始人“被赶出局”埋下了祸根。

在主要由工程师构成的思科公司里，负责销售的特里·埃格，发挥着巨大的实际管理职责，他要“管理”那些工程师们，以确保他们让产品包含他已经许诺给客户的那些特性。甚至在推选瓦伦丁出任思科首任董事长的问题上，他也发挥了重要作用。在决定解聘格雷夫斯的董事会会议上，埃格表示，没有 CEO 也没有董事长，会让人对公司感到困惑。瓦伦丁问埃格：“那你认为应该怎么办?”埃格回答：“你是我们当中最出名的人，我想推举你当董事长。”瓦伦丁环顾四周，问大家是否有不同意见。没有听到有人表示异议后，瓦伦丁说道：“好，那我就是董事长了。”

（三）摩格里奇奠定思科基础架构

1988 年 5 月，思科聘请了一位硅谷的沙场老将查克·萨特克利夫（Chuck Sutcliffe）替代格雷夫斯。这位第二任 CEO 属于“老好人”，任职 6 个月，并没有有效地解决思科的内部矛盾。倔强、苛刻的桑迪也许已经理解了公司需要专业管理人员的道理，但实践上却不想屈服于这个管理层。1988 年 11 月，思科还只有 35 名员工，其中 12 名是工程师，有些头重脚轻，需要结构调整。瓦伦丁找来了一位合适的人选担当思科公司的领导角色：约翰·摩格里奇（John Morgridge，1933 年出生）。摩格里奇既有管理经验，又有高科技知识。瓦伦丁想让摩格里奇带领思科公司上市。上市被当作了一个树立共同目标和转移内部矛盾的手段，因为这时候的思科内部，上市是唯一没有任何争议的事情。

摩格里奇，这位思科公司第三任 CEO 上任之后，除了要面对脾气火暴、对人苛刻的两位创始人之外，还要面对因为出色销售业绩居功至伟、我行我素而又深得董事会支持的埃格。桑迪是个情绪皇后，用一位思科前首席技术官的话说：“她的体内有一种狂野的能量，当这种能量被聚集起来的时候是惊人的。但她没有丝毫的容忍力，随时会大喊大叫。无论什么事情，她都要发表高见。”甚至投资人瓦伦丁都感到：“和她一起工作是非常艰难的。她的处事风格非常生硬，带着一种完美主义者的态度以及非常苛刻的对抗主义手法，而且丝毫没有宽恕之心。”（《思科风暴》第 79 页）。莱恩也非常缺乏沟通技巧，有时会对潜在客户也大喊大叫。好在他们的这些矛盾冲突，似乎并不是因为私心私利，而只是对公司业务问题的看法不同。桑迪为了客户的利益会毫不犹豫地开火。如果埃格认为他会得到一个订单，也会毫不犹豫地向别人开火。瓦伦丁甚至曾让摩格里奇聘请一位“公司的精神医生”，帮助处理思科内部的冲突局面。

在红杉资本公司的帮助下，思科聘请了很多高级管理人员，接管原来由工程师负责的一些商业性事务。这些人包括：戴夫·林，1988 年 12 月出任思科首位生产副总裁；爱德华·科泽尔，1989 年 3 月成为思科的市场扩展经理；约翰·博尔杰，1989 年 6 月成为思科的第二任首席财务官。摩格里奇着力加强了思科的“团队建设”。当时的风险投资者普遍反对给创始人和工程师之外的员工股票期权，但是摩格里奇努力说服了瓦伦丁接受这一做法，使思科成为硅谷最早给大量非管理层和非技术员工股票期权的公司之一。

（四）公司上市与创始人出局

在摩格里奇领导的一年多的时间里，思科从1988年11月时的一个只有35人、其中12人为工程师的创业性小公司发展成为了1989年12月时拥有172名员工、35名工程师，生产部（42人）、销售和市场部（45人）、客户服务部（32人）和财务及行政部（20人）等各关键职能部门建制齐全的成型公司。1989年，思科的营业收入和利润分别达到了2766万美元和418万美元。1990年2月16日，思科上市。此时，红杉资本持股比例为23.5%，两位创始人莱恩·博萨克和桑迪·勒纳各自持有13.8%的思科股份。

但是，在思科上市仅仅半年之后，1990年8月28日，在包括销售副总裁特里·埃格、生产副总裁戴夫·林和首席财务官约翰·博尔杰在内的6名副总裁以集体辞职相威胁的要求之下，思科董事会解聘了公司创始人之一桑迪·勒纳，随后已经于1988年与桑迪分居了的另外一位创始人莱恩·博萨克自己辞职。1990年底，思科的这两位创始人抛售了所持思科股票。莱恩·博萨克于1991年创建了自己的新公司：XKL，从事计算机I/O和底版研究。

从公司控制权配置角度来看，1988年5月，为了争取红杉资本方瓦伦丁支持赶走公司首任职业经理人CEO格雷夫斯，桑迪和莱恩把自己的股份投票权委托给了瓦伦丁，为两年半后他们自己被公司赶走埋下了祸根。但是“赶走”桑迪的主要力量是思科管理团队成员。董事长瓦伦丁、CEO摩格里奇原本是支持桑迪的。实权人物销售副总裁埃格很欣赏桑迪重视客户权益而置身事外，但是在看到她对一位重要客户发火之后，决定加入反对者的阵营。因此，从一定意义上说，是思科的两位创始人，尤其是桑迪，自己没有能从一个卓越的创业者转型为团队领导人和优秀管理者，从而被快速行进的思科列车甩出去了。十几年之后，思科的这两位创始人，仍然拒绝《思科风暴》（2003年出版）作者罗伯特·斯莱特的采访要求，可说是怨气不消。

（五）董事长与首席执行官的职责分工

美国公司普遍是董事长兼任首席执行官，但是在1995～2005年底之间长达10年的时间里，钱伯斯是作为首席执行官与公司董事长、前任首席执行官摩格里奇共同分享思科公司的最高领导权的。他们之间的这种权力分享安排，非常值得我们借鉴。

1991年1月，由埃格介绍，经过瓦伦丁、摩格里奇等多人的反复面试之后，钱伯斯（John Chambers）以高级副总裁的身份加入了思科公司。面试时瓦伦丁对钱伯斯说："如果你真的像你自己以为的那么出色，那你为什么要去一个形势一片大好的公司，或者一个已经成熟的公司呢？你应该去一家准备好了要起飞的公司。"钱伯斯1949年出生，1974年获得西西弗吉尼亚大学法学博士学位，一年后又拿了印第安纳大学的MBA学位。从1976年开始，钱伯斯先在IBM工作了6年，后又在王安实验室工作了8年。这两段工作经历，使钱伯斯对高科技公司营销工作的重要性，尤其是顾客偏好改变会给高科技企业带来致命打击这一点有着深刻的认识。即使高科技企业也同样不能痴迷于一种技术路线不放，要随时准备着迎接新技术的挑战。瓦伦丁认为，钱伯斯曾经在一家大公司（IBM）工作过，然后又去了一个规模小一些、严格以销售为导向的，但后来却倒闭了的公司（王安实验室）。如果我们能够找到一个曾经经历过失败而且知道自己为什么会失败的人，那么与一个从未有过这种经历而且仍然非常自以为是的人比，前者对于我们来说是一笔更加宝贵的财富。

1994年6月，钱伯斯被任命为执行副总裁。1995年1月31日，摩格里奇卸任思科总裁兼首席执行官，改任思科董事长，原董事长瓦伦丁改任副董事长。钱伯斯接替摩格里奇，担任思科总裁兼首席执行官。此前，摩格里奇已经在逐步向钱伯斯转移权力了，正式就任之后，钱伯斯唯一新接手的领域就是财务。尽管就任了董事长并在公司保留了办公室，但摩格里奇故意与公司保持距离。为了让钱伯斯更为顺利地成为公司的新领导人，在钱伯斯就任思科首席执行官第一年的大部分时间里，摩格里奇都没有在公司出现过：1995年2月和儿子在越南度假3周，5月又开始用10周时间和妻子骑自行车穿越美国。

董事长摩格里奇通过承担一部分传统上由首席执行官负责的工作，分担了一部分首席执行官钱伯斯的职责。摩格里奇说，开始他也不知道作为董事长应该怎样帮助首席执行官工作。通过观察硅谷中那些董事长和首席执行官分任的公司中，董事长和首席执行官是如何分担角色的，摩格里奇发现有三类董事长。第一类是只管董事会工作和参加董事会会议，基本不管这以外的事情。第二类是把他们的时间花在争取一些重要客户上。第三类则是为他们自己找到了一些特定的工作。

摩格里奇给自己写了一份职务描述。作为思科公司董事长，他要专注于两项工作：作为思科公司与联邦及州政府的联系人，和作为思科公司的公众形象代表，如去给学校捐赠设备和资金。摩格里奇把他这两部分工作看作是与思科及其未来的盈利能力不可分离的。摩格里奇不在公司中担任运营性的角色，他甚至在设定董事会的议事议程方面都不发挥领导性的作用。他把这些都留给了首席执行官钱伯斯。摩格里奇像是完全摒除了会威胁很多权力分享安排的“自我”，他认识到钱伯斯把思科公司驾驶上了一个与他不同的方向，并且承认他的继任者干得更好。

在钱伯斯的带领下，思科公司飞速发展。1995 年，思科年收入仅为 12 亿美元，市值约 104 亿美元，2005 年年收入飙升至 248 亿美元，市值达 1210 亿美元。2006 年底，钱伯斯接替了摩格里奇的董事长职务，并继续兼任首席执行官。摩格里奇担任名誉董事长，他的工作重心转移到了思科基金会以及慈善和教育事业方面。

（六）管理层替换，但战略和文化延续

思科的管理似乎十分混乱，充满了内部纷争，但是这一切却没有阻挡住思科公司前进的步伐。一个明显的原因是思科系统公司是在正确的时间进入了正确的市场。作为第一家拥有网络解决方案的思科系统公司，其产品也有不足之处，但却比其他的任何产品都好，并且好得连其管理团队都无法摧毁它。

但是，在混乱和纷争的表面之下，思科的战略管理和企业文化也有其一直延续下来的种子。其中，非常重要的一个因素就是创始人桑迪给思科的管理留

下了一种最主要的财富：客户利益至上。

1988 年，桑迪成为了可能是美国企业中第一个客户权益倡议副总裁。在硅谷那些工程师主导的公司中，工程师很容易向公司推荐那些他们自己想要开发的产品，而忽视客户的声音。桑迪要让他们谦逊，她要确保思科的工程师们知道客户想要什么。领导思科走上辉煌的钱伯斯一直在坚持由桑迪所倡导的客户权益倡导工作。钱伯斯在其出任思科 CEO 之后的首次董事会会议上迟到了 20 分钟，原因是他一直在与一位情绪激动的客户通电话。起初对他姗姗来迟很不满的董事们，在知道了这一原因之后，都表示：无论何时，这都可以成为迟到的理由。作为首席执行官，钱伯斯把他一半以上的时间都花在客户身上，并将思科高级管理人员的奖金在很大程度上与他们的客户满意度指标挂钩。思科董事会上有四分之三的讨论内容是关于客户体验的。

钱伯斯之前，更换频率颇高的思科三任首席执行官，也有其各自的贡献。首任 CEO 格雷夫斯解决掉了思科与斯坦福大学之间的知识产权争议，仅在职半年的第二任 CEO 萨特克利夫承担了一个过渡角色，第三任 CEO 摩格里奇奠定了思科的团队结构和节俭文化。即使是在钱伯斯出任思科总裁兼首席执行官之后，摩格里奇还一直作为董事会主席，发挥着重要的掌舵作用。给普通员工股票期权是由摩格里奇开始推行的，钱伯斯坚持这一做法。到 2000 年底的时候，思科 42% 的股票期权是发给非管理层的普通员工的。让员工们享受到公司成长带来的财富，是思科确保员工忠诚度的一种有效方法。

钱伯斯就任思科总裁不久，接待威萨国际的来访人员时，一进入会议室就向客人介绍说自己是思科的第四任总裁，他并不担心客人会觉得公司不稳定，而是用一张思科成长图表解释说，这是一件好事，思科成长的每一个阶段都需要拥有不同技巧和能力的不同类型的总裁。

经历了创始人出局和频繁的管理层替换，思科仍能以稳健的步伐高速前进，与其有个卓越并经验老到的长期投资者有关。瓦伦丁是硅谷最成功的风险资本家之一，也是一个难以对付的老板。为所投资企业配备总裁，合适的支持，不合适的及时替换。钱伯斯说："唐·瓦伦丁是我见过的最好的、也是最难以对付的董事会成员，他的名声就是走马灯式地换总裁。"但是干得好的总裁，却能得到长久和稳固的支持。2001 年互联网泡沫破裂之后，思科瞬时从巅峰跌落谷底，陷入其有史以来最大的困境之中，媒体和华尔街认为钱伯斯应该为此负责，而瓦伦丁让钱伯斯不要理会这些，并对钱伯斯说："约翰，这里没有任何私人的因素。你只不过是'泰坦尼克号'的总裁而已。没有人会想到'泰坦尼克号'会沉没，从来没有人想过思科也会有跌倒的时候。"

第八章

中国的公司制企业发展与艰难转型

对于中国人，“公司”这个词并不陌生，甚至有人将之追溯到了孔子和孟子的只言片语。公者，数人之财，司者，运转之意。弊而为高，合小而为大，合并而为公之道，是谓公司。

无论如何，我们可以断定，作为与英语 company 一词对应的“公司”是中国自创，是少有的几个不是从日本这个二传手转过来的现代经济和商业用语。(日本至今称公司为“会社”，韩国也是从日本引进了“会社”。)

汉语中完整的“公司”一词的使用，先是用于 18 世纪沿海对外贸易中的商业合伙关系，然后是用于英国东印度公司的中文译名。

现代含义上的公司概念进入中国，也不算晚。1865 年颁布的《香港公司条例》中，公司这个词语的现代含义就确定了下来。1865 年的《香港公司条例》允许上海的公司在香港注册，这使其实际的影响力超出了香港本身，辐射到了中国内地，也使“公司”的中国之旅正式踏上征程。

1865 年的《香港公司条例》与英国 1862 年《公司法》大同小异，这比法国（1867 年）、德国（1870 年）、日本（1872 年）和意大利（1882 年）等国颁布现代公司法的时间都要早。

即使是从 1904 年大清《公司律》的颁布算起，中国引入现代公司法的时间，也还不算是太晚。可是至今，中国的现代公司制度都没有发展成熟，公司治理和管理的现代化转型困难重重，更谈不上“公司”成为主导性的经济力量了。

第一节 半生不熟的中国“公司”

为什么中国有四大发明，却没有产业革命，从而落后于西方了？为什么中国的“洋务运动”失败而日本的“明治维新”成功，从而使中国在追赶西方的道路上又落后于这个曾一向是中国“学生”的东邻岛国了？这两个问题的原因是一个，就是认识上的误区和法治上的落后，使中国没有给予公司这一现代商事组织和现代经济增长主体以足够重要和独立自主的地位。

一、中国崛起需要公司的力量

威廉·伯恩斯坦在其《财富的诞生：现代世界繁荣的起源》一书中提出，实现经济增长的四个前提条件是可靠的财产权、科学理性主义、现代资本市场、交通通信技术。事实上，可靠的财产权与资本市场正是支撑现代公司治理的两个关键要素，而科学理性主义和交通通信技术则是在“公司制企业”这种强有力的组织结构支撑下才取得发展并突飞猛进的。

很多人把西方的成功归功于技术的威力和自由主义价值观。但是，现代公司制这种企业组织形式非常有效地促进人们的生产性努力，可以说，公司本身就是技术促进器。如果没有有限责任公司，蒸汽和电子都将会变得相对无力。如果没有马休·波尔顿（Marthew Boulton）这位杰出的商人和企业家——他出资购买了瓦特的专利，和瓦特合伙组建了波尔顿—瓦特公司，生产和销售瓦特的蒸汽机[①]，瓦特的蒸汽机也许就会像中国的四大发明中的任何一项一样，是一种伟大的发明，但是没有，或者至少是会延迟很久才能引起一场伟大的产业革命。

① 霍华德·敏斯，《巨富们——一部金钱与权力写就的历史》，海南出版社2003年版。

经济学家已经解释了为什么公司这种制度对于经济发展至关重要。公司制使企业家们可以在保证投资者最多只是损失掉他们已经投入企业的资金的情况下融集资金，使投资者通过多家企业的小份额和易于转让的股份来分散风险，增大了生产性投资的资本之池；公司制导致了自身具有生命的一种组织的诞生，并且能很快地从一种业务转化为另一种业务，政府很难对此进行限制；公司制为大型组织提供了一种有效的管理结构，通过股份权益的私人所有和公司资产的集中管理相结合，解决了马克思所谓的生产资料私人所有制和社会化大生产之间的矛盾问题。

公司可能会僵化，可能会滥用其所聚集的经济资源，但是投资者可以简单地把他们的资金放在别处这一事实是一种有力的治理机制。相比之下，即使是在今天的中国，普通民众对于政府用税收资金所进行的大规模投资，或者普通储蓄者对于银行巨额信贷资金的投向，几乎没有什么有效的治理机制。

日本明治维新全盘引进了德国民法典，三井、住友等传统的家族企业纷纷改制为公司制企业，通过公司制组织形式引进人才和上市融资进而成长为二战前统治日本经济的巨型企业集团。在中国几千年的历史中，最发达的是行政权力和管束人们行为的各种律条，但真正的法、法制和法治都十分欠缺。中国最早的公司法，可以追溯到 1904 年的大清《公司律》，但是却没有得到真正的落实。近代中国仁人志士曾提出过很好的通过股份制和现代公司振兴中国的思想，只是这种声音被“革命”抢占了主流地位。直到今天，中国也还没有真正解决“公司自治”的问题，官权侵犯民权、公权侵犯私权的现象比比皆是，阻碍现代公司发展的“官督商办”机制还借尸还魂地广泛存在着。

二、从礼仪到法律：公司法的有限影响

中国企业从传统的合伙经营模式向现代公司模式转型，在 1865 年《香港公司条例》颁布之时，就已经开始了，可是却至今没有真正完成。150 多年过去了之后，“公司”在中国还是处于一种半生不熟的状态。

科大卫在其《中国与资本主义》一书中提出，中国商业的发展在很大程

度上依赖于庇护制度，以及处于礼仪（而不是法律）规范之下的合伙关系。19 世纪后半期，在西方的影响之下，这种结构开始发生转变。整个 20 世纪，中国一直处于这个转变的过程之中，直到今天还远远没有结束①。

最初的人类社会都是内部礼仪秩序、外部暴力秩序，商业世界也不例外。西方世界从 17 世纪爆发商业革命到 19 世纪爆发工业革命，逐渐抛弃了商业上的礼仪外衣，建立起了一套以法律为基础的商业秩序。中国在 16 世纪就发生了商业革命，但却没有孕育出一套个人主义的意识形态，反倒是强化了礼仪的力量，并将作为一种政治统治工具的礼仪扩展到了商业领域。

明清时期的中国已经形成了契约传统，特别是在土地交易领域，商业合伙和经营领域里也出现了书面契约。但是这种契约行为主要存在于私人领域，是民间行为，没有现代意义上的商业法律。明清时期的商业仲裁者是行会，而不是衙门。行会制定行规，也代表其成员与外人和官府打交道。

商事诉讼都是附着于刑事诉讼之中，不涉及刑事犯罪的商事纠纷案件极为少见。这是因为没有独立和职业的司法体系，行政长官兼任法官，官府直接判案，对刑事案件不得不处理，因直接涉及社会稳定，对民事纠纷则是一种厌烦的态度。发生民事争议告到官府，官老爷可以不分青红皂白，先各打五十大板。不是万般无奈，私了都要好于告官。

1865 年的《香港公司条例》，为中国的商业运作提供了一个新的制度架构，也为中国政府的公司法立法提供了一个范本。1904 年大清《公司律》的起草者伍廷芳，在香港接受教育，后又留学英国，在服务于清政府之前，他还任职过香港立法委员会。大清《公司律》颁布时，现代公司概念正式进入中国已经有了四十年的时间，公司相关事务已经有了一定的生成与发展。可是公司制企业模式还是没有被中国商事企业欣然接受，即使在香港也不例外。

直到 1903 年，在《香港公司条例》颁布近四十年的时候，根据该《条例》注册的公司数也只有 386 家。到 1939 年，在香港正式注册的公司数量才达到 1134 家，其中，703 家为香港公司、130 家为香港中国公司、301 家为外

① 科大卫，《近代中国商业的发展》，周琳、李旭佳译，浙江大学出版社 2010 年版。

国公司。香港中国公司和香港公司的区别是前者主要在中国内地经营，后者主要在香港经营。相比之下，日本 1879 年有 153 家股份公司，1882 年有 3336 家股份公司，1902 年发展到了 8612 家。

股份公司在日本的快速普及，有以下几个因素。一是公司这种制度下，股东承担有限责任、股份可以自由转让，更容易筹集资本。二是公司这种企业形式，在当时是与备受推崇的西方制度和技术相联系的。三是更容易获得人才，当时日本社会中的精英人物——前武士们，不喜欢在传统家族企业中工作。这三点原因其实可以归结到一点，就是日本明治维新全面引进了西方的现代法律体系，特别是民商法律，整个社会都存在着一种要向西方强国学习的氛围，日本启蒙思想家福泽谕吉直接提出了“脱亚入欧论”。

从《香港公司条例》到大清《公司律》，都同样提供了股东有限责任和股份可自由转让等公司制企业的优势要素，却没有对中国企业形成同样的吸引力。祖先崇拜文化下的中国人眼里，世间没有新鲜事。在面对一种新事物的时候，中国人的第一反应总是“我家不有嘛”，总要先从自己的老祖宗那里寻找根源。

中国传统社会里也确实存在着类似公司制企业所具有的那类优势要素。首先就融资来说，治水社会下高度发达起来的强势政府，能够通过行政手段有效解决一些庞大工程的建设问题，除长城这一代表作之外，还有高度发达的官窑等。民间手工业和商业发展的融资需求，则是通过家族和宗族制度得到了相当有效的解决。在人才方面，中国的科举制度无疑具有相当的优势，可以实现优秀人才的自下而上流动。企业经营中，家族企业的长期雇工和伙计，往往也能最终成为合伙人。这使中国的优秀人才，即会热衷于科举考试（包括今天的高考和公务员考试）晋升，也不会拒绝进入传统文化下的家族企业发展。他们对体制依附和人身依附很习惯，公司制企业所提供的制度保障上的人身平等，没有成为他们的追求。

由于战乱不断，中国从 1904 年的大清《公司律》，到中华民国时期的几部公司法，都没有机会得到很好的贯彻和落实。即使没有战乱，这些法律能被落实到什么程度，也是一个疑问。香港到 1960 年代，公司注册的数量才开始猛增。原因有两个：银行要求公司使用一致的名称，企业为了使用银行服务而正式注册；欧美对香港的出口商品实行配额，必须是正式注册的公司才能得到这些国家的进口许可证。从这时候开始，随着管理和金融等各方面的新需求，名义或说正式结构上，传统家族企业逐渐被现代的公司结构所取代，但是这种公司结构还是在家族的控制之下，也没有割断与传统经营方式之间的联系。

三、无所不能的政府和适应力极强的宗族制度

中国可以用行政命令的方式修出长城，但却兴办不出同样规模的商业企业，这背后其实是同一个原因：自秦始皇开始，中国就要么是混乱，要么是一个“无所不能”的政府。在这个无所不能的政府之下，有一套发达且适应力极强的家族和宗族制度与其相互支撑。中文字面含义上的“公司”事务，在中国就是由政府和宗族以及其他各类集体组织等来完成的。

严复将穆勒的《论自由》翻译为《群己权界论》可谓是绝妙，中国的问题就是群己权界不分，公私规则不明。这背后的原因是一直没有建立起源自契约的权力，并用源自契约的权力约束住源自暴力的权力。不受约束的权力可以以公侵私、化公为私。

现代资本主义的发展起始于纺织。中国自元朝就开始使用手动纺织机械，却不仅没有首先发明现代纺织机械，甚至在引进和应用现代纺织机械上还滞后了 100 多年。西欧国家在 18 世纪下半叶和 19 世纪上半叶开始广泛应用蒸汽机。由于清政府对制造业的垄断，蒸汽机引入中国严重滞后。在欧美国家大规模实现工业化的 19 世纪 60 到 80 年代，中国只有江南制造局将蒸汽机用于制造枪炮。

中国的民用纺织工业直到 19 世纪 80 年代才开始引入蒸汽机。1882 年，李鸿章获得“十年内只准华商附股搭办，不准另行设局”的专营权。但是李鸿章主导下的上海机器织布局磕磕绊绊，自 1876 年动议，到 1890 年才投产，1893 年正欲扩建之时，又毁于一场大火。直到 1895 年李鸿章政途受挫之后，机器纺织才逐渐推广起来。

作为对比，我们看一下日本的情况。1867 年出生的丰田佐吉，在 1885 年日本颁布的“新专利法”的刺激下，决定在纺织机械上搞点儿发明创造，并于 1891 年以一种能够提高布匹质量和生产能力的手动织机获得了他的第一个专利。1894 年和 1897 年丰田佐吉又分别推出了自动回线织布机和动力织布机。此后，丰田佐吉的纺织事业一路发展，缔造出来了一个丰田纺织帝国，并以其 1929 年向占据世界纺织机械霸主地位 70 年之久的英国普拉特兄弟公司的丰田自动织机专利授权所得 10 万英镑，奠下了丰田汽车帝国的第一块基石。

资本主义始于家庭，企业依据家族的原则创建并发展，商人以家庭、宗族和同乡关系为纽带组成业务网络，这在古今中外都没有本质差异。但是，凭借宗族或家族的纽带，中国人可以在一定范围内共同支配财产，这点中外大不同。原因在于中国一直没有发展出成熟的个人权利概念。君叫臣死，臣不得不死，父叫子亡，子不得不亡。

在一个事实上不存在公司法的社会中，为了强化合作，将血缘关系和商业运作机制结合起来是至关重要的。从中国历史上看，宗族或家族是最有效的商业组织方式。以祖先的名义，宗族或家族共同支配财产带来了许多对资产进行管理和分配的方法，如各房之间有清晰的股份划分，发展出一种极其类似于股份制的经营结构。宗族还拥有一个管理结构，可以成功地规范其成员的行为，宗族财产可以各房轮值管理或者由才能比较卓越的一房进行统一管理等，以至科大卫把中国传统的宗族看作是公司①。中国企业的优势和劣势都与这个结构有关，其最为现代的表现就是所谓“分股经营”。名义上大家走到一起，组建成了一家公司，可是实际运作上，还是各位股东各管一块、各自为政。

四、先天不足的资本市场

中国的商业制度带来了 16 世纪到 18 世纪前所未有的经济增长，但同样的机制却不足以带动 19 世纪蒸汽机时代的规模经营。西方能够成功应对这场变

① 科大卫，《近代中国商业的发展》，周琳、李旭佳译，浙江大学出版社 2010 年版。

革，是因为自16世纪开始，逐渐奠定起了现代的银行、公司和商法基础。这些机制催生了有效的金融市场和层出不穷的金融工具，使得贸易和工业的大规模融资成为可能。

西方金融市场发展的三个阶段是国债、铁路股票和工业公司股票。与笃信上帝的西方人不同，中国人自古就并不排斥放贷生息，但却没有发展出一个有效的现代资本市场，这看起来似乎有些奇怪。但是只要简单地回顾一下历史，甚至只要看看今日还充斥着中国电视屏幕上的君君臣臣的宫廷剧，就可以找到答案。

中国之所以和欧洲出现了一个大分流，就在于政府对高级金融活动的遏制。在国家的权力可以不受限制的情况下，严格意义上的“国债”也就无从诞生。皇帝拥有至高无上的权威和所有权，普天之下莫非王土，皇帝事实上可以随意取得民间财产，正如一部电视剧里的台词，“对呀，朕为什么不能查抄他的家产呢?”明朝的盐引交易，本来很有希望发展成国债交易性质的第一阶段资本市场，但被具有无上权威的皇帝直接掐死了。

所谓盐引，是从14世纪末开始，明朝为了换取民间商人给其北方边境驻军运送粮食而发出的食盐专营权利券。具体做法是，商人先运送一定数量的粮食到北方驻军处，凭交粮条从朝廷换出盐引，再凭盐引到盐场换取食盐拿到市场上销售。由于从开始运粮到得到食盐销售要有长达两年的周期，就出现了粮商和盐商之间的分工，前者运粮得到盐引后，直接将盐引卖给后者，这就产生了一个盐引的市场。1617年，明万历皇帝废除了这种市场化的盐引制度——按市价的一小部分从持有者手中把盐引买回，同时将食盐专营权授予了当时已经出现的大盐商家庭。

从现代的观点看，盐引等于是政府发行的一种“债”，只是获得这种国债的方式不是直接以货币购买，而是通过粮食交易。盐引进入市场交易，等于是形成了一个国债市场。废除盐引和相应的盐引交易，代之以政府直接授权给大盐商，同时向大盐商索取“报效”，等于是终止了通过市场办法解决政府的“融资问题”。

西方资本市场发展的第二阶段是铁路融资。中国的铁路发展直接受到了皇室的阻挡，铺好的铁路不让蒸汽机车牵引，而是用马拉，因为怕惊动了帝王的神灵。这跟英国当年严重阻碍了其汽车工业发展的红旗法案，很有一拼。率先发生工业革命的英国，在19世纪末和20世纪初，发展汽车工业上落伍了。英国的贵族老爷们害怕汽车轰鸣上路，惊动了他们座驾的马匹，使议会通过了一个红旗法案，规定汽车上路要在其前方由人举着红旗警示和引路。

当清政府着手进行铁路建设的时候，虽然允许各省通过股份制的方式筹集资金，但却无法形成使公司对股东负责的机制。在四川，铁路公司在铁路建成前就已经破产，中央政府竟然在没有提供任何补偿的情况下将铁路收归国有。在21世纪的今天，中国还是通过政府机构推进了铁路建设，而没有主要通过资本市场解决铁路建设的资金问题。以铁路债券和股票交易为主的资本市场发展第二阶段，也就错过去了。

相比国债和铁路，工业对大规模融资的需求要小得多，工业融资可以通过化整为零和由小变大、自我积累而至少是部分地得到解决。西方国家是在通过国债和铁路融资而发展出来了一套资本市场体系之后，又用这套体系去解决工业化过程中产生的企业联合问题，进而直接创生了现代工业股票市场。换句话说，资本市场不是伴随工业企业由小变大而发展起来的，它是在现代工业发展起来之前就已经通过国债和铁路融资而形成了。中国在错过了国债和铁路融资阶段之后，试图直接以工业股票为主发展起来资本市场，其直接的一个结果就是这些工业企业的发展规模、经营模式，特别是其运作上的透明度，远远达不到资本市场有效发挥作用所需要的那种程度和高度。

第二节　中国的公司之难：理不清的官商民关系

纠缠不清的官商关系让轮船招商局那样的官督商办企业落入官僚控制，充分调动起来了民众力量并成功实现了广泛公众融资的地方铁路那样的商办公司也同样因为理不清的官商民三方关系而最终落入了官府控制。中国的公司发展，难在缠绕不清的官商民关系，结果是无论官办、商办还是民办，都无法创建起能从广泛公众手中融资并可长期持续发展的现代企业。

一、从官主到民主的现代公司

前现代社会的世界各国大同小异，君王及其代理人主导公共事务，普通民众作为君王及其代理人治下的“臣民”没有现代式的公民权利，他们必须依附于领主、父母官或者乡绅与地主。

公司这种集体——集众多个人之力于一体——的组织形式，最初也是为权贵阶层所特有的一种工具，只是这回，他们要用一种自愿参与和相对明确的合同关系来集合其跟随者。

荷兰东印度公司的投资者们与实际控制着公司的董事们之间的矛盾与冲突，和中国晚清那些官督商办或官商合办公司中的商人股东与实际控制着公司的官僚之间，甚至今日中国公司的广大中小股东与公司实际控制人之间的矛盾与冲突，有着极大的相似性。

一本代表描述荷兰东印度公司中小股东抗议之声的小册子这样写道：“如果我们向市上议院和参议院投诉，那里有公司的董事；如果向海军部投诉，那里有董事；如果向荷兰议会投诉，我们会发现董事和议会其实就是一回事，都穿着‘公司’这同一条裤子。”

清吴佐清在《中国仿行西法纺纱织布应如何筹办俾国家商民均获利益论》中指出：“官督商办之不能无弊也。夫泰西虽官商一体，然商务则官第保护之，维持之，不侵其权也。中国之纺纱织布局，若云官办，则实招商股，若云商办，则有总办、帮办、提调名目。抑有一二实事求是者汰去帮办、提调名目，而总办之名，则固居之不疑也。商民虽经入股，不啻途人，即岁终分利，亦无非仰他人鼻息。而局费之当裁与否，司事之当用与否，皆不得过问。虽年终议事，亦仿泰西之例，而股商与总办，分隔云泥，亦第君所曰可，据亦曰可，君所曰否，据亦曰否耳。”如果说，这是在描写今日中国之国有控股上市公司，似乎也没有什么不妥。

作为现代企业制度的公司，不是需经官方批准才能成立的传统特许公司，而是民众可自由组建并得到法律保障的普通公司。从特许公司到普通公司的发展，形式上保持了董事会控制的相同特征，但是实质上却从“官主”变成了“民主”——掌握公司管理权力的董事从官方任命变成了公司股东选举产生。

在所有权构成上，随着传统特许公司向现代普通公司的发展，以皇室、政府、达官贵人和大商人为主导逐渐变成了以白手起家的创业英雄和普通公众为主导，公司之“官”——董事和经理人——与政府之官员成为了两部分人，依据两种不同的规则、在两个不同的领域里发挥作用。

清末的现代企业努力，从“洋务运动”到《公司律》颁布，之所以成效有限，都是因为没有解决好政府之“官”主导一切的问题。以税款所建事业为官办，完全由官主导；由社会融资所建事业，无论所谓官督商办还是官商合办，最后和实质上还是官为主导。就是一些名义上完全商办的事业，只要上了一定规模，引起了官的注意，也会通过各种途径变成官为主导。这是至今中国依然没有解决好的“官本位社会”问题，公司这种本应由民众自行组织起来的现代企业形式，只是官府甚至是高官个人用来吸纳社会资源达成其自身目的——以公共利益为名，但其中不乏官员私人的政治或经济目的——的一种工具。

二、作为一种官之工具的公司

历史上中国的官府并没有控制大部分国内市场和生产，其中有许多掌握在私人手中。在清代，仅有盐、铜、丝和瓷器是由国家垄断，而像茶、糖、谷、棉纺织等则几乎完全被私人拥有和掌握。也正是因此，中国能够在传统的几千年里生生不息，并长期居于世界领先地位。可是，在西方国家利用公司制度实现了现代型崛起之后，中国的传统优势遭遇了一种新型的挑战。

李鸿章通过其实际上含义不清而弹性极大的“官督商办”概念，创建轮船招商局（1872 年），在英国的现代公司法诞生（1862 年）仅仅 10 年之后，把公司制的股份融资要素正式引入了中国的经济体制内。但是，在公司的管理控制结构上，所有李鸿章治下的那些所谓新式企业，从轮船招商局到上海织布局，都没有任何现代含义上的“董事会管理公司”概念。名义上的“官督”变成了实际上的“官员管理”，名义上的“商办”变成了实际上的“商人只是出资无权管事”，可说是“民有官营”。完全是因为李鸿章具有优秀的中国传统式用人技巧，能够授权其所委派之人，并幸有盛宣怀这样的一代奇才，加之李鸿章强大政治力量所能给予的保护、官方补助和垄断地位，才使这几家洋务企业能够有所发展。公司制度在这里所能发挥的作用，仅限于筹集到了买办资本，并在一定程度上利用了买办的人力资源和管理才能。

官督商办这种组织形式，是为了争取公众认购资本，最初得到了买办和其他个人投资者的积极响应，这使轮船招商局能够在 1873 年成功改组。名称上从“轮船招商官局”改为“轮船招商局”。尽管“局”字本身就有官府事业的含义，但去掉了一个“官”字，还是使其官味有所淡化。同时，引入了唐廷枢和徐润等买办出任管理人员，这使轮船招商局的“商办”特性有所体现。

但是随后的发展情况是，官府牢牢抓住对这些官督商办企业的控制，过分监督，引起私人投资者的不满和不信任，不愿意再提供新的投资。为了能够吸引商人投资，张之洞的洋务企业采用了一个新的说法——“官商合办”，可实际上，张之洞比李鸿章还不放心商人管理，并对其所办洋务企业采取了更为直接的个人控制。为了保持个人的直接控制，防范经理人谋取私利，张之洞能把他创办的棉布厂从广州搬到他就任新职的武汉，把汉阳铁厂开设在紧靠着他衙门的地方——既不靠近煤矿，也不靠近铁矿。

对于公司制度的利用，张之洞和李鸿章一样，止步于融资。相比之下，袁世凯倒是大大地向前迈进了一步——在融资之外，还引入了董事会管理。袁世凯能够在利用公司制度上，比李鸿章和张之洞再往前迈进一步，虽是时代使然，即袁世凯是晚一辈的人物，但也与袁世凯自身直接参与了公司制度的基础——公司法在中国的正式引入工作有关。

1903 年 4 月 22 日，光绪皇帝批准设立商部，高层开始重视商业发展：“通商惠工，为古今经国之要政。自积习相沿，视工商为末物。国计民生，日益贫弱，未始不因乎此。”朝廷命载振、袁世凯和伍廷芳（曾留学英国的法学家）筹组商部。根据上谕，成立商律馆，负责草拟一套商务法典，及拟订成立商部组织机构。9 月 26 日，商部正式成立。商律馆后来成为伍廷芳主持的专署，汇集和翻译外国商法，以备在中国使用。1904 年 1 月 21 日，颁布了《商人通例》9 条和《公司律》131 条。1904 年 6 月 15 日，颁布《公司注册章程》18 条，公司注册局随后开办。商律馆公布或协助起草的律令还有：《公司登记法》（1905 年）、《破产法》（1906 年）、《专利权法》（1906 年）和《商会律》（1904 年）等[①]。1914 年，袁世凯以中华民国总统身份签发的《公司条例》，内容基本是清政府没有来得及颁布的《公司律》修订版本。

三、袁世凯治下的商人与公司发展

1905 年，袁世凯倡办北洋烟草公司，政府不任命督办，但将以董事会的成员出现。也不再称之为从李鸿章到张之洞都喜欢采用的“局”字，而是称之为公司。政府是提供保护而不是干预。袁世凯还提供了 2 万两官银作为政府股份。合计 3.3 万两银的股票很快被包括商人和官员在内的私人认购。可惜的是，袁世凯对公司制度的利用也仅止步于此——融资和董事会管理，没有在有关公司债务承担和破产处置等方面进一步遵循公司制企业原则。

1908 年，由于宗派斗争，北洋烟草公司经营停顿，宣布破产。总计 10 万两银的筹资结构为 2 万两政府股份，3.3 万两私人股份，1 万两银行贷款，和 3.3 万两私人借款。公司清算时只省下约 2.7 万两银的资产。根据袁世凯的指令，用 1 万两银全数偿还了银行贷款，1 万两银偿还了政府的 2 万两银股份，0.7 万两银偿还了 3.3 万两银的私人股份，3.3 万两银的私人贷款一两也没有偿还。在这里，没有任何公司或法律规则，完全只是一种势力斗争。银行能够得到全额偿付，是因为惧怕以后得不到支持。私人贷款作为债权的顺位本应该先于股权得到偿付，却被完全排除。股权资本中，政府的股份（50%）得到了远远高于私人股份（21%）的偿付比例——相比中国传统的公私合营企业

① 陈锦江，《清末现代企业与官商关系》，王笛、张箭译，中国社会科学出版社 2010 年版。

破产后政府投资要第一顺位得到全额偿付，已经是袁世凯做出的重大“让步”了。袁世凯最初是要将还清银行贷款后的1.7万两银中的1.6万两用于偿还政府股份，只留给私人股东0.1万两，在遭遇私人股东的怨声载道和抗议之后，才又多划给私人股东0.6万两的。

在袁世凯的支持之下得到商业上成功的两个代表人物是孟洛川（1850～1939）和周学熙（1866～1947）。孟洛川在袁世凯任职山东巡抚时与之结交，把家族棉布生意扩展到了山东、北京、天津和上海的主要城镇，拥有24家瑞蚨祥分店。鼎盛时期，孟洛川旗下企业雇佣上千人，涉足棉货、药材、茶叶、手工织品、当铺等多种行业。孟洛川深谙中国传统的用人之道，他精心挑选两类人，一种是有才能的人，另一种是对他绝对忠心的人，然后把这两种人配成对分配到同一岗位上。在袁世凯衰败之后，孟洛川通过与显要军阀联姻等手段继续获得了政治支持，但最终于1926年因支持他的军阀衰落而衰落。

得到袁世凯的支持而得到了更大商业发展的是周学熙。周学熙出身富裕官僚家庭，其父周馥曾官拜两江总督（1904）和两广总督（1906）。1900年，袁世凯担任山东巡抚时，委托周学熙创办一所现代学堂。1901年，袁世凯出任直隶总督时，周学熙随之到天津，并很快从候补道台升为实任道台，接着升任盐运使，1907年升至直隶按察使。

1906年，袁世凯委托周学熙创办滦州官矿有限公司。周学熙设计了一套以官矿为名义的私人公司方案，因为作为官矿可以不受私人采矿公司的采掘范围（30平方里）限制。周学熙提交的章程中，列举了多项股东权利和公司对股东负有的责任。私人投资者可获得50%的利润，另外的50%在政府和地主之间对等分配。公司选出一个15人的董事会，并选举产生总理和协理①。周学熙不再是“督办”，而是“总理”，不过这个总理职务还是先由袁世凯任命的。到1909年6月12日，才真正召开股东会议，正式由股东选举和认定了周学熙的公司总理身份。

为了保持控制，公司章程规定，总理和协理从董事中选出，每位至少要有

① 陈锦江，《清末现代企业与官商关系》，王笛、张箭译，中国社会科学出版社2010年版。

每股为100两银的2000股股票。董事和两位监查人，每人至少要拥有1000股。拥有200股以上的股东，有权推荐一人，由公司根据其才能和条件而雇佣。持有5股者有权提建议，持有10股者有权投票，持有50股者有权做出提案。

周学熙还于1906年底，在重组一家旧水泥厂的基础上，创建了启新洋灰有限公司，这也是一家私人公司，而不是所谓官督商办或官商合办，但却同样作为一种实际上的官僚企业而享有一些特权。启新把利润用于再投资，获得巨大成功，但是这种成功也和那些官督商办或官商合办企业一样是得自垄断地位——直到1908年和1909年都被农工商部确认为直隶唯一的水泥生产厂家，还包括向轮船招商局和北方国有铁路供应水泥的专营权等。公司股东是和滦州煤矿的同一波人，其中包括了袁世凯家族。经理人、董事及其他股东等都是官僚，新股也被限制在这个圈子内。

盛宣怀是在后来才完成了身份转变，从洋务企业中代表官方的“官督”变成了积累个人财富的官僚资本家，周学熙则从一开始就以实际上的“官督”身份和特权，经营着官僚们的个人财富，使作为“强国大计”的洋务运动和官督商办，最终走上了官僚资本主义道路，也使中国的公司制度一直只是官府和权贵们的商业工具，没有惠及普通民众。

四、公司成为官僚资本主义之下的敛财工具

19世纪末和20世纪初的二十几年，正是公司制从英国扩展到德、法、日、意等国，美国从古典企业和大亨时代向现代大型公众公司和职业经理人时代转型的时期，中国则从官督商办发展到了官僚资本主义。官僚们则成为从代表政府监督到把自己的资金投入，掌握经营权力并最后完全主宰中国的所谓现代企业的实际参与者。

盛宣怀个人完成了整个过程，聂缉椝（1850～1911）由其儿子最后完成，张謇和周学熙迅速完成。对于盛宣怀来说，企业主要是政治工具，他用官僚式操纵代替良好经营判断，在那些明确地享有垄断和政府补贴的企业中可以获得

成功，但在其他存在竞争的企业中则遭遇失败。对于周学熙和张謇来说，企业不再是个政治工具，企业的发展本身已经是目的，但是他们脱离不了政治。即使像孟洛川那样的原本纯粹的商人，也要卷入政治旋涡，才能有其企业的生存和发展空间。

中国始终有一种传统政治结构下的“官员自大狂”，皇帝老大他老二，别人都是愚昧和啥都不懂的，社会经济中的一切都要官来审批和控制。成立公司，要有无数的证和各种的前置条件，公司融资和上市就更是一种“特权”而不是权利，需有官府恩准才行。各种能做和不能做，时放时收没个准称，因人而异。张之洞在推选盛宣怀出任铁路督办公司时的一番话淋漓尽致地表达了一种过度的“精英意识”：“官不通商情，商不顾大局，或知洋务而不明中国政体，或易为洋人所欺，或任事锐而鲜阅历，或敢为欺瞒但图包揽而不能践言，皆不足任事。”盛宣怀也同样，在评论一个工业学校将在10年内见成效的建议时说，“人民是痴呆的，10年是很快的”。

在关于为京汉铁路筹措资金的计划中，盛宣怀写道：总公司“原以招集商股为归宿，但华商须待工成利见而后来。臣经办轮船、电报，前事不忘”。在1899年11月18日的一个奏稿中，盛宣怀说：“有资财者皆好图一人一家之私利，即所谓朋充者不过数人合开一店而已。如泰西之股份公司，总不能畅行于中土，而权利极大之举不得不让外国人为之，甚可慨也。”

可是，造成这样一种状况的根源何在？中国商人不愿意露财，会烧毁账簿而不是写自传，他们怕的是什么？还不是怕官府的各种盘剥和掠夺吗？在同样面对各地兴起的半半拉拉、有待完成的铁路建设状况的时候，摩根用资本市场手段进行整合，并由此带来了现代公众持股公司和职业经理人制度的发展，盛宣怀则是上奏朝廷收归国有，并由此引发了导致大清覆亡的社会动乱，使他自己也成为大清的罪人，险被问斩。

从官督商办到官商合办，皆因难以革除的政府控制而失败。在周学熙这样的官僚资本家横空出世后，名义上的政府控制，干脆让位于官僚个人和其代理人的个人控制。公司成了官僚资本主义下的权贵个人敛财工具，普通民众和普通商人，日益与之远离，中国的铁路修建和重化工业发展等，也就日益无法通过市场化和真正的现代公司制方式去实现。

官僚居高俯瞰和统治，商人居中攀附而上。民众个人无权无力，只有在激发起群体行动时才有一种毁灭性力量。公司在这样一种现代社会下，按照法律和市场规则集合个人之力的组织，始终不能在中国真正落地、生根和发展壮大。

第三节　中国传统合伙经营中的公司制要素

长期居于世界领先地位的中国，没有发展出现代公司，但是合伙经营却源远流长。发达、灵活和复杂多样的合伙组织形式，延缓了中国商人对现代公司制的内在需求，甚至成为中国现代公司制发展的一种阻碍因素。

一、中国古代的合伙经营

综观中国史上的合伙经营，可谓五花八门、形式多样，称谓也是不下十余种，包括：合本、同财、联财、相合、公家、合做、合最、合伙、合股、合资、公司等。

据有文献记载的历史，中国的合伙经营可以追溯到春秋战国时代，其中，最有名的就是管仲（前 725～前 645）和鲍叔牙（？～前 644）的合伙经营生意。《吕氏春秋》载：“管仲与鲍叔同贾南阳，及分财利，而管仲尝欺鲍叔，多自取。鲍叔知其有母而贫，不以为贪也。”富者鲍叔牙出资、贫者管仲出力，合伙经营生意，管仲不守约定份额多取利，鲍叔牙不与之计较，被作为“佳话”流传。时至今日，中国企业中经理人贪占股东之利，也是不以为耻。

汉代，合伙人之间开始订有合伙经营契约。1973 年出土的湖北凤凰山十号汉墓简牍中，有份“中贩共侍约”，史学者对其具体经营内容解读不一，但可以断定，这是一份合伙经营契约。

到唐代，合伙经营已经非常发达，有关商业的书籍中甚至有了关于合伙经营中利润分配问题的算术题。如《算经》中例题："今有甲持钱二十，乙持钱五十，丙持钱四十，丁持钱三十，戊持钱六十，凡五人，合本治生，得利钱二万五千六百三十五，欲以本钱多少分之，问：各人得几何？"①。

明代出现了标准的合伙契约格式，如明代《新编徽郡补释士民便读通考》所载："立合约人某某，窃见财从伴生，事在人为。是以两同商议，合本求利，凭中见，各出本银若干，同心揭胆，营谋生意。所得利钱，每年面算明白，量分家用，仍留资本，以为渊源不竭之计。至于私己用度，各人自备，不得支动店银，混乱账目。故特歃血定明，务宜共乐均受，不得匿私肥己。如犯此议，神人共殛。今欲有凭，立此合约，一样两纸，存后照用。"②。

清代合伙经营得到了进一步的发展，清中期以后中国的合伙经营甚至出现了向现代公司制逐渐演化的趋势。说合伙经营向公司制演化，主要是指其业务规模、企业作为一个经营实体的延续以及其实际的治理机制，而并非法律含义上的，其状态与英国自 17 世纪末开始到 19 世纪中期现代公司法出现之前那一百多年中出现的大型未经注册的合伙组织——事实上的公司十分类似。

发达的合伙经营创造了中国在传统经济时代里的世界领先地位，但是 19 世纪中期西方企业制度突变——现代公司崛起之后，中国传统的合伙经营就开始落伍了。

二、中国传统合伙与现代合伙制及公司制的异同

在清末变法图存、启动中国法律现代化进程之前，作为宗法社会之下的传统合伙经营，完全是一种民间合约行为，并非现代民商法律意义上的合伙制企业，更不是现代意义上的公司制企业，但其中却包括了现代合伙制中的一些要素，也包括了现代公司制中的一些要素。

① 转引自邹进文："古代中西商业合伙经营比较研究"，《商业经济与管理》，1996 年第 2 期。

② 谢国桢选编，《明代社会经济史料选编》（下），福建人民出版社 2004 年版。

现代合伙制企业是与公司制企业、个人独资企业并存的三大企业组织形式之一。简单地说，合伙制和公司制之间的本质区别有三点：成员责任限度、管理权力配置和权益转让限制。合伙制下，合伙成员——合伙人承担无限连带责任，各合伙人均有管理权力，合伙人权益转让受到严格限制。公司制下，公司成员——股东承担有限责任，管理权力归属董事，股东权益可以自由转让。介于这两种标准模式之间的是有限合伙、两合公司及无限责任公司等，区别是对上述三方面做出了不同的组合安排。

中国传统的合伙经营中，由于缺乏国家层面的立法支撑和规范，完全民间自发合作下产生了各种各样、不同形式的合伙安排。典型的有：资本合伙，就是合本的字面含义，把本钱放在一起，按照出资（本钱）比例分配利润；劳动合伙，大家一起干，按约定比例分享盈利；资本与劳动合伙，出钱者（银股）与出力者（身股）合作，按约定比例分享盈利。

资本合伙，具有表面上的“资合”性质，这使其与现代公司制企业有些接近。但是，由于没有国家法律层面上的有限责任制度和公司法人地位，资本合伙还是具有极大的人合性质，就是只有相互熟识和相互信任的人才能进行这种合伙，否则承担不起其中的道德风险。中国传统的一些大型家族合伙企业，事实上已经在传续到家族第二代或第三代时进行了家族内部的股份化了，比如，晋商中山西太古曹氏和介休侯氏。曹氏始祖曹三喜明末清初开始在关内关外多处经营多种产业。曹三喜有七个儿子，将资产分为七份，但在商业经营上仍通过“总管理处”统一进行。介休的侯万瞻自康熙时开始贩卖绸缎，发展到乾隆年间至其孙侯兴域时，侯家商业、地产积累已达百万两。嘉庆十三年（1808），侯兴域将家产平均分给六个儿子。侯兴域去世后，长子、次子也相继身亡，六股家产由三子侯庆统一打理，后又有侯庆之子侯隐昌、之孙侯从杰统一打理，家族内各房在商号中都有其明确数额的股本①。

资本与劳动合伙，出钱的东家给出力的伙计分利，在一定程度上解决了传统合伙经营企业的人才问题，具有现代公司中股权激励机制的作用。一种极端

① 刘秋根，《中国古代合伙制初探》，人民出版社 2007 年版。

形式的资本与劳动合伙，所谓领本经营，就是经营能力的人全权管理生意，出钱的人有事先约定的固定利率保障（所谓官利），实际具有相当程度上的“劳动雇佣资本”性质，跟现代形式的公司创始人与风险资本关系也有几分相似。

三、公司制引入之后的中国合伙企业

大型未经注册合伙组织这种事实公司的发展，以及与法国之间在企业发展上的竞争，促进了英国在国家法律上进行现代公司制度的创设，明确了公司是经政府的法律认许和注册成立的法人组织，具有独立的民事权利，以自身的法人财产对其债务承担责任，而作为公司成员的股东只以其投入公司的资本额为限对公司债务承担有限责任。这样就有效地降低了投资者的风险，使公司成员——股东的边界可以扩大到家族和熟人圈子之外，进而走向社会成为公众公司。

由于自然环境上的封闭和缺乏欧洲国家之间的那种竞争，中国清政府没有跟上 19 世纪中期开始的现代商业和企业发展步伐，没有提供相应的民事和商业法律供给。在美国、法国、德国、日本和意大利都紧随英国，相继进行了现代民事和公司立法、步入现代企业发展阶段之后，中国的清政府还在夜郎自大、自以为是、惟我独尊。在被迫打开国门之后，民间和一些开明高官开始共同努力探索现代公司制度，于是有了轮船招商局等“准中国公司”的诞生。直到 1904 年，中国第一部公司法——《大清商律・公司律》才正式颁布，1912 年和 1929 年，中华民国政府又相继颁布了中国第二部和第三部《公司法》。

有了现代公司法律之后，只有有限公司和股份有限公司才享有完全的有限责任，两合公司和有限合伙企业中的部分股东（有限责任股东和合伙人）享有有限责任，无限公司和合伙制企业的股东与合伙人都是无限责任，合伙制企业甚至是无限连带责任。只有投资人能够享有有限责任的企业组织，才能突破“人合”的边界，将融资的范围扩大到家族和熟人之外的整个社会和普通公众。

可是，习惯于传统合伙经营模式的中国商人对公司这种组织形式并不乐于接受。在公司制正式引入中国近二十年之后，中国商人们还是偏爱中国传统形式的合伙企业。根据 1933 年发行的《中国实业志》，浙江省总计 1410 家企业中，合伙企业占 22.5%，仅次于合资企业所占 26.7% 的比例。这里的合资企业，实际也并不全是根据《公司法》组建的两合公司，其中混合着许多的合伙企业①。根据 1933 年发行的《上海机制工业》，在上海市的总计 1883 家工业企业中，合伙企业数量占企业总数的 42.1%，合伙企业资本占资本总额的 24.4%。合伙企业的数量最多（次之的是个人独资，占 40.3%）的同时，资本规模也仅次于股份有限公司（企业数占 15.0%，资本额占 60.8%）。

在公司法提供了无限公司、两合公司、股份有限公司及股份两合公司等多种企业组织形式之后，合伙企业还是最受欢迎，彰显出公司组织作为一种舶来品的“水土不服”。

一方面，由于中国封建政府的专制特性和不作为，致使中国自身没有及时顺应大型工商企业发展需要而发展出一种自己的现代公司制度；另一方面，一直在民间契约自治框架下以合伙形式发展的中国工商业者，没有积极性去学习和适用晚清与民国政府从国外搬来的现代公司制度。这种法律上的现代公司制度，和实际运作中的工商企业行为之间两张皮的现象，实际至今依然存在。

四、具备有限责任要素，但无董事会机制

英国在最初讨论有限责任和创设现代公司制时，工商业者也是多有不支持态度的。他们认为，稳健的企业家不能通过家庭储蓄和企业收益筹集到必要的资金吗？有限责任会不会只是把商业风险强加给了供应商、顾客和贷款人？有限责任的支持者们认为，不允许商人采用如有限责任这样一种工具，其本身就是狭隘和违反自由精神的。如果人们愿意通过合同条款把他们的资本损失限定在一定数额，这在自然正义上是没有什么不妥的。

当时英国已经是一个经过了君主立宪的现代法治国家，法律准许的能做，

① 土肥武雄，《合伙股东责任之研究》，中国政法大学出版社 2004 年版。

法律不准许的就不能做，有限责任的法律准许就成为了一种重要的事情。正是在准许有限责任的同时，设置了董事和公司监察人制度等公司治理的基础规则，从而创设了法律意义上的现代公司。这种法律意义上的现代公司得到工商业者的普遍采用和拥护，实际还是此后几十年中大规模工业化和现代（工业公司）股票市场发展的结果。

直到1930年代，甚至某种程度上的今天，中国还没有实现严格意义上的整个社会和经济活动的法治，诸多工商业者基于合约而自创、合理但并不合法的做法可以普遍存在而不会受到处罚，这就使中国工商业者可以不顾公司法律的制度规定，而在其传统形式的合伙经营企业中引入一些他们喜欢的事实上的公司制要素，比如，有限责任，同时，可以规避掉他们不喜欢的一些要素，比如，董事会治理机制。

公司制最大的一个优势——有限责任，已经在中国传统合伙经营模式中部分地得到了。中国传统民间合伙经营中，按习俗和惯例，合伙人并没有对合伙企业债务承担现代合伙制企业那样严格意义上的无限连带责任。中国传统的合伙经营中，合伙人按比例分享合伙经营收益，同时也是按比例承担合伙经营损失。对于合伙经营中所欠债务，合伙人需在合伙财产之外拿出家产来偿付，也就是承担无限责任，但只是按比例承担相应份额，而不是相互连带的。并且，这类债务纠纷，在地方商会调解之下，合伙人往往只是“尽力承担”，债权人既会让步，也会最后承受部分损失。这在一定程度上，类似于现代的公司破产重整制度，只是没有国家立法层面上的清晰一致和全国统一的规则。另一方面，由于中国没有英国历史上那种残酷的债务人监狱制度，致使中国传统商事中的“无限责任”还是有个基本的人道的限度。

在中国传统合伙经营模式中，通过“身股”和“人力股”的创设，人才引进和职业化管理的问题也得到了部分解决。

公司制所要求的董事会集中管理——民主决策机制，一直在中国商业中没有得到重视，至今也是中国公司治理中的薄弱环节，并且是中国传统文化之下的商人们所普遍厌恶的。恰恰是董事这种治理机制的设置，才能使有限责任不会被滥用，中小投资人和债权人的利益可以得到一个基本保障。

第四节　轮船招商局：从官督商办到公司

创办于1872年的上海轮船招商局是中国第一家“公司”，可实际上直到1904年大清《公司律》正式颁布之后数年，轮船招商局都迟迟没有作为一家公司正式注册，也没有一个股东选举产生的董事会来负责公司管理。在其创建27年之后和大清《公司律》颁布5年之后的1909年，轮船招商局才作为公司正式注册，并第一次组建了一个由股东选举产生的董事会。完全由董事会来实际管理公司，更要晚到大清覆亡之后才得以实现。

一、国家、商业与公司

现代国家的一个基本特征是政教分离、政商分离，直至政社分离。政商分离给予了现代公司这种居于传统的政府和私人家庭、家族及宗族之间的组织以成长空间。

美国在19世纪中期之前，一些州政府也曾普遍介入商业活动，创办银行、投资于公路、桥梁、运河和铁路，以及试办公私合营企业等，但是效率低下和失败很快使美国政府认识到，不该介入应属私人的商业领域。

日本在明治维新初期，政府投资兴建了一些示范工厂，但也很快就出售给了私人，这使日本公司在19世纪最后的一二十年里得到快速成长。

中国传统几千年里，一直有着政府介入商业活动的传统。经由太平天国起义而国力转弱的大清，为了应对西方“船坚炮利”的挑战，洋务运动中采用了“官督商办”体制兴办新式企业，以资“利用”民间资本。但是一直只想“利用”，不愿放手，甚至一有机会就要“收归国有”。如果不是要实行铁路国有化，清政府的倒台还不会那么快。

中国人自己兴办的第一家“公司”轮船招商局，在经过了从 1872 年到 1909 年这四分之一世纪之久的“官督商办”之后，终于不再“官督”而“商办”——方始成立股东选举产生的董事会，而且在清政府倒台之后才真正进入了“董事会全权管理”的真正公司状态，却最终还是在 1933 年被中华民国政府给国有化掉了。

与轮船招商局同期（只早了两年时间）并同样以三条轮船开始创业的岩崎弥太郎，则是借着日本政府的国有轮船公司私有化之力，从三菱轮船公司发展出了一个三菱工业帝国。

中国在计划经济时期走上了官办工商业的极致，直到最后接近经济崩溃、无以为继而走上改革开放之路，重新开始利用外资并准许民间工商业的发展。但是至今，政府重度介入工商业，亦官亦商、官商缠绕不清的问题依旧存在。

二、官督商办的渊源与含义

清末洋务运动时期，按官督商办体制开办的大型企业有十几个，按开办时间排列，较为著名的有轮船招商局（1872）、开平煤矿（1877）、上海机器织布局（1878）、国家电报局（1881）、漠河金矿（1887）、汉阳铁厂（1896）和大冶铁矿（1898）等。

官督商办思想的直接来源是政府盐务垄断。从 1617 年明万历皇帝废除了市场化的盐引制度，代之以政府直接授权给其挑选出来的大盐商同时向这些盐商索取报效的盐纲制度之后，就形成了一种政府与商人之间“授予特许专利权——索取报效”的合作模式。在清盐务府的记录中，有大量官督商销、官运商销之类的字眼。盐务名义上是由地区或省政府在中央户部的名义上管理的，但是实际控制权掌握在总督和地方官员手中。晚清时期地方中央政府权势衰落、地方政权势力兴起，进一步促进了地方大员与大商人之间的庇护与合谋共生关系，形成了“官督商办”的制度环境。这些制度特征与 19 世纪中后期在通商口岸出现买办阶层和新资本来源相结合，就衍生出了官督商办的洋务企业。买办是官督商办企业的资本来源，也是其管理人员的来源。这些企业的管理人员通常具有官衔——买来的或者由更高官员推荐而获得，同时又是最大的股东之一。

日本明治维新时期的政府投资工商业有统一的政策和明确的政府资金来源，并且政府还给予新式工业企业以财政津贴。中国洋务运动这些地方大员庇护下的官督商办企业，如轮船招商局，最先是靠李鸿章的个人资金及借用军费开办起来的。没有规则明确的政府投资，又要依靠政府提供的专利权和免税优待等才有竞争力和对民间资本的吸引力（如轮船招商局享有运输漕粮的专利权，上海机器织布局享有机器织布和纱的10年专利权），这又为官僚的索取打开了方便之门。

由于没有任何工商法律，股东们不能依照法律反对苛捐杂税。他们仅有的保护者是有权力的官僚，这些官僚因为在公司得到特殊的利益而反对局外人的勒索。对于官督商办企业的管理者们来说，与其留下财物给掠夺者，不如自己分享其利。公司经常处于困难之中并向官方呼吁援助，其半官半商的管理者们的私人财富却在不断增长。

三、轮船招商局的创建

创建轮船招商局的最初想法来自容闳。容闳在1867年应江苏巡抚丁日昌之邀所写的改革建议中，提出了组建一个股份制轮船公司的设想。公司不准洋人入股，是一个纯粹的华人公司，全部由华人自行管理和工作。而且为了保证它的成功，政府以特许其从上海到天津运输指定比例漕粮的方式给予年度津贴。但是，这一建议并没有得到有效的响应。只是和总税务司赫德的劝说一起，促进了清政府出台规则，准许中国商人拥有和运用洋式船只。在这个一切都要政府许可，没有许可你什么都不能做的国度，这都是一个重要进步。

直接导致轮船招商局诞生的力量来自因率领淮军镇压太平天国而崛起为晚清重要政治势力的李鸿章。为了应对保守派官僚要停止福州船政局造船的压力，李鸿章提出“华商集资组建轮船公司，由一官派经理指导之，并授予漕运专利以保公司利润”。在1872年12月23日给总理衙门关于建立中国轮船招商局的报告中，李鸿章明确提出了“官督商办”的基本概念：“目下既无官造商船在内，自无庸官商合办，应仍官督商办，由官总其大纲，察其利弊，而听该商董等自立条议，悦服众商。①”

1872 年 8 月，李鸿章指派浙江海运委员朱其昂和他的年轻幕僚盛宣怀为这个计划中的公司起草了章程。朱其昂本身是个沙船主，出身商人家庭，没有科举功名，但捐有官衔。其海运委员职务的职责是负责由浙江到天津的沙船运输漕粮事务。该年 10 月，受李鸿章令，朱其昂带着他弟弟朱其诏到上海组建了“轮船招商官局”。

为了使公司能够运转，李鸿章拿出私人资金 5 万两，并以 7% 的利息将直隶练饷 13.5 万两借给公司。1873 年 1 月 4 日，轮船招商官局以在上海和天津的三艘轮船、仓库和码头，以及一项运输 20 万石漕粮的专利权，正式开始营业。朱其昂试图说服胡雪岩带头入股，但是没有得到响应。上海商人担心“官督”之下，商股权利无保。到 1873 年 4 月，只筹集到了 1 万两的现款和 10 万两的认购承诺。

四、买办管理时期的轮船招商局

严格说来，由于招募商股的不成功，由朱其昂任总办（或称督办）的轮船招商局还不是“官督商办”企业，而是如朱其昂为其所定的轮船招商官局这一名称所示，一个官办企业。

朱其昂的总办职务只任职到 1873 年 6 月，李鸿章找到买办出身的唐廷枢替代了朱其昂，出任总办。朱其昂卸任总办职务后，仍留在轮船招商局负责漕运事务（直至 1878 年去世），可获得漕运总收入 5% 的佣金。船队和码头等交给唐廷枢管理。任命唐廷枢为总办的时候，将轮船招商局改组为官督商办，并从名称中去掉了“官”字。

1873 年的改组，实际是轮船招商局作为股份制企业的真正组建，是时开

---

① 费维恺，《中国早期工业化——盛宣怀和官督商办企业》，虞和平译，中国社会科学出版社 1990 年版。

始有唐廷枢、徐润（出任了会办，相当于总办的副手）等的大额买办资本进入。重新修订的《公司章程》规定将股份较大者公举入局作为商董（商人董事，与官董——官派董事相对应），在主要港口协助商总经营业务。每百股举一商董，于众董之中推一总董（或称商总）。商董各管理一个设在各港口的分局，由总局给予任命证书。

这些分局的商董，可以自聘其职员。各个分局除按月领取经费之外，从1879年起，每个分局可以留取其出口水脚收入的4%，和进口或转运水脚收入的1%。这种制度下，负责各分局的商董——重要股东，实际成为了轮船招商局的佣金代理人，他们与轮船招商局总局之间类似于承包关系，分局自身则像是个家族企业。

五、盛宣怀入主

盛宣怀虽从一开始就参与了轮船招商局的创建，但是直到1885年并没有成为主角。从1873~1878年间，盛宣怀一直只担任会办。1879年，盛宣怀被委任为天津河间署理兵备道，暂时离开了轮船招商局。1881年，盛宣怀在成为当年新成立的电报局督办的同时，开始大规模购买轮船招商局股票，为入主轮船招商局做着准备。

1884年底时，唐廷枢和徐润因挪用公款事情败露而被解聘，李鸿章委任了盛宣怀为轮船招商局督办。由于还有天津河间署理兵备道及电报局督办等职务在身，并于1892年又升任了天津海关道，盛宣怀任职轮船招商局督办的1885~1902年间，在上海主管日常业务的是变幻不定的会办。这些会办也一律地拥有官衔，并且由李鸿章根据盛宣怀的推荐而任命，如同今日的国企高管要有行政级别，并由组织部门任命一样。

1885年，盛宣怀出任轮船招商局督办后，制订了新章程，禁止大股东担任分局商董，除非他们是能力和财力都有保证的人。盛宣怀还命令公司的官员和雇员，包括各分局的商董，都不准接受薪俸和红利之外的其他报酬，禁止为私人目的借用公司资金，而且在他们任职轮船招商局期间，不能接受别的雇佣。但是效果有限，裙带关系形成了复杂的贪腐网络，两套账册现象普遍。尽管如此，盛宣怀任督办的1885～1902年间，是轮船招商局作为官督商办企业的鼎盛时期。

官督民办洋务企业的并非中央政府，一直是直隶总督兼任的北洋大臣监管。自创办以来，到1909年转归邮传部管辖为止，轮船招商局一直在北洋大臣的监管之下。1902年，盛宣怀父亲去世，回家守孝，袁世凯以自己的亲信替代盛宣怀出任了轮船招商局督办。盛宣怀再次夺回对轮船招商局的控制权，要到1907年了。

六、官督商办体制下的管理架构

根据费维恺的研究结果①，总体来看，官督商办体制下轮船招商局的基本架构可以分为三个层级：最上层是监督层，就是官方保护人；第二层是公司的股东与管理部门，包括股东、官董和商董；第三层是业务部门，包括设在上海的总局和设在港口城市的若干分局。

上海的总局分为航运、财会和总务三个部门，这三个部门的负责人加上总局和分局的管理人员共同构成了商董（或称商总）。大政方针性的事情掌控在公司的官董手中。官董通常有3人，一名总办（或称督办）和2名会办。在商董和会办之间时常会有兼职。官董由李鸿章（后来的袁世凯和邮传部）直接任命，商董由官董推荐后被官方任命。

名义上拥有公司的股东，在1909年才正式成立了由股东选举产生的董事会之前，并没有作为股东参与决策的正式通道。最重要股东，如盛宣怀本身是作为督办发挥作用。次要一些的股东，可能是某个分局的实际“承包人”（佣金代理人）。也就是说，在股东和官董及商董之间是存在着交叉和重叠的。1909年开始由董事会掌握一些重要的政策性事情的决策。

公司的监督层——官方保护人，从李鸿章到袁世凯，最后是邮传部。在公

① 费维恺，《中国早期工业化——盛宣怀和官督商办企业》，虞和平译，中国社会科学出版社1990年版。

司的保护人眼里，这种官督商办企业就是一个较小的官局，如同今日政府部门看待那些有着行政级别的国有企业一样。官董，是公司和它的保护人之间的联络纽带，这些人，从朱其昂、唐廷枢、徐润到盛宣怀，都是同时扮演着企业的“官督”和“商办”两种角色。

公司的业务经营由上海总局的总办和会办控制，这些人是最大的股东，并且大多数股东是这些人的亲戚和朋友。负责各个分局的人都是轮船招商局的股东，许多人原是买办。他们由总局任命，但是他们有自己雇佣的职员和码头工人。

七、从官督商办体制到公司制

中国政府相比其他发达国家在现代公司法的供给上明显滞后，与此同时，中国的商人也缺乏对现代公司法的需求，对公司制企业形式的运用并不积极。

1908 年底，大清《公司律》颁布四年之后，才共有 227 家公司依法在农工商部进行了注册。这其中实际有很多当铺、银号、小商店之类的传统企业，注册为公司，但继续保持着注册前的经营方式。他们之所以注册，可能并非利用公司制的股东有限责任和董事会管理等制度优势，而只是试图利用《公司律》中的一些条文，来抵制官方干涉和苛捐杂税。不幸的是，号称中国第一家公司的轮船招商局，也是这种情况。轮船招商局作为公司注册，也是盛宣怀在其失去了通过官僚身份所具有的掌控权之后，才作出的一种选择。

1907 年 2 月 28 日，盛宣怀组织召开了一个江浙股东大会，决定请求农工商部根据新公司法规定将轮船招商局作为一个商办企业注册。来自北方和中部各省的 198 位代表已发行股份一半多一点的股东，在盛宣怀的上海静安寺路公馆出席了会议。会议选举出了一个由盛宣怀的亲信们组成的委员会，负责执行注册事宜。同年 3 月 20 日，在袁世凯任命的代理总办徐润的努力下，南派股东会议同意参加注册，他们向农工商部请愿，要求由徐润负责注册，还致电袁世凯，劝其不要委任其他官员。

但是，在袁世凯于 1907 年 9 月离开直隶总督的位置之后，盛宣怀可以通过徐润的继任者王存善（会办）和钟文耀（驻局总办）而行使自己对轮船招商局的控制权时，他又选择了保持轮船招商局的官督商办体制。

只有在官方保护不可靠的时候，才会寻求法律的保护。在盛宣怀是督办或者能够控制该职务任者时，他就更希望保持官督商办体制。当他不能通过招商局的管理者直接控制企业时，盛宣怀就会成为一个完全商办的支持者。他相信，作为该局的最大股东，他可以操纵这一商办公司的董事会，并通过董事会来操纵公司的经营。

八、轮船招商局董事会对抗邮传部

1909 年 4 月，轮船招商局转归邮传部管辖之后，再次面对失去其控制力危险时，盛宣怀才开始真正站在股东角度，带领股东抗议，选择将公司注册。来自南北两方面的 31 位股东联合致电邮传部，要求设立一个由股东选举产生的董事会。1909 年 8 月 15 日，代表 31164 张股票的 732 位股东，选出了一个 9 人的董事会，其绝大多数都是忠于盛宣怀的。盛宣怀得票 4769 张，第二位得票 1686 张，第九位得票 983 张，盛宣怀当选为董事会会长。

股东们还起草了新章程，以取代 1885 年的旧章程。邮传部接受了这一章程，是对商办的一个重大让步，但是官督的性质还是保留了。邮传部保留委派官员担任正总办、副总办和会办的权力，并指定公司以禀文形式向邮传部汇报重要事项。

大清《公司律》明确规定董事会为公司权力中心：各公司以董事局为纲领，董事不必长住公司内，然无论应办应商各事宜，总办或总司理人悉宜秉承于董事局（第 67 条）；公司总办或总司理人、司事人等均由董事局选派，如有不胜任及舞弊者，亦由董事局开除，其薪水酬劳等项均由董事局酌定（第 77 条）。邮传部成为了《大清公司律》在大清第一家公司——轮船招商局得到落实的障碍。

股东选出的董事会和邮传部委任的总办会办开始对抗。迫于邮传部压力，盛宣怀起初表示不能就任董事和董事会会长，给出的表面理由是与其邮传部职务冲突。盛宣怀于1908年3月被委任为邮传部右侍郎，但一直没有实际到任。股东们继续请愿，并诉诸公司律第44条规定，“附股人不论官职大小，或署己名或以官阶署名，与无职之附股人，均只认为股东一律看待，其应得余利暨议决之权以及各项利益，与他股东一律均沾，无稍立异”，邮传部最后同意了盛宣怀出任招商局董事和董事会会长职务。

1910年6月12日，第二届股东年会召开。选举一位总理和两位协理来执掌领导权。出席会议的股东有500多名，以压倒性多数选举盛宣怀为总理，公司前首脑邮传部左侍郎杨士琦和李鸿章的孙子李国杰为协理。但是邮传部拒不批准，并指责董事会以其自己的行为触犯了公司章程。邮传部声称，将轮船招商局归邮传部管辖的上谕，已经规定不准改变其原先在北洋大臣管辖之下的组织机构。盛、杨和李被迫辞职。实际上，轮船商局已经脱离了李鸿章设定的模式。李鸿章在1891年规定的轮船招商局模式是“三（官）员三（商）董”联合管理。可是1910年时，占公司最高职位的6个人中，5位是官方委任者，仅有一位商董参与管理。

邮传部虽给予了断然拒绝的答复，但是为了缓和轮船招商局的控制权冲突也在实际寻求妥协。1910年8月14日，盛宣怀开始实际担任了邮传部右侍郎职务。这时，董事们再次向邮传部请愿，抱怨官方委派在公司管理中占优势造成管理失误，邮传部答复批准“三员三董”模式，并同意取消两名会办的局员地位，“以符本部此次批准董事会公呈所谓员不兼董，董不兼员之意”。

1911年3月26日，代表28917股的1753位股东在上海召开了第三次股东年会。盛宣怀因已于1911年1月6日升任邮传部尚书而没有进入董事会。这次会议使董事会的权力进一步正式化。9人董事会被称为“议事董事”，船舶、运输和财务三个部门的头头被称为“办事董事”，由股东推选的两位监察人被称为“查账董事”。

新修订章程又向董事会成为权力中心迈出重要一步。轮船招商局作为一个私人的商办企业在农工商部注册，邮传部可以委任两名官员（一名专司监察和一名兼办漕务），所有董事和办事董事都要由股东选举产生，所有关于公司经营的决议都要由董事会作出。如果邮传部监察员发现任何一位办事董事不胜任或者不诚实，可知照董事会撤换之。董事会可以自行免除不合适的办事董事，并可要求邮传部撤换他们认为不胜任或者不诚实的监察员。公司的船只和航线都要在邮传部注册，每年向邮传部递交一份财务报告。

1911 年 10 月，辛亥革命爆发后，邮传部委任的官员离开了轮船招商局，公司的全部管理权终于完全落到了董事会手中。

第五节 中国民办铁路公司的尝试

1911 年，清朝政府把民办铁路收归国有，掐死了通过铁路股票而发展出的公众广泛参与的资本市场，也阻断了中国人通过铁路公司发展引入现代型大企业管理的道路。

筹集公众股份，董事会管理公司，职业经理人担负执行之责，依公司法成立、按公司章程进行内部治理和运作，浙江铁路公司已经是一个“现代股份公司”了。是外部环境，政府不遵守自己制定的规则，公司赖以存在的“法”变了，使其失去了继续存在和发展下去的根基。

法律赋予公司法人生命，真正公司的存在和发展，需要真正的法治。真正的法治，不是政府依法管理社会，而是社会依法管理政府。政府依法为社会提供公共服务，但不能随意改变社会之法。

一、后发国家的铁路

现代社会从铁路的到来开始。铁路从资本集聚上，跨越了普通工商业者资本的自我积累或是数量有限的亲朋好友集资，直接进入到了需要利用资本市场，从千千万万人手中融集资本的“公众股份公司”阶段；另一方面，铁路建设和运营所必需的统筹协调和专业人员管理，开启了现代型大企业的管理和内部控制模式。

英国是第一个工业化国家，铁路的发展在工业革命之后，有着充足的私人资本，可以将整个铁路领域留给私人企业。对于后发展国家，铁路的建设要么是伴随着工业化，要么是在工业化之前，私人资本很少或是很小心，动员私人资金的机制也很缺乏，或者很初级。中国的铁路问题则更为复杂，不仅仅是资本筹集和管理控制等经济方面的问题，还首先是个如何对待铁路的文化问题，随后又成为“利权”名义之下的政治问题。

骄傲自大了几千年的“中央之国”，对西洋新生事物总是先要百般抵制，这与日本的全力仿效形成了鲜明对比。中国的第一条铁路是1876年英国商人偷偷建成的淞沪短程铁路，在勉强维持了一年之后，被政府买去拆掉了。只有七英里长的第二条铁路（开平铁路）是李鸿章于1881年建成、用来运输唐山矿的煤，被迫用马来拉以避免反对（怕震动到了先皇的陵墓）。日本的第一条铁路，东京到横滨，1872年10月14日正式开通。年轻的明治天皇穿着传统宫廷服装参加庆典，并亲自乘坐首班火车从东京到横滨往返一圈。

对于现代巨型公司的威力，中国人的认识时间并不晚。梁启超在1903年时就指出，“不及百年，全世界之政治界，将仅余数大国；不及五十年，全世界之生计界将仅余数十大公司”。中国人的认识误差出现在现代巨型公司的生成机理上，以为通过政府之手直接做出大公司就可以了。这在铁路问题上，有着最为明显的表现，也有着最大的损害：即阻碍了中国铁路的发展，也阻碍了中国资本市场和中国公司制度的发展。

由于坚持铁路要政府控制，官府随意干涉民办铁路公司内部事务，并最终以不合理的价格收缴民办铁路，致使中国民间商业力量不能通过铁路公司而得到有效的历练和壮大。相比之下，日本在1872～1882年的10年中，通过政府主办推动铁路发展，并给民间资本做出示范。随后民间资本开始大举进入铁路领域，到1898年时，私营铁路已经占到开通铁路总里程的77.5%①。在这样的基础上，1906年日本实行铁路国有化政策后，退出的民间资本还可以转入

① 斯蒂文·J. 埃里克森著，《汽笛的声音——日本明治时代的铁路与国家》，陈维、乐艳娜译，江苏人民出版社2011年版。

其他行业得到有效的发展。

二、商办铁路：斗争中产生

1889 年，张之洞提议修建京汉铁路，坚持要国家兴办。1895 年，因筹集到的铁路资金被慈禧太后 60 寿辰挥霍或被转用于中日甲午战争后，清廷转而赞同民办铁路。但是京汉铁路经过区域的两位地方大吏张之洞和王文韶，都坚持铁路官办，商民可以参与，但必须是在政府的控制之下。

1896 年，张之洞提名盛宣怀出任新成立的中国铁路总公司督办，开始贯彻用外国贷款修筑铁路的战略。清廷没有建立起有效的税收体系，政府财力软弱，又没有发展出国内资本市场，只有依靠国外借款。张之洞怀疑中国商人贡献资本的能力和愿望，也怀疑他们的道德和品质，为了保持对外国贷款修筑铁路的个人控制，他与外国银行直接谈判。官办铁路名义上是清政府的，实际上是外国人的，铁路建设由此成了中外利权之争的政治问题。

1897 年，湖南、湖北、广东三省绅商倡议集股修筑铁路，呈请设立湘粤铁路公司，张之洞与盛宣怀反对。在奏请向美国借款获准以后，盛宣怀立即通知驻美公使伍廷芳与美国美华合兴公司签订借款合同。1898 年和 1900 年，清政府与美国美华合兴公司签订了《粤汉铁路借款合同》15 款及《粤汉铁路借款续约》26 款。

1903 年底，清廷颁布了《铁路简明章程》，向民间资本开放了铁路建设；1904 又颁布了《公司律》，对合乎条件并完成注册的公司予以保护。中国民间资本开始进入铁路，并以公司的形式创立。1903 年出现中国第一家商办铁路公司——潮汕铁路公司，由印尼华侨张煜南兄弟集股 300 万元创办。随后，湖南铁路公司、江西铁路公司和安徽铁路公司等商办铁路公司也都纷纷成立。

商办铁路是晚清民间投资最多的部门。截至 1911 年，全国商办铁路资本总额为 7200 万元，相当于棉纺织业（2200 万元）的三倍，接近于采矿业（3800 万元）的两倍。在兴办商办铁路的全国 16 个省中，只有浙江、江苏、广东、湖北四个工商业相对繁盛省份所设的铁路公司是完全以商股作资本的，其余各省都不能不以征租加税作为主要的集资手段，而以商股作为补充①。

这些商办铁路公司普遍规模都比较小，资本规模超过1000万元的仅有四川铁路、粤汉铁路和浙江铁路等三家。四川铁路集资以租税为主，商股为辅，管理上一直由官府直接委派人员，董事会、查账员和股东会等公司治理机制都无从谈起。官僚的贪腐和管理无能，使这个资本总额最大的所谓商办铁路公司“款悬路危”，从1903～1911年，8年间仅筑路10余公里。

在股本筹集上，粤汉铁路公司首创了以小面额股票、从广泛公众手中集资的现代方法。从1872年的轮船招商局，到1906年的启新洋灰有限公司，每股的金额都是100两银子，股票的面值过高，把中小投资者和大众排除在外了。商办粤汉铁路公司采取了小面额广泛筹资的方法——5元面值股票，并可按1元、1.5元和2.5元在一年半内分期支付。收回利权的政治运动中，通过唤醒民众的民族自豪感和对西方侵略的义愤，粤汉铁路公司的创办者们成功地组织起了普遍的公众认股活动。1906年4月25日，郑观应当选为公司首任总办，6月21日获得了99年商办期限的官方批准。

粤路商股主要是华侨投资，负责集资的广东地方团体九大善堂的各善董、七十二行各行主，以代理人的身份加入了董事会。在政治运动中燃起了热情的股东们，在公司问题上也是宗派林立，内斗不断。小股东被动员起来，以人数多来恫吓反对派，伪造股票，挤满会议厅，以便吼倒和击败反对派。经理人和董事中的腐败接踵而来，于是，当民办铁路公司丧失公众支持时，政府插手进来加以强力控制。自1906年开办，到1909年止，筑路仅45公里，耗款却达800万元。

相比之下，只有汤寿潜领导下的浙江铁路公司，在成功地进行了公众融资的同时，也遵照股份公司治理规范运作，并取得了有效的发展，成为民办铁路公司的典范。

---

① 闵杰：“浙路公司的集资与经营”，《近代史研究》，1987年第3期。

三、汤寿潜与浙路公司

汤寿潜（1856～1917），1890年发表《危言》，提出了许多维新变法思想，是晚清著名的立宪派代表人物。1892年会试中榜，在翰林院待了三年。1895年3月到安徽青阳上任知县，但不过三个月就辞官回乡了。

1905年7月24日，浙江绅商、全浙11府代表、京官同乡代表以及留日浙籍学生代表共161人在上海集会，公举汤寿潜为筹组中的商办浙江铁路公司总理，刘锦藻为副理。两天后，清廷商部奏准浙江绅商自办铁路；8月，浙江铁路公司正式成立。汤寿潜和刘锦藻制定了《浙江全省铁路议略》、《浙江铁路公司股东会章程》和《浙江铁路公司董事会章程》等。同时公开招股，募集资金。到1906年5月已集资400万元，当年10月，开始修筑从上海到杭州的铁路。

1907年，浙路公司也采用了粤汉铁路公司首创的小面额股票方法，从广泛公众中集资——也是5元面值的股票并可分5年分期支付。截至1910年底，浙江铁路公司在浙江全省11府和浙江省外的全国19个省分别筹集了787万元和162万元的股本资金。

按入股金额大小，浙江铁路公司的股东共分为三个等级。第一等级是投资5000元以上的股东，称为大股东，共333人，投资额计300万元，占公司资本总额1024万元（截至1912年）的29%。第二等级是投资100元以上、5000元以下的股东，称之为整股股东（因公司股票以100元为一整股）。整股股东共15997人，投资额为596万元，占公司资本总额的60%。第三等级是投资5元以上、100元以下的股东，称之为零股股东（公司股票以5元为一零股），或小股东。小股东总人数为51361人，投资额为128万元，占公司资本总额的11%①。

按大清《公司律》，浙江铁路公司股东选举产生了公司的11位董事和5位

① 闵杰："浙路公司的集资与经营"，《近代史研究》，1987年第3期。

查账人。这11位董事和5位查账人都是持股5000元及以上的公司大股东，除1位董事外，其他人都是工商界人士。公司董事中有1位持股20万元，1位持股10万元，其他9人均持股1万元。公司5位查账人每人持股额都是5000元。公司总理汤寿潜持股1万元。

遵照清《公司律》，股东选举产生并实际都是公司大股东的浙路公司董事会是公司最高决策机构，公司总理承担行政职责。

汤寿潜依据日本铁路规章制度，拟出了《奏准商办全浙铁路有限公司章程》，具体规范了文书、建筑、营业、会计、庶务五个职能局的职责权限，对其中最易产生弊窦的承包科、材料科等对外经济交往部门，规定了严格的奖惩办法。汤寿潜以身作则，按《公司章程》办事。“守章程自总副理始。总副理有佚出于章程之外者，在职员可讼言也。公司亦无多求于职员，求各谨持此章程而已”。

浙路董事会成员以沪、浙两地工商业者为主，具有较深的企业经营阅历和经验，有能力为公司提出富有远见的战略方针，为公司遭遇的各种困难找到切实可行的纾解之策。浙路公司董事会议决通过的附设银行、铁路学校和开设煤矿三大战略决策，分别为公司发展中的资金、人才和燃料动力三大问题提供了有效的解决方案。这些都是其他民办铁路公司事先未曾考虑，以后打算实行而终未实行的。浙路公司于1907年附设浙江兴业银行，作为其股本接收、储存和金融周转的枢纽。浙江兴业银行第一期股本25万元，公司投资12.5万元，另招同额股本，由公司董事胡焕任总理。1907年铁路学校开办，设绘测、营业两个专科。1907～1908年间在浙江江山一带开设煤矿。

浙路公司董事会还为公司解决了材料采办这个中国商办铁路经营中的突出难题。盛宣怀控制的汉阳铁厂，是浙路公司的钢轨供应基地。浙路公司成立不久，即向汉阳铁厂投资6.95万元。1907年，盛宣怀将汉阳铁厂、大冶铁矿、萍乡煤矿合并为汉冶萍公司，急需新招商股1.5万元。浙路公司总理汤寿潜和董事胡焕、沈铭清等人，均担任了汉冶萍公司新商股的发起人，在江浙大力招股。1907年，浙路公司又联合浙江籍汉口商人宋炜臣及汉阳铁厂，共同创办扬子机器公司，以制造钢桥、岔道、客货车厢等铁路建筑的各种配件材料。

1909 年，沪杭铁路全线通车。其中，浙路公司单独承筑的杭州至嘉兴一段，全长 140 公里，占沪杭全线的三分之二，相当于当时全国商办铁路通车里程的二分之一。杭嘉路段的建筑费用，包括机车在内，平均每公里 3.7 万元，创全国铁路建筑的最低成本。相比之下，官办的京汉线为 6 万余元，京奉线更高达 9 万余元。浙路公司的成功运营，使其在成为其他地方民办铁路公司榜样的同时，却也成为了清廷中那些“借外债、官办路”主张者们的眼中钉，汤寿潜也因此而被大清皇帝“越权”免职。“浙路既成，于是吾国之言路政者，始有把握。人人争攘臂而谋自办矣。孰知正唯以先人成功之故，乃深招政府之忌，痛心疾首，必欲破坏之而后快。①”

四、浙路公司对抗大清皇帝

最初清廷对汤寿潜和民办浙江铁路公司是持积极支持态度的。1898 年，中国铁路总公司督办盛宣怀曾与英商怡和洋行签订了《苏杭甬铁路草约》，这是浙江铁路公司的一个障碍。1905 年 9 月 23 日，清廷发出上谕：“浙江全省铁路，业经商部奏准，由绅民自办。所有前与英商订立苏杭甬草合同，著责成盛宣怀赶紧磋商，务期收回自办，勿得藉词延宕。”作为对公司倡办者的奖励，清廷还授予汤寿潜四品卿衔，总理全浙铁路事宜。

可是，由于英方压力，软弱的清廷没有能力完全废止借款协议。在英方压力和浙路公司的抵制之间，清廷选择了一种妥协方法，由邮传部借款，再转给铁路公司使用。这种借款办法实际上仍是把路权让于英商。浙路公司在杭州召开股东大会，抗议借款：“款本足，无待借；路已成，岂肯押？”浙江旅沪同乡会又在上海召开拒款集股大会，上海的名伶、杭州的挑夫、绍兴的饼师乃至各佛寺的僧人和拱宸桥旁的妓女，莫不争相认购路股。浙路公司援引《公司律》第 103 条据理力争：“公司有重大事件（如增加股本及与他公司合并之类），招集股东举行特别会议决行，限一个月复行会议一次，以实其事，议毕

① 闵杰：“浙路公司的集资与经营”，《近代史研究》，1987 年第 3 期。

施行。”清廷曾以任命汤寿潜为云南按察使、江西提学使等办法将之调离，每一次都被汤寿潜拒绝，同时公司董事会也拒绝再选举其他人出任总理。

浙江铁路公司有富裕的浙江乡绅、商人及公众作为股东的支持，有富有经营管理经验的董事和查账人，同时，幸有汤寿潜这样一位优秀的经理人，取得了成功。其他地方的民办铁路公司则没有这么幸运，要么如四川铁路公司那样，商股融集困难，要靠官府征租加税，从而徒有民办之名、实际落入官府控制，要么如粤汉铁路那样，股东内斗、形不成合力，董事会能力不足，公司缺乏合适、称职的经理人，从而公司发展缓慢。

在民办铁路发展的同时，官办铁路也在发展，并且总体上还是官办铁路发展得更快。1907 年，邮传部完成了对各条官办铁路的整顿。从 1908 年起，各地的商办铁路公司开始成为整顿对象。6 月 25 日，清廷上谕指出：“近年来，官办铁路皆能尅期竣工，成效昭著，而绅商集股请设公司，奏办有年，多无起色，坐失大利，尤碍交通。”对各地商办铁路限期完工，否则将改为官办。这一时期里，日本通过铁路国有化，快速完成了全国路网建设的做法开始成为清廷仿效的对象，官办铁路的说服力日增，“铁路之纵横四达，则非国家出以全力断难办到”。

1910 年 8 月 23 日，清廷任命一直主张铁路官办的盛宣怀为邮传部尚书。汤寿潜认识到铁路国有化加速到来的威胁，遂致电军机处反对该项任命，并指责盛宣怀为中国铁路发展缓慢的罪魁祸首。清廷大怒，立即发布一道上谕，指责汤寿潜“狂悖之极，著即行革职，不准干预路事”。邮传部下令浙路公司另定总理。浙路公司董事会集议此事，认为汤寿潜是浙路公司总理的最佳人选，朝廷无权撤换公司总理。全体董事及查账人致电邮传部，不接受朝廷的做法：“浙路公司完全商办……按照《公司律》，总理之选举撤职，权在股东，朝廷向不干预……若使朝廷可以自由撤职，恐中国商办公司从此绝迹！”1200 多位股东在上海召开股东特别会议，援引《公司律》第 77 条做出决议，皇上也无权解除正当选出的公司高级职员的职务：“公司总办或总司理人、司事人等均由董事局选派，如有不胜任及舞弊者，亦由董事局开除，其薪水酬劳等项均由董事局酌定。”股东们集会不断，有些会议演变为群众示威，有一次，群众示威人数达到一万多人。

浙路公司与浙江巡抚和省咨议局交涉。作为省的预备立宪团体的咨议局，同意浙路公司的看法，认为政府不能不顾自己制定的法律，特别是处于皇上正在鼓励立宪政府之时。巡抚最后也同意把咨议局的决定转给邮传部。邮传部于 9 月 24 日给了答复：铁路涉及国权，因而包括那些具有商办地位的铁路公司，都要按一种特殊关系，受政府约束，虽然《公司律》第 77 条给予私人公司以选举和罢免公司高级职员的权力，但铁路公司的总理和协理在选出后，仍由部里正式任命。邮传部议定：铁路公司是“官治公司”，解职的成命不能收回。浙路公司股东再次开会，选出了一个代表团上京陈情，但还是无功而返。这时，公司唯一可以依赖的权力——公众支持，却在逐渐消失。为防止突然爆发激烈的群众集会示威，政府又公布了一些新的公司丑闻，这些消息使公众的情绪由支持变为不满①。

1911 年 5 月 9 日，清廷发布《铁路干路国有定策》：“昭示天下，干路均归国有，定为政策。所有宣统三年以前，各省分设公司、集股商办之干路，延误已久，应即由国家收回。”湖南、湖北、广东、四川等省掀起了保路运动。辛亥革命后，汤寿潜担任了两个月的中华民国浙江省都督，之后又接着经管铁路公司。1914 年 9 月，北洋政府把江浙铁路全部收归国有，汤寿潜的民办铁路梦彻底破碎。1917 年 6 月 6 日，汤寿潜在家中去世，年仅 61 岁。

第六节　中国公司董事会的“水土不服”

中国政府相比其他发达国家在现代公司法的供给上明显滞后，与此同时，中国的商人也缺乏对现代公司法的需求，对公司制企业形式的运用并不积极。

---

① 陈锦江著，《清末现代企业与官商关系》，王笛、张箭译，中国社会科学出版社 2010 年版。

就董事会制度来说，还存在一些机制设计上的缺陷，导致包括上市公司在内的董事会难以真正到位，难以摆脱走过场和橡皮图章的角色。

一、董事会中心主义的迷失

1904 年颁布的大清《公司律》，比中国现行公司法中的董事制度更为接近现代公司机关设置上的董事会中心主义这一本质。

清《公司律》明确规定，“各公司以董事局为纲领，董事不必长住公司内，然无论应办应商各事宜，总办或总司理人悉宜秉承于董事局”（第 67 条）。清《公司律》中没有经理的概念，总办或总司理人就是经理的角色。“公司总办或总司理人、司事人等均由董事局选派，如有不胜任及舞弊者，亦由董事局开除，其薪水酬劳等项均由董事局酌定”（第 77 条）。“公司寻常事件，总办或司理人、司事人等照章办理，其重大事件应由总办或总司理人请董事局会议，议定后列册施行”（第 78 条）。可以说，这是非常明确的董事会中心主义立法，充分体现出了董事会集中管理的公司制企业本质。1914 年《公司条例》、1929 年《公司法》、1946 年《公司法》，以至台湾地区《公司法》，都和 1904 年《公司律》一脉相承，遵循董事会中心主义原则。

《公司条例》第 101 条明确规定：“发起人在认足股份总数时，应从速按股各缴至少四分之一以上股银，并选任董事及监查人。”也就是说，在公司创立过程中就要有董事的到位。在公司募集股份之“第一次银数缴齐后，发起人应速召集创立会”（第 110 条），创立会应选任董事及监察人（第 113 条）。公司创立之后，“公司董事，由股东会就股东中选任之”（第 152 条）。“董事得各自代表公司，本条例第 28 条、第 31 条、第 32 条、第 33 条，于董事准用之”（第 158 条）。具体内容是：竞业禁止（不得为自己或他人为本公司营业范围内之行为及附入同类营业之他公司为无限责任股东，第 28 条）；全权代表（凡关于公司营业事务，无论涉论与否，均有办理之权限，第 31 条；以章程或各股东之同意，所加于代表权之限制，不得对抗不知情之第三者，第 32 条）；无过失免责（因执行其业务，所加于他人之损害，除由本人过失外，公司应任赔偿之责，第33条）。对于股份有限公司，台湾《公司法》是明确地实行董事会中心主义授权原则的。关于董事会职权的第202条是，“公司业务之执行，除本法或章程规定应由股东会决议之事项外，均应由董事会决议行之”。

清《公司律》在给予董事局职责上更大空间、行为（会议有效规则）上更大自由的同时，也对董事局设定了更高的运行（会议次数）标准。“董事局每一星期须赴公司会议至少一次，总办或总司理人可将应办各事向董事局请示，如有紧要事件，可请董事局随时至公司会议酌夺”（第95条）。中国现行公司法规定的董事会议次数标准是一年不少于两次，实际运作中也多不超过十次，可谓是差异巨大。这种差异背后的事实就是，董事会到底是不是公司的核心决策和领导机关。

台湾《公司法》中有“常务董事”制度以及一种“临时管理人”制度，和美国公司中的“董事会执行委员会”、特拉华州公司法中的“紧急状态下管理规则”相似，保证了公司董事会的随时在位。“董事会未设常务董事者，应由三分之二以上董事之出席，及出席董事过半数之同意，互选一人为董事长……董事会设有常务董事者，其常务董事依前项选举方式互选之，名额至少三人，最多不得超过董事人数三分之一。董事长或副董事长由常务董事依前项选举方式互选之。董事长对内为股东会、董事会及常务董事会主席，对外代表公司……常务董事于董事会休会时，依法令、章程、股东会决议及董事会决议，以集会方式经常执行董事会职权，由董事长随时召集，以半数以上常务董事之出席，及出席过半数之决议行之”（第208条）。“董事会不为或不能行使职权，致公司有受损害之虞时，法院因利害关系人或检察官之声请，得选任一人以上之临时管理人，代行董事长及董事会之职权”（第208条之1）。

董事会由董事长召集，召集通知应载明事由，于七日前通知各董事及监察人。但有紧急情事时，得随时召集之。董事会之决议，应有过半数董事之出席，出席董事过半数之同意行之。过半数出席可开会，出席董事过半数同意可形成有效决议，这与实行董事会中心主义的发达国家公司的普遍做法是一致的。中国公司法“投赞成票的董事要占包括未出席董事在内的全体董事半数以上才能形成有效决议”的要求，实际严重限制了董事会的作为空间。

由于将无限公司、两合公司、有限公司和股份有限公司等基本属性完全不同的公司都放在了同一部公司法中，台湾《公司法》第 8 条专门规定了各种类公司中的公司负责人。“本法所称公司负责人：在无限公司、两合公司为执行业务或代表公司之股东；在有限公司、股份有限公司为董事。公司之经理人或清算人，股份有限公司之发起人、监察人、检查人、重整人或重整监督人，在执行职务范围内，亦为公司负责人。”

为什么无限公司、两合公司和有限公司、股份有限公司之间的公司负责人不同？前两种公司中法定的公司负责人为执行业务或代表公司之股东，而后两种公司中法定的公司负责人为董事？根源就在于前两种公司中存在着担负无限责任的股东，而后两种公司不存在担负无限责任的股东。世界上不存在无需承担责任的权力，股东欲保有绝对的公司管理权力，则需采用无限公司或两合公司结构，对公司债务承担无限责任。否则，股东欲享有有限责任，则需让渡公司管理权力给董事，只能保有有限权力，主要是通过股东大会对董事会人选进行控制、对董事会权力空间进行限定。

二、谁代表公司：董事会还是法人代表？

公司作为法律上拟制的人，自己不能说话，它的意志如何体现，由谁来代表？在英美国家，根据董事会中心主义原则，这个问题是很清楚的：董事会是公司核心，董事会代表公司。经董事会授权的董事、董事会主席、首席执行官，以及董事会任命的公司秘书等，可以各在自己的层面和权限范围内代表公司。

日本公司有代表董事的概念，但是与中国的法人代表概念不同。对于小型和没有设立董事会的公司，如果只有一位董事，他就相当于是董事会，也是代表董事（日文含义：代表取缔役），全权代表公司；如果有两位以上的董事时，每位董事可以各自代表公司，也可以根据章程规定由董事互选或者由股东会决议选任出代表董事，来代表公司。对于设置了董事会的公司，又分有监事会的传统型公司和无监事会的委员会制公司。传统型公司设置代表董事，由董事会从董事中选出，往往不只 1 人，他们对公司的代表权完全来自董事会的授权，实际是通过代表董事会来代表公司。委员会制公司则是通过董事会任命的代表执行官（往往也不只 1 位）来代表公司。韩国有与日本基本相同的代表董事，也是从属或说派生于董事会的——其本身要是董事，其代表权也是源自董事会。

严格遵循清《公司律》董事会中心主义传统的中国《1914 年公司条例》规定，“董事得各自代表公司”（第 158 条），也就是说公司董事均为公司法人代表，并是全权代表（凡关于公司营业事务，无论涉论与否，均有办理之权限，第 31 条；以章程或各股东之同意，所加于代表权之限制，不得对抗不知情之第三者，第 32 条），也就是说公司董事均为公司法人代表。

到了 1929 年的《公司法》，则规定：“公司得依章程或股东会之决议，特定董事中之一人或数人代表公司”。也就是说，公司董事需经公司章程或股东会会议授权才能对外代表公司，这使“谁能代表公司”的决定权从董事会转移到了股东的手中。台湾《公司法》规定，有限公司“应至少置董事一人执行业务并代表公司，最多置董事三人，应经三分之二以上股东之同意，就有行为能力之股东中选任之。董事有数人时，得以章程特定一人为董事长，对外代表公司”（第 108 条）。有限公司之董事，和无限公司中执行业务的股东，除作为股东所担负的责任存有限和无限之别外，在行使公司管理权力和承担相应责任方面，是完全一样的。

中国现行《公司法》（第 13 条）将法人代表限定在了公司董事长、总裁或无董事会情况下的执行董事范围内（中国《公司法》规定，股东人数比较少、公司规模比较小的可以不设立董事会，设立执行董事行使董事会职能），具体由公司章程规定，这是把决定“谁能代表公司”的权力分配给了股东。章程是股东制订，并需经股东会批准才能修改的。

在不设董事会的小公司，执行董事就等于是董事会，执行董事任法人代表，也就等于是董事会代表公司，没有什么问题。在设立董事会的公司，由公司章程规定的董事长或经理（中国公司法中的经理，应该理解为总裁）出任的法人代表权，是不是从属于董事会的权力范围之内呢？表面上看，法人代表是独立于董事会的一个公司法定机关，法人代表的权力来自公司法和公司章程，可实际上，就普通股份公司来说，董事长是由董事过半数推选产生的，经理是董事会任命的，这样一来，无论公司章程规定董事长还是经理担任法人代表，谁最后出任法人代表还是由董事会决定的，法人代表的权力也就事实上属于董事会的权力范围之内了。

可是，在国有或国有控股公司中，董事长由有关部门指定，大型国有公司总裁也是有关部门直接任命，这种情况下的董事长或总裁，及其所出任的法人代表权，就都独立于董事会而存在了，并进而使法人代表成为了与董事会并列的公司机关，并且是事实上比董事会的地位还高。在国企改革中提出“建立以法定代表人为中心的现代企业制度”①，等于是将本来就很边缘化的中国国有公司董事会干脆给否定掉了，这些年的董事会试点工作也等于是没有意义了。

逻辑上说，以法人代表为中心，就谈不上是什么现代企业制度了。现代企业制度的基本特征是法治和集体决策，法人代表为中心事实上就是回归人治和个人独裁，回归到“朕即天下”和家长制的老传统中去了。

公司治理规则上说，法人代表为中心，一把手全权在握，通过什么机制在约束其权力的滥用呢？放着现成的董事会制度和相应的董事责任规则不用，再建立一套法人代表的制约规则，从零开始构建出一套法人代表的忠实和勤勉义务规则及商业判断准则？就一个最简单的问题来说，董事会决策情况下，公司经营中避免不了的自我交易和关联交易类事项，可以通过关联董事回避制度来解决，法人代表就一个人，如何解决？

三、可以有股份制，但不要董事会

直到 1930 年代，甚至某种程度上的今天，中国还没有实现严格意义上的整个社会和经济活动的法治，诸多工商业者基于合约而自创、合理但并不合法

① 中共上海市委、上海市人民政府《关于进一步深化上海国资改革促进企业发展的意见》（2013 年 12 月 17 日发布）第（四）条主要目标：“建立健全具有中国特色的现代企业制度。确立法定代表人在公司治理中的中心地位，健全协调运转、有效制衡的法人治理结构。”

的做法可以普遍存在而不会受到处罚，这就使中国工商业者可以不顾公司法律的制度规定，而在其传统形式的合伙经营企业中引入一些他们喜欢的事实上的公司制要素，比如，有限责任，同时，可以规避掉他们不喜欢的一些要素，比如，董事会治理机制。

在中国的传统家族和宗族商业思维及家长制习惯下，董事会是无关紧要的，强有力的家长才是最重要的。我们可以看看被广泛视为中国近代企业楷模之一的大隆机器厂。大隆机器厂，1902 年由严裕棠、严裕棠的岳父以及一位名叫褚小毛的铁匠等三人以 7500 两白银创建。严裕棠负责招揽生意，褚小毛负责内部管理，严裕棠的岳父不参与经营。1905 年，褚小毛与严裕棠的岳父冲突，严裕棠买下褚小毛的股份。后来，严裕棠又买下了其岳父的股份，将企业变为独资。1927 年收购苏纶纱厂时，严裕棠建立了光裕公司，从 1918 年开始负责生产管理的长子严庆祥要建立一个由总经理和各公司经理组成的董事会，严裕棠不同意，以至严庆祥于 1930 年离职，还发表了一篇文章谴责他父亲的独断专制。1936 年，光裕公司成立了董事会，主要成员是严裕棠和他的四个儿子，仅有一位非严家人担任董事。这样，一个董事会也是不到半年就解散了。

在长期缺乏可靠法律的条件下，中国人形成了一套不依赖法律、也不善用法律的生存之道和文化传统。只有当企业希望在家族之外拓展资本来源，或者希望通过“有限责任”的形式保护主要大股东的利益时，他们才会感觉到有必要按《公司法》的要求进行注册。1908 年底，大清《公司律》颁布四年之后，才共有 227 家公司依法在农工商部进行了注册。这其中实际有很多当铺、银号、小商店之类的传统企业注册为了公司，但继续保持着注册前的经营方式。他们之所以注册，可能并非利用公司制的股东有限责任和董事会管理等制度优势，而只是试图利用《公司律》中的一些条文，来抵制官方干涉和苛捐杂税。

创立于 1872 年的中国人自己办的第一家“公司”轮船招商局，也是这种情况。轮船招商局作为公司注册，也是盛宣怀在其失去了通过官僚身份所具有的掌控权之后，才做出的一种选择。在盛宣怀是督办或者能够控制该职务任者时，他就更希望保持官督商办的体制。当他不能通过招商局的管理者直接控制企业时，盛宣怀就会成为一个完全商办的支持者。他相信，作为该局的最大股东，他可以操纵这一商办公司的董事会，并通过董事会来操纵公司的经营。轮船招商局在经过了从 1872 ~ 1909 年这四分之一世纪之久的“官督商办”之后，终于不再“官督”而“商办”。在其创建 27 年之后和大清《公司律》颁布 5 年之后的 1909 年，轮船招商局才作为公司正式注册，并第一次组建了一个由股东选举产生的董事会，在清政府倒台之后才真正进入了“董事会全权管理”的真正公司状态，却最终还是在 1933 年被中华民国政府给国有化掉了。

岩崎弥太郎 1870 年以 3 艘轮船创建了他的三菱轮船公司，1885 年与政府办的一家轮船公司合并为日本邮船会社，制订了类似于“官督商办”的企业章程，由政府保证利息、任命社长、副社长和理事，账目完全由农商务省审查。可是，到 1893 年日本通过了普通公司法之后，日本邮船会社就立即改组成了一个按公司法注册成立的完全商业公司，最终发展成了一个三菱工业帝国。

今日，中国稍具规模的企业都要普遍注册为公司。但是注册归注册，实际运作上可以完全不把《公司法》所要求的那一套董事会等内部治理机制当回事。一家拟上市公司，为了上市备案才正式成立了董事会，运作一年之后，大股东、老板、“大家长”决定不上市了，就直接把董事会给解散了。

四、从董事会到内部管理：“还是老办法好使”

中国在错过了通过国债和铁路融资发展资本市场的同时，也错过了通过技术革命和铁路公司发展导入现代公司治理并促进现代企业管理革命的机会。

从传统的家族商号向现代的家族控股公司转变，企业的治理和内部管理结构也要发生改变，才能吸引更多的投资者，这需要有合法真实的产权、公开透明的会计制度和有效的公司治理。但在中国的传统家族和宗族商业思维及家长制习惯下，搞公司，可以有股份制，但不要董事会。

从宗族制度到传统合伙经营，中国商业实践中都不乏“股份制”的要素。四川自供的盐井合伙人所持有的契约，代表着他们所持有的资本以及可分得的利润，并且是可以转让的，只是还没有一个可供这种契约公开转让的市场。

清末民初的一些公司已经引入了股份制，但是股东却很难对公司施加实际的影响。他们的股份要以“官利”的形式得到收益，实际是一种债权投资者。大部分公司的实际控制权都掌握在一些强有力的个人手里。资本市场没有改变中国家族企业的经营方式，而是促使家族企业采用了一些新的控制方式。

张謇的大生公司，包括一个经营纺织厂的股份公司，和几个合伙制的土地垦殖公司。张謇是纺织厂的创始人和大股东，也是垦殖公司的主要合伙人。对大生公司账目作过深入研究的伊丽莎白·科尔发现，“大生公司的破产，应主要归因于其经营方式和会计方式，它的融资手段一方面损害了整个企业的运作，一方面给张謇个人带来了利益。”大生公司的许多贷款都被转移到了张謇和他合伙人的私人账户。银行于1924年开始对大生公司进行账目审查，撤换了其一部分管理层人员。

现代化工厂并非由手工作坊演变而来，是19世纪上半期工业革命的产物。它所包含的除了雇佣劳动制度，还有用于生产管理的会计制度，和以此为基础的内部统一调度和管理制度。西方现代大企业的发展源于铁路，铁路内在地要求统一管理和统一调度，不能分段承包经营。中国也是从1933年的国有铁路公司最先开始采用集中化财务管理制度的。

组织内部层层分包，是中国的历史传统，官府如此，民间如此，商业经营也不例外。清代的造币厂，工人们不是直接受雇于工厂，而是受雇于炉头。炉头负责雇佣工人并支付工资。洋务运动中，那些看上去规模庞大的中国官营工厂，也并没有成为内部统一管理的现代企业，而是被分包给熟悉技术的工头，这些工头独立经营他们自己的生产作坊。本来大型新机器设备的使用，不仅可以使工人们集中在一起生产，建立统一的生产管理和财务控制体系，但是，中国企业却还是按照传统习惯，以老办法行事。

轮船招商局的总部和分支机构主要是以承包制的方式经营，各地的分支机构都承包给了当地实力较为雄厚的个人或团体。上海的总局并不能详细地掌握各地的经营情况，更无法有效地控制其账目。直到1933年刘鸿生上任国营招商局总经理，才初步建立起集中管理的财务制度。

承包制，在中国20世纪80年代重新走向市场经济时，又一次发挥了重要作用。发展资本市场、推动公司治理、促进企业管理革命，至今仍是中国尚未完成的一项任务。

第九章

公司治理如何创造价值
——案例分析

第一节　金佰利：何以不大而强?

金佰利从一家小小的造纸公司发展为每天全球约有四分之一人在使用其产品的消费品公司。作为造纸公司时，金佰利的规模只有行业龙头企业的十分之一左右。转型为消费品公司后，金佰利遭遇了强生和宝洁这种巨型公司。在与这种巨头企业进行的多次大战（从卫生巾、纸巾到纸尿裤）中，金佰利都是或平或胜。

2013 年的 212 亿美元的销售额，不足以使金佰利跨入世界 500 大榜单，但是金佰利旗下舒洁、好奇、高洁丝、斯考特、得伴等品牌产品，都占据着相应市场第一或第二的位置。金佰利公司何以如此不大而强?

创始人

1872 年，5 名威斯康星商人集资 3 万美元，以合伙制形式注册成立了“金佰利—克拉克合伙企业”（Kimberly and Clark Co.），这就是今日世界纸质消费品行业领导者金佰利公司（Kimberly – Clark Corporation）的起源。

5 位创始人都没有什么造纸业经验。约翰 · A. 金佰利（John A. Kimberly），出自当地望族，自己经营一家杂货店，并与父亲一起经营一家当地最大的面粉厂。查尔斯 · B. 克拉克（Charles B. Clark）是当地一家五金店的合伙人。第三位创始人哈腓拉 · 巴布科克（Havilah Babcock）是金佰利家族杂货店和面粉厂的合伙人。第四和第五位，弗兰克 · C. 沙塔克（Frank C. Shattuck）和乔治 · 怀廷（George Whiting）都是推销员出身。他们决定进入造纸行业的动因来自当地于1864年成立的尼纳造纸厂的成功。

金佰利—克拉克合伙企业建造了一座用亚麻和碎棉布生产新闻纸的工厂，取名“全球纸厂”（Globe Mill），1872年10月22日正式投产。缺乏造纸经验的创始人们，在试图通过雇佣当过学徒的造纸工人来解决问题失败之后，聘请了尼纳造纸厂主管迈仑·海恩斯（Myron Haynes）来负责工厂管理，克拉克和金佰利则专注于财会、采购和销售。正是这位海恩斯在一次当地商人的聚会上，吹嘘造纸厂如何赚钱，激起了克拉克和约翰·A. 金佰利等人进入造纸行业的兴趣。

1880年，为了避免商业风险带来太大的个人资产风险，金佰利—克拉克合伙企业改组为有限责任制的“金佰利与克拉克公司”（Kimberly & Clark Company）。公司股本40万美元，约翰·A. 金佰利、克拉克、巴布科克和沙塔克各持有面值1000美元的100股股份。怀廷在金佰利—克拉克合伙企业成立后不久就退伙离开，与他人另外创立了一家造纸厂，成为当地的一个竞争者。因此，在金佰利公司的官方网站上，已经没有了这位创始人的名字。

四位所有者兼管理者每人都亲身参与公司管理，分工不同但工资都是4000美元。约翰·A. 金佰利出任公司总裁，巴布科克任副总裁，克拉克任公司秘书，沙塔克任会计。他们奉行相对保守的财务政策，常常用盈利投资工厂，而不是分红。1883年第一次分红，每人分得3000美元。1886年，在公司站稳脚跟并盈利后，董事会投票决议了10%的分红。他们决定完全控制公司，但是也愿意与其他管理者分享股权，这主要是在建立新的造纸厂时兑现的。

第二代

1906年，因为创始人离世引起所有权情况变化，重新组建了资本额为200万美元的“金佰利—克拉克公司”（Kimberly - Clark Co.）取代此前由几位合伙人共同投资创立，但是法律上各自独立的金佰利—克拉克公司、阿特拉斯纸业公司和特鲁拉纸业公司。此时，公司创始人只剩下了金佰利1人，另外3人已先后去世：克拉克（1891年）、沙塔克（1901年）、巴布科克（1905年）。原始股权由约翰·A. 金佰利和三位创始人的儿子，比尔·克拉克、詹姆斯·C. 金佰利（James C. Kimberly）和弗兰克·沙塔克等掌握。三位创始者的儿子和 3 名经理人成为公司董事，3 位经理人也都拥有公司股份。

1907 年开始，约翰 · A. 金佰利虽然名义上还在担任公司总裁，实际上已经逐渐地不再参与日常管理，金佰利公司进入了第二代。约翰 · A. 金佰利的儿子詹姆斯 · C. 金佰利出任公司副总裁。1889 年进入公司、从簿记员开始的弗兰克 · J. 森森布雷纳（Frank J. Sensenbrenner）成为总经理。以詹姆斯 · C. 金佰利和森森布雷纳为主的新高层管理人员，改变了过去的公司创立者们个人业务的操作模式，代之以负责、采购、原料和销售的正式部门。1908 年正式建立了会计部和采购部，引入专业人士，采用复式记账法。1914 年建立了物资部和技术部，聘请了从德国达姆斯塔特纸浆造纸技术学院毕业的马勒恩斯特 · (Ernst Mahler)。马勒建立了金佰利公司的研究实验室，为金佰利公司不同于其他造纸公司的未来发展前景奠下了基石。其他大多数美国的纸业公司实验室很少进行研究和开发，其活动局限于测试纸浆和产出纸张的样品。马勒开发出了新型磨木纸浆工艺，以及后来成为高洁丝卫生巾基本成分的纤维素材料。

从纤维面到高洁丝和舒洁

1914 年，詹姆斯 · C. 金佰利和马勒等造访了化学研究上领先的德国。回来后不久，马勒就研制出来了能够替代棉质医用绷带的纤维素产品，并为其注册了“纤维棉”（Cellucotton）商标，是将纤维素（cellulose）和棉（cotton）两个单词连在一起而成。第一次世界大战产生了对医用绷带的空前需求，但是金佰利公司并没有从中赚钱，而是按成本价向红十字会和美国陆军部提供纤维棉医用绷带。一战结束之后，红十字会将其剩余的医用绷带发放给了医院，而军队则将其过剩的库存投放到了市场上，这使金佰利公司的纤维棉生产线于 1919 年时几乎全线停产。1919 年 2 月，詹姆斯 · C. 金佰利和马勒拜访了西尔斯—罗巴克公司在芝加哥地区的一位销售代表，沃尔特 · 鲁埃克（Walter Luecke），商讨纤维棉商用的可能方案。1919 年 3 月 1 日，鲁埃克受聘金佰利公司，任务是为纤维棉寻找销路。

美国的赴法作战伤残人士基金会最先向金佰利公司提出了用纤维棉生产卫生巾的建议，该组织收到军队护士的来信，声称她们使用纤维棉医用绷带做临时卫生巾。鲁埃克抓住了这一想法，得到了詹姆斯·C. 金佰利和马勒的支持，公司决定恢复纤维棉生产用以制造卫生巾，并取了“高洁丝”（Kotex）这一名字。1919 年 9 月 23 日，生产出来了第一批高洁丝。为避免卫生巾这种私密产品可能带来的名声上的不利影响（毕竟公司名称和创始人家族姓氏相同），1920 年，金佰利公司特别成立了一个全资子公司，取名为纤维棉产品公司（Cellucotton Product Company，CPC，后来改称为“国际纤维棉产品公司”）。在做出这项决策的董事会会议上，公司的财务总监投了反对票，这是金佰利公司历史上为数不多的、在战略决策上无法达成一致意见的事项。

金佰利公司的主要高层管理者和两位广告业专家组成了纤维棉产品公司董事会。纤维棉发明者马勒出任总裁，但日常管理由总经理鲁埃克负责。仅有纤维棉的技术还不够，高洁丝的推广需要克服巨大的文化障碍。从不能做广告到能做广告，再到采用真人做广告，从被藏到货架的最后面和角落处，到摆到货架明显处和采用自助售卖方式，可谓是披荆斩棘。1923 年和 1924 年，金佰利公司两次奖励了纤维棉和高洁丝发明者马勒 1 万美元，并许可马勒得到纤维棉产品公司利润的 2%，但每年不超过 2.5 万美元总额。1926 年，董事会又同意以每股 400 美元的价格转让给了马勒 100 股纤维棉产品公司股票。

基于纤维棉开发出来的另一项重要产品是“舒洁”（Kleenex）纸巾，1925 年取得了舒洁的注册商标。市场主导地位属于那些能够最快从“草根”获得创新灵感的公司。最初的舒洁纸巾产品定位是面霜卸妆纸，但是消费者们更喜欢用它来擦鼻子。1930 年，总经理鲁埃克说服董事会其他成员，进行了一次消费者调查。调查表明，61% 的消费者把舒洁当作纸手帕使用，39% 的消费者把舒洁当作卸妆纸巾。此次调查后不久，纤维棉产品公司展开了一场新的广告运动，把舒洁重新定位为了一次性纸手帕，名称从舒洁一次性卸妆纸巾改为了舒洁一次性纸手帕。

上市

1928 年 1 月 21 日，约翰·A. 金佰利去世。最后一位共同创始人离世后，金佰利公司很快放弃了股份封闭状态，转为公开公司。1928 年 6 月 30 日，为了公开募股和上市，公司第四次重组并改名为“金佰利—克拉克公司”（Kimberly－Clark Corporation)，在特拉华州注册。7 月，金佰利公司首次公开募股，1929 年 5 月 8 日，金佰利公司股票在纽约股票交易所上市交易。新公司的董事会有 14 名成员，包括主要的投资者代表，其中，最著名的是雷曼兄弟公司的约翰·汉考克和 7 位金佰利公司的老股东和管理者。弗兰克·森森布雷纳任总裁，马勒、约翰·森森布雷纳（弗兰克·森森布雷纳的一位亲戚）、弗兰克·沙塔克等任副总裁。这种人事安排保留了金佰利公司原来的管理结构，使得该公司能够避免 1930 年代常见的管理者和董事会之间的分歧。

弗兰克·森森布雷纳正式出任公司总裁，金佰利公司进入了名副其实的职业经理人时代。此前，出于对约翰·A. 金佰利的尊重，实际担负着总裁职责的森森布雷纳一直不肯接受总裁头衔。森森布雷纳任职到 1942 年退休，领导金佰利公司顺利渡过了大萧条时期。森森布雷纳的接任者科拉·G. 帕克（Cola G. Parker)，毕业于芝加哥大学法学院，1937 年以副总裁身份加入金佰利公司，此前是家律师事务所的合伙人，为各大造纸公司担任法律顾问。

第三代

在经历了两任职业和外姓经理人领导之后，1953 年科拉·帕克退休后，公司创始人约翰·A. 金佰利的孙子约翰·R. 金佰利（John R. Kimberly）接任总裁职务。约翰·R. 金佰利出生于 1902 年，1926 年从麻省理工学院毕业，获化学工程学位。进入公司后从公司基层干起，在 1930 年代后期成为生产经理，1943 年出任销售副总裁，1952 年升任执行副总裁。

1955 年，金佰利公司吸收合并了其主营高洁丝和舒洁等消费品业务的子公司国际纤维棉产品公司。国际纤维棉产品公司原是金佰利公司的全资子公司，1930 年代，金佰利转让了一部分纤维棉产品公司股票给其管理者和雇员。用金佰利公司股票交换了这部分员工的持股后，把纤维棉产品公司整合进了金佰利公司。始自纤维棉开发出来的高洁丝、舒洁以及后来的纸尿裤成为了金佰利的当家产品，也使金佰利最终顺利地从一家造纸企业成功转型为了一家消费品公司。

1959 年，金佰利公司进行了一次组织结构上的重整，建立了董事会主席、公司总裁和执行副总裁各直接负责一块的高层分工结构。这是来自时任执行副总裁威廉姆·凯利特（William Kellett）的建议。约翰·R. 金佰利不再担任总裁，但作为董事会主席并实际上兼任 CEO，负责总体领导职责，并直接负责加拿大公司、施伟泽公司和库萨帕因斯新闻纸工厂。凯利特接任了约翰·R. 金佰利的总裁职务，负责行政部、研发部、工程部、人事部以及新成立的工业用品部和消费用品部。接任凯利特执行副总裁职务的肯尼思·克劳维尔（Kenneth Crowell）负责财务和法律部、国际部。新产品开发部门之前是中央管理，现在改由高级副总裁领导，由工厂直接管理①。

大转型

1968 年，约翰·R. 金佰利达到了公司规定的 65 岁退休年龄，由盖伊·M. 米纳德（Guy M. Minard）接任，出任董事会主席兼首席执行官。米纳德 1907 年出生，1928 年加入公司，1951 年升为副总裁，1960 年代接替凯利特成为总裁。1968 年接任时米纳德已经 61 岁，但他坚持出任首席执行官后要履行总裁的职务，而不是指派一名年轻的经理接手运营管理职责。但是，过于繁重的工作使他不得不在 1969 年末时委任 44 岁的达尔文·史密斯（Darwin Smith）为公司总裁。1971 年底，史密斯接任了董事会主席兼 CEO 职务。史密斯 1926 年出生，哈佛法学院毕业后在一家为金佰利公司打理法律事务的律师事务所工作，1958 年加入了金佰利公司法律部。

史密斯领导金佰利公司 20 年，实现了公司从纸业公司向消费品公司的大转型。1970 年代前半期，金佰利公司进行了有史以来最大的一个资本改进项目：卖掉一直作为主营但业绩不佳的造纸资产。史密斯时期，金佰利出售造纸工厂，向纸质消费品公司转型，得到广泛赞赏。但事实上，是其前任米纳德在 1971 年退休前在一份公司战略报告中提出了这一想法。也可以说，从 1920 年代开始，金佰利公司就开始了从造纸商向消费品公司的转型。

1970 年 11 月，米纳德指派公司成立了一个由执行副总裁谢林担纲、有 9

① 托马斯·海因里奇、鲍勃·巴彻勒：《温柔的力量——金佰利公司与美国的消费革命》，夏璐、徐雯菲译，上海远东出版社 2008 年版。

位经理组成的特别小组，研究公司的铜版纸业务问题。1971 年 8 月，研究小组向董事会提交了报告，建议卖掉公司的几个造纸工厂以及林地和林产品加工企业。董事会接受了这一建议。不过，1971 年 10 月，米纳德就退休了，这一庞大的资产剥离任务落到了他的继任者史密斯身上。到 1976 年，金佰利将其起家时期的关键工厂金佰利工厂也脱手了之后，从杂志纸市场上完全退出了。

1985 年，金佰利公司又进行了组织结构上的重大改变，设立了董事会主席办公室和几个新的业务部门，把公司总部搬迁到了德克萨斯州达拉斯市郊的欧文镇（Irving），并在其位于乔治亚州罗斯维尔市（Roswell）的运营总部设立了公司科学与技术中心。

1992 年，史密斯退休，韦恩·R. 桑德斯（Wayne R. Sanders）接任公司董事会主席兼 CEO。桑德斯接任以后，进一步领导金佰利进行了战略转型。这期间，金佰利公司的一个大动作是，1995 年以 94 亿美元的价格收购了拥有与其同样悠久历史的斯科特纸业（Scott Paper）。2002 年，托马斯·J. 弗克（Thomas J. Falk）接替桑德斯出任了金佰利公司 CEO，并于第二年成为董事会主席，目前，仍然是金佰利公司董事会主席兼 CEO。

弗克 1958 年出生，1980 年毕业于威斯康星大学会计专业。在一家会计师事务所工作两年之后，1983 年加入了金佰利公司内审部。1999 年，弗克晋升为金佰利公司总裁兼首席运营官并进入了公司董事会。在弗克领导金佰利公司的这十几年中，金佰利公司着重推进了国际化。2013 年，金佰利公司在全球 35 个国家有业务运营，销售额 212 亿美元，员工 5.7 万人。

“好奇”的成功

“好奇”（Huggies）的推出，使金佰利超越了雄霸纸尿裤市场几十年的宝洁公司。20 世纪 50 年代，纸业公司忙于掠夺其他公司的市场份额，没能开发出一次性纸尿裤这样的革新性产品，把这个留给了外来的宝洁公司。宝洁公司 1957 年开始开发纸尿裤，推出了“帮宝适”（Pampers）。

直到 1980 年代，金佰利的“好奇”品牌，夺得了这一市场上的头把交椅。金佰利推出好奇纸尿裤，从宝洁公司这样的消费品市场上的营销王者和霸主企业手中夺得这一市场领导者的宝座，可谓是震撼性的。金佰利不是通过收购，而是通过重新部署自身资源和进行产品开发获得这一成功。

金佰利公司向纸尿裤市场的进军是从1960年代后期开始的，最早推出的纸尿裤品牌是“金贝贝”（Kimbies）。1971年6月，在决定将公司铜版纸业务清盘前不久，在米纳德的推动下，公司董事会为金贝贝纸尿裤项目批准了1750万美元的拨款。但是金贝贝没有维持住第二位的市场地位，1975年，强生公司夺走了纸尿裤市场的第二把交椅。这时，金佰利公司的大多数管理人员都准备放弃纸尿裤市场。虽然对这个从前任继承的项目感到失望，但是史密斯还是决定再尝试一次。史密斯将1975年出售金佰利造纸工厂所得的1450万美元，主要用于了纸尿裤项目，研究和开发一种新的高端产品。他甚至减少了一部分的卫生巾产品广告费用，用于纸尿裤项目。这次努力的结果就是1978年推出的“好奇”（Huggies）纸尿裤。这种由“制造舒洁的公司生产的，一种防侧漏的纸尿裤”，很快从强生公司手中夺回了市场占有率第二的位置，以致强生在1981年时退出了这一市场。1988年，好奇超过了帮宝适，成为了全美排名第一的纸尿裤品牌。

为了巩固这一市场上的龙头地位，金佰利公司于1989年进一步推出了好奇儿童成长裤（Huggies Pull - Ups Training Pants）。这种将纸尿裤和内衣结合在一起的儿童成长裤，可以将传统纸尿裤的使用时间缩短两个月，这使其他的纸尿裤生产商陷入了犹豫，举足不前。金佰利曾因害怕其无带高洁丝销售受影响而迟迟没有跟进推出有带卫生巾，这回他们吸取了教训，在1980年代中期就开始了这一秘密项目。1989年5月，好奇儿童成长裤上市后的三年中都没有遇到宝洁公司的挑战，每年2亿美元的销售额，获取了纸尿裤市场9%的份额。负责这一项目的经理正是1992年接任金佰利公司董事会主席兼CEO职务的桑德斯。

治理特色：CEO内部成长

金佰利公司的自觉转型，远远早于杠杆收购和公司掠夺者的时代。1970年代进行重组的动力来自公司高级管理层，而不是来自收购者的威胁或愤怒股东的压力，是1960年代晚期和1970年代的盈利危机，警示公司管理层剥离业绩不佳的铜版纸业务。金佰利之所以能够做到这一点，与其领导人的内部成长模式高度相关。

从1872～2014年的142年的时间里，金佰利一共只有八位首席执行官，平均任期为17.8年。即使除去创始人约翰·A. 金佰利亲自管理（1872～1906年）和监督领导（1907～1928年）的总计56年时间之外，从1928～2014年这86年时间里7位继任CEO的任职时间也高达12.3年，与通用电气公司130年里10任CEO的任期长度相同。CEO的稳定和长期任职，保证了金佰利公司历任领导人的长期眼界，能够抵制住短期压力，从战略导向上把控公司决策。

与此同时，金佰利公司坚持内部培养模式，历任CEO都是从公司内部成长起来的。继任CEO是前任CEO时期的重要项目负责人，也是前任CEO时期公司重大战略决策的参与者，这使公司能够坚持战略决策和方向上的连续性，继任者会选择推进，而不是推翻前任的一些重大战略决策。

20世纪60年代和70年代公司战略中的一个流行谬误是稳定技术行业的主导公司将精力集中于兼并和收购，忽略了对核心业务能力进行投资，或错误分配了投资经费。这些公司中，进行利润规划和资金预算的内部体系，倾向于抵制对长期生存所需的核心能力进行投资。在提出这样投资的中层管理人员看来，高级管理层和他们所代表的资本市场，常常过分专注于短期财务结果。金佰利公司的内部培养模式，使其能够摆脱这种流行谬误。中层管理人员能够通过挖掘和利用公司的现有资源与能力，创造出新的产品和业务领域，并能进而走上公司的最高领导岗位。也是这种机制，使金佰利公司能够从本来只是其造纸业务中一项附带性的创新（纤维棉）中开发出了一系列的新产品领域（从高洁丝、舒洁到好奇），并最终通过自己开发而不是通过并购，实现了向业务领域的顺利转型。

在这一点上，金佰利和IBM很相似。除郭士纳外，IBM也一直是CEO内部成长模式。这种CEO内部成长模式，同时加上一贯的注重研发，使金佰利也和IBM一样，在其原有业务基础上生长出了更高端的业务。强有力的研发机构是金佰利公司最重要的竞争优势来源，它雇佣的科学家和工程师比其他任何纸业公司都要多。1946 年，金佰利公司把其技术部改组为了相互独立的研发中心和工程部。IBM 卖掉了其传统的电脑业务，走上了价值更高的 IT 服务业务。金佰利卖掉了其传统的印刷纸业务，走上了价值更高的纸质消费品和医疗护理用品业务。

治理特色：领导董事和执行委员会

金佰利公司董事会由 12 人组成，董事会下设四个委员会：执行委员会、审计委员会、管理开发与薪酬委员会及提名和公司治理委员会。除董事会主席兼 CEO 弗克为内部董事外，其他 11 位董事均为外部董事，并且都是退休或在职的其他企业董事会主席或高管。由于弗克为董事会主席兼首席执行官，为保证公司董事会的独立性，金佰利公司董事会设立了领导董事职位，目前，这一职位的担任者是凯洛格（Kellogg）公司董事会主席 James M. Jenness（见表 9－1）。

表 9－1　　金佰利公司董事会成员

姓名	执行委员会	审计委员会	管理开发和薪酬委员会	提名和公司治理委员会	公司外职务
Thomas J. Falk *	主席				
James M. Jenness **	成员				凯洛格（Kellogg）公司董事会主席
John R. Alm	成员	主席			可口可乐公司前 CEO
Mae C. Jemison			成员	成员	BioSentinent 公司总裁
John F. Bergstrom		成员			Bergstrom 公司董事会主席兼 CEO
Abelardo E. Bru *	成员		主席		百事可乐公司前董事会副主席
Nancy J. Karch		成员			麦肯锡公司荣誉董事
Robert W. Decherd		成员			A. H. Belo 公司董事会主席、总裁兼 CEO
Ian C. Read	成员			主席	Pfizer 公司总裁兼首席执行官
Linda Johnson Rice		成员			Johnson 出版公司董事会主席
Fabian T. Garcia			成员	成员	Colgate-Palmolive 公司 COO
Marc J. Shapiro			成员	成员	摩根大通前董事会副主席

注：* 董事会主席兼 CEO，** 领导董事。

数据来源：根据金佰利官方网站资料整理。

领导董事负责公司股东和其他各种利益相关者与董事会之间的沟通。领导董事决定，由公司的股东服务部门接收寄给董事会的信件，并先由公司秘书办公室做出评估。在领导董事的指示之下，公司秘书具体负责以下有关事项：就影响公司的不恰当的会计、内部控制和审计事项，向公司主审计长（General Counsel）做出诚实报告，以按审计委员会确立的流程进行处理；就影响公司的其他不恰当的行为，向公司领导董事和主审计长做出诚实报告；就有关公司产品和人力资源的问题向公司内相应主管部门提出，并取得回复；就公司一般性的公司治理问题以及类似的沟通问题，向领导董事做出报告；就来自股东和其他利益相关方的重要沟通信息，在董事会的定期会议上，向董事会提出建议和意见。

目前，金佰利公司董事会执行委员会的成员构成情况是，董事长兼 CEO、领导董事和另外三个董事会委员会的主席。《金佰利公司管理细则》（By-Laws）（以下简称《管理细则》）第 29 条规定，执行委员会由三人或更多人构成，CEO 因其职责所在而是其当然成员。董事会负责从董事中挑选执行委员会的其余成员并任命委员会主席。在董事会休会期间，执行委员会拥有董事会指导公司业务和事务的全部权力，包括但并不限于宣布分红、批准股票发行，除非公司《管理细则》将此等权力授予了公司的其他常务委员会，或者是法律、公司章程（Certificate of Incorporation）或《管理细则》对该委员会的此等权力作出了限制。

第二节　Facebook：让理想在控制中实现

Facebook 于 2004 年 2 月 4 日上线，当时扎克伯格仅 19 岁，是哈佛大学的大二学生。10 年后，Facebook 已经成为全球最大的社交网络。月活跃用户数达 12 亿，市值 1200 亿美元。扎克伯格仅用了 10 年的时间就完成了从草根创业到成功偶像的蜕变，但距离他要实现的“连接整个世界”的理想还要走很长的路。

2012 年 5 月 18 日，全球最大社交网站 Facebook 在美国纳斯达克上市，按收盘价计算，Facebook 市值约 1047 亿美元，市值超过了惠普和戴尔两家公司的总和，也超过了亚马逊。公司招股书显示，Facebook 创始人、CEO 马克·扎克伯格（Mark Zuckerberg）持有 28.1% 的股份，总计 5.036 亿股，是最大个人股东。按每股 38.23 美元的收盘价计算，扎克伯格的个人身价达 192.5 亿美元，成为全球最年轻的白手起家的富豪。个人财富的成功对扎克伯格而言不会带来太多的改变，公司上市当年，他就已经成为硅谷最慷慨的富豪。根据彭博富豪指数，扎克伯格的净资产超过 240 亿美元，名列全球富豪榜第 26 位，也是最富有的 150 名富豪中最年轻的一位。扎克伯格夫妇前不久向硅谷社区基金会捐赠了 10 亿美元，用于资助教育、医疗和环境领域。

2010 年，扎克伯格被评为《时代》周刊自 1927 年以来最年轻的年度人物。《时代》周刊总编辑理查德·斯坦格尔在给出扎克伯格入选的理由时，这样评价扎克伯格所取得的成就："年度人物并不是一项荣誉，它只是对一个人改造世界能力的一种认可。扎克伯格将全球 5 亿多人联系在一起，并建立起社交关系，而且他还创造出一个全新的信息交换系统，并使发展成为一个必需的平台，这种平台有时会让人感到必不可少，但有时也会令人感到一丝恐惧，更为重要的是，这种平台正以创新方式和乐观的方式改变着我们都赖以生存的一切生活[①]"。这些光环仍不能代表扎克伯格的全部魅力，人们津津乐道的是他身上所具有的特质，正如乔布斯所称，扎克伯格是硅谷创新精神的最好接班人。扎克伯格的"黑客方式"是一种不断进取、不断创新的精神，这种创新精神是他带领 Facebook 勇往直前的动力。

扎克伯格在写给股东的信中阐述，Facebook 的使命是为了"让世界变得更加开放，联系更紧密。而完成自身使命的最好方式就是建立一个强壮和有价值的公司"，"我们相信，长远来看，我们会为我们的股东和合作伙伴创造最大价值，而这反过来又使我们能够不断吸引最优秀的人才，建设更加伟大的服

---

① 搜狐 IT 消息：http：//it.sohu.com/20101216/n278334475.shtml，2010 年 12 月 16 日。

务[①]”。为了实现这一使命，扎克伯格从一开始就深谙必须将公司牢牢地控制在自己手里，才能让公司按照自己希望的轨迹前行。

从公司初创开始到现在，经过先后十轮的融资，扎克伯格仍然对 Facebook 拥有绝对的控制权，这一切是怎样发生的呢?

帮助扎克伯格实现对公司控制的功臣是肖恩・帕克，这位电脑天才曾创立了四家网络公司[②]，都是因为没有掌握控股权，被踢出公司。帕克拥有公司组建和运作的经验，也有控制不当遭遇滑铁卢的惨痛教训，因此，被扎克伯格任命为总裁。肖恩・帕克从自己惨痛的教训中认识到，要在公司占主导地位，就必须牢牢掌握控制权，这一指导思想在 Facebook 的资本运营中打下了深深的烙印。

从前两轮融资起，帕克帮助扎克伯格取得了在董事会上的控制权。第一轮融资：彼得・泰尔（Peter Thiel，Paypal 公司的创始人之一）投资 50 万美元的种子资金，占股 10%。泰尔加入后，占据董事会一个席位，肖恩・帕克一个席位，扎克伯格一个席位，剩下一个席位空缺。而空缺的席位扎克伯格对此有决定权。第一轮融资距离公司成立还不到半年的时间，公司估价为 500 万美元。虽然扎克伯格并不满意这一估值，但他意识到泰尔具有运作 Paypal 公司的成功经验，他自己也是成功的创业者和企业家，并认同扎克伯格的战略构想。在融资过程中，与其说扎克伯格看中钱，倒不如说他更看重人和经验。扎克伯格把泰尔必须亲自出任公司董事作为接受融资的一个条件。

选择中意的董事进入董事会比融资本身重要，这已成为扎克伯格日后融资坚守的原则。这与他的价值取向和信奉的人生哲学有关。赚钱从来不是扎克伯格的主要目的，早在中学时代，他就不为百万美元年薪所动，坚持做自己喜欢的事。为了按照最初设想的目标一步步实现梦想，扎克伯格一而再、再而三地拒绝公司被整体收购的“发财”机会，哪怕是天文数字的巨额利益。

在第二轮融资中，Accel Partners 给 Facebook 估值 1 亿美元，投资 1270 万美元。同样要求投资方的主要合伙人吉姆・布雷耶亲自出任董事。Facebook 董

---

① 马克・扎克伯格（2012）：致股东的公开信。搜狐 IT：http：//it. sohu. com/20120202/n333481630. shtml。

② 分别为 Napster、Plaxo、Causes 和 Airtime。

事会在原来的基础上，增加为五席，包括布雷耶、泰尔、帕克、扎克伯格和他控制的一个空余席位。肖恩·帕克因涉毒被逮捕，虽然因未遭起诉被马上释放，布雷耶坚持强烈要求调整董事会成员。双方妥协的结果是：肖恩·帕克离开 Facebook，并放弃一半的优先认股权，而其董事会席位则在肖恩·帕克的坚持下由其任命，帕克指定扎克伯格继承其席位。结果，扎克伯格控制了董事会 5 个席位中的 3 个。肖恩·帕克虽然离开了公司，但仍以高级顾问的身份为扎克伯格出谋划策。

2006 年，Facebook 社交网络开始向公众开放，用户通过电子邮件即可注册，同时推出“好友动态”服务，可以显示用户们正在忙些什么。雅虎（Yahoo）开出了 10 亿美元的收购价，但遭到 Facebook 拒绝。当年用户人数超过 1200 万。随后，Facebook 平台发布，支持第三方在平台上开发应用。平台战略的巨大成功让 Facebook 身价倍增。2007 年 10 月，Facebook 开始在谷歌和微软两大巨头间周旋寻价。最后，微软同意 Facebook150 亿美元的估值水平，以 2. 4 亿美元的投资获得 1. 6% 的股权。微软这项超高估值投资，主要是双方签订广告代理协议的一个副产品，也蕴含着要拉住 Facebook 以免其投入谷歌怀抱的目的，微软要求 Facebook 不能接受任何来自谷歌的投资。随同微软一同投资的还有李嘉诚、德国的风险投资公司。Facebook 的第四轮融资共 3. 75 亿美元。

肖恩·帕克退出后，尽管引入了 Greylock、DST、李嘉诚等投资者，但董事会结构并未发生变动。扎克伯格拥有决定权的另外两个董事会席位相继由马克·安德森和《华盛顿邮报》的董事长兼 CEO 唐纳德·格雷厄姆担任。曾创办网景公司、有“浏览器之父”之称的安德森从 2005 年开始成为了扎克伯格的顾问，也是位投资家兼实业家，在董事会中是扎克伯格的坚定同盟。格雷厄姆有着丰富的媒体管理经验，他的加盟有利于 Facebook 制定出更为有效的长期发展战略。上市前夕，2011 年 6 月，Netfflix 首席执行官 Reed Hastings 加入 Facebook 董事会；同年 9 月，美国前总统克林顿白宫幕僚长 Erskine Bowles 加入 Facebook 董事会。2012 年 2 月 2 日，Facebook 正式提交上市申请，招股书显示，在 12 位董事会成员中，公司高管占一半席位。随着董事会成员的逐渐增加，董事会投票权也必然随之改变，扎克伯格很可能会失去对董事会的控制。为此，帕克在融资过程中精心设计了一些条款来保护扎克伯格的控制权力。

Facebook 招股书中设计的双层股权结构，将普通股分为 A 系列普通股和 B 系列普通股，其中一个 B 系列普通股对应十个投票权，而一个 A 系列普通股对应一个投票权，A 级股和 B 级股在分红派息以及出售时的现金价值上完全一致，唯一的区别就是代表的投票权不一样。扎克伯格等 Facebook 的高管通过持有 B 系列普通股来放大其对公司重大决策的控制权。

考虑到投资者的需求，Facebook 的双层股权设计对比其他公司的方案做了部分改进。例如，在 Google 的双层股权方案中，只有高管和公司内部人才能够持有 B 级股，外部投资者无论何时成为公司股东，一律只能持有 A 级股票。而 Facebook 对于上市前的股东给予 B 级股，这样更能够赢得机构投资者的欢迎。Facebook 上市前共发行了 1.17 亿股 A 级股和 17.59 亿 B 级股（包括此前所有已发行优先股转换的 B 级股，这部分 B 级股占 5.46 亿股）。其中，公司创始人、董事长兼首席执行官马克·扎克伯格持有 5.34 亿 B 级股，占 B 级总数的 28.4%。

为了解决持有 B 级股的投资者可能集中控制权的风险，Facebook 引入投票代理协议。根据 Facebook 招股书中披露的内容，此前十轮投资 Facebook 的所有机构和个人投资者，都需要同 Facebook 签订这份表决权代理协议，同意在某些特定的需要股东投票的场合，授权扎克伯格代表股东所持股份进行表决，且这项协议在 IPO 完成后仍然保持效力。这部分代理投票权为 30.5%，加上其本人所拥有的 28.4% 的 B 级股，扎克伯格总计拥有 58.9% 的投票权，实现对 Facebook 的绝对控制权。

投票代理协议授权意味着扎克伯格能够控制提交给股东审批的所有事项。投票协议还规定，投资者不得进行以下事项：（1）收购 Facebook 任何资产或业务的所有权；（2）征求任何公司证券投票权的代理权；（3）以《证券交易法》第 13 条的名义形成任何“集团”；（4）提名任何没有被现任董事提名的人为新董事，不能提出任何需要股东投票的提议，不能发起、投票支持发起、呼吁发起股东大会特别会议；（5）公开宣布打算做以上任何一项行动。这些对股东的限制是典型的“霸王条款”，也曾遭遇了一些有影响的机构投资者的抵制。当然，Facebook 之所以能够制定上述诸多的不平等条款，源于其巨大的财富效应所带来的融资过程中的强势地位。高盛、微软、DST 等资本大鳄之所以愿意出让投票权，是因为其在金钱方面得到了足够的补偿。

扎克伯格承认 Facebook 是一家“受控制的公司”①，并知道这种“控制”可能会导致 A 类普通股对某些投资者的吸引力降低，或者对公司的交易价格造成损害。但扎克伯格仍不放弃控制大权。为此，“脸书”并不准备遵守“一般”的公司治理规则，比如，招股说明书中明确写道：公司不准备设立一个由绝大多数独立董事组成的董事会；也不需要设立薪酬委员会或独立的董事提名制，董事会不具备独立提名职责；只有公司的董事长、CEO、总裁或董事会的多数股东，才有权召开特别股东大会；公司还设立了特别条款以防止被兼并和收购，“任何可能导致本公司控制变化的交易，都将需要得到额外的 B 类普通股作为一个独立单元过半数的投票决议”。这意味着扎克伯格有能力控制需由股东批准的事项的结果，包括董事选举以及任何并购、整合或几乎全部资产的出售。这种集中化的控制可能会拖延、推迟或阻止其他股东支持的控制权变更、并购、整合或资产的出售，或者反过来，这种集中化的控制也可能导致其他股东不支持的交易最终完成。

事实上，扎克伯格此前一直对 Facebook 上市持保守态度的主要原因也就在于控制权的问题。因为一旦上市，也就意味着其需要更好地在股东利益和控制权之间进行权衡。扎克伯格的长期计划可能与股东之间的短期利益诉求格格不入，从而导致公司内部出现问题。早在 2009 年，Facebook 在进行私募阶段的融资时，就引入了二元股权结构，以维持创始股东在关键事务上的掌控权，通过双类股权结构来扩大了创始股东的投票权。这意味着他将有能力控制股东选举的结果，包括了公司董事会成员选举和公司重大策略决定，比如，任命自己的继任者等。

类似扎克伯格通过二元股权结构来维系“独裁”的创业者在美国并非凤毛麟角，特别是在硅谷创业型高科技公司更为普遍。根据机构股东服务公司

---

① 由于扎克伯格在 Facebook 的控股地位，“脸书”公司在纳斯达克股票交易市场属于“受控公司”（controlled company），这类公司在纳斯达克股票交易市场公司治理规则中享有相对宽松的要求，包括不要求独立董事占董事会多数席位，不要求董事会必须成立薪酬委员会和提名委员会等。

(ISS) 的一项数据，在标准普尔的500只股票索引中，有6%的公司采用这种二元股权结构。在此之前，Google、福特汽车公司、华盛顿邮报、纽约时报、VISA，还有“股神”巴菲特的伯克希尔哈撒韦公司等，都采取了这种二元股权结构。例如，福特家族拥有B股，虽然B股只占福特流通股的2%，却占据40%的投票权。Facebook所采取的“二元制”股权结构已逐渐成为硅谷的新标准，被更多科技型创业公司采纳。而科技企业之所以喜欢这种结构，是因为创始人可以在上市融资后依然把握企业发展方向。二元股权结构是一把“双刃剑”，一方面，它确保公司创始人和高管层的领导权和绝对控制，完全按照既定的战略实施对公司的管理。但成也萧何，败也萧何，在双层股权结构下，管理层拥有比董事会更大的权利，必须做好防止管理层滥用职权的制度设计；与此同时，双层股权结构还会使公司的相关信息缺乏透明度，影响到市场投资者对公司前景的信心。

在一些机构投资者眼里，Facebook的公司治理并不是一个好榜样。美国著名公司治理咨询公司GMI Ratings，自Facebook进行首次公开招股之后，给予该公司的评级一直是“D”。该公司的研究报告称，数不清的诉讼、管理层与董事会的友好关系、内部人士持股、高管薪酬以及所有权结构、股价不断下滑等，均表明Facebook的企业治理存有严重问题。

另一个受到机构投资者极大的关注的则是Facebook的董事会构成（见表9-2)。董事会成员中的“外部人士”，都与公司存在各种利益关系，董事会的独立性问题倍受市场投资者质疑。依据《美国国内税收法规》第162章的规定，泰尔属于“外部人士”，但是他在公开市场抛售了价值10亿美元的股票。作为Facebook董事会薪酬委员会的主席，Accel Partners合伙人詹姆斯·布雷耶（James Breyer）同样也是外部人士，在首次公开招股抛售210万股股票之后，Accel Partners依然持有4300万股A级和B级股票。Facebook董事会的“外部董事”还包括了《华盛顿邮报》首席执行官唐纳德·格雷厄姆(Donald E. Graham)，他的公司曾在2011年从Facebook买下420万美元的广告；其他的董事还有Netflix董事长兼首席执行官里德·哈斯廷斯（Reed Hasting)，以及网景创始人马克·安德森（Marc Andreessen)。

表 9－2　　FACEBOOK 董事会构成

姓名	年龄	职位	主要工作经验	董事任职时间	持股情况①
马克·扎克伯格（Mark Zuckerberg）	29	董事会主席兼 CEO	FACEBOOK 创始人	2004 年 6 月	241A 股和 426251850B 股；占所有投票权的 61.6%
雪莉·桑德伯格（Sheryl Sandberg）	44	首席运营官和执行董事	曾在美国财政部、世界银行和麦肯锡咨询公司任职；2001～2008 任职 Google；2008 年以来任 FACEBOOK 首席运营官	2012 年 6 月	11484985A 股；1014940B 股
马克·安德森（Mark Andreesen）	42	独立董事；董事会审计委员会和公司治理委员会主席	实业家、风险投资家和互联网技术专家；网景公司创始人之一；目前兼任 eBey、惠普等多家公司董事	2008 年 6 月	1645432A 股
厄金斯·鲍尔斯（Erskine B. Bowles）	68	独立董事；董事会审计委员会主席	金融投资家、学者和著名社会活动家；兼任摩根士丹利、通用汽车等董事，现任北卡大学荣誉校长	2011 年 9 月	加盟时获得 60 万美元受限股；目前持有 11666A 股和 1250B 股
苏珊·德斯蒙德-赫尔曼（Susan D. Desmond-Hellmann）	56	独立董事；董事会审计委员会成员	加州大学旧金山分校的校长	2013 年 3 月	加盟时获得 53 万美元受限股

① 截至 2014 年 2 月 28 日。2014 年 1 月 1 日起，公司决定给每位非执行董事每年授予 30 万受限股，但须股东大会投票批准。

续表

姓名	年龄	职位	主要工作经验	董事任职时间	持股情况①
唐纳德·格雷厄姆 (Donald E. Graham)	68	首席独立董事；董事会薪酬委员会主席和公司治理委员会成员	产业投资家；《华盛顿邮报》董事长	2009年5月	加盟时持有100万股受限股；目前持有674165A股
里德·黑斯廷斯 (Reed Hastings)	53	独立董事；董事会薪酬委员会和公司治理委员会成员	企业家和互联网技术专家；美国电影租赁服务商Netflix创始人兼CEO	2011年6月	加盟时获得60万美元受限股；目前持有106908A股和1250B股
彼得·泰尔 (Peter A. Thiel)	46	独立董事；董事会薪酬委员会成员	企业家、风险资本投资家；泰尔资本公司董事长；全球最大在线支付平台PayPal创始人	2005年4月	持有2988766A股

数据来源：Facebook 2014 Proxy Statement。

2012年6月份，扎克伯格遭到了公司投资人的起诉，原因是在公司股价下滑时他抛售了超过10亿美元的持股，引发了投资人对内幕交易的顾虑。原告股东在诉讼书中称，扎克伯格及其管理团队明明知道，Facebook的广告营收根本无法支持其38美元的首次公开招股发行价。此外，摩根士丹利、摩根大通和高盛等投资银行也曾做出类似预警。但扎克伯格没有采取相应拯救措施，而是在公司股价处于高位时大量抛售获取巨额利润。

Facebook的公司治理模式也引起美国最大投资机构之一——加州教师退休基金（CalSTRS）的担忧。CalSTRS在Facebook提交IPO申请文件后仅两天，便决定与这家社交网站就改善公司治理事宜进行接触。该基金要求Fa-

① 截至2014年2月28日。2014年1月1日起，公司决定给每位非执行董事每年授予30万受限股，但须股东大会投票批准。

cebook 改善其公司治理方式，赋予股东更大话语权。美国最大的代理投票咨询服务公司 Institutional Shareholder Services（ISS）认为，Facebook 的双重股票结构损害了股东权利，减少了董事会对股东的责任。ISS 称，两类股票结构“将股东划分为两大对立的集团”，可能在未来引发代理权争夺战。当然，也有支持 Facebook 双重股票的机构投资者，他们认为，外部股东追求短期利益而可能损害公司长期利益。在对 Facebook 的所有担心中，双重股票结构分量最轻。投资者最关心的是扎克伯格管理公司的能力，而非是否拥有双重股票结构。

第三节 谁缔造了 Twitter?

联合创始人内部的冲突，创始人与投资人之间的冲突，三位创始人的连续出局，都没有阻挡住 Twitter 公司的成长步伐。是谁缔造了 Twitter？是从创始人、员工到投资人和用户，作为一种相互作用但以董事会为核心——谈判、妥协和集体决策中心——的公司治理系统缔造了 Twitter。

从 Blogger 到 Odeo

埃文·威廉姆斯（Evan Williams），1972 年 3 月 31 日出生于美国内布拉斯加州的一个农民家庭，高中毕业后只在内布拉斯加大学学习一年就弃学了。

1997 年，埃文·威廉姆斯在旧金山一家科技图书出版公司找到了一份撰写营销材料的工作，开始自学编程。随后到了硅谷地区，先后以合同程序员的方式在英特尔和惠普工作了一段时间。之后，埃文·威廉姆斯认识了一个名为梅格·胡里安的女孩，一位程序员，他们决定要共同开办一家公司。这对恋人和他们的朋友，一共 5 人，在埃文·威廉姆斯所租公寓的客厅中创办了 Pyra 实验室，计划编写一款可以提高工作效率的软件。

埃文·威廉姆斯和一位员工构建了一个简单的内部日记网站，可以帮助Pyra实验室的员工跟踪记录工作进度。1999年夏，埃文·威廉姆斯对外发布了该日记网站，为之取名Blogger，就是博客，可以使没有电脑编程知识的人也可以创建网络日志。随着Blogger的流行，梅格从最初的并不看好变成了要全力掌控，埃文·威廉姆斯拒绝让位，一场权力斗争致使Pyra实验室的5人散伙了。剩下埃文·威廉姆斯自己继续支撑和打造着他的Blogger网站。2002年，Blogger已经拥有近100万用户，靠着广告和用户捐赠，埃文·威廉姆斯已经能够雇佣一伙程序员，并以每月400美元的价格租下了一间16平方米的办公室。2003年2月，谷歌收购了Blogger。

诺阿·格拉斯（Noah Glass）是埃文·威廉姆斯经营Blogger时的邻居，一直在搞一个私人电台项目。诺阿·格拉斯编写了一款名为AudBiog的软件，就是语音博客，或叫播客。在埃文·威廉姆斯把Blogger卖给谷歌之后，诺阿·格拉斯说服埃文·威廉姆斯投资，创建了名为Odeo的一家播客公司。由于诺阿·格拉斯的妻子忍受不了Odeo公司在自家客厅里运作，诺阿·格拉斯不得不请埃文·威廉姆斯给予更多的资金投入。埃文·威廉姆斯答应再投入20万美元，并把他经营Blogger时的旧公寓给Odeo公司作办公室用，但是他要亲自出任Odeo公司的CEO。

埃文·威廉姆斯出任Odeo公司的CEO，引来新闻媒体和投资人的注意。2005年8月，查河投资公司和一些小投资者共同向Odeo公司投资了500万美元。可是，2006年初，苹果公司在其iTunes中加入了播客功能，以播客为核心业务的Odeo公司失去前景，马上陷入了困境。

创建Twitter

在讨论公司新方向时，杰克·多西（Jack Dorsey）提出的“状态”（你正在做什么）概念引起了大家的兴趣，诺阿·格拉斯尤其兴奋，并为其起了Twitter这一名字。埃文·威廉姆斯在忙着召开董事会，建议把Odeo公司卖掉，但同时也对Twitter项目表示支持。为了最终确定是否正式启动这一新项目，公司特别举行了几次“创意马拉松日”活动，每次用一整天的时间，让每个人为公司出谋划策，但不要谈你个人该干的工作。

杰克·多西在应聘进入了 Odeo 公司之前，是一个自由职业的程序员。在他提出的“分享和更新状态”这一概念基础上，埃文·威廉姆斯和比兹·斯通（Biz Stone），提出了让每条状态的更新像博客一样有连续性，诺阿·格拉斯提出了加上时间标签并起了 Twitter 这一名字。可以说，是通过持续的头脑风暴和多人之间的思想碰撞，才使 Twitter 的概念成型。2006 年 3 月 21 日，杰克·多西发出了第一条推文：刚刚创建了我的 Twitter。这一天被确定为了 Twitter 的正式诞生日。

作为 AudBiog 播客软件开发者和 Odeo 公司创始人，诺阿·格拉斯急于抓住 Twitter 这一新项目，以拯救陷于困境的 Odeo 公司，可是，他一方面没有资金从而不得不将 Odeo 公司 CEO 的职位让于埃文·威廉姆斯，并因此与埃文·威廉姆斯之间一直存在着公司领导权之争。另一方面，由于他过于急躁和过度插手 Twitter 项目，致使创意人和项目负责人杰克·多西无法容忍。杰克·多西找到埃文·威廉姆斯，要求让诺阿·格拉斯不要插手 Twitter，并下了最后通牒：“有他没我，有我没他。”

诺阿·格拉斯联系公司投资人和董事会成员，试图让董事会同意把 Twitter 项目分立出来，成为单独的公司，由他负责。但是，公司投资人已经对 Odeo 公司整个失去耐心，对 Twitter 项目也没有兴趣，只想尽快把整个公司卖掉，退出公司。要对 Odeo 公司这一烂摊子担起责任、并对 Twitter 项目也有兴趣继续支持的只有埃文·威廉姆斯一人。2006 年 6 月 26 日，埃文·威廉姆斯在征得董事会同意后，解雇了诺阿·格拉斯。诺阿·格拉斯作为 Odeo 公司创始人被赶出局，只得到了 6 个月的补偿金和所持公司股份 6 个月的保有权。

埃文·威廉姆斯通过将其出售 Blogger 时所得谷歌股票兑现，偿还了 Odeo 公司外部投资者们的 500 万美元，将 Odeo 公司重组为 Obvious 孵化器公司，并专门拿出了 100 万美元用于培育 Twitter。2006 年 9 月，在旧金山的“爱之旅”音乐节上，Twitter 网站正式亮相，公开注册，开始获得广泛注意。2007 年 3 月 11 日，在德克萨斯州奥斯汀举办的“西南偏南”年度科技大会上，Twitter

当选为博客领域年度最佳创业公司，知名度大升，随后的几个月里注册用户就达到了 10 万。

至此，Twitter 作为拯救 Odeo 公司的一个点子，到 Obvious 公司所正式孵化的一个项目，再到一个很有知名度的网站，已经需要建立起正式和独立的公司架构了。2007 年 4 月，作为到目前为止唯一所有者的埃文・威廉姆斯决定，自己将保留公司 70% 的股权，聘杰克・多西为公司第一任首席执行官，给 20% 的股份，比兹・斯通和杰森・古德曼每人得 3% 的股份，余下的 4% 股份分给工程师和新员工。同时确定，埃文・威廉姆斯、杰克・多西和比兹・斯通三人是公司的联合创始人。

比兹・斯通是在 2003 年 Blogger 被谷歌收购，埃文・威廉姆斯还在谷歌工作的时候雇佣进入谷歌的。2005 年 9 月，比兹・斯通为追随埃文・威廉姆斯，放弃了价值 200 多万美元的股票期权，从谷歌离职，加入到了埃文・威廉姆斯新创建的 Odeo 公司。杰森・古德曼是 2002 年 26 岁时，从普林斯顿大学天体物理学专业退学，以时薪 20 美元，加入了埃文・威廉姆斯的初创小公司，作为 Blogger 网站办公室主任处理杂务。杰森・古德曼也是 Odeo 公司 7 人董事会中埃文・威廉姆斯的少数几个盟友之一。

联合创始人之间的冲突

2007 年 7 月，Twitter 进行了 A 轮融资，以 2000 万美元出估值从纽约的著名风险投资人弗雷德・威尔逊（Fred Wilson）的合广（Union Square）投资公司融到了 500 万美元。Twitter 网站注册用户人数和每天所发推文数都在高速增长，却没有任何收入，服务器不堪重负，网站经常崩溃。只醉心于网站开发，缺乏经营管理经验，甚至不具备基本财务知识的杰克・多西，和以自己的资金及名誉担负着公司最大责任的埃文・威廉姆斯之间，开始冲突不断。杰克・多西也缺乏领导才能，不会授权和调动员工的积极性。2008 年 4 月，也许为了向埃文・威廉姆斯显示自己对公司的控制权，杰克・多西自行解雇了 Twitter 的核心程序员布莱恩，这使网站不稳定的问题越来越严重。

为了证明自己作为 CEO 的能力，杰克・多西自行尝试寻找投资者，为公司融资。但是，作为已经成功创业一次的名人、公司董事长和大股东，埃文·威廉姆斯自然要比杰克·多西更有优势和权力。2008 年 6 月，Twitter 以 8000 万美元估值进行了 B 轮融资，融资 1800 万美元，主要投资者是星火资本（Spark Capital）公司，还有亚马逊创始人贝佐斯。星火资本的合伙人毕吉恩·萨贝特（Bijan Sabet）和弗雷德·威尔逊成为公司董事会成员，并拥有重要话语权。

2008 年 7 月，Twitter 公司搬进了新的办公室。与此同时，在 Twitter 公司新投资人、董事弗雷德·威尔逊和 Summize 公司主要投资人、董事博思威克的推动下，Twitter 收购了 Summize。Summize 是一种第三方工具，可以搜索 Twitter 用户的推文。Twitter 收购 Summize 的有关文件刚刚签署之后，杰克·多西在与 Summize 的技术负责人格雷格·帕斯通了一次电话就自行决定任命格雷格·帕斯为 Twitter 公司运营总监，并直接发出了通知邮件。这一鲁莽的行动，惹恼了埃文·威廉姆斯和公司董事们。埃文·威廉姆斯质问道："你打算让某人来负责公司整个的项目和运作，不需要和我或董事会讨论一下吗?"

公司的两大外部投资人及董事弗雷德·威尔逊和毕吉恩·萨贝特分别从纽约和波士顿紧急赶到公司，在与埃文·威廉姆斯商量后，决定解除杰克·多西的 CEO 职务。在征询意见时，作为联合创始人的比兹·斯通表示坚决反对，认为这样会导致公司分裂，并威胁说如果杰克·多西出局，他也辞职。考虑这时的 Twitter 公司虽然规模还不大（不到 30 名正式员工），但已经名声在外、广受专注，承受不了两位创始人同时离开的负面影响。妥协的结果是，董事会决定给杰克·多西三个月的宽限期，限其"三个月内解决所有问题并控制住公司"。

由于奥巴马尝试使用 Twitter 作为一种新的竞选宣传手段，Twitter 的热度和重要性激增，而其内部管理和网站稳定性却跟不上，甚至出现过长达三十多小时的系统崩溃。更为严重并直接导致杰克·多西下台的事件是，受弗雷德·威尔逊和毕吉恩·萨贝特之命检查 Twitter 运行中断问题、拿出修复计划的格雷格·帕斯（任运行工程师）发现，Twitter 没有数据备份，"如果现在数据库出现故障了，我们将会失去一切"，包括每一条推文、每一个用户，这使弗雷德·威尔逊怒火冲天。

2008年10月很快到来了。尽管杰克·多西极尽努力，但于事无补，Twitter内部管理上的一片混乱状态并无改观。弗雷德·威尔逊和毕吉恩·萨贝特——公司的两位外部投资者董事出面，代表董事会通知杰克·多西卸任，由埃文·威廉姆斯出任公司第二任CEO。董事会权衡各方面影响之后，决定让杰克·多西转任名义上的公司董事长职务——只是个名义和对外说辞，杰克·多西可以出席公司董事会，但没有作为董事的投票权，他的投票权由埃文·威廉姆斯行使。杰克·多西的股票期权也还没有完全生效，因此将会被收回一部分。但是，鉴于杰克·多西是公司创始人之一，董事会欣赏他的理念和贡献，决定给他多保留一些股票期权。

董事会在解除杰克·多西CEO职务时，之所以拖延几个月并最后还要给他董事会主席的名义和多保留一些股票期权，还有两个方面的原因。一是怕杰克·多西作为公司创始人投奔了竞争对手——Facebook，会给公司带来极坏影响；二是为了平息另一位联合创始人比兹·斯通和公司元老杰森·古德曼对此事件的不满。事实上，杰克·多西在正式宣布“辞去”CEO职务的当天，就给扎克伯格打了电话，准备要转投Facebook。扎克伯格一直想要收购Twitter，对于雇佣已被扫地出门的联合创始人杰克·多西却兴趣不大，口头表示欢迎加盟，但是没有提供合适并能满足杰克·多西胃口的职位。杰克·多西认为，自己拥有Twitter创始人的头衔，到Facebook应该有个产品副总裁职务，扎克伯格没有满足他。

出售，还是保持独立

埃文·威廉姆斯上任CEO之后，与杰克·多西的“牛仔”风格（不信任下属）完全不同，埃文·威廉姆斯给予员工充分的信任和授权，给他们一种自豪感，这使员工们非常忠诚。埃文·威廉姆斯和杰克·多西之间的另一个本质差异是对Twitter的发展理念及前景看法不同。杰克·多西固执于其“状态”概念，把Twitter主要看作是人们发布“我在做什么”的地方。而埃文·威廉姆斯则更看重“发生了什么”，更多地让Twitter承载其Blogger——博客的理念：点击按钮，向世界公开。从博客（Blogger），到播客（Odeo），再到微客（Twitter），埃文·威廉姆斯的创业和投资行动一直围绕着给予人们平等发言权，帮助受到滥用职权侵害和没有权力的人站起来。

作为投资—创始人的埃文·威廉姆斯和作为点子—创始人的杰克·多西之间，最大的差异是对于Twitter价值、意义和前景的看法不同。杰克·多西急于将Twitter出售套现，埃文·威廉姆斯更想让Twitter作为实现人类更平等发言权的工具而独立发展。二者之间的这一差异，在面对从雅虎到Facebook的收购意愿以及美国前副总统戈尔等各路名人的控制性入股提议时的态度上明显表现出来。埃文·威廉姆斯在将Blogger卖给谷歌并随之进入谷歌工作一段时间之后发现，谷歌并不是要发展博客，使之作为人们平等和自由表达意见的有效工具，而是更感兴趣于通过投放广告来盈利。早在2007年6月，埃文·威廉姆斯还是公司的唯一实际投资者时，雅虎就提出了1200万美元的收购报价。

在杰克·多西被解除CEO职务前的最后几周里，扎克伯格已开始与其商谈Facebook收购Twitter的事宜。杰克·多西打算出售，但是他还没有来得及推进此事就出局了。随后，扎克伯格转向游说埃文·威廉姆斯和比兹·斯通。2008年10月，埃文·威廉姆斯和比兹·斯通两位创始人一起去与扎克伯格会面，扎克伯格高高在上地让他们开价，并不真想出售公司的埃文·威廉姆斯给了个5亿美元的“天价”——距离Twitter按8000万美元进行的B轮融资仅仅三个多月，扎克伯格却处之泰然地说，“这是个很大的数目”。

面对难以抵制“5亿美元”高价诱惑的Twitter投资者和董事会成员，埃文·威廉姆斯给出了选择不出售、继续独立发展的三个理由。首先，看似5亿美元的出价已经很高，但是埃文·威廉姆斯认为“Twitter是个10亿美元的公司”，甚至“比这还要多很多很多倍”。其次，对于Facebook的威胁——如果Twitter拒绝收购，Facebook将会发布类似产品将其摧毁，埃文·威廉姆斯表示“没有什么可信的威胁会造成Twitter的完全失败”。最后，对于扎克伯格的“你可以选择为伟大的公司工作”这一劝诱，埃文·威廉姆斯写道，“我不用Facebook，但我很关注Facebook的人员以及他们如何做生意”。

埃文·威廉姆斯认为，可以用手机短信和网页两种方式发布信息的Twitter，会成为使人们拥有平等发言权的最终工具，这是它的最大价值，而到了Facebook之手，会更倾向于成为企业的赚钱机器。2008年10月30日，在Twitter公司董事会主要成员都表态说，他们没有兴趣把公司卖给Facebook之后，埃文·威廉姆斯电话告知扎克伯格，“Facebook因为出价收购Twitter而值得尊敬”，但“Twitter想要保持独立发展”。

创始人出局

埃文·威廉姆斯担任CEO的两年时间里（2008年10月到2010年10月），Twitter高速增长。2009年2月，以2.5亿美元的估值进行了第三轮融资。3500万美元融资总额中的2100万美元来自标杆资本（Benchmark Capital），彼得·芬顿（Peter Fenton）进入公司董事会。2010年9月，Twitter进行了第四轮融资，融资额1亿美元，公司估值达到10亿美元。这正是埃文·威廉姆斯两年前拒绝Facebook收购时，他自己对公司的估值。

埃文·威廉姆斯无疑比杰克·多西更有管理才能，两年内把Twitter从一个初创公司成功地发展到了一个初具规模的公司。但他更是一个优秀的创业者，而不是一个优秀的大公司管理者，他自身也缺乏做大公司管理者的兴趣。在宣布Twitter有上市打算的时候，埃文·威廉姆斯已对《华尔街日报》表示，他没有兴趣继续领导一家上市公司。即使如此，Twitter公司的董事会成员们也没有等到埃文·威廉姆斯自愿让位，而是通过一场“政变”提前把他赶走了。

事情的起因有两个方面。一是作为创业型企业家的埃文·威廉姆斯，很自然地喜欢用自己的朋友，同时也是更热心于产品开发、网站优化，而忽视了营收创造。到2009年12月，才由从谷歌聘请来的公司首席运营官迪克·科斯托罗（Dick Costolo）——也是埃文·威廉姆斯在谷歌就职时认识的一位朋友，帮助公司获得了第一笔收入2500万美元。迪克·科斯托罗通过与谷歌和微软达成一项协议，使二者的搜索网站可以检索到Twitter上的内容，由此分别从谷歌和微软获得了1500万和1000万美元的收入。

二是顶着公司创始人头衔并且名义上还是公司董事会主席的杰克·多西，

一直在努力重返公司。在埃文·威廉姆斯、比兹·斯通两位全身心于公司内部事务的时候，杰克·多西在公司外部大造声势，频繁地以 Twitter 创始人的身份出现在各种媒体上，精心地把自己塑造成了“第二个乔布斯”。自 2009 年 2 月的第三轮融资后，杰克·多西又得到了新的投资者董事彼得·芬顿的支持。

由彼得·芬顿推荐，Twitter 董事会聘请了在硅谷鼎鼎大名的 CEO 教练（他本人也还真曾是一位橄榄球教练）坎贝尔，为埃文·威廉姆斯提供指导。这位坎贝尔在谷歌公司担任“教练”时，推动了经理人施密特和创始人佩奇、布林这三人之间的协同工作，同时也帮助避免了公司在发展壮大时往往会产生的钩心斗角，使谷歌的“三驾马车”式结构能够有效运转。可是在 Twitter 公司，这位公司 CEO 的导师却成了 CEO 的杀手。在杰克·多西和比得·芬顿密谋及暗中策动公司多位副总裁向董事会表达对埃文·威廉姆斯的不满等基础上，坎贝尔的撤掉埃文·威廉姆斯 CEO 的提议，使当年主导董事会免掉杰克·多西 CEO 职务的另外两位投资者董事弗雷德·威尔逊和毕吉恩·萨贝特，也站到了杰克·多西的一面，同意免掉埃文·威廉姆斯的 CEO 职务。

2010 年 10 月，Twitter 公司董事会有 7 位成员：弗雷德·威尔逊、毕吉恩·萨贝特、比得·芬顿、杰克·多西、迪克·科斯托罗、杰森·古德曼和埃文·威廉姆斯。投票决定的最后结果是，埃文·威廉姆斯不仅要辞去 CEO 职务，连董事会主席的职务也没有给他，杰克·多西任董事会执行主席。迪克·科斯托罗出任公司第三任 CEO，埃文·威廉姆斯想转任公司产品负责人的想法也于 2011 年 1 月最后落空。创业者埃文·威廉姆斯不擅内斗，更是厌恶冲突和矛盾，由于他心慈手软，没有把杰克·多西彻底赶出局，并一直保留着杰克·多西的董事会主席名义，结果留下了杰克·多西重返公司管理层、自己彻底出局的祸根。在埃文·威廉姆斯离开 Twitter 半年多之后，公司另一位联合创始人比兹·斯通也离开了公司。

公司上市

迪克·科斯托罗在底特律长大，密歇根大学计算机科学专业毕业，曾就职于安达信咨询公司。离开安达信咨询公司之后，迪克·科斯托罗先后创建了几家自己的公司，其中，最成功的是名为 FeedBurner、帮助博主整合他们博客的公司，2007 年以 100 多万美元的价格卖给了谷歌。迪克·科斯托罗也正是因此而结识了埃文·威廉姆斯。

迪克·科斯托罗出任 CEO 之后，Twitter 公司的发展步伐进一步加快。2010 年 10 月，进行了第五轮融资，融资额 2 亿美元，公司估值达到 37 亿美元。2011 年 3 月，Twitter 在股权交易网站 SharesPost 将 35000 股的股票以每股 $34.50 的价格进行出售，此时的公司价值为 78 亿美元。2011 年 8 月和 9 月，Twitter 公司以 80 亿美元的估值进行了两轮融资，各融 4 亿美元。2011 年 12 月，又以 84 亿美元估值融资 3 亿美元。

2013 年 10 月 4 日，Twitter 发布公开招股书。IPO 发行价 26 美元，发售 7000 万股普通股，融资 18.2 亿美元。11 月 7 日，Twitter 股票在纽约证券交易所上市。股票上市交易首日以 45.10 美元开盘，44.94 美元收盘，较发行价上涨 72.84%，公司市值达到 245 亿美元。

三位 Twitter 的用户，一位好莱坞的影星、一位波士顿的警察和一位慈善组织负责人，分别代表着 Twitter 在娱乐、政府和公益三个领域里的价值，敲响了开市的钟声。Twitter 的三位联合创始人，埃文·威廉姆斯、杰克·多西、比兹·斯通和现任 CEO 迪克·科斯托罗，四人并肩而立在交易大厅里。是这些人，再加上公司员工和投资者，共同缔造了 Twitter。

在从 Odeo 公司的一个项目中发展出 Twitter 公司的过程中，作为 Odeo 公司主要创始人的诺阿·格拉斯已经出局了（主要是被项目负责人杰克·多西挤出局的）。作为 Twitter 创意者、项目负责人、首任 CEO 和联合创始人的杰克·多西，正式在 CEO 职位上的时间（2007 年 4 月 ~2008 年 10 月）仅一年半也出局了（主要是被投资人罢黜的）。这还没有完，作为 Twitter 早期唯一投资者和公司主要创始人的埃文·威廉姆斯，在公司第二任 CEO 的职位上也是仅仅坐了两年时间，就被公司投资者和董事会罢黜了。但是，这一切都并没有阻止 Twitter 作为一家独立公司的发展步伐。

在公司创立与发展的过程中，各种各样的矛盾和冲突本身都不是问题，关键是有没有一个董事会投票这样的明确、权威的决策中心和裁决机制。

第四节 三星电子：顺势而为成就创新

三星集团创始人李秉喆有句话："我们要是在电子革命中落后，我们就会永远沦为落后国家。"

2013年第二季度的财报显示，三星电子当季营业利润同比大增48%，达9.53万亿韩元（约合85.8亿美元），销售额同比增长21%，达57.46万亿韩元（约合517.5亿美元），双双创下历史新高。而最具有重磅市场意义的是，三星电子当季净利润首次追平业内巨头美国苹果公司，三星电子净利润为7.7万亿韩元（约合69亿美元），较上年同期的5.1万亿韩元增长50%，这与苹果净利润出现22%的下滑形成了鲜明对比，也让市场看到了新霸主产生的可能。

让我们简单地回顾一下历史，三星电子成立于1969年，当时的员工人数只有数百人。目前，三星电子已经成为韩国最大的电子产品制造企业，专门生产家用电器、半导体产品、通讯系统、电脑等产品。凭着革新科技及不断研制先进产品，三星电子从韩国国内科技领袖一跃成为享誉国际的商标。在家电领域，三星电子处于世界彩电、录像机及微波炉市场的领先地位。三星在发展高科技产品上亦不遗余力，最早推出了家用机械人及彩色图像打印机。还在高清晰度电视、S-VHS录像机、影碟机、高保真音响等尖端产品方面亦有显著的成果。今天，三星电子公司已经是世界最大的存储器生产商，凭借DRAM和NAND闪存的首位生产商地位，在世界半导体领域仅次于Intel公司，位居第二位。

古希腊诗人阿寄洛克思曾经说过："狐狸知道很多的事，刺猬则知道一件大事。"如果我们把苹果公司比喻成"刺猬"一样的大师，以不变应万变，那么三星电子无疑就是那只机敏多变的“狐狸”，从方方面面都体现出了它的那份“顺势而为”，正是这种灵动的精神，造就了今日的三星电子。

继承与发展

1. 继承：李秉喆择贤不立长

三星“顺势而为”的特点最重要的体现在创始人李秉喆对于“公司”是如何看待的，接班人的选择、观念的转变才使得三星时至今日能够拥有如此巨大的成功，向着现代企业体制稳步发展，其产品的研制、开发上才会打开今日这番局面。

韩国本是有着长子继承传统的国家，李秉喆也在1966年一度因为公司丑闻退出三星的管理一线，长子李孟熙被自然地当作了接班人。可是，李孟熙的能力没有得到李秉喆的认可，1969年借三星进军电子领域之机，李秉喆开始回到三星的管理一线。

李秉喆在接受采访时被问到“您是想让自己的子孙来继承事业呢，还是要让三星一个组织流传下来呢”时，李秉喆的回答是，“如果我的子孙可以继承当然最好不过啦。但是，这是不可能的。第一，最近的年轻人不喜欢生孩子，而且我们也不知道这些孩子适不适合做经营者。我希望的只是三星这个组织可以长存下去。”

关于长子继承这种“人们在很难作判断的情况下，通过制订一个明确规定并严格按规定执行来维持组织安定”的惯例做法，李秉喆认为，“如果判断的标准非常明确，也可以不遵循既有的模式”。把企业当作一个社会的组织，促进社会进步的工具，而不是完全当作个人赚钱的工具，这样一种“公司”理念，促使李秉喆进一步得出结论：“而且一个人是不是把企业视为自己个人所有，也会使他做出不一样的判断。所以，如果是法人公司，情况就会不一样了。公司虽然是我成立的，但不是我一个人私有的，而是属于每个股东、投身于此的工作人员、公司客户、购买商品的顾客等所有人的。换句话说，一家公司一旦成立，不管是谁成立的，它就不是个人的东西，而是属于社会的，是公家的东西了。这样看来，把长子继承的规则用于全民组织的做法是错误的了。[①]”

李秉喆没有简单和不假思索地一贯遵从长子继承这一传统，而是选择并培养了三儿子李健熙成为其接班人。这一举动是李秉喆从商人思维转变为企业家思维，从一位成功的企业家转变为一位伟大的组织者的自然结果。

2. 发展：李健熙引领三星电子跻身世界一流

1987 年，李健熙成为三星集团主席，他很快成为三星的战略决策者，并且进行了大刀阔斧的改革。1990 年，三星工业设计部门成立，郑国铉任主席，而郑国铉本人是一名工业设计师。三星的这一举动就是所谓的新型管理，即任命设计师为部门的最高管理者。最初，李健熙就解释了“设计战略的重要性”，并且采取了一系列举措：建立“产品计划”和“设计中心”，雇佣 160 名设计师；大力投入设计教育。1995 年，三星开始投入大量生产 LCD 显示器（计算机和电视机），三星从 1991 年投入这项一系列的硬件设计，产品包括从芯片到监视器都取得了非常优秀的成绩。1998 年亚洲金融危机爆发，三星产品大量积压，累计负债高达 170 亿美元，几乎濒临破产。李健熙决定进行彻底的改变，而改变的方式就是垂直整合。1999 年，三星提出了“数字融合”新发展战略，从垂直整合入手，将旗下分散的电子产品有机整合在一起，从零部件到整机生产，打造出了“一条龙”完整的移动设备生态系统。三星最终能够在强手如林的移动设备竞争中脱颖而出，正是受益于强大的垂直整合能力。

截至 2014 年初，三星电子的董事会由四名执行董事及五名独立董事组成，独立董事相对而言占多数。这样的设计安排既保证了董事会的独立性，同时也旨在建立一个透明的决策过程，从外部专家获得更加广泛的意见。按照公司章程，独立董事的推荐委员会从一个较大的范围内选择在各种不同的领域，包括管理、会计、经济、法律、技术等方面，具有深厚的专业知识的专家作为候选人，考察他们以往的商业经验。独立董事要能够为执行董事提供更多的建议，并且促进董事会对公司管理各个方面的自由交流。三星电子的五名独立董事背

---

① （日）山崎胜彦：《创业之神：三星创始人李秉喆传》，周添译，中国电力出版社 2014 年版。

景各不相同，其中一位曾经在法律系统担任检察官，还有新韩银行前社长，其余三位都有教授头衔，研究领域分别是通信技术、医学卫生和社会学。可以说，三星电子能够在较短的时间内成就今天的地位，得益于其在以董事会为中心的先进企业制度基础上，实行高度透明和负责任的管理。

每一年度，三星董事会及其委员会对他们的年度活动和参与率都要进行自我评估。近三年，每年举行的董事会会议次数平均在10次以上，保证了董事之间的顺畅沟通，董事的会议出席率也保持在95%以上。而为了保持独立性，几位独立董事的薪酬只包括基本工资和差旅费用。三星董事会下属设有6个委员会，分别是：管理委员会、审计委员会、独立董事推荐委员会、关联事务委员会、薪酬委员会、企业社会责任委员会。这些委员会在董事会的领导下有条不紊地开展工作，也促进了董事会的良好运行。

产品开发坚持创新

1. 设计多样化

目前，在中低端产品市场，由于三星的对手苹果公司没有涉足，这就给予了三星充分施展的空间。事实上，三星一年究竟发布了多少款中低端手机，很少有人能真正搞清楚。但令人印象深刻的是，三星对三种技术制式（CDMA、WCDMA和TD－SCDMA）都给予了充分的产品和技术支持。在中国市场，三大运营商只要有产品定制需求，三星都能够及时按照相关技术要求拿出令运营商满意的产品。在中国联通顶级商务手机的定制招标中，三星独家中标，也应该并非偶然。这一方面体现了三星的技术研发能力，另一方面也体现了三星的快速响应能力。也正应了三星喊出的一句口号："做中国人民喜爱的企业，贡献于中国社会的企业。"

我们可以看到，三星手机的许多设计灵感来自化妆品、时装等，如多用的镜子、粉饼这些女性用品都被三星手机设计时加以考虑。好的产品辅以独特的市场营销，同时把女性的心理特点充分考虑，所以会深受女性喜爱。同时，三星也没有忽略男性的需求，2013年9月4日正式发布的三星GALAXY Gear，是一款智能佩带腕表。该款设备拥有一块1.63英寸的AMOLED显示屏、蓝牙以及摄像头，通过与手机蓝牙连接后，能够提供互联网接入，发送或接收电话、收发电子邮件和消息、存储和传输数据信息以及跟踪或管理个人信息，同时还具备通话、游戏、健身软件等功能，从各种设计细节看更加适合男士佩戴与使用。

2. 注重速度，抢占先机

从三星推出 GALAXY S1 开始到 GALAXY S3，三星的新品发布每一次都早于苹果公司一至两个月。GALAXY S2 的发布选择在苹果 iPhone4S 发布之前 1 个月左右，市场正处于用户对 iPhone4 产生“审美疲劳”的空当期，而能够与 iPhone4 相提并论的高端智能手机又尚未出现，三星 GALAXY S2 应运而生，及时填补了市场空缺，因而面市后销量节节上升。

GALAXYS3 于 2012 年 5 月 4 日在英国伦敦发布，当时三星预计，苹果可能在 6 月 21 日在其开发者大会上发布 iPhone5，因此，抢先一个多月推出新产品占领先机。GALAXY S3 采用 4 核驱动，支持最新的 LTE 技术，加上苹果未能如预期推出 iPhone5，使得 GALAXY S3 占尽了市场风头。

继三星电子 2013 年第二季度登顶全球第四代移动通信 LTE 智能手机市场后，尽管苹果公司在 9 月推出新品 iPhone5s、5c，却没能撼动三星的冠军宝座。据调查机构 SA（Strategy Analytics）数据，2013 年第三季度，三星电子以 42.7% 的绝对优势排名全球 LTE 手机市场占有率第一。

在三星内部有这样一种共识：以前是大公司吃掉小公司，但现在我们认为，必须是变化速度快的公司吃掉变化速度慢的公司。我们相比其他公司有更好的优势就是，三星更注重速度，即变化的速度。

3. 研发投入大，重视人才引进

在瞬息万变的电子市场，可以说是“领先一步，领先一路”，因此，三星电子在发展及研究方面不惜大量投资，坚持将年销售收入的 10% 左右投入到研发领域，三星对研发的投入不仅仅体现在资金上，更体现在人才的培养和储备上。在三星电子全球近 20 万名员工中，从事研发及相关工作的超过 40%。除了国内拥有 6 个研究所外，三星在海外如中国、美国、日本、印度等地也设有研究所，各地研究员均致力设计一些能照顾不同消费者及地区需要的产品。

人才是企业创新和持续发展的基础。李秉喆曾经说，他把自己一生80%的时间都用在选拔人才上了，当他看到自己的员工能各尽其才，他十分欣慰。因此，三星电子视人才如自身的血液，始终致力于吸引全球最优秀的人才到三星工作，并为他们创造良好的工作环境。三星电子已同世界多所知名大学建立了良好的合作关系，通过到大学宣讲，宣传三星公司形象等方式吸引年轻的大学毕业生和MBA进入三星。许多韩国年轻人在大学毕业时都非常希望能够进入三星工作，甚至会花上一年的时间从各方面为应聘三星做准备。

另外，人才本土化也是三星电子人才战略的一大特点。三星电子的研发、生产、销售网络遍布全球，招聘当地优秀人才到三星企业工作，为企业更好地了解和适应当地市场，从而制定更具针对性的研发和销售策略，为满足不同地区消费者的不同需求打下了良好的基础。

小结

事实上，三星的“顺势而为”还体现在很多方面，不过，三星也因此遭受了许多非议。曾经有中国的业界评论人称：“我坚持三星电子是全球最大山寨企业的观点。直到今天，我还一直坚信三星电子近年来的快速扩张，就是依靠对直接竞争对手的山寨化模仿抄袭达到的，其所谓的创新是没有文化内涵支撑的，这样的企业也不值得中国企业学习，更不值得同行尊重。”诚然，不可能有任何一家企业是通过“山寨式创新”成为百年老店。但是简单粗暴地指责并不能使中国企业获得真正的帮助，这只能提供点滴的自我安慰，事实是许多中国企业也试图“山寨”成熟品牌的产品，但是雷声大雨点小，最终多以失败告终。

客观地讲，三星并非是简单地“山寨”，在模仿学习的同时仍然坚持进行自主创新。比如，三星手机在使用自行开发的Bada系统失利后，只得改为搭载谷歌的Android操作系统，但是三星并未就此放弃自家研发系统平台，有消息称，三星即将在MWC 2014上发布新一代旗舰智能手机GALAXY S5，与它同时发布的还将有第二代智能手表GALAXY Gear2，并且会放弃第一代使用的Android系统，转而采用三星自家研发的Tizen操作系统，三星始终希望掌握自身命运，而非受制于人。

在全球电视领域内，相当长的时期内，索尼、松下都处于霸主的地位，但三星电子看到了平板电视的发展趋势和潮浪后，果断地放弃在传统 CRT 电视上继续跟进对手策略，相反，孤注一掷加大在液晶、等离子等超薄电视显示技术上的投入，最终完成对日本企业的全面超越。如果做一下类比观察，中国目前进行的新能源电动汽车也采取的是这样一种策略。事实上在传统汽车的生产技术上中国与发达国家仍然有 40 年以上的差距，包括混合动力汽车也是如此。但是从纯电动技术发展成熟程度和中国国情来看，部分技术已经赶上甚至超过世界先进水平，而且环境问题日益恶化，因此，中国目前将纯电动汽车作为一个新的切入点，试图追上发达国家是较为可行的路径。

最后以“小米”创始人雷军的一句话来结束我们对三星的观察是再好不过了：顺势而为，看起来不够有情怀，但这是成功的真谛！

第五节　独特的苹果，独特的治理

“被上帝咬了一口的苹果”，毫无疑问，苹果公司被人们认为是最伟大的公司之一，因为它用自身供给的产品绝对地引导了需求，甚至改变了人们的生活。但是这家公司也曾经被评为具有“最差的董事会”，创始人乔布斯持有的苹果股票少得可怜，曾经出现过在苹果公司任职的董事在其五年任期中缺席了超过 25% 的董事会议。从 2000 年开始，董事会向乔布斯赠送了 2750 万股股票期权和一架价值 9000 万美元的飞机，乔布斯的年薪也只有象征性的 1 美元。自 1972 年高中毕业后，乔布斯只在俄勒冈州波特兰市的里德学院念了一学期的书。但他却在 1985 年获得了由里根总统授予的国家级技术勋章。这位传奇式的人物是如何在现代商业环境中成就了这样一项伟大的事业，或许对中国企业能够有些启发。

苹果起步阶段

事实上，微型计算机行业大概开始于1974年，当时的PC机生产还没有成气候，只是一些小型公司在尝试生产，无论是在产品功能还是在价格上对消费者的吸引力都不大，营销渠道方面也极为不顺畅。在这样一种行业发展背景下，苹果开始了自己的起步。

苹果电脑股份公司的前身是苹果合伙企业，存续了不到一年的时间。1976年4月1日，乔布斯和还在惠普公司工作的沃兹涅克（Stephen Gary Wozniak）达成了一份10页纸长的合伙协议，约定二人各自占有合伙企业45%的权利，余下10%的权利给予第三位合伙人韦恩（Ronald Gerald Wayne）①。

韦恩，这位参与创建苹果合伙企业的第三位合伙人，作为苹果合伙人的时间不到2周，因此，被很多关于苹果历史的书籍所忽略。不过，他的受邀加入苹果和自觉退出苹果合伙人身份，都有很值得中国企业借鉴的“公司治理”实践意义。

在乔布斯和沃兹涅克决定合伙做生意之后，为了避免以后两人在重大问题上达不成一致意见会陷入僵局的情况，决定找个第三人。乔布斯通过给10%权利的方式拉来了他在阿塔里（Atari）公司的同事和朋友（1974年年仅18岁的乔布斯从里德学院退学后在阿塔里公司找到了他的第一份正式工作）、阿塔里公司的视频游戏首席设计师韦恩。这位白天在阿塔里公司上班，晚上为苹果工作的韦恩设计了只使用了一年的苹果的第一个徽标——牛顿在苹果树下学习。

乔布斯和沃兹涅克通过变卖东西，各自筹得了500美元作为启动资金，尽管少得可怜。但是，由于沃兹涅克天才的设计和乔布斯天才的推销与谈判能力，他们从比特商店（Byte Shop）得到了一个50台苹果计算机的订单。这一总值25000美元的订单，奠定了苹果电脑的良好开局，但因此而可能背负的债务却吓跑了合伙人韦恩。

---

① 仲继银：“苹果的创建与失而复得”，《董事会》，2009年10月。

比特商店开业于1975年年底，是有据可考的美国第一家计算机零售连锁店。在看过苹果电脑样品后，店主特雷尔（Paul Jay Terrell）向乔布斯以每台500美元的价格订购了50台装配好的计算机。苹果的三位合伙人原先是计划生产器件成本为25美元的裸电路板，然后以50美元的价格卖给计算机爱好者，由计算机爱好者自己再添加器件组装成计算机。他们三人没有钱购买组装50台计算机所需要的零部件。1976年4月6日，苹果合伙企业成立不到一周时，乔布斯凭借比特商店的订单获得了为期三个月的5000美元借款，并说服零部件供应商以延迟支付货款30天的条件提供了价值15000美元的计算机部件。他们借用乔布斯家人的车库从事电脑技术集成和装配工作。后来被命名为苹果I的电脑，与当时其他PC机相比，程序运行更快，使用零件更少。就这样，“苹果”在小车库里破土发芽。

年轻胆大的乔布斯毫不担心这种负债经营，但是老练谨慎并且4年前经历过一次个人企业倒闭痛苦的韦恩，却不愿意自己因此再次陷入财务困境。就这样，在1976年4月12日，苹果合伙企业成立不到两周的时候，因为害怕乔布斯的负债经营会使自己债务缠身，韦恩以一次性800美元的价格让出了自己10%的合伙人权益。一年后，风险资本家进入、苹果电脑股份公司正式成立时，为了彻底了断其与苹果合伙企业之间的权利义务关系，韦恩又“意外”地收到了1000多美元，这使他非常激动。

据估算，韦恩如果没有退出苹果公司，他的股票价值在1982年的苹果股价最低点也值1830万美元，在2000年的苹果股价高点时则值5亿多美元。不过韦恩并没有对此感到后悔，因为在当时那种合伙人互相承担无限连带责任，乔布斯和沃兹涅克又都没有什么钱的情况下，苹果合伙企业所欠下的任何债务都会被债主追讨到他的身上。

引入风险投资与职业经理人

为比特商店提供50台苹果电脑，大概赚了8000美元，这使乔布斯非常兴奋，更加雄心勃勃，开始四处寻找投资者。乔布斯以前的上司、阿塔里公司的老板布什内尔（Nolan Bushnell）推荐他去找曾向阿塔里公司投资，并是阿塔里公司董事的风险投资家瓦伦丁（Don Valentine），瓦伦丁自己不感兴趣，但推荐乔布斯去找马库拉（Armas Clifford Mike Markkula Jr.）。马库拉曾是瓦伦丁在仙童公司（Fairchild，非常多的硅谷电子公司的创始人出自该公司）的下属，后到英特尔公司（任营销副总裁），并从英特尔公司股票上发了大财。马库拉很看好乔布斯和沃兹涅克，1976 年 11 月退休后便过来帮助他们制订商业计划。

1977 年 1 月 3 日，马库拉、乔布斯和沃兹涅克三人签署了文件，正式创建了苹果电脑股份公司。马库拉自己为苹果公司提供了 9.2 万美元，并以个人名义从美国银行获得了 25 万美元的信贷额度。马库拉、乔布斯和沃兹各占 30% 的公司股份，另外 10% 归霍尔特所有，霍尔特是个优秀的电力工程师，被乔布斯拉来解决电源问题。为了避免日后可能产生的任何法律纠纷，苹果电脑股份公司以 5308.96 美元购买原苹果合伙人的权利，并将这笔钱的三分之一给了韦恩，以确认他不会对苹果股份公司有要求获得利益的任何权利。

马库拉、乔布斯和沃兹涅克三人正式成立苹果电脑股份公司之后，马库拉出任苹果首任董事长。马库拉请来美国国家半导体公司的行政主管斯科特（Michael Scott）出任了苹果公司的第一任总裁，同年 5 月兼任苹果公司首任首席执行官。关于斯科特的薪水有两种说法：一是 2.6 万美元，是他在国家半导体公司收入的三分之一；二是 2.0001 万美元，比马、乔、沃等三位合伙人多 1 美元。

苹果公司于 1980 年 12 月 12 日上市。苹果公司第一次公开招股上市，以每股 22 美元的价格，公开发行 460 万股，共集资 1.01 亿美元，在 1 小时内被抢购一空，这是历史上公司新股发行最成功的一次，也是自 20 世纪 50 年代中期福特汽车公司公开发行超额认购以来，超额认购数量最大的一次。

伴随着上市的成功，危机开始渐露端倪，IBM 的势力扩张对苹果公司造成了一定的影响，来自其他方面的威胁还有施乐、惠普、阿塔里、汤迪公司等。苹果公司为了抵挡对手的攻势，又开发了新产品——苹果 III，相当于当时的成熟主打产品苹果 II 来说，苹果 III 不仅价格高，而且技术方面也不够成熟，出现了产品回炉使得供应商无货可卖的情况。幸好苹果公司及时地解决了苹果

III 的问题，较好地处理了危机，否则这对公司而言可能就是一次灾难。

1981 年 3 月，因为财务困境，大幅裁员等原因，苹果公司首任总裁斯科特被迫辞去了总裁和 CEO 职位，马库拉由董事长改任总裁兼 CEO，乔布斯则接替马库拉出任苹果公司第二任董事长。1982 年底，市场营销高手但不懂 IT 技术的百事可乐总裁斯卡利（John Sculley）进入了乔布斯和苹果公司董事会的视野。1983 年 4 月，斯卡利出任苹果公司总裁兼 CEO，年薪 100 万美元，另有业绩奖金和股票期权。乔布斯在说服斯卡利放弃百事可乐公司总裁职位而接受苹果公司总裁职务时说了一句被广为传播的名言："你是想一辈子卖甜水，还是想改变世界?①"

权力的更迭与历史重演

尽管，乔布斯任董事长、斯卡利任总裁兼 CEO，不过，斯卡利对乔布斯有些崇拜，任由乔布斯控制公司，作为总裁兼 CEO 并没有真正掌握公司管理。实际掌控公司或者说实际的 CEO 职权掌握在乔布斯手中的状态持续了两年时间。而乔布斯沉迷于技术和新产品研发，对公司管理混乱和销售日益恶化的状况认识不足。事实上，苹果公司当时凸显出的问题就是公司创始人和职业经理人之间的冲突，职业经理人的作用被大大削弱，创始人仍然试图掌控公司，一场权力斗争在苹果公司内部暗暗酝酿，斗争的结果是乔布斯被他自己请来的职业经理人斯卡利"赶出"了自己创建的苹果公司。整个这场权力斗争持续了 5 个多月，最后是 1985 年 9 月 17 日，乔布斯向苹果公司董事会提交了辞呈。而斯卡利真正掌权之后，犯下了许多战略性的错误，包括对中国市场的放弃，与微软签订的软件合同以及引导了苹果公司走向了保守风格导致市场份额的迅速降低。

而乔布斯离开苹果后，并没有意志消沉，反而继续做了两件改变业界游戏规则的事。创办了 NeXT 公司，NeXT 开发的一个电脑操作系统日后演变为苹果公司 Macintosh 电脑卓越的操作系统 OSX 以及苹果手机所用操作系统 iOS；

---

① 王咏刚等著，《乔布斯传》，中国华侨出版社 2011 年版。

还创建了著名的皮克斯（Pixar）动画制作公司。

赶走了乔布斯的苹果公司并没有因此变得更好，反而陷入了风雨飘摇之中，终于在12年后苹果公司濒临破产之际乔布斯回归了，他开出的第一个治病处方就是在坚持技术创新的基础上，大力开拓电子消费产品。2007年1月9日，“苹果电脑公司”改名为“苹果公司”，“苹果”正式由一家电脑制造商转变成消费电子产品供应商。乔布斯带领苹果电脑公司实现了战略转型，使公司由此迈进了新的发展时代。

继任者的金手铐：股权激励

事实上，乔布斯在自己重病开始的阶段，就开始考虑后续接班人的问题。苹果公司董事会2011年8月26日开会最终确定，原COO蒂姆·库克（Time Cook）接任CEO职务，任期至少到2021年中。库克的任期与他的股票激励机制挂钩。该机制要求库克在之后的10年都要为苹果服务，执掌整个公司。库克2011年8月晋升为苹果公司CEO时，同时获得了一份股权激励计划，在此后十年内向他授予100万股苹果公司限制性股票。其中，一半将在2016年8月兑现，剩下一半则在2021年兑现。因此，不难算出10年之后库克将成为一名亿万富翁。

不过，2012年应苹果公司CEO库克本人的要求，该公司董事会决定修改他的受限股奖励计划，即股权的发放更多地参考公司的业绩，而不再完全以时间为基础发放。按照最初的协议，库克将分别于2016年8月和2021年8月各获得50万股苹果公司股票。调整后的协议，将在2016年8月和2021年8月分别授予库克10万股苹果公司股票，其余80万股股票则会在最初制定的十年奖励期内平均分配，即每年8万股。想要每年获得这8万股苹果公司股票，必须保证公司的“总股东回报”符合一定的标准：如果苹果公司的表现位于标准普尔500企业的前三分之一范围内，可以行使全部股权；如果位于中间的三分之一，股权将减少25%；如果位于后三分之一，则会减少50%。同年，库克还曾经主动放弃过7400万美元的股票分红。

从库克个人的经济利益来看，显然没有必要更改股权激励发放的条件和放弃分红。因此，我们不能简单地将库克看成一个职业 CEO。事实上，早在 1998 年初，乔布斯就把蒂姆·库克从康柏公司招入苹果，担任资深副总裁，主管苹果的电脑制造业务。当时正是乔布斯在苹果开始二次创业的初期，苹果公司处于一种很糟糕的状况，库克在幕后帮助乔布斯把公司的运营方式进行了彻底的改革，才成就了苹果台前的成功。因此，库克不仅仅是苹果公司聘任的一名高管，他所倾注的心血不亚于创始人，对苹果公司的感情也许就像自己的孩子一样（他本人一直未婚），所以，乔布斯才会在身体刚刚出现问题时就开始逐步地将权力交给库克。从这个角度看，库克主动提出的更改股权激励条件和放弃分红的行为是为了稳固苹果公司的发展而做出的个人牺牲，将“金手铐”锁得更紧一些。

2014 年 5 月，库克动用了苹果的巨额现金 32 亿美元收购 Beats Electronics，显示出他似乎有意将苹果带入一个新的发展领域，可能将会是谱写流媒体音乐的新篇章，也可能是生产苹果牌电视机。库克在为人处事方面的风格与乔布斯完全不同，乔布斯从来不动用 1 美分的现金积累，但显然库克也希望能够带领苹果创造出乔布斯时代的辉煌。

小结与启示

从乔布斯身上我们看到一种强烈的内在驱动力。苹果公司实际上并没有花什么力气在公司治理上，或是花高成本去监督乔布斯。同时，因为这种特殊的付出，公司也无需采取传统的经理人薪酬和股权激励来统一乔布斯和苹果的利益关系。一般来说，创业者对一手创建的企业付出了大量心血，实际上是投入了大量的无形资产，即便是手中握有大量的股权也不会轻易套现。乔布斯身上具备的企业家精神已经深深地植入了苹果公司，其创新的目的不是被动适应外界环境的发展，而是主动创造满足企业自身成长的机会，这种自我激励的精神也让苹果公司内部的员工深受感染，每一个人都用苛刻、完美的标准来要求自我，不断地否定自我、超越自我，制造问题、解决问题，因此，苹果的创新才不同于其他企业，能够取得今天如此大的成就。

当然我们也要看到，乔布斯这样一个精英主义者，注入了苹果公司太多其个人的性格和思想，苹果的成功是绝对依赖于乔布斯的，而没有了乔布斯的苹果是否还是那个“被上帝咬了一口的苹果”？我们不好妄下定论，只能说时间是检验真理的唯一标准。创始人之后的接班人问题是一个普遍性的难题，我们看到现任苹果公司CEO库克虽然是一位苹果公司的资深高管，并且公司给予他看似非常优厚的股权激励，但是面临守业这样一个艰难的任务，库克目前的表现也只能说是平平，毕竟他接手的苹果是处于上升阶段，前面的产品表现积淀非常好；但是如何在这一基础上再创辉煌，库克需要着实下几番苦功。

中国的民营企业绝大部分是家族企业，若想要基业长青，如何传承是许多企业当前这个时间点面临的一个重大问题。创始人注入企业中的无形资产怎样能够继续保持其实是“守业”至关重要的一点，现在的传承普遍更注重股权结构、客户资源、政商关系等交接，忽视商业文明、企业文化、企业家精神的传承，民营企业的发展本身就缺乏底蕴，创始人一厢情愿地把企业交给自己的子女，使一些“富二代”难以成为“创二代”。另外，加之职业经理人体系的不完善，使得一些原本经营不错的民营企业到了二代手中迅速地垮掉。事实上，从创业到守业阶段，企业应该从依赖创始人特殊投入的专制模式过渡到以组织运作为核心的公司治理模式，这个过程需要在创业者离职前后约5～10年间才能完成。

第六节　3M：坚持成就创新

打开3M公司的网站首页，可以赫然见到一句标语：“创新，让生活更美好”，3M确实也是这样一直在为实现这句平实的承诺而默默努力。

3M公司是一家全球性的多元化科技企业，是研发领域的企业先驱。公司总部位于美国，创建于1902年，全称是明尼苏达矿务及制造业公司，是世界

500 强企业之一。公司涉及领域包括卫生保健、电力、运输、航空航天、通讯、建筑、教育、娱乐与商业及家庭消费品等多个行业。3M 成立一百多年来为全世界贡献了超过 6 万多种产品，从办公室的报事贴到汽车防爆膜，从医用口罩到手机电脑上的屏幕增亮膜，全球有超过 50% 的人每天直接或间接地接触到 3M 的产品。3M 中国有限公司于 1984 年 11 月在中国注册成立，率先成为第一批在深圳经济特区外的外商独资企业。

3M 公司的创建者不是科学家，也不是发明家，而是一位医生、一位律师、两位铁路行政官员和一位肉制品销售经理，这 5 个明尼苏达人买下了一块森林茂密的土地，原本打算在此地开矿采掘金刚砂卖出个好价钱来，结果令人沮丧，采掘出来的根本不是金刚砂，而是一种无甚价值的矿砂。如果按照常人的思路发展下去，那么这个故事或许就到此结束了。但是后来加入的一位合伙人发现矿砂可以制造砂纸，于是改变了思路，将主打产品从矿砂变为砂纸。3M 公司里的一位研究人员奇思妙想地希望把砂纸当作刮胡子刀片的替代品卖给男士们，虽然砂纸刮胡刀最终没能研制成功，但是沿着这个思路却意外地研制出了耐水砂纸，这项发明被汽车制造业广泛使用，并成为了 3M 公司的第一个拳头产品，从此，产品创新和行业拓展之路一发而不可收。

治理典范：最佳董事会

《基业长青》的作者柯林斯说过："如果拿生命做赌注，赌我们研究的哪一家公司会在未来 50 ~ 100 年继续成功和适应，我们会把赌注下在 3M 上。"3M 的董事会构成一定程度上为这句话做了很好的注解。

2002 年，美国《商业周刊》对一些知名公司的董事会进行了评比，结果是 3M 公司获得了最佳董事会的第一名。当时，3M 董事会中共有 9 名董事，当中只有 1 人是内部董事，因此该公司在独立性方面得分很高。外部董事中包括多家非本行业的知名公司的 CEO，审计委员会主席曾经是 Sears 公司的前任 CFO，没有董事与公司具有业务往来。

截至 2014 年初，3M 公司的董事会成员队伍已扩大至 12 人，有趣的是，这 12 位董事的年龄从 58 岁至 72 岁不等，平均年龄在 65 岁以上。在这 12 人当中只有 1 名公司内部人，即董事长兼 CEO 英格·特林（Inge G. Thulin）先生。其他 11 位董事都是独立董事，这 11 位董事的背景包括：航天工业、通讯公司、食品行业等，其中还包括可口可乐公司的董事长。看似都与 3M 公司本身的业务没有直接的联系。但是，从董事会的职能去观察这种成员构成的话，我们可以这样去思考，董事会主要是制定公司长远的战略规划，而 3M 公司本身的产品其实可以服务于各行各业的需要，所以，董事会成员丰富的背景可以帮助公司扩大视野，看清楚发展的大方向。而且这些董事会成员都在商业领域具备长达几十年的经验，德高望重，他们本身就非常重视自己的声誉，在执行自己的议事和投票权时一定会更多的思量和倍加谨慎。尽管这些董事本身都在各自的领域身居要职，2013 年，3M 董事会召开了 7 次会议，董事的会议出席率为 98%。作为公司治理独立董事们还会定期会晤，这样的会晤是不允许董事长、CEO 以及管理层人员出席的，独立董事们在此类会议中会讨论董事长和 CEO 的业绩表现，以及界定业绩的标准，还有董事长和 CEO 的薪酬标准。

回顾历史，我们可以观察到，1966 年以前 3M 公司处于一种初期奠定基础的阶段，总裁由初始创建人和之后加入的合伙人担任，也包括从 3M 内部成长起来，并将其一生奉献给 3M，堪称其“灵魂人物”的威廉·麦克奈特。

1966 年，3M 公司开始进入了 5 年左右一届的有序更替时代。依次出任董事会主席兼首席执行官的是，伯特·克罗斯（1966 ~ 1970）、哈里·赫尔泽（1970 ~ 1975）、雷蒙德·赫佐格（1975 ~ 1980）、刘易斯·莱尔（1980 ~ 1986）、艾伦·雅各布森（1986 ~ 1991）、里维奥·德西蒙（1991 ~ 2001）、詹姆斯·麦克内尼（2001 ~ 2005）、乔治·巴克莱（2005 ~ 2012），直至现任董事长兼 CEO 英格·特林。虽然平均每 5 年更换一次 CEO，但是并没有引起 3M 发展的大动荡。

但是 3M 也曾经一度偏离了原有的航向，这个阶段发生在詹姆斯·麦克内尼任上。作为通用电气一名优秀的职业经理人和杰克·韦尔奇管理哲学的坚实信徒，麦克内尼以严格的管理思维、可量化数据的方法论和极强的目标感著称，并把从通用电气学来的这一切带到了 3M。于是，在迈克纳尼任上，3M 每年的销售收入只有 1/4 来自过去 5 年间推出的产品。这一比例曾经是 1/3，被奉为公司创新持续力的圭臬。而后来继任的CEO巴克莱感觉到了3M航向的偏离，放松了詹姆斯·麦克内尼时期对研发人员的严格控制，重新授予其研究人员以自由和研究方面的决策权。这意味着，3M公司创新型的研发正在悄然“归位”。公司成长的重心，也由利润和过程控制转向了发展和创新——这是3M那些拥有梦想的研发人员和科学家们的新生。

在3M公司，董事长和CEO从来都是由一人兼任的。这是3M董事会长期以来的一个传统认识：两个角色由同一人担任，有助于推进董事会的效率。3M董事会认为，在不断推动变革的过程中，由于3M公司的传统和价值观，CEO必须拥有最大的权力，以便于其负责有效地领导，提高运行效率，推动公司的业务增长。

从2013年3M的年报中，我们可以获得这样的信息：3M在2013年对20项新产品开发平台投入了研发资金，其中有一些新产品在2014年已经投入市场。预计到2017年，3M将把R&D资金的总额提高到年销售收入的6%，如此的大手笔是成就3M不断创新的关键要素。

员工激励：注重精神层面

激励有很多种方式，最常见的是现金奖励、职业激励、社会奖励和内在激励。现金奖励可以应用于个人或团队，适当地使用现金奖励创新很重要：在整个团队都对创新作出贡献的情况下，只对几个人（如项目领导人）而不是整个团队进行奖励会带来损害。采用职业激励，对那些参与到创新中和支持创新的人进行提升会达到两个结果：它会把那些对创新有经验的人提升到高级职位，而这又会向其他人发出创新对公司很重要的信号。社会奖励则让人们因为创新而得到社会认可，不仅他们自己会继续创新，而且他们周围的其他人会看到他们因为创新而受到奖励，也会设法这么做。许多公司为技术类员工建立单独的技术职业阶梯，使这类人能在等级上得到提升而不用更换到管理层，不会只是为了升迁而被迫放弃自己喜爱的工作，这其实是对这类人的一种内在的奖赏。

3M精神领袖、前任董事会主席兼CEO麦克奈特的经典理念是：我们容忍员工犯错误，只要他的动机是好的，从长远来看，和一些管理层犯的利用职权专制地告诉下属怎么做这样的错误相比，员工所犯的错误可能微不足道。他也常常告诉经理们：要鼓励实验性的涂鸦，如果你在四周竖起围墙，那你得到的只能是羊；为了发现王子，你必须与无数个青蛙接吻；切勿随便扼杀任何新的构想；如果他们是优秀的员工，我们就应该赋予他们权威和责任，让他们用自己的方式去完成任务。他的这一理念在实践中得到了充分的贯彻。

3M的员工绝大部分都是知识型员工，他们构成了公司的绝对主体，那么如何激励知识型员工？与其他类型的员工相比，知识型员工更重视能够促进他们发展的挑战性工作，他们对知识、对个体成长和事业成就，有着持续不断的追求；这种类型的员工要求更多的自主权，能够以自己认为有效的方式进行工作，并完成交办的任务；他们希望获得与自己的贡献相称的报酬，同时能够分享自己创造的财富。因此，针对知识型员工的这些特性，把公司内部的报酬激励、成就激励、机会激励，构造成“源于自身，超越自己”的激励机制，形成一种良性的氛围。

3M最知名的一款产品就是鼎鼎大名的报事贴。但是这项发明一开始是源于一个失败的研究，3M的一位化学研究人员斯宾塞·西尔是研究黏合剂的，他本来要开发一种黏性极强的黏合剂，但是失败了，他研究出来了一种黏性不强的黏合剂，并且可以反复使用。可是这样一种产品有什么用呢？当时没人想到它能用来做什么，因此，斯宾塞·西尔只能将这项研究成果束之高阁。而事情发生转机是在另一位3M工程师亚瑟·弗莱的出现，他每周要去教堂的唱诗班唱赞美诗。因为每次都要唱很多首，所以演唱之前亚瑟·弗莱都要用几张小条子夹在厚厚的精装乐本中间，以便随时可以打开演唱。可是小纸条经常会滑落，所以临近演唱却找不到该唱的歌词，另他无比尴尬。身为一家生产胶带的公司员工，亚瑟·弗莱很容易就想到了在纸条上加一截胶带粘在乐本上，但是所有的胶带都黏性太强，会把精装的乐本弄坏。不过弗莱很执著，他一直在思考和寻找。在3M的创新文化里，有15%的自由时间，就是员工可以在工作时间之内抽出15%的时间，来钻研他自己感兴趣的问题。老板们是不会干涉和过问的，员工们也可以无所顾忌，甚至于当自己的研究正处于关键时可以拒绝上级交派的任务。正是这种鼓励员工自我钻研的氛围给了很多新奇点子生存的机会，这也意味着创新并不是源于工作的压力而是员工自身的权利。甚至可以申请基金作为研发费用，不管这个项目是否能马上带来直接效益，包括起源基金和开拓基金。如果你的创新理念和公司现在发展的重点不是很匹配时，你可以申请起源基金或开拓基金得到一笔资金继续你的创新。这是为那些被正常申报程序判死刑的创意提供第二次机会的奖金，根据项目大小，金额在几万美元内不等。3M 公司将年营业收入总额的 7% 用于研发费用，每年都会推出近千种新产品。

后来，在 3M 的一次内部的、跨部门的技术论坛中，这两位化学家和工程师搭上了线，二人经过交流和研究，1974 年报事贴这项明星产品正式诞生了。在这项发明过程中，3M 技术论坛起到了一种桥梁的作用。这个在 1951 年由几个技术人员自发组成的委员会，是完全的志愿者组织，没有专业、部门的限制，也是“草根”组织，为交流创新经验提供了正式及非正式的渠道，以分享与合作为核心，充分体现了 3M 公司的精髓：科技、产品和创新。3M 技术论坛到现在已成为横跨 27 个国家、拥有 7000 多名成员、涵盖各种科技领域的国际性组织，已经走过了 60 多年的光辉岁月。

为了鼓励员工，3M 公司还设了很多奖励，譬如设立于 20 世纪 60 年代的“卡尔顿奖”，用以奖励在科学上获得重大突破或作出杰出贡献的 3M 科学家，其中的成员包括那些开发报事贴软件、斯科奇透明胶带和斯科奇加德防油防水剂等著名产品的人。“全球技术卓越和创新奖”，无论你在世界哪个地方，只要荣获此奖，就可以和家人一起到美国去，在公司高层的陪同下到度假胜地尽情玩耍。此外，3M 还设立了“金靴奖”“寻径奖”等。

终身雇佣制度和年功序列制度在我们印象中似乎只有日本企业才会采用，在西方文化中鲜见这种观念，但是 3M 的员工却都享有年功晋升和终身雇佣的待遇，3M 希望自己的员工能够把“公司当成自己一辈子的事业”。3M 的人力资源配置和薪酬设计体系都与鼓励员工创新相关联，并根据员工的创新发明情况随时调整。只要任何研究人员有了新的创意，就可以在公司任何一个分部求助启动资金，新产品研发出来了不仅是薪金还包括晋升：比如开始创新时，职位是基础工程师，当他创造的产品进入市场时他就变成了一位产品工程师；当这项产品的销售额达到100万美元时，他的职称、薪金都会得到提升；当销售额达到2000万美元时，他可以晋升为产品系列工程经理；如果达到5000万美元时，这位工程经理就可以成立一个独立产品部门，相应地，他也就成为了部门的开发经理。

公司为技术和非技术人员做出承诺，以帮助他们做出创新，而且这方面的支出不计入部门的常规预算。并且实施双重晋升制度，员工可以选择管理或研究部门职务，而待遇上并无差别。双重晋升制度一方面可以避免开发人员成为矫枉过正的专家，另一方面也可维持与利益休戚相关、与市场需求密切配合的研究开发制度，对于新进人员也有相当的效果。

结语

正如毛泽东的一句经典名言：“一个人做点好事并不难，难的是一辈子做好事。”如果套用到3M公司上的话，我们可以做出这样的评价，“最困难的不是创新，而是一辈子创新”，3M公司的各项运作机制充分地保证了它110多年来坚持进行创新，并将一直继续下去。

附录

2013年中国中小板、创业板公司治理评价报告

序 言

企业要做大做强、持续发展，公司治理是非常重要的支撑因素。像美国的安然事件，不仅对企业本身和整个行业带来致命的打击，甚至对国家经济都造成了巨大的冲击。因为它破坏了市场的诚信系统，对投资者信心造成直接伤害。

在我国，现代公司制度的建立主要由政府的法律法规推进，这些法律不少是照搬而来，而缺少中国的经验基础。虽然绝大多数的企业已经建立起基本的公司治理框架，但大量公司还只是徒具形式。公司治理形式大于实质的状况没有得到扭转。可以说，建立有效的公司治理是今日中国微观领域最重要的挑战。

改善公司治理对整个社会同样重要。它关系到投资者的利益能否受到保护，股东能否得到合理的回报，资本市场能否得到健康发展。也关系到整个社会的透明与公平正义。

由中国社会科学院世界经济与政治所公司治理研究中心和《创业邦》杂志共同推出的这份报告，是弥补国内研究空白的一项探索性尝试。为什么要关注中小板和创业板上市公司？中小板和创业板主要服务于具有高科技、高成长性和创新型的中小企业。创新立国、创业兴邦。中国经过改革开放 30 年后，正经历着一场前所未有的经济转型，从中国制造到中国创造，需要有一批市场化、竞争力强、可持续发展的企业。中小板和创业板孕育着中国未来经济转型的希望。真正决定公司能走多远的是企业的质量。而公司治理是决定企业质量的基础。我们希望这份研究报告有助于国内的创业者、投资者更加全面地认识公司治理的重要性。

本报告服务于三个目的：一是有助于读者把握现行公司治理实践的发展脉搏。深入了解中小上市公司治理水平如何？有哪些基本特征？存在哪些问题和风险？二是近距离地观察公司治理“榜样”企业，它们如何与众不同？公司治理如何给企业带来价值？有哪些最佳实践的做法值得其他公司借鉴？三是为处于成长中的企业改善公司治理提供具体的解决方案。为投资者的价值投资提供有用的分析工具。同时，为监管层制定相关政策提供必要的决策依据。

公司治理本质上是一个不断改进和演进的过程，没有一成不变的简单模式。公司为了在不断变化的世界中保持竞争力，就必须不断创新并调整公司治理实践，以应对新需求，把握新机遇。我们希望越来越多的公司把改善治理当作提高企业竞争力的内在需要，为企业的价值创造提供源源不断的动力。

主要发现和结论

良好的公司治理是企业实现可持续发展的保障

通过综合公司治理评价，在 927 家样本中评选出来的“公司治理 50 强”，是上市公司治理优秀群体的代表。这些“榜样”公司的共同特点是，它们在激烈的市场竞争中，认识到改善公司治理已经成为其自身发展的需要，是提高企业竞争力实现长期可持续发展的保证。在改善公司治理的过程中，这些公司并不满足于合法、合规的底线要求，而是根据公司的客观条件，不断实践和探索自主性治理的途径。这些由自监管、自愿标准组成的公司治理机制是公司实现强劲增长的基因。

研究表明，公司治理表现突出的公司在经营业绩方面有更突出的表现。评价结果显示，在过去一年，中小板、创业板公司治理良好的公司，经营业绩均优于那些治理不良的公司，公司治理和公司业绩存在着一定的正相关关系。以营业收入增长率、总资产收益率（ROA）为考察指标，我们发现，二者均与公司治理得分存在正相关关系。“治理评估 50 强”公司的营业收入增长率(34. 8%)、净资产收益率（13. 9%）和每股收益（0. 68 元）均远远高于非 50 强公司（分别为 13. 0%、6. 2% 和 0. 36 元）。尽管良好的公司治理在产品市场上的收益回报，不像其在有效竞争性资本市场上的股票溢价和融资成本降低那么直接，但也能够对提高公司自觉改进公司治理的积极性发挥一些作用。

创业板公司治理的整体水平好于中小板，股权制衡有作用

与创业板公司相比，中小板公司平均规模大，一般而言，公司治理水平应该高于创业板，可事实正好相反，中小板公司的平均治理得分（51.5）明显低于创业板公司（55.39）。即使扣除上市年份差异，2009年、2010年和2011年三个相同年份的上市的公司中，创业板公司均比中小板公司的治理得分高出3分左右。这说明创业板公司治理的整体表现优于中小板。

创业板中民营企业所占比例（92.88%）高于中小板（79.88%），国有企业比例低于中小板（16.25%）。创业板公司第一大股东持股比例（34.18%）低于中小板公司（37.02%），但是前五大股东持股比例（60.44%）高于中小板公司（58.80%），也就是说，创业板要比中小板更少一股独大，更多的是大股东之间相互制衡。相比之下，主板公司呈现出了更强的第一大股东控制（36.25%），更低或几近于无的前几大股东制衡（前五大股东平均持股比例仅为49.82%，即使该比例再高些，民营资本也无法制衡国有第一大股东）。

如果说主板公司的大股东结构是白雪公主和7个小矮人，中小板和创业板公司的大股东结构则是八仙过海、各显神通。中小板的股东“八仙”中还较多强势老大，创业板的股东“八仙”中则更多的势力均衡。创业板公司的机构投资者持股比例（13.00%）也要比中小板公司高（8.96%），机构投资者是创业板公司大股东制衡度高的一支重要力量。

中小板公司在董事会结构指标方面做得更好，而创业板公司在董事会和监事会的行为指标上面做得更好。实现两职分离的公司比例、有异地独立董事的公司比例，独立及非执行董事比例、女性董事比例等，中小板公司均比创业板公司有更高的比例。董事会和监事会的会议次数方面，创业板公司比中小板公司有更好的表现。

上市公司治理规定动作相近，自选动作差异巨大，自主性治理改进的空间仍需扩大

评估总分前100名和后100名公司在薪酬激励、股权结构与股东权利两个部分的差别（分差分别为 52.48 和 41.28）远远大于信息披露与合规、董事会与监事会运作两个部分（分差分别为 12.68 和 16.36）。

信息披露与合规属于规定动作，除少数违规者之外，大多数公司能够按照监管要求去做，因此，都会得到较高的评估分。董事会与监事会运作方面的 5 个指标中，除董事会多样化的两个指标（女性董事比例和有无异地独立董事）是完全自选动作外，董事会会议次数、监事会会议次数、董事会委员会的数量和独立及非执行董事比例等指标基本属于半自选动作。在以规定动作为主的这两个部分中，公司间得分差异都较小。薪酬激励和股权结构及股东权利两个"自选动作"为主要内容的部分中，公司间得分则呈现出了更大的差距。越是完全自选动作，公司间差异越大，总体得分也较低。这反映出，中小板和创业板公司还普遍缺乏自主改进公司治理的内在动力。

评估结果显示，在过去的一年中，上市公司董事会和监事会的运作仍没有明显改观。本来独立性就不高的中小板和创业板上市公司董事会还出现了"内部化"增强趋势。2013 年度有 51.5% 的公司独立及非执行董事占到一半以上，比 2012 年度的 54.2% 有明显下降。只有 17.4% 的企业能够做到平均每月一次董事会会议，20.5% 的企业还做不到至少每个季度召开一次监事会会议。在整个经济形势和市场状态都如此动荡和充满不确定性的时代，特别是对于基本是处于高度竞争性行业和高新技术行业的中小板和创业板上市公司来说，不足每月一次的董事会会议频率和不足两月一次的监事会会议频率，只能说他们的董事会和监事会还基本是个空架子，少许的会议只是为了满足监管要求，是公司实际控制人懒得走的一种过场。

公司法定机关虚置，实际控制人是关键

在全部 927 家中小板和创业板公司中，749 家实际控制人为个人的公司，治理得分最高（53.19），并且明显高于实际控制人是政府（50.20）和外资（50.17）的公司。虽然对于中小型和起步阶段的公司来说，有关键人物发挥核心作用非常重要，但是就这些已经上市的公司来说，从广大公众股东手中真金白银地拿了大笔钱，就应该更多地发挥股东会、董事会和监事会等法定公司

机关的作用，这样才能使公司作为一个法人组织具有独立性，避免紧密维系于一个关键性个人所带来的高风险。

但是，中国的现实就是公司法定机关虚置，有关方面可以不经过公司股东会而撤换公司董事、监事，也可以不经过公司董事会而撤换公司董事长和首席执行官，还经常美其名曰“先走内部程序，再走法定程序”。上行下效，民营企业大股东和实际控制人，也跟着只走个法定程序，实际根本不把公司法定机关当回事儿。主板公司中因为国有大股东存在导致的可说是中国特有的“1 人股东大会”现象，在中小板和创业板公司中也出现了，有 9 家公司的 2012 年度股东大会实际出席股东只有 1 人。我们评估范围内的 927 家中小板和创业板公司中，竟有 361 家、高达 38.9% 的企业在整个 2012 年没有一次投资者接待活动。

信息披露表现良好，仍有改善的空间

虽然相对于公司治理的其他三个方面，上市公司在信息披露与合规方面的整体表现可圈可点，平均获得 82.41 的高分，但这并不意味着上市公司在信息披露上没有改进的余地。如何以投资者需求为导向构建高质量的信息披露体系应是未来监管者和上市公司需要关注的重要课题。过去，我国在信息披露方面的监管多偏重于合法性、合规性，而对投资者真正关心的反映企业经营层面的信息质量重视不够。信息技术特别是互联网的发展对公司信息披露的方式也带来了新的需求。如何在统一规则和满足个性化需求方面实现适度的平衡也是未来改善信息披露质量的一个重要方面。可喜的变化是，2013 年深交所在信息披露的方式、分行业信息披露的差别性要求以及定期报告的内容等方面都作出了一些有意义的探索，受到上市公司和投资者的欢迎。

激励机制不完善是普遍存在的软肋

薪酬激励是公司治理的内部治理机制的核心。薪酬激励的作用在于使高管利益和股东利益保持一致，降低他们之间的委托代理冲突水平，从而为公司创造更大的价值。激励机制不健全是当前中小上市公司最为突出的问题。主要表现在：短期激励有余，长期激励不足；高管激励有余，核心技术人员激励不

足；对董事激励有余，对监事激励不足。

研究结果表明，良好的激励制度与公司业绩之间具有直接的关联性。特别是重视长期激励安排的公司，往往会取得更好的业绩。数据显示，2012年，220家实施股权激励公司的营业收入增长率平均值为25%，其他未实施股权激励公司营业收入增长率的平均值为11%，前者是后者的一倍多。从总资产收益率（ROA）来看，实施股权激励公司的ROA平均值为6%，其他未实施股权激励公司ROA为4%。从净资产回报率（ROE）来看，实施股权激励公司的ROE平均值为9%，其他未实施股权激励公司的ROE平均值为6%。

中小板、创业板公司具有高成长性、高科技和对人力资本高度依赖的特点。除了对高管人员实行激励安排以外，能否重视对公司核心技术人员的激励是导致公司能否实现持续性高成长的重要因素。数据调查显示，只有不到20%的上市公司考虑到对技术人员的激励安排问题。而如何对不同类型的技术人员进行适度激励仍是上市公司需要进一步探讨的管理实践。

研究方法与样本

评价对象

本报告以深圳证券交易所中小板和创业板上市公司全部样本为评价对象。重点考察中小板和创业板上市公司治理的水平、特征、问题和改进的途径。从信息披露的连续性和完整性角度考虑，本年度报告剔除两板块上市时间未满12个月的上市公司，即评价对象为在2012年1月1日前正式挂牌的中小板和创业板上市公司。2013年度共有927家样本公司，比上年度增加了243家。

评价标准

如何制定公司治理评价标准，既能准确反映公司治理实践的状况，又是可以量化、可测量的指标，始终是研究者面临的一项挑战性工作。我们在确定治理评价框架和指标方面，主要考虑的因素包括：一是应在评价指标体系中贯彻世界公认的公司治理基本原则，使评价标准具有国际可比性。这些原则已明确地反映在经济合作与发展组织的《OECD 公司治理原则》中。二是与中国的文化制度、法律法规框架接轨。三是能够反映公司治理与时俱进和最佳实践的做法。

指标体系

我们从股权结构与股东权利、董事会和监事会运作、信息披露与合规性以及激励机制四个方面对上市公司治理水平进行系统地评估。在二级评价指标方面，我们今年对原有的评价指标做了局部调整，力图使指标更能反映上市公司治理的实际情况。在评价方法上，我们使用国际通行的“等权重指数编制方法”。具体见表 1。

表 1　　公司治理评价指标体系

评价方法	权重	评价指标
股权结构与股东权利	25%	股东参与股东大会的程度
		投资者关系管理状况
		大股东之间的制衡度
		中小股东对大股东的制衡度
		机构投资者持股比例
董事会与监事会运作	25%	董事会的独立性
		董事会运作情况
		董事会的多元化
		董事会的结构
		监事会运作情况
信息披露与合规性	25%	受证监会处罚情况
		受交易所处罚情况
		信息披露的准确性
		交易所年度信息披露考核情况
激励机制	25%	是否有长期激励机制
		董监高薪酬与公司业绩关联度
		公司高管的风险承担程度
		核心技术人员的激励安排
		监事会的激励机制

数据来源

为确保评价结果的客观性和可验证性，本报告所依据的信息源是被评价上市公司的所有正式、公开信息，主要包括公司年报、公司章程、公司网页、公司公告以及 WIND 数据库、CSMAR 数据库、中国证监会官网、深圳证券交易所官网等。数据采集的时间截至 2013 年 7 月 31 日。其中，公司年度报告信息来自上市公司 2012 年度报告。在评价过程中，每一家上市公司都由不同的研究人员独立进行两轮信息收集、打分和复核，以降低评价过程的误差。

一、中小板、创业板上市公司总体数据分析

基于中小上市公司（包括中小板和创业板）2012 年的公开信息，根据我们构建的评价体系和评分方法，首先对 927 家样本公司的治理情况进行评价，然后对最终评选出的公司治理 50 强进行评价。

1. 深交所 927 家中小上市公司治理得分总体情况

总体评价结果显示，927 家中小上市公司的平均治理得分为 52.7 分，最高分为 80 分，最低分为 24 分（见图 1）。这一评价结果基本揭示了中小上市公司的治理现状，即总体水平较低，差异化非常明显。

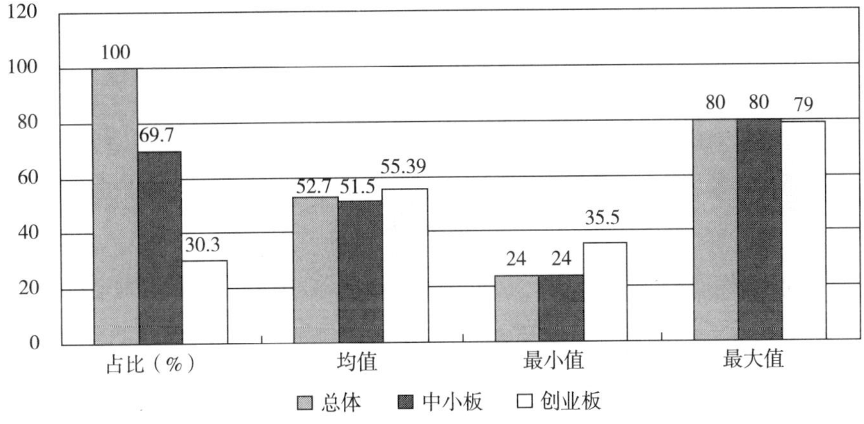

图 1　927 家中小上市公司的治理得分总体情况

在927家样本公司中，646家公司来自中小板，281家公司来自创业板，分别占样本总体的69.7%和30.3%。中小板公司的平均治理分数为51.5，创业板公司的平均治理分数为55.39。创业板公司的治理得分高于中小板。

在927家样本总体中，公司治理得分的区间分布存在较大差异。数据及直方图显示，仅一家公司得分为80分，32家公司的得分处于70~80的区间，168家公司的得分处于60~70的区间，359家公司的得分处于50~60的区间，302家公司的得分处于40~50的区间，65家公司的得分处于40分以下（见图2）。样本总体的得分呈正态分布形状，验证了评价体系的科学性，有效地区分了不同公司的治理现状。如果以60分为及格标准，则总体样本中及格的数量为201家，仅占总体比例的21.7%。这反映了多数中小上市公司的治理水平不高的现状。

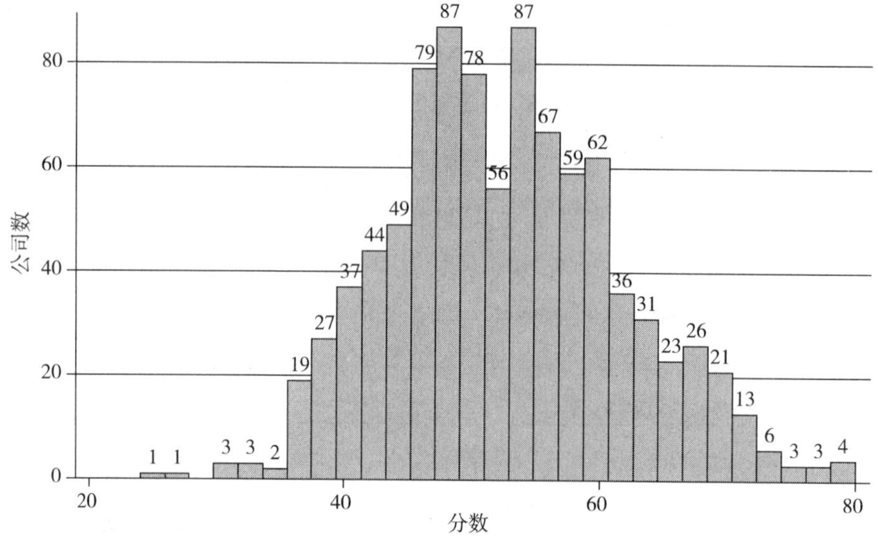

图2　927家公司的治理得分直方图

中国的公司治理改革是从国有企业开始，各种治理规则均是在国有企业的治理实践中确立的。中小公司在上市前，需在理顺原有治理体系的基础上，全面搭建证监会和交易所要求的治理机构和机制。毋庸置疑，这些治理机构的机制具有一定的合理性，一定程度上可以减少中小上市公司的摸索成本，但是也产生一些水土不服的现象。比如，中小上市公司监事会在实践中经常沦为

“鸡肋”，发挥的作用非常小，但又迫于监管部门的要求，不能取消。中小上市公司治理水平的提高，除了拿来主义外，未来更多需要从实践中总结，提出更符合中小企业特点的治理规范，从而提高公司治理的有效性。

2. 公司治理分项指标得分情况比较

我们的公司治理评价体系包括四大方面，分别是股权结构与股东权利、董事会和监事会运作、信息披露与合规及薪酬激励。对927家公司的总体评价显示，信息披露与合规方面的得分最高，董事会和监事会运作次之，薪酬激励的得分最低。

信息披露与合规较好的表现源于两方面，一是媒体对公司治理的监督作用日益增强，二是证监会和交易所对信息披露提出了更严格的要求。近年来，随着平面和网络媒体的发展，上市公司的风吹草动均会被市场人士发现，为了避免不良信息对公司股价和正常运行产生负面影响，上市公司普遍有完善信息披露的主观意愿。同时，在监管部门和交易所的规范性要求下，这些完善信息披露的意愿得以用恰当的形式表现出来。总体来看，从公司治理给普通投资者的第一印象来看，信息披露与合规是中国上市公司近年来少数做得比较好的方面之一。

中小上市公司激励机制不充分的问题可谓公司治理的主要风险之一。监督和激励是公司治理发挥作用的最重要的两方面。如果激励不充分，很难相信公司高管会竭尽全力为公司发展贡献智慧。解决代理问题是公司治理的出发点和落脚点。对于中小上市公司的高管而言，除了一定的薪酬激励外，股权和期权激励是更重要、更有效的长期激励手段，有利于高管与公司形成利益共同体，减少目标不一致的情况，从而降低代理成本。研究数据显示，多数中小上市公司需要强化对高管和核心技术人员的股权、期权激励。

图4显示，无论是中小板，还是创业板，信息披露与合规部分的得分均高于其他三个方面。从四个方面看，创业板公司治理的得分均高于中小板，两板块在薪酬激励方面的差异尤其明显。在薪酬激励的评价指标上，创业板五个指标的得分均高于中小板，表明高科技公司扎堆儿的创业板，更加重视对高管和核心技术人员的激励。具体而言，创业板公司“董监高持股价值与薪酬总额

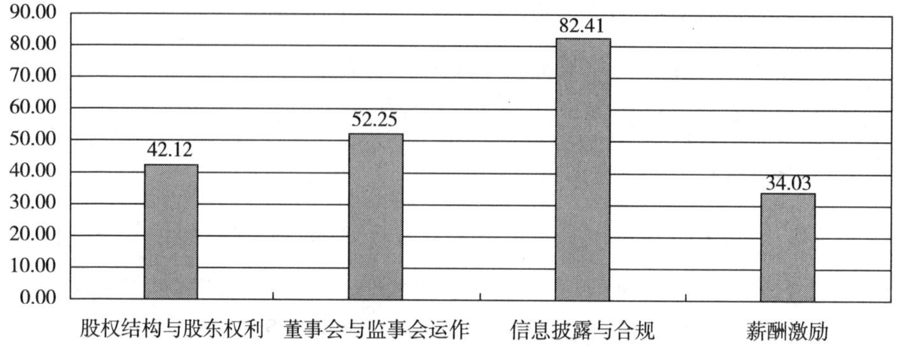

图3　公司治理评估表现

的比值”的均值是338倍，远高于中小板公司的254倍；创业板公司“核心技术人员持股比例的平均值”高出中小板公司0.578%；创业板公司实行股权或期权激励的公司数占创业板公司总数的30%，中小板实行股权或期权激励的公司数占中小板公司总数的21%。在另两个指标上，创业板公司的得分亦分别高于中小板公司。

中小板与创业板公司在信息披露与合规、董事会与监事会运作上的差异较小，前者源于对监管部门要求的执行，后者反映了中国董事会和监事会在发挥功能上存在的普遍困境，即形式上均是按照监管部门的要求而设，功能上也大概相同，没有真正改变“橡皮图章”的旧印象。

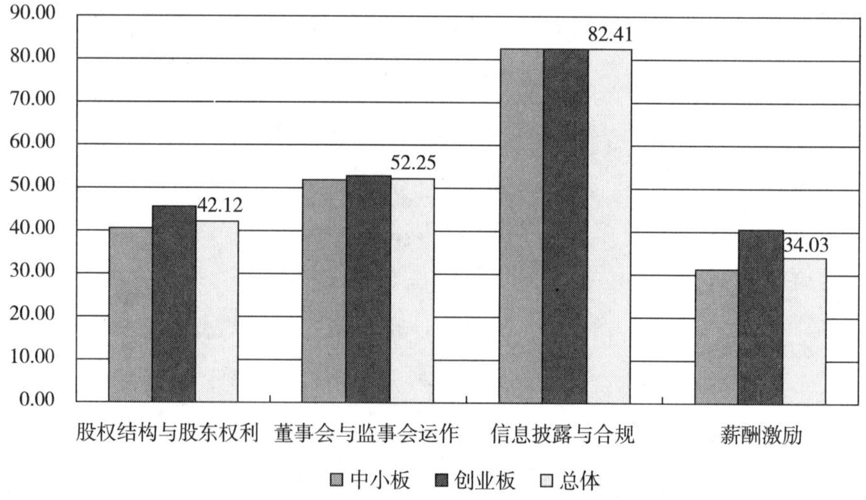

图4　中小板、创业板公司在治理评价四个部分的分别表现

3. 上市越晚，是否治理水平越高？

中国公司治理改革始于20世纪90年代，在各种措施的推动下，上市公司的治理水平不断提升。20余年来，我们目睹了中国公司治理从无到有、从不完善到逐步规范的过程。反映在IPO上，就是后上市公司在更严格的监管要求下，采用了更高的治理标准，治理水平通常高于先上市公司。

对于中小板和创业板的公司而言，这一规律也同样适用。总体评价结果显示，除2004年以外，样本总体的治理得分呈现出年度上升趋势，即上市年份越晚，治理得分的均值越高。治理水平的年份差异也在板块之间有所体现。由于中小板设立于2004年，创业板设立于2009年，我们发现，设立较晚的创业板的公司治理水平高于中小板，这种差异在2009～2011年均有所体现。

一个值得注意的现象是，在2004年上市的中小板公司治理水平较高，高于在其后几年上市的公司，在2009年上市的创业板公司治理水平较高，亦高于在其后两年上市的公司。这表明，在两个板块刚设立时进行IPO的公司，遵循了更严格的治理要求，这既与他们是首批上市公司有关，更与公司自身重视公司治理有关。可以预想到，当年正是由于这些公司业绩较好，治理较规范，才被挑选为上市企业。这些公司较好的治理水平在之前拥有良好的基础。

表2　不同年份上市公司的治理得分差异

年份	总体		中小板		创业板	
	公司数	均值	公司数	均值	公司数	均值
2004	38	52.316	38	52.32		
2005	12	48.042	12	48.04		
2006	52	49.058	52	49.06		
2007	100	48.69	100	48.69		
2008	71	50.725	71	50.73		
2009	90	54.739	54	52.89	36	57.51
2010	321	53.695	204	52.91	117	55.07
2011	243	53.936	115	52.67	128	55.08

4. 治理得分前 100 家和后 100 家比较

公司治理领先群体和落后群体之间存在明显差异，这可以从治理得分前 100 名和后 100 名之间的比较中窥见一斑。治理得分前 100 名的均值为 69. 09，后 100 名的均值为 38. 39。

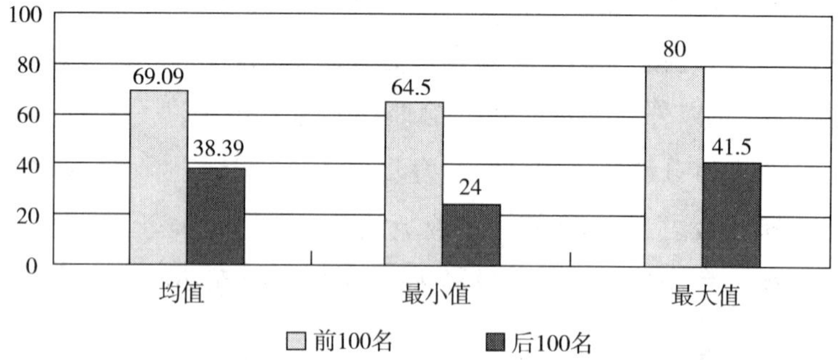

图 5 公司治理得分前 100 名与后 100 名对比

在治理排名前 100 名中，中小板和创业板的公司数分别为 57 家、43 家。在后 100 名中，中小板和创业板的公司数分别为 81 家、19 家。中小板公司在前 100 名、后 100 名中均占多数，但是在前 100 名中，中小板与创业板公司数量更接近，在后 100 名中，中小板与创业板公司数量差距更大。考虑到中小板样本数量大的情况，说明创业板公司治理水平整体上好于中小板。

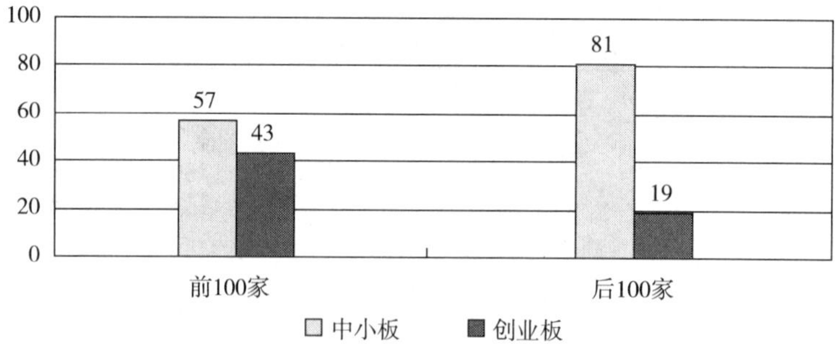

图 6 公司治理得分前 100 名、后 100 名的中小板和创业板公司数

从治理评价的四个部分来看，前 100 名、后 100 名公司在薪酬激励、股权结构与股东权利两方面的差别更大。前 100 名、后 100 名在信息披露与合规方面的得分相对较高，在董事会和监事运作方面的悬殊最小。在信息披露与合规方面，前100名、后100名的得分均高于其他三方面，表明大多数上市公司在信息披露方面已经比较透明，在合规方面做得较好。从董事会和监事会运作的表现来看，前100名、后100名公司的得分最为接近，但平均水平并不高。我们认为，这反映了不同公司在董事会、监事会运作上存在一定的趋同现象，即满足监管部门的最低要求，在实际运作上形式大于实质，各种规章制度均存在，但没有真正发挥应有的作用。

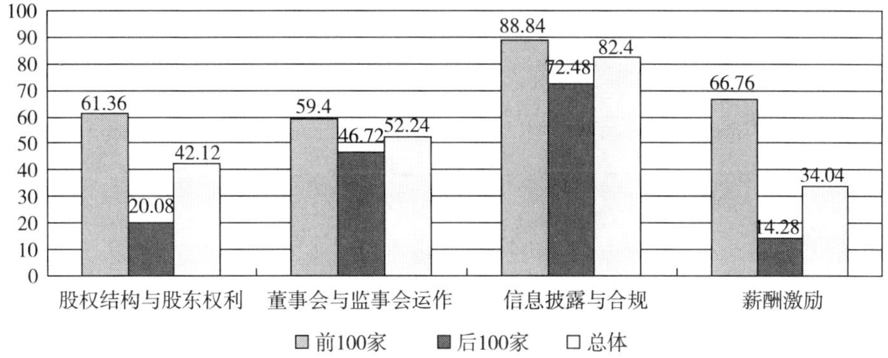

图7 前后100家在治理评价上的表现

5. 不同地区公司治理比较

公司治理既包括公司内部的治理机制，也包括公司外部的治理环境。一般而言，内部治理机制会受到外部治理环境的影响，公司层面的治理水平也会因所处地区不同，而表现出差异。我们按照国家统计局关于中国各地区的划分，考察不同地区公司治理水平的差异。

927家样本公司覆盖了中国31个省份和地区①，其中来自西藏、青海和宁夏的公司各有一家，来自黑龙江的公司有2家，来自内蒙古的公司有3家。广东、浙江、江苏、北京的公司数量位居前四，分别有194家、139家、115家、71家。

按地区来看，东部地区的上市公司数量最多，中、西部次之，最少的是东

① 东部地区包括北京、天津、河北、上海、江苏、浙江、福建、山东、广东和海南。中部地区包括山西、安徽、江西、河南、湖北和湖南。西部地区包括：内蒙古、广西、重庆、四川、贵州、西藏、陕西、甘肃、宁夏和新疆。东北部地区包括：辽宁、吉林和黑龙江。

北部。在治理得分上，东部地区最高，中部次之，西部地区的得分最低。以今年的总体平均分 52.7 分为界，东部和中部地区高于平均分，西部和东北部低于平均分。公司治理的区域差异可以从区域经济发展水平、区域市场化环境、法制环境、地区监管水平等方面进行解释。东部地区的市场竞争程度更激烈，法制环境更优良，对企业提高内部治理水平起的推动作用更明显。

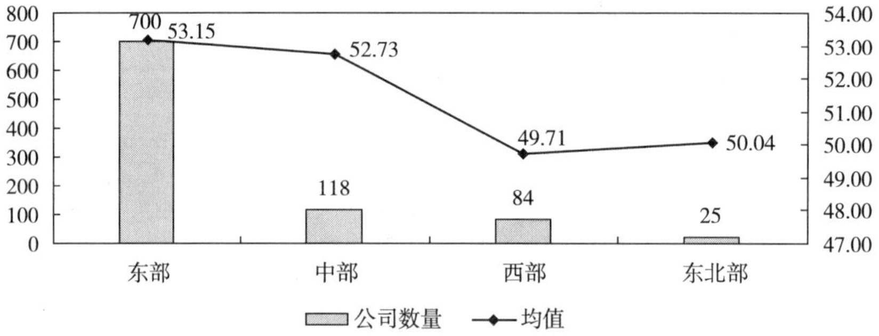

图 8　各地区公司数量及公司治理平均得分

6. 不同规模的公司治理水平比较

大量研究表明，公司治理水平不仅受到所处地区的影响，也与公司的规模有关。一般而言，随着公司规模变大，公司治理的重要性将不断上升，不良治理对于大公司的损失要远远大于对小公司的损失。因此，我们可以预期，大公司的治理水平要高于小公司。为验证这一预期，我们分别取 927 家样本公司资产总额的平均数（30 亿）、员工人数的平均数（2209 人），以此将所有公司划分为大公司、小公司两类，考察两类公司的治理得分差异。

结果显示，按资产总额的平均数进行划分，大、小公司数分别为 192 家、735 家。按员工人数的平均数进行划分，大、小公司数分别为 248 家、679 家。在两种情况下，大公司的治理得分均高于小公司。这表明，对于中小板和创业板的公司而言，治理水平与规模之间的关系符合一般规律。但是，我们注意到，两种标准下，大小公司的治理平均分仅差 1 分左右，二者的差异不太明显，说明中小板和创业板公司的规模差异不大，对治理的影响尚不太明显。

对于大、小公司而言，公司治理的四个部分上存在一定的共性。具体表现在，第一，在信息披露与合规方面，最大值、中位数、平均值均较大；第二，

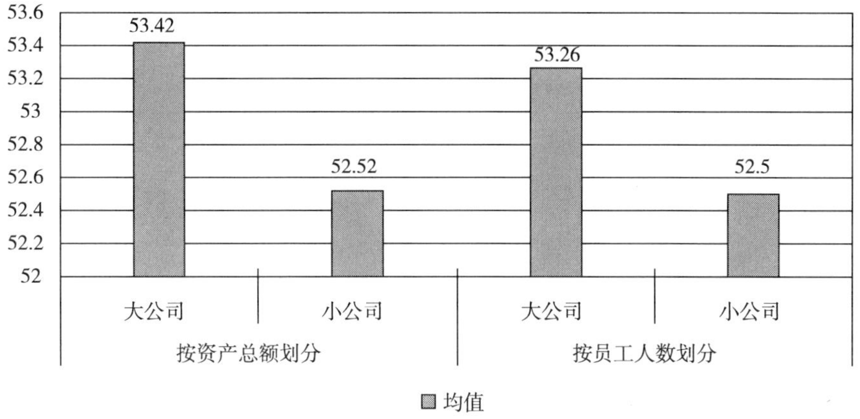

图 9 大公司、小公司的治理得分差异

公司治理的其他几个方面的得分分布较相近，中位数与平均值的重叠程度类似。但是，大、小公司的四个部分也存在一个重要的差异，即在信息披露与合规方面，大公司的最大值与最小值的差异较小，小公司的差异较大。这表明，大公司注重公司治理具有普遍性，因此彼此之间的差异较小，而小公司在公司治理上存在明显的差异化现象。大、小公司的这些共性和差异不因划分标准而改变，说明这一结论具有一定的稳健性。

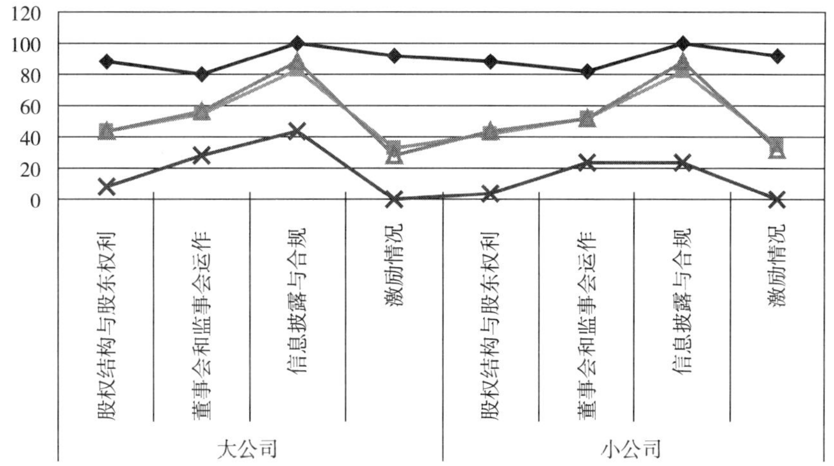

图 10 按总资产划分的大、小公司治理得分

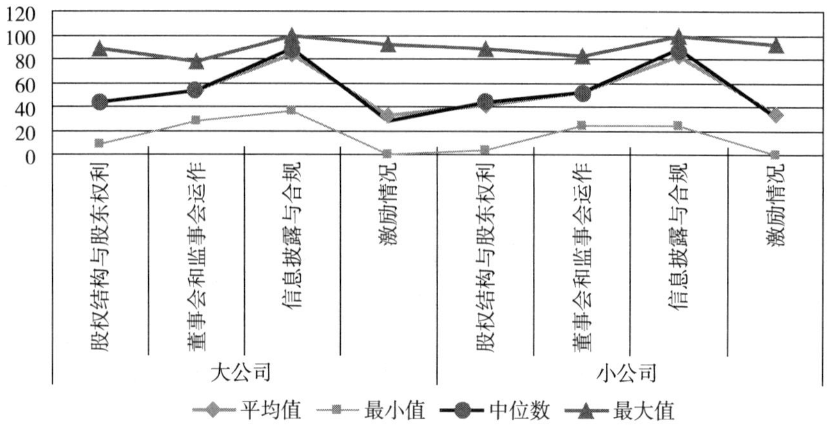

图 11 按员工人数划分的大、小公司治理得分

7. 分行业公司治理比较

公司治理的差异也存在一定的行业差异。一般而言，市场化程度越高、竞争越激烈的行业，公司治理水平越高。而公司所处行业的市场化程度较低，行业内竞争较少，治理水平将趋向于较低。

根据中国证监会《上市公司行业分类指引》，本年度 927 家公司覆盖了所有行业，其中制造业的公司最多，达 682 家；信息技术业次之，为 113 家；综合类的公司最少，仅 1 家。评价结果显示，得分最高的行业为建筑业，分数为 58.24，得分最低的行业为综合类，分数为 39.5。行业间的公司治理差异在总样本中得到了体现。总体来看，公司数量较多的行业，治理得分也相对较高，公司数量较少的行业，治理得分也相对较低。虽然没有明显的数量关系，但是整体关系符合市场竞争程度与治理得分的一般关系。

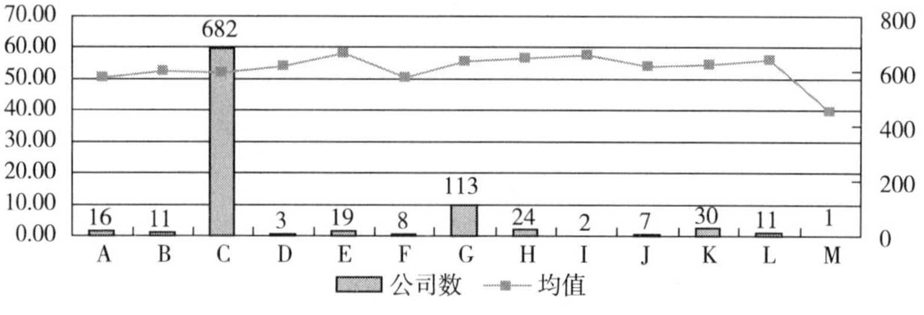

图 12 公司治理得分的行业比较

注：A 农、林、牧、渔业；B 采掘业；C 制造业；D 电力、煤气及水的生产和供应业；E 建筑业；F 交通运输、仓储业；G 信息技术业；H 批发和零售贸易；I 金融业；J 房地产业；K 社会服务业；L 传播与文化产业；M 综合类。

8. 实际控制人性质与公司治理差异

对于大多数公司而言，实际控制人对公司的作用举足轻重。实际控制人的行为决定了公司的决策模式和治理氛围，对公司运营的各个方面均有重要影响。如果公司有明确的实际控制人，则公司易于形成凝聚力，但也有可能因实际控制人的专断而走上歧路。对于中小公司而言，实际控制人对公司到底利弊几何，目前尚没有定论。这里的927家样本公司提供了一个考察视角。

结果显示，总体样本中实际控制人为个人的公司数高达749家，远高于实际控制人为政府的117家以及实际控制人为外资的38家。需说明的是，如果实际控制人为个人，但该个人是外资背景，我们即将其认定为外资。无法确定实际控制人，或者年报显示没有实际控制人的公司，划分到“其他”一类。

在公司治理得分上，“其他”类公司的治理得分平均值最高，鉴于此类公司仅23家，占总体样本较小，且实际控制人性质不明确，这里不予考虑。除此之外，实际控制人为“个人”的治理得分为53.194，高于实际控制人为政府和外资的情况。这表明，至少对于深交所中小板和创业板的公司而言，由于规模、发展阶段等原因，实际控制人为个人的情况下更利于公司发展。一般而言，在公司规模较小，处于发展初期时，拥有强有力的一个实际控制人有利于提高决策效率，但是随着公司规模扩大，公司决策需要以稳健为主，将决策权委任于一人具有很高的风险性，此时亟需集体决策。很明显，中小板、创业板公司目前属于前者，而广大主板公司属于后者。

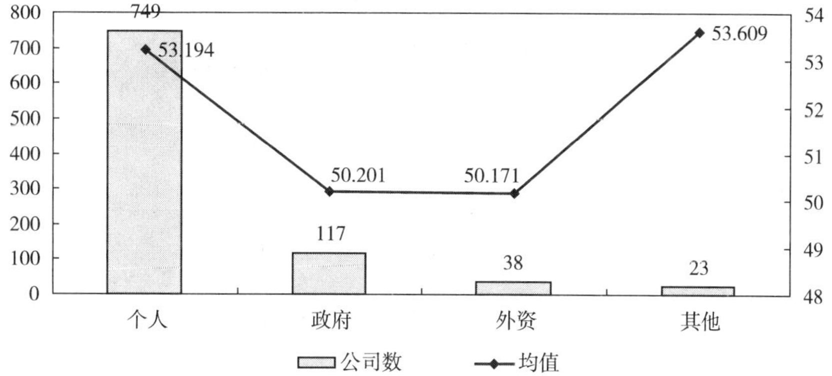

图13　不同实际控制人的公司数及评价得分

9. 良好的公司治理有助于提升公司业绩

公司治理是企业运行的基本制度。良好的公司治理意味着公司股东、董事会和管理层之间有着良好的协调关系，公司的重大决策能够兼顾民主和科学，重大投资项目的权、责、利关系明晰，监督和激励均比较到位，公司的信息披露更及时、准确和透明。国内外的治理实践均表明，良好的公司治理有利于提升公司业绩，投资者会追捧那些治理良好的公司，公司在资本市场将获得较好的溢价。

评价结果显示，在过去一年，中小板、创业板公司治理良好的公司，经营业绩均优于那些治理不良的公司，公司治理和公司业绩存在着一定的正相关关系。以营业收入增长率、资产收益率（ROA）为考察指标，我们发现，二者均与公司治理得分存在正相关关系，营业收入增长率与公司治理得分的相关系数为0.31，资产收益率与公司治理得分的相关系数为0.417，两个系数均在1%水平上呈现显著性，总体上验证了治理与绩效的关系。

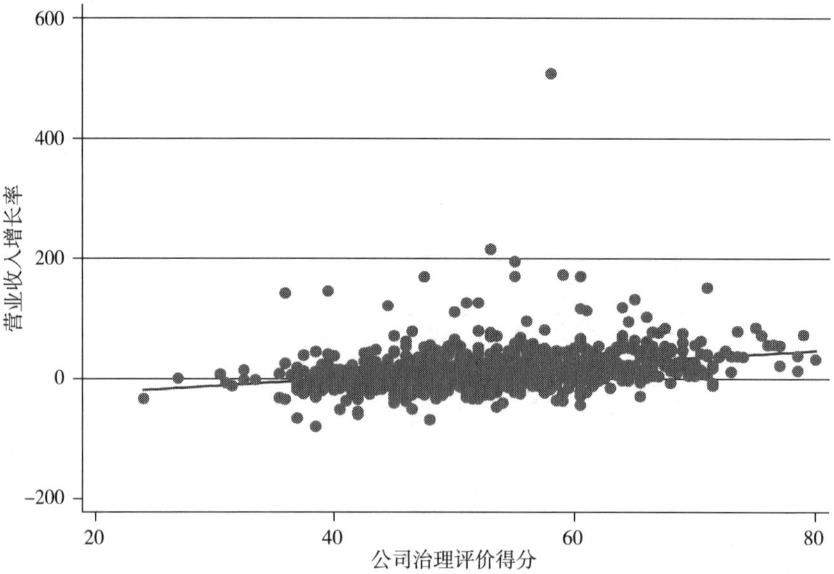

图14　公司治理与营业收入增长率的关系

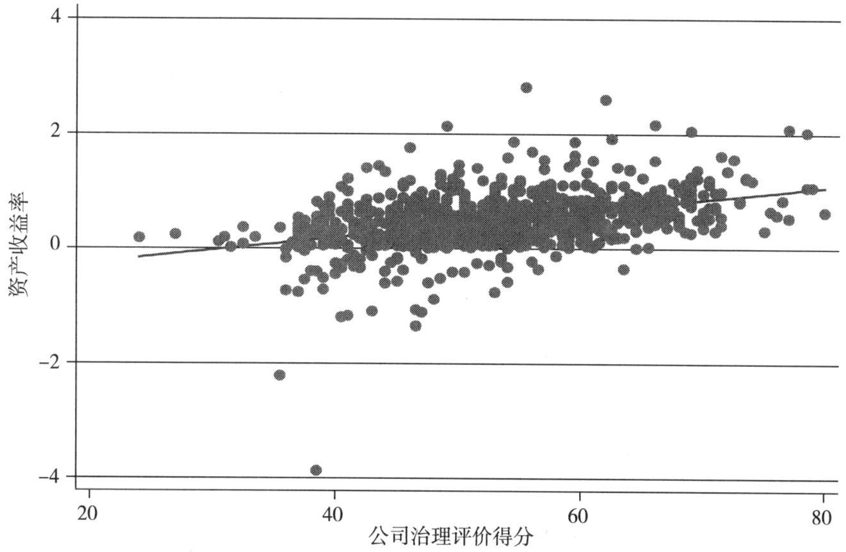

图 15 公司治理与资产收益率（ROA）的关系

10. 公司治理风险提示

为深入分析评价体系中各公司治理指标的得分情况，我们列出了得分最低的十大指标，以揭示上市公司治理存在的风险。

在得分最低的十大指标中，股权结构与股东权利方面有 4 个，董事会和监事会运作、激励机制分别有 3 个，没有信息披露与合规方面的指标。说明违规风险只存在于个别公司中。

中小上市公司在激励机制方面的不足值得关注。激励机制不健全是中小上市公司最为突出的问题。在得分最低的十大指标中，“核心技术人员持股比例”、“监事会成员持股比例”是得分最低的两个指标，“是否实施股权激励”的得分倒数第四。在总体评价体系中，激励方面共有 5 个指标，这里就占了 3 个，说明激励机制的得分拖了总体得分的后腿。

股权结构与股东权利保护是公司治理的基础性因素。不同的股权结构决定了公司的控制权结构，从而决定了公司的决策机制和发展方向。中小上市公司在发展伊始即需确立良好的股权结构，通过股权制衡防止大股东独断专行，通过引进外部机构投资者完善治理机制。同时，需保护广大中小投资者的利益，赢得资本市场的支持，为公司发展打造良好的外部环境。我们的评价结果显示，中小上市公司的股权制衡度较小，机构投资者持股比例较低，均是不理想的状况。公司的投资者关系管理还停留在纸面上，没有为投资者提供足够多的沟通渠道。

董事会是现代公司治理的核心。已有诸多研究表明，若董事会中出现女性董事，则有利于董事会的多元化，提高决策的稳健性。显然，中小上市公司尚未认识到这方面的重要性。中小上市公司监事会发挥的作用很小，从监事会的开会次数可见一斑。数据显示，2012 年有 190 家公司监事会开会次数在 4 次以下。如果按每季度开一次会议计算，这样的监事会也是不合格的。中小上市公司需反思监事会的作用，是否采取举措，充分运用监事会这一治理机构，为公司发展助力护航，还是听之任之，仅需要满足监管部门的要求即可。我们认为，从公司长远发展来看，监事会的有效运作问题需要不断摸索，改变徒有形式的状况。

表 3　　公司治理的风险提示指标（满分 100 分）

	评价指标	得分
股权结构与股东权利	股东大会出席会议的股东及股东代表个数	46.42
	投资者接待活动情况	23.48
	股权制衡度	40.04
	机构投资者持股比例	39.72
董事会和监事会运作	监事会会议次数	40.30
	董事会中女性董事比例	41.2
	独立董事与上市公司工作地点一致性	46.08
激励机制	是否实施股权激励	23.74
	核心技术人员持股情况	16.94
	监事会持股比例	20.04

11. 公司治理 50 强特征分析

为揭示中小上市公司治理的最佳实践，我们以公司治理 50 强为样本，分析这一代表性群体的治理特征。

从绝对数看，50 强公司仅来自东部（43 家）和中部地区（7 家）。来自广东的公司最多，达11家，浙江其次。北京和上海的公司分别有7家和2家，天津仅有1家公司入围。

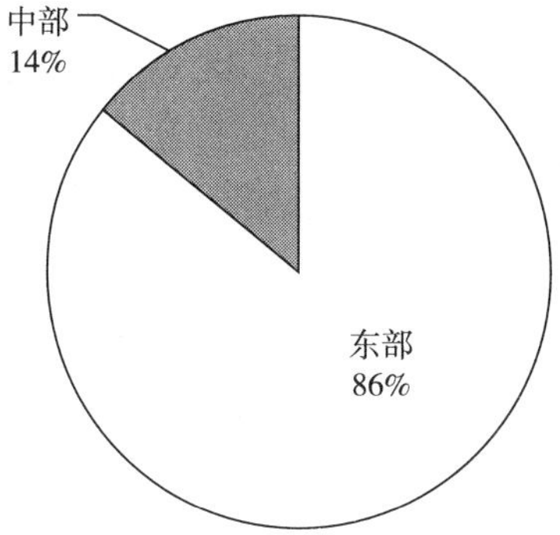

图16 50强公司的地区分布

从相对数看，50强公司中，河北公司占河北中小上市公司总数的比例最大，其次是湖南、天津，而北京仅居第四位。公司数较多的广东并没有排在前列，浙江也仅排在第五。

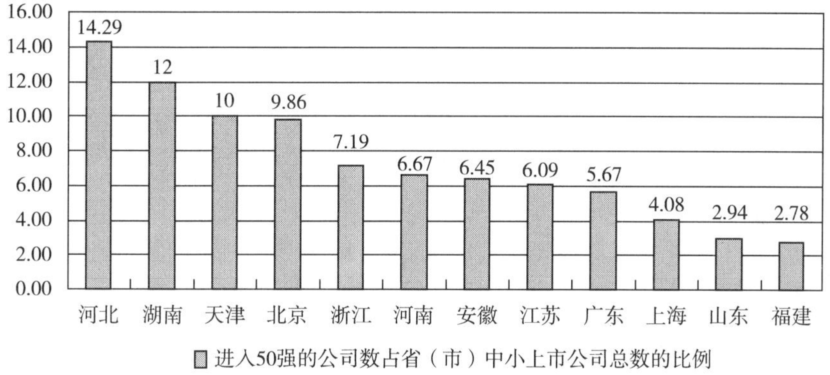

图17 50强的分省情况（%）

前50强公司中，公司治理得分的平均值为71.78，得分最低部分为董事会和监事会的运作，然后是股权结构与股东权利。50强公司普遍拥有较高的信息披露质量，最大值为100分，对董监高、核心技术人员的激励力度也较大，平均值达到72.56分。50强公司最需要强化的是董事会和监事会运作，该问题在所有中小上市公司中均存在，鉴于50强的代表性，董事会和监事会运作方面值得其他公司警醒。在信息披露无法区分公司间差异时，未来董事会和监事会的运作将成为提升公司治理水平的重要突破口。

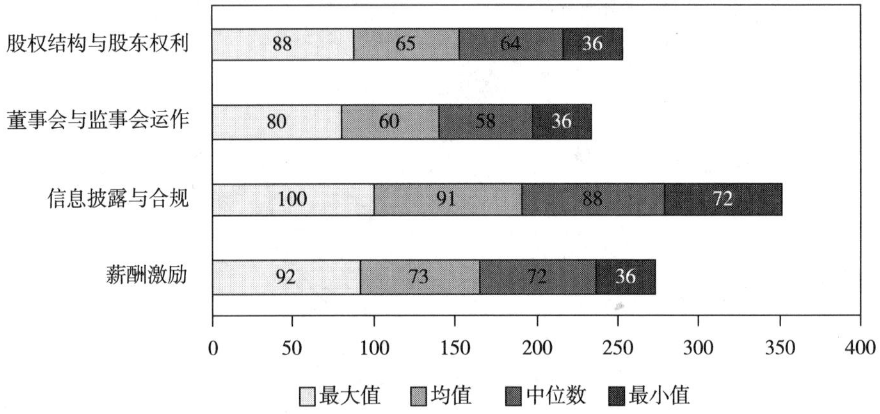

图 18　50 强公司的治理表现

公司治理 50 强的公司在业绩上表现更优。2012 年，在国内外市场普遍低迷的情况下，公司治理 50 强的平均营业收入增长率高达 34. 81% ，是非 50 强的营业收入增长率的近三倍，后者平均增长率为 13. 01% 。从资产收益率和净资产收益率看，治理 50 强公司分别达 9. 3% 、13. 9% ，分别是后者的两倍多。以每股收益为测算指标，50 强公司平均达到每股收益 0. 68 元，非 50 强公司为 0. 36 元，前者也是后者的近两倍。这表明，良好的公司治理是企业实现绩效的充分保障。

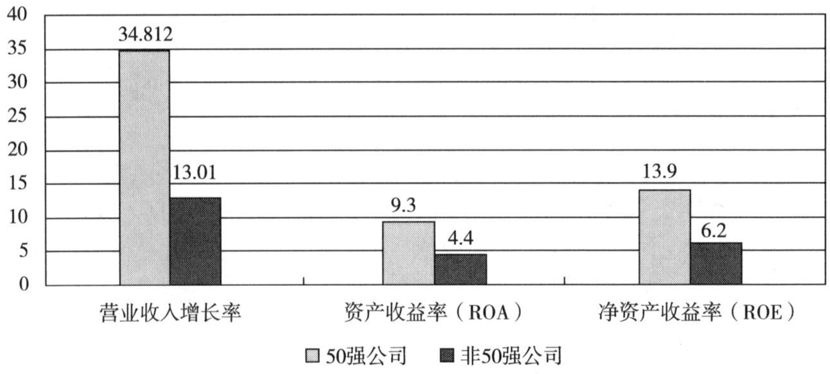

图 19　50 强公司与非 50 强公司的业绩对比

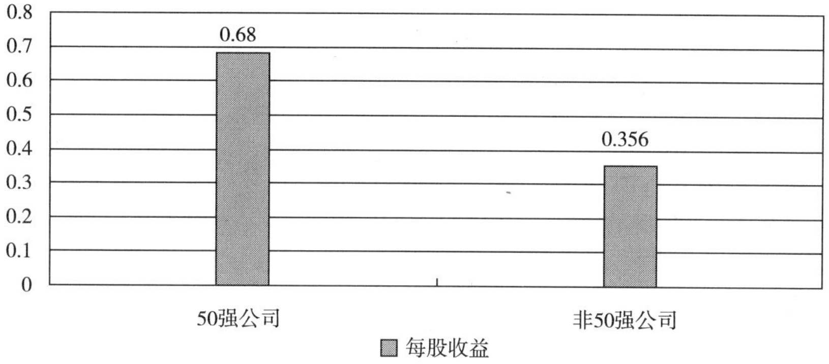

图20 50强与非50强公司的每股收益对比（单位：元）

表4 中小板、创业板上市公司50强榜单

排名	证券代码	公司简称	排名	证券代码	公司简称
1	002375	亚厦股份	25	002372	伟星新材
2	300070	碧水源	25	002376	新北洋
3	002415	海康威视	25	300240	飞力达
3	300124	汇川技术	29	002024	苏宁云商
5	002063	远光软件	29	002250	联化科技
5	300228	富瑞特装	29	002421	达实智能
7	300253	卫宁软件	29	002482	广田股份
8	300027	华谊兄弟	33	002195	海隆软件
9	300241	瑞丰光电	33	002535	林州重机
10	300068	南都电源	33	300012	华测检测
11	002385	大北农	36	002236	大华股份
12	002273	水晶光电	36	002327	富安娜
12	300133	华策影视	36	002344	海宁皮城
14	300119	瑞普生物	36	002450	康得新
15	300005	探路者	36	002567	唐人神
16	002410	广联达	36	300015	爱尔眼科
17	002572	索菲亚	36	300166	东方国信
17	300045	华力创通	36	300188	美亚柏科
17	300138	晨光生物	36	300201	海伦哲
17	300183	东软载波	36	300273	和佳股份
21	002225	濮耐股份	46	002008	大族激光
21	002230	科大讯飞	46	002391	长青股份
21	300043	星辉车模	46	002426	胜利精密
21	300216	千山药机	46	300009	安科生物
25	002146	荣盛发展	50	002313	日海通讯

二、股权结构与股东权利

股权结构是公司治理的基础。不同的股权结构决定了不同的企业组织结构，从而决定了不同的企业决策和控制机制，并会最终影响企业的行为和绩效。

1. 中小板和创业板公司股权结构状况

我们从股权集中度和股权属性两个方面对中小板和创业板上市企业的股权结构状况进行分析。首先考察企业的股权集中度状况。

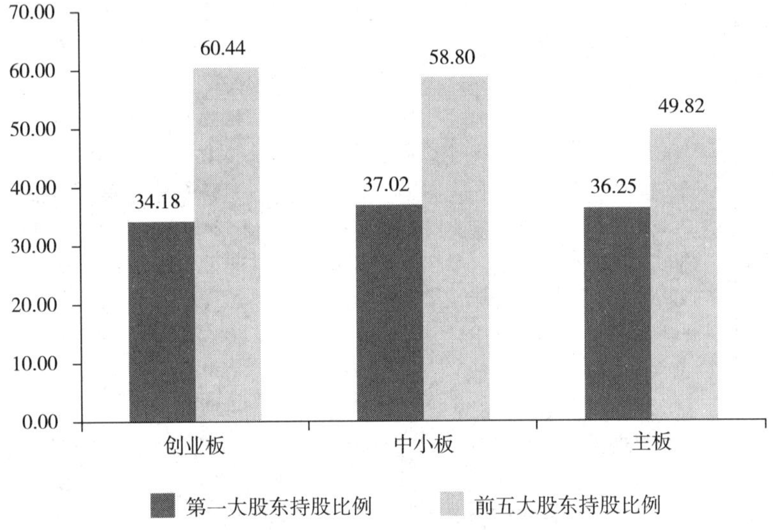

图21　三个板块第一和前五大股东持股比例比较（%）

从图21中可以看出，在股权集中度方面，2012年，创业板上市公司的第一大股东持股比例平均为34.18%，中小板上市公司第一大股东的平均持股比例为37.02%；创业板上市公司的前五大股东持股比例为60.44%，中小板上市公司的前五大股东持股比例为58.80%；和主板上市公司进行比较，主板上市公司的第一大股东平均持股比例为36.25%，介于创业板和中小板上市公司第一大股东平均持股比例之间，但是其前五大股东平均持股比例仅为49.82%，低于创业板和中小板上市公司。

从数字上看，这三个板块的第一大股东持股比例相差不大，这是否说明三个板块的股权集中度相近？需要做进一步的分析。对于主板公司来说，其大多是国有企业，国有企业在改制上市后，保留一定程度的国有股份保持其控股权。而对创业板和中小板来说，其平均为 34.18% 和 37.02% 的第一大股东持股比例并不能完全说明其股权集中状况。中小板和创业板上市公司尤其是创业板上市公司多为由某个家族或自然人控制的民营企业，其实际控制人一般由家族成员或创业团队组成，通过直接或间接控股获得上市公司的实际控制权，因而股权集中度应该比第一大股东持股比例所显示的程度更高。

在创业板首批上市的 28 家公司中，华谊兄弟的实际控制人王中军、王中磊兄弟在 2012 年底分别持有公司 26.14% 和 8.27% 的股权，两人合计持有公司 34.41% 的股权；探路者实际控制人盛发强先生与王静女士系夫妇分别持有公司 31.43% 和 14.08% 的股权，两人共同持有本公司 45.51% 的股权；吉峰农机如果只看第一大股东，第一大股东王新明持股 13.79%，则显得股权分散，但是如果间接持股的情况，则公司的实际控制人控股比例为 34.22%。

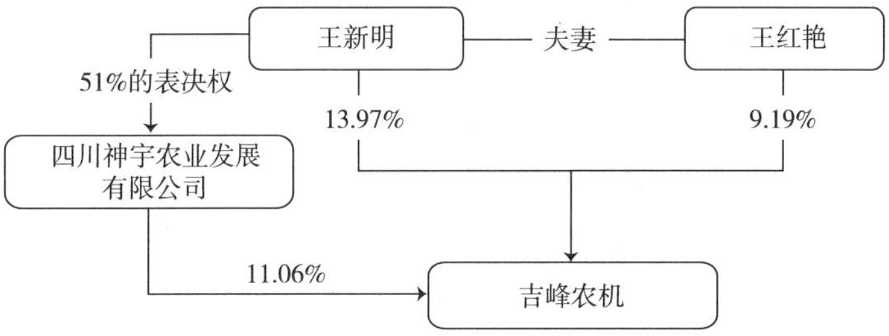

图 22　吉峰农机实际控制人之间的产权及控制关系图

这一结论从上市企业的所有制属性分析也可以得到验证。

从表 5 中可以看出，三个板块企业所有制属性有较大差异。创业板上市企业中国有企业所占比例最小，仅为 4.63%，民营企业所占比例最大，为 92.88%；中小板上市企业中国有企业所占比例为 16.25%，民营企业所占比例为 79.88%；而主板上市企业中，国有企业所占比例最大，为 65.80%，民营企业所占比例为 30.59%。

表5　　三个板块上市公司的所有制属性统计表

板块	企业类型	企业家数（个）	占比（%）
创业板	国有	13	4.63
	民营	261	92.88
	外资	7	2.49
中小板	国有	105	16.25
	民营	516	79.88
	外资	25	3.87
主板	国有	912	65.80
	民营	424	30.59
	外资	50	3.61

2. 股权集中度与公司治理和业绩的关系

股权集中度决定了公司的各股东在公司中所有权的地位，也决定了股东对公司有多大的发言权，它是衡量一个公司股权结构的最主要的指标，也是公司各相关利益方最关注的问题之一。我们用企业的第一大股东持股比例来衡量企业的股权集中度。

（1）公司成立时间与股权集中度

股权集中度高和低对企业的利弊对于不同发展阶段的企业是不同的。在企业发展的成熟阶段，企业的经营模式以及企业的产品市场都已经比较稳定，企业的发展规模已经足够大，那么一定程度的股权分散是有必要的，这样能够保证企业经营的稳健性和持续性。而在企业的初始发展阶段或者在企业的高速发展阶段，保持一定程度的股权集中则是有必要的，这样可以保证企业创始人的发展战略能够在企业中得到贯彻，企业的决策更加迅速，从而能够使企业获得快速发展。我国的创业板和中小板上市企业的发展时间普遍较短，平均成立时间仅为12年，而且上市企业多为民营企业，这就决定了股权较为集中的特点。

图23显示，随着企业成立时间（Age）的增加，企业的第一大股东持股比例越来越小。这说明，随着企业的发展，其股权有一个逐渐分散的过程。

（2）股权集中度、股权属性与企业业绩

股权集中度是高好还是低好？由于股权集中度高和股权集中度低各有利

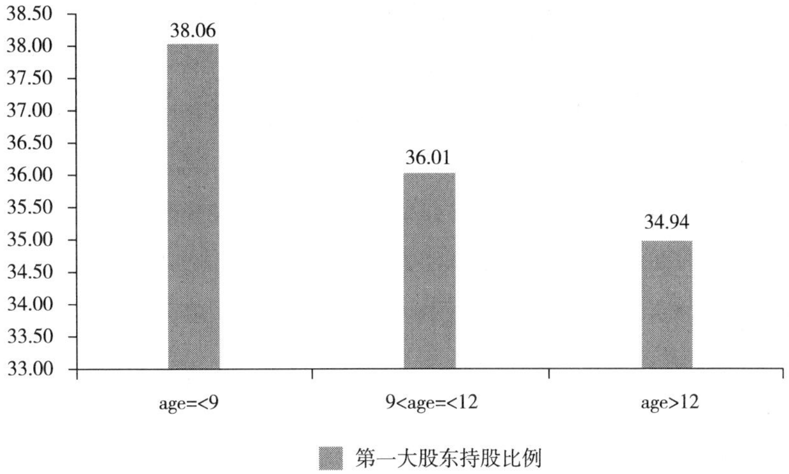

图 23　不同成立年限的企业股权集中度比较（%）

弊，如果我们不区分企业所属行业以及企业所有制类型等特征，而只对整个样本进行笼统分析，我们会看不到股权集中度和企业绩效之间有一个明确关系。

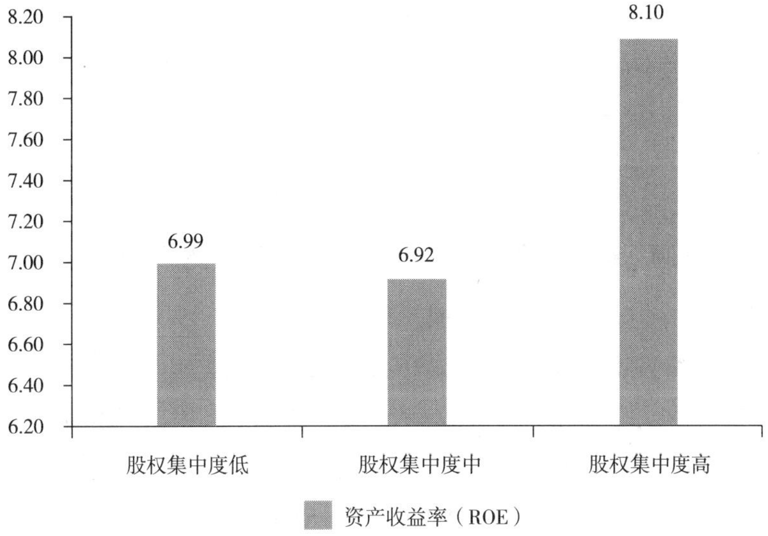

图 24　不区分所有制属性等时的股权集中股与企业绩效（%）

图 24 中，我们把样本企业按照第一大股东持股比例高低分为三组，其中，第一大股东持股比例小于 20% 的为股权集中度低分组，第一大股东持股比例大于 20% 小于 50% 的为股权集中度中分组，第一大股东持股比例大于 50% 的

为股权集中度高分组①。从图中可以看出，如果不考虑其他因素，股权集中度最高的分组的资产收益率（ROE）最高，另外两个分组的资产收益率没有明显差别。我们认为，企业的股权集中度与企业绩效的关系是受到其他因素影响的。就企业所有制属性角度来说，企业的所有制属性不同，企业的第一大股东对企业的作用就不同。所有制不同的企业，第一大股东的激励机制以及行为动机也就不同。同时，所有制不同的企业，其发展历史、经营机制完善程度也存在差异。我们区分不同的所有制对股权集中股与企业业绩的关系进行分析。

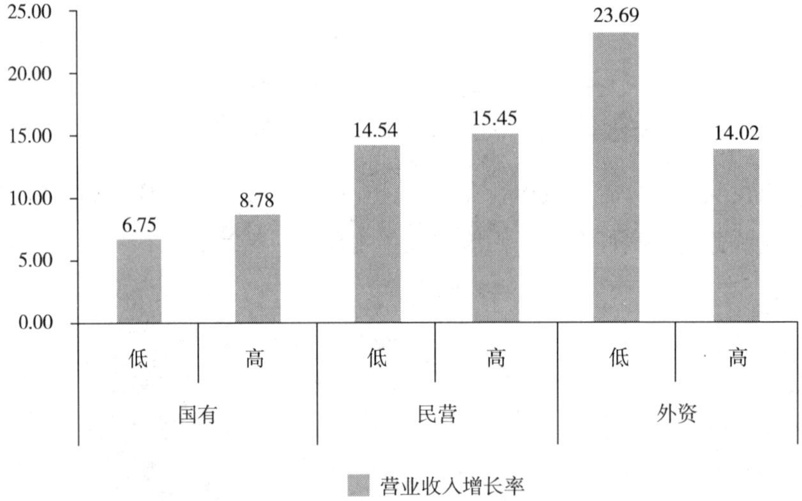

图 25　不同所有制类型和不同股权集中度企业的营业收入增长率比较（%）

图 25 中，对于每一所有制类型，我们把企业按照第一大股东持股比例大小均分为高和低两组，以营业收入增长率作为衡量企业效益的指标。从图中可以看到，对于国有企业和民营企业来说，第一大股东持股比例越高，企业的营业收入增长率就越高；而对于外资企业来说，股权集中越低，企业的营业收入增长率越高。这都说明了对于我国现阶段在创业板和中小板上市的企业来说（外资企业除外），股权的一定程度的集中，对企业的发展是有利的。第一大股东持股比例越高，其在企业的利益就越大，从而对企业就越忠诚，就更愿意

① 图 26 和图 27 中，股权集中度分类方法和图 24 相同。

花时间和精力来经营企业；第一大股东持股比例越小，可能越会削弱其对公司的投入程度，从而导致企业的绩效下降。

对外资企业来说，股权集中度越低，企业的净资产收益率越高，这在一定程度上说明了外资企业的公司治理相对比较完善，其一定程度的股权分散对公司是有益的。

从图25中我们也可以看出，民营企业的营业收入增长率要高于国有企业。

（3）行业及企业特征与企业股权集中度的关系

行业特征差异对于公司股权集中度的影响是重要的。首先，不同行业企业经营效益最大化所内生要求的资本或劳动密集性、经营规模效应、资产负债率等行业特征，以及企业所处行业的竞争激烈性、政府的产业保护政策以及软预算约束机制等宏观行业要素都会影响企业的股权结构以及绩效。其次，中国不同行业的开放度、政府保护程度、经营自由度以及经营的激励机制等都存在显著的差异，这些差异都可能影响企业的股权集中度以及经营绩效。

行业的竞争状况会对公司采取的股权集中度以及相应的公司绩效产生影响。一般来说，与竞争性行业相比，处于垄断性行业、具有地域特征的行业、公用事业以及具有特殊专营权行业中的企业，经营压力更小，第一大股东在经营决策中的作用与竞争激烈的行业中的企业的大股东比较，相对来讲就比较小；而处在竞争程度激烈的行业中的公司，由于面临较大的经营压力，需要公司大股东或者其代理人更加积极地工作，在企业的经营中发挥更大的作用。而第一大股东持股比例越大，其在公司中的利益也就越大，其就会更加尽心地为公司工作，从而有助于企业取得更好的业绩。我们把样本企业所属行业分为两类——竞争性行业和非竞争性行业①，分别考察这两个行业的股权集中度与企业绩效的关系。图26是竞争性行业和非竞争性行业股权集中度与企业业绩比较。

① 农林牧副渔业、采掘业、制造业、建筑业、信息技术业、批发和零售贸易业、房地产业、社会服务业为竞争性行业，电力、煤气及水的生产和供应业、交通运输和仓储业、传播与文化产业、综合类产业、金融业为非竞争性行业。

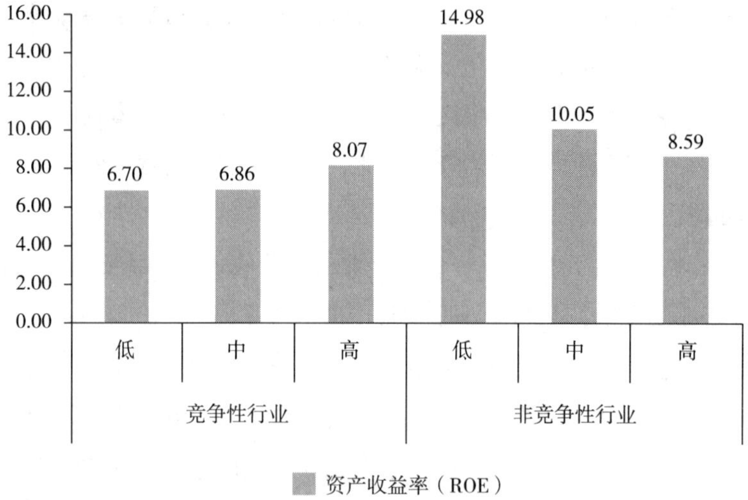

图 26　竞争性行业和非竞争性行业股权集中度与企业业绩比较（%）

从图 26 中可以看出，如果企业所处的行业为竞争性行业，那么第一大股东对企业绩效的正向影响更加明显。这和我们的理论分析是一致的。

另外，我们认为，行业的轻资产或重资产的特点也可能影响到企业股权集中度以及相应的企业绩效。轻资产行业的股权集中度应该是越分散越好，因为这些企业中更多依赖智力资产和领导团队的力量，因此，股权更倾向于在股东之间均衡分配，团队力量更容易发挥出来，企业绩效就会越好；而重资产行业更多依赖的是实物资产或者某些特殊的政策或者机遇，第一大股东在企业发展过程中所起的作用较大，因此，第一大股东持股比例越大，越容易充分发挥自己的优势，从而促进企业绩效的提高。我们把样本按照人均总资产比例的大小分为两组——重资产行业和轻资产行业，然后考察这两个行业中股权集中度与企业绩效的关系。图 27 是重资产行业和轻资产行业中股权集中度与企业业绩比较。

从图 27 中可以看出，和重资产行业中的企业相比，轻资产行业中的企业的股权越分散，企业的绩效越好。这也从另一个方面说明，在轻资产行业中，如果第一大股东持股比例过大，容易形成一个人独断专行或者出现对其他股东激励不足的情况，从而会影响企业的经营绩效。

例如，神州泰岳、蓝色光标、汇川技术在我们的分组中都属于轻资产行

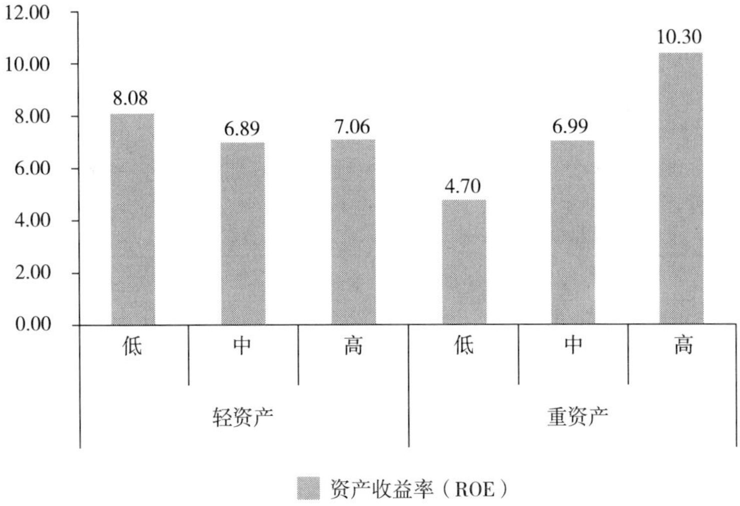

图27 重资产行业和轻资产行业股权集中度与企业业绩比较（%）

业，三家公司在上市后无论是营业收入增长率还是资产收益率都取得了很好的经营业绩。其中，神州泰岳2011年和2012年的营业收入增长率分别为37.50%和21.80%；蓝色光标2011年和2012年的营业收入增长率分别为155.40%和71.82%；汇川技术2011年和2012年的营业收入增长率分别为56.24%和13.20%。这三个公司的股权结构都比较分散。神州泰岳的并列第一大股东为王宁、李力，两人为一致行动人，两人分别持有公司的13.78%的股份。蓝色光标前五大股东赵文权、吴铁、许志平、陈良华、孙陶然分别持有公司8.89%、8.37%、8.34%、8.33%和4.57%的股权，这五个人为一致行动人，共同构成公司的实际控制人；汇川技术朱兴明、熊礼文、李俊田、刘迎新、唐柱学、姜勇、刘国伟、宋君恩、杨春禄和潘异10名自然人股东对公司实施共同控制，为公司的实际控制人，合计控制了公司55.42%的股份。其中最大自然人股东朱兴明直接持股比例为8.24%。

3. 机构投资者在公司治理中的作用

随着我国机构投资者的发展，以基金为主的机构投资者越来越多地持有上市公司的股份，成为上市公司的股东。合格的机构投资者一方面能够利用自己的专业知识，通过参与公司董事会或者给公司经营发展提供咨询建议，另一方面其作为公司股东，能够凭借所持有的股权份额通过参加公司董事会或者通过股东大会行使作为公司股东的权利，从而能够改善公司治理，影响公司的经营决策，提高公司的经营绩效。

（1）机构投资者持股状况分析

我们首先对样本公司 2012 年的机构投资者持股情况进行分析。

表 6　　创业板和中小板上市公司中机构投资者持股比例

	板块	企业家数（个）	最小值	最大值（%）	平均值（%）
机构投资者持股比例	中小板	646	0	76.79	8.96
	创业板	281	0	65.38	13.00

从表 6 中可以看出，创业板上市公司中的机构投资者持股比例平均为 13.00%，比中小板上市公司平均值 8.96% 的比例高。我们也统计了机构投资者持股比例的各区间分布情况，见表 7。

表 7　　机构投资者持股比例各区间分布情况

机构投资者持股比例区间（%）	企业家数（个）	所占比例（%）
x=0	54	5.83
0<x=<10	569	61.38
10<x=<30	211	22.76
30<x=<50	64	6.90
x>50	29	3.13
合计	927	100.00

从表 7 中可以看出，大部分企业中的机构投资者持股比例在 30% 以下。在 927 家上市公司中没有机构投资者持股的企业有 54 家，占样本企业总数的 5.83%；机构投资者持股比例低于 10% 的有 569 家，占样本企业总数的 61.38%；机构投资者持股比例在 10% 至 30% 之间的有 211 家，占样本企业总数的 22.76%，而机构投资者持股比例超过 50% 的企业只有 29 家，占样本企业总数的 3.13%。这与美国等资本市场成熟的国家很不相同，在西方成熟资本市场，机构投资者持股市值占总市值比例基本都在 60% 以上①。

① 引自安青松在“2012（第七届）中国证券投资基金业年会暨机构投资者高层论坛”上的发言。

（2）机构投资者持股与企业业绩

依据前面的分析，合格的机构投资者对所持股份的公司的业绩是有正向作用的。

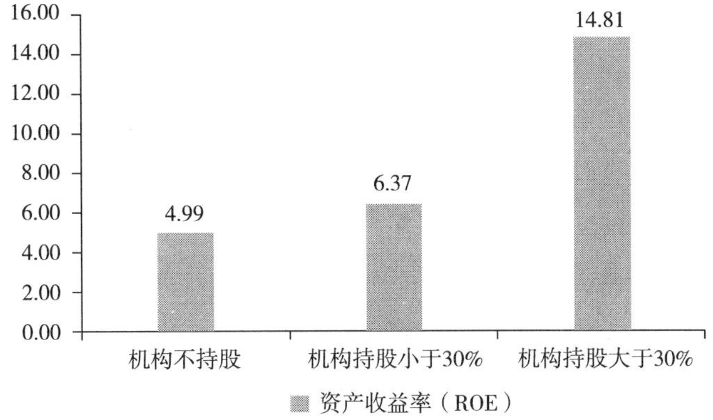

图 28 机构投资者持股比例与企业业绩的关系（%）

从图 28 中可以看出，从盈利能力来看，机构投资者持股比例与公司业绩是成正比例的。机构投资者持股比例越高，公司盈利能力越好。这和我们的理论分析是一致的。这说明，现阶段我国的上市企业中，机构投资者持有公司股份还是对公司起了一定的积极作用的。当然，我们也可以说，是企业的经营业绩好，才吸引了机构投资者来投资。但是至少我们不能排除机构投资者持股对于公司绩效的正向作用。

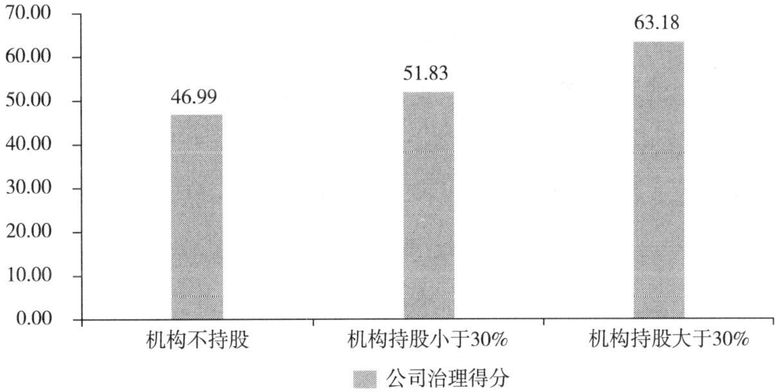

图 29 机构投资者持股比例与公司治理得分

从图 29 中可以看出，基金持股比例越高的企业，公司治理得分也就越高，这说明机构投资者持股对于企业公司治理还是起了一定作用的。机构投资者持股促进了公司治理水平的提高，相应地也提高了公司业绩。

随着证券市场的发展，随着机构投资者越来越多地持有上市公司的股权。机构如何才能发挥公司治理的作用？现阶段机构投资者参与公司治理还远远不够。无论是上市公司还是机构投资者，对对方都不是很满意。一方面是机构投资者抱怨上市公司对机构态度冷淡、不配合。另一方面则是上市公司抱怨机构投资者急功近利，只顾索取而不考虑公司长远利益。

之所以出现这种状况，我国的机构投资者发展时间较短，参与上市公司治理还不成熟、不专业是一个原因；机构投资者参与公司治理的相关法律法规还不够完善是另一个重要原因。现阶段，机构投资者们对参与公司治理的一个主要顾虑是如何解决利益冲突问题。还需要更多的经验积累。

4. 公司股东权利保护状况分析

股东权利也是衡量企业公司治理状况的一个重要方面。良好的公司治理一方面应该保护中小股东的利益不受侵害，同时也应该从制度上保证中小股东能够充分行使其权利。大股东除了股东大会外，还可以通过董事会等机构来行使权利，保证其利益，而中小股东行使权力的主要途径就是参加股东大会或者日常的公司经营以及其他情况的咨询或者监督。

（1）中小板、创业板上市公司股东权利保护概况

我们用三个指标来衡量公司股东参加股东大会以及日常对公司事务的咨询或监督情况。首先我们考察了“年度股东大会出席会议的股东及股东代表个数”。出席股东大会的股东人数的多少，至少能从表面上反映出中小股东参与股东大会的情况；其次我们进一步考察“股东大会的中小股东出席股份比例”情况。我们用“（出席大会的股份比例 - 第一大股东持股比例）/出席大会的股份比例”来计算这一指标。这一指标越大，说明中小股东在股东大会中就越有发言权。然后，通过搜索深交所网站，对所有样本公司的投资者接待活动进行逐一分析，我们认为，从公司的投资者关系管理实践，也可以直接反映公司是否真正尊重和重视投资者。公司良好的投资者关系管理能够加强公司与投

资者之间的沟通，弥补公司法定公告信息之不足，使投资者及时、准确、全面地了解公司的基本面状况以及公司的未来经营战略，从而有利于投资者对自己权利的维护。我们用“公司接待投资者活动的次数”作为衡量这一问题的指标。

统计结果看，我国上市公司股东大会的参与程度是比较低的。927家样本企业2012年股东大会的参加的股东人数平均为14人，人数最少的为1人，人数最多的为414人。

表8　　样本公司股东大会出席股东人数分布表

参加股东大会人数区间（人）	企业家数（个）	所占比例（%）
n = 1	9	0.97
2 = <n = <5	243	26.21
6 = <n = <10	273	29.45
11 = <n = <20	251	27.08
21 = <n = <100	145	15.64
n > 100	6	0.65
合计	927	100.00

从表8中可以看出，98%的样本企业中参加股东大会的股东人数在20人以下，有525家上市公司年度股东大会的出席人数在10人以下，有9家企业的股东大会仅有1人参加。但也有部分上市公司的股东大会得到众多股东的关注和参与。有145家公司的股东大会股东参与人数在21至100人之间。有6家企业的股东大会有超过100个股东参加。部分企业股东大会参与人数多说明这些企业的股东大会已经具有一定的代表性，能在一定程度上反映大股东和小股东的积极参与意愿。大部分企业股东大会参与人数少说明这些企业的股东大会只是走形式。有1个人或几个人参加的股东大会无论怎么说都不能真正称得上是具有广泛代表性的股东大会，那么小股东权利的保护也就无从谈起。

股东大会参与人数多的企业多为采取现场投票与网络表决相结合的方式进行表决的股东大会。如洋河股份出席2012年股东大会现场会议和参加网络投票的股东及股东代表共计192名，其中出席现场会议的股东和股东代表25人，通过网络投票的股东167人；黔源电力参加2012年股东大会表决的股东及授权代表人数 401 人，其中出席现场会议并投票的股东及授权代表 7 人，参加网络投票的社会公众股股东人数 394 人；东源电器参加 2012 年股东大会表决的股东及股东授权代表共计 414 名，其中出席现场会议的股东及股东代理人共 67 人，通过深圳证券交易所交易系统和互联网投票系统投票的股东共 347 人。

从“股东大会的中小股东出席股份比例”这一指标来看，平均为 35.49%。具体分布如表 9。

表 9　股东大会的中小股东出席股份比例分布表

股东大会的中小股东出席股份比例分布区间	企业家数（个）	所占比例（%）
x < 10%	123	13.27
10% = < x < 20%	130	14.02
20% = < x < 25%	74	7.98
25% = < x < 1/3	115	12.41
1/3 = < x < 50%	225	24.27
n > =50%	260	28.05
合计	927	100.00

从表 9 中可以看出，股东大会的中小股东出席股份比例大于 1/3 的企业占大多数，其中比例大于 50% 的只占 28.05%。从数字上看，似乎这一比例不低，但是要考虑我国上市公司尤其是创业板上市公司的特殊现象，那就是其中的家族企业或者由创业团队组建的企业占大多数。在这些企业中，实际控制人为好几个大股东，这些股东要么为同一家族，要么是创业伙伴，其利益是一致的，属于一致行动人。因而很多公司的非第一大股东虽然表面看起来是中小股东，但实际上却和大股东一样，是公司的实际控制人之一。

即使在这种情况下，我们仍然看到，这一比例低于 20% 的公司仍然有 253 家，占样本企业总数的 27.29%。对这些企业来讲，小股东在主动行使自己权利保护自己利益方面的机会比较小。总的来看，现阶段我国上市企业股东大会中小股东的势力还是很小的。保护小股东权益，任重道远。

从上市公司的投资者关系管理的实践看，情况不容乐观。900 多家样本企业一年接待投资者的次数平均仅为 2.6 次。这一状况大大低于我们的预期。企业选择上市，面对众多公众股东，就有义务让股东了解公司经营状况。

表10 样本企业投资者活动次数分布表

投资者活动次数区间	企业家数（个）	所占比例（%）
x=0	361	38.94
0<x=<2	263	28.37
3=<x=<5	153	16.50
6=<x=<9	93	10.03
10=<x=<14	45	4.85
x>=15	12	1.29
合计	927	100.00

但实际情况是，从表10中可以看出，有三分之一以上的企业一年没有任何投资者接待活动，投资者活动次数为1～2次的有263家。这两部分企业占样本企业总数的50%以上，这说明我国上市公司对于投资者活动是很不重视的。这也反映了我国股市中的一种不正常现象：公司上市的主要目的就是从资本市场上募集资金，至于怎么为投资者服务，怎么回报投资者，则是上市公司很少考虑的事情。

当然，也有一些企业的投资者接待活动次数是比较多的，比如，莱宝高科有20次，兆驰股份22次，广田股份26次，比亚迪34次。这些公司的投资者活动主要是接待基金等机构投资者进行调研。公司投资者接待次数多，一方面反映了企业的投资者接待活动做得好，另一方面也反映了企业更加受到投资者的关注。投资者活动做得好的企业，企业的经营业绩也应该越好。这从图30中的统计结果中也可以看出。

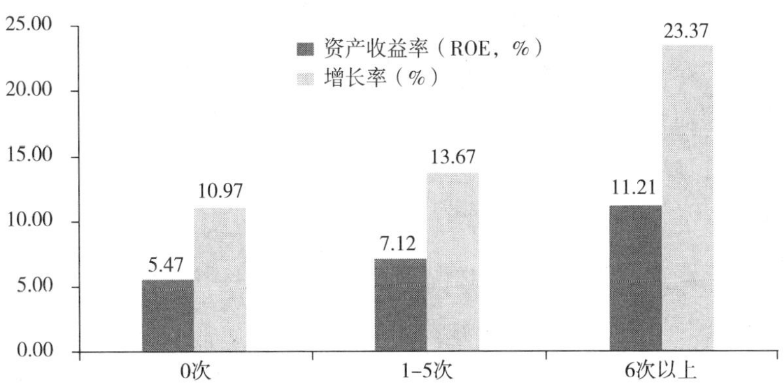

图30 企业投资者活动次数与企业业绩

（2）通过推广视频股东大会等措施提高中小股东的股东大会参与权

①股东大会中的不正常现象。法律赋予了小股东通过股东大会表达自己意见，捍卫自己利益的权利。按理说，公司应该公平对待自己的股东，为小股东顺利参会创造条件。但是在现实的股东大会中，却存在着种种不正常现象。有些公司故意把开会地点安排在很偏远的地方；有些公司则故意把开会地点安排在收取门票的风景名胜区；有些公司则在会议进程中不安排股东自由提问的时间，回答问题也是有选择的回答问题；有些公司为了避免小股东进行联合甚至屏蔽会场通信信号或者安排保安进行跟踪等。

由于这些不正常现象的存在，使很多公司的股东大会均流于形式，小股东的意见得不到重视，小股东的权利也得不到有效保护。

其实，既然公司已经上市，小股东就拥有了公司的部分所有权，因此，公司既有责任也有义务来保护小股东的利益。如果不想保护小股东的利益，干脆不上市。上市圈钱了，又不想考虑投资者的利益，于法于理都是不对的。

②什么样的股东大会才能保护小股东权益？股东大会的召开首先是要考虑股东参会的便利性，要有利于股东节约时间和费用。需要利用股东大量时间以及花费不菲的股东大会，无论如何也不会是一个能真正考虑小股东权利的股东大会。因此，公司需要把股东大会的地点安排在交通方便的地方，而且尽可能地为股东参会提供便利。

深圳证券交易所推出的互动易就是一个比较好的办法，通过这样一个平台，让中小股东有自由提问的机会，也就能部分地解决因小股东参加现场会困难而导致的问题。另外，网络投票和征集投票制也需要进一步推广。

近期，深圳交易所推出的视频股东大会则是解决小股东参会问题的一个有益的尝试。常规的股东大会，参与股东大会的时间、经历和费用等成本是中小股东参与上市公司股东大会的障碍。虽然已有网络投票制度来保证投资者的投票权，但在无法参与股东大会的情况下，部分投资者因缺乏了解，而难以决定是投赞成票还是反对票。而在视频股东大会上，投资者只要在深交所“互动易”平台上向上市公司提出问题，公司的高管会在视频股东大会上现场做出解答。通过网络视频股东大会的形式，中小投资者可以足不出户、身临其境地参与股东大会，这将极大降低中小股东参与股东大会的成本，促进中小投资者更加积极地参与上市公司的治理。而在另一方面，通过视频股东大会，将进一步推动上市公司积极面对股东，提升上市公司的透明度。2013 年 2 月 18 日上午，松德股份（300173）首次尝试举行了视频股东大会。松德股份地处广东中山，如果是异地股东，去现场参加股东大会费用较高，而这次视频股东大会，投资者只要在网上就能清晰地看到现场环境，听到董事长的发言，因而吸引了不少投资者参与。据深交所统计，当日同步收看网络视频股东大会的有 3899 名投资者，说明视频股东大会的效果还是很好的。

另外，要维护小股东权益，还要加强制度建设，让小股东权益的保护得到制度保证。如投票中的关联股东回避制度、持有公司某一股份比例以上的股东的召集股东大会的提议制度、累积投票制等都是很有效的制度。

三、董事会与监事会运作

董事会和监事会作为中国公司法规定的公司核心机关，其本身的设立与运作情况是公司治理表现的一个重要方面，在我们的评估总分中占有 25% 的权重。与此同时，董事会和监事会，特别是董事会，作为公司财产的受托人，行使着选聘公司经理和指导及监控公司运作的大权，对公司在股东权利、信息披露与合规，以及激励机制建设等方面的治理行为，也都有着重大职责和影响。

1. 中小板和创业板公司董事会和监事会的总体状态

相比 2012 年度的数据，2013 年度的中小板和创业板公司董监事会运作情况，总体上呈现“下降”趋势。表 11 中可进行年度比较的 6 个指标全部处于下降态势，其中除董事会人数下降可以看作是正向或者中性之外，其他 5 个指标的下降均可看作是公司治理水平的下降。

本来出席人数就不多的股东会，出席股东人数还在下降，股东大会依旧只是大股东会。在股东参与公司治理积极性下降的同时，董事会和监事会的会议次数也在同步下降，并且下降幅度分别达 8% 和 10%。独立及非执行董事比例下降 4%，董事会下设专业委员会数量也轻微下降。

表11　　董事会和监事会基本情况

	2012年684家	2013年927家	中小板646家	创业板281家
董事人数	8.80	8.56	8.67	8.31
股东会出席股东人数	16.55	14.43	15.07	12.94
董事会会议次数	9.71	8.94	8.84	9.16
监事会会议次数	6.17	5.53	5.09	6.52
专业委员会数量	3.93	3.90	3.94	3.81
独立及非执董比例（%）	54	51.97	52.31	51.18
女性董事比例（%）		15.90	16.24	15.09
有异地独董的公司比例（%）		46.16	48.76	39.86
两职分离的公司比例（%）		61.49	64.55	54.45

全部927家中小板和创业板公司中，有232家（占25%）公司董事会中一位女性董事也没有，总体平均的女性董事会成员比例仅为15.9%。有异地独立董事的公司数量也不足一半。完全由本地人和男性主导的董事会构成，与这些公司作为要面对全国甚至国际投资者（QFII）的上市公司身份十分不符。

中小板和创业板之间，在董事会治理方面显示出不同的特征：中小板公司在董事会结构指标方面做得更好，而创业板公司在董事会和监事会的行为指标上面做得更好。董事会结构指标方面，如实现两职分离的公司比例、有异地独立董事的公司比例，独立及非执行董事比例、女性董事比例等，中小板公司均比创业板公司有更高的比例。董事会和监事会的会议次数方面，创业板公司比中小板公司有更好的表现。

这向我们提出了一个问题，在公司规模不够大的情况下，提出更高的董事会结构要求，如更多的独立和非执行董事，以及更多的异地董事，是否会以牺牲了董事会效率（因会议成本提高从而减少了董事会的会议次数）为代价？我们将在下面有关董事会结构的部分进一步讨论这一问题。

2. 董事会、董事会专业委员会和监事会的设立与运作情况

2013年度中国中小板和创业板上市公司的董事会平均规模，相比2012年度出现下降趋势，平均人数从8.80人下降到8.56人。从分布来看，董事会规

模在 7 人及以下的公司比例增加，从 20.5% 上升到 25.24%，8 ~ 9 人、10 ~ 14 人和 15 人及以上各档的公司比例均下降。最普遍出现的董事会规模是 7 人和 9 人，分别有 178 家（19.2%）和 519 家（56.0%），其次是 8 人（72 家，7.8%）和 11 人（57 家，6.1%）。

董事会规模的下降，可能主要与样本中新增加的 2011 年才上市的公司数量较多（243 家）有关。这几年中国上市公司出现了董事会规模趋小的态势，新近上市的公司要比早先上市的公司更多采用了相对小型的董事会规模。

表 12　董事会人数分布

	2012		2013	
董事人数	样本数	比例（%）	样本数	比例（%）
5 ~ 7 人	140	20.5	234	25.24
8 ~ 9 人	443	64.7	591	63.75
10 ~ 14 人	95	13.8	100	10.79
15 人及以上	6	0.90	2	0.22
平均值	8.80		8.56	
总计	684	100	927	100

董事会下设专业委员会的数量基本没变，90% 的公司都是为了满足公司治理监管形式上的要求，设立了战略、审计、薪酬和提名等四个专业委员会，实际运作情况则完全是另外一件事。得出此结论的根据是，很少有公司披露了董事会专业委员会的会议情况，别说具体每个委员会的会议情况，就是各委员会总计的会议次数也很少有披露的。

表 13　董事会专业委员会个数分布

	2012 年度			2013 年度		
个数区间	公司数	比例（%）	累计比例（%）	公司数	比例（%）	累计比例（%）
1 ~ 2 个	7	1.0	1.0	21	2.3	2.3
3 个	46	6.7	7.7	65	7.0	9.3
4 个	618	90.4	98.1	826	89.1	98.4
5 个及以上	13	1.9	100.0	15	1.6	100.0
平均值	3.93			3.90		
总计	684	100.0		927	100.0	

从董事会和监事会的会议次数来看，2013 年度 927 家公司的董事会和监事会会议次数分别为 8.94 次和 5.53 次，相比 2012 年度 684 家公司的董事会和监事会会议次数（9.71 次和 6.17 次），都有所下降。

60% 的企业一年召开的董事会会议次数在 7 次到 10 次之间，一年召开的监事会会议次数在 4 ~7 次之间。只有 17.4% 的企业能够做到平均每月一次董事会会议，20.5% 的企业还做不到至少每个季度召开一次监事会会议。

表 14　　董事会会议次数分布

	2012 年度			2013 年度		
董事会议次数	公司数	比例（%）	累计比例（%）	公司数	比例（%）	累计比例（%）
3 次及以下				2	2	2
4 ~5 次	24	3.5	3.5	66	7.1	7.3
6 ~7 次	130	19.0	22.5	236	25.5	32.8
8 ~9 次	204	29.8	52.3	289	31.2	64.0
10 ~11 次	173	25.3	77.6	173	18.7	82.6
12 次及以上	153	22.4	100.0	161	17.4	100.0
平均值	9.71			8.94		
总计	684	100.0		927	100.0	

表 15　　监事会会议次数分布

	2012 年度			2013 年度		
监事会议次数	公司数	比例（%）	累计比例（%）	公司数	比例（%）	累计比例（%）
0 ~2 次	2	0.3	0.3	96	10.4	10.4
3 ~4 次	140	20.5	20.8	220	23.7	34.1
5 ~6 次	283	41.4	62.1	317	34.2	68.3
7 ~8 次	185	27.0	89.2	195	21.0	89.3
9 ~10 次	49	7.2	96.3	66	7.1	96.4
11 次及以上	25	3.7	100.0	33	3.6	100.0
平均值	6.17			5.53		
总计	684	100.0		927	100.0	

在整个经济形势和市场状态都如此动荡和充满不确定性的时代，特别是对

于基本处于高度竞争性行业和高新技术行业的中小板和创业板上市公司来说，不足每月一次的董事会会议频率和不足两月一次的监事会会议频率，只能说明他们的董事会和监事会还基本是个空架子，少许的会议只是为了满足监管要求，是公司实际控制人懒得走的一种过场。

中国公司董事会（以及监事会）流于形式有多方面的具体原因，但概括起来可以说是“迷失在了股东和经理之间”。董事会是由全体股东付费，在有关法规和监管规则之下，按照兼顾各类利害相关者利益的原则，指导和管理公司运作的机构。正如IBM等公司管理章程中开宗明义所言：“公司的业务及日常事务应由董事会负责。除法律、公司章程或本管理章程规定由股东行使的之外，董事会可以行使公司的一切权力和权利、采取任何合法行动及完成任何合法事项。”

中国现行公司法为了让股东会、董事会和经理之间职责清晰，对股东会、董事会、监事会及经理的职责和权力分别进行了诸条列举性的规定，这是一种看似清晰实则混乱的做法，导致了中国公司的两难局面：在缺乏稳定的实际控制人的情况下，频繁出现股东、董事会和经理层之间打架，都说是要界定清晰各自的职责；在存在明显的实际控制人的情况下，股东会、董事会和监事会等公司机关便流于形式，只是实际控制人权力的橡皮图章。

公司治理的核心要义起源于法人独立，股东作为公司成员要在享有有限责任的同时，做出治理权力上的牺牲——股东个人财产和公司法人财产做出区分，股东个体权力要通过治理规则才能形成公司行动。法人独立性和股东有限责任内在地要求董事管理公司，董事承担法人行为不端的后果。

在股东会、董事会和经理层之间的权限划分上，现代公司法的基本原则是董事会中心主义——股东保留的公司管理权力需要事先和明确列举（通过公司章程和股东协议等），此外的全部公司管理权力默认配置给董事会行使（并由董事承担相应责任）。

3. 董事会结构：两职分离、独立董事与董事会的多样性

927家公司中有61.5%的公司实行了首席执行官和董事长的两职分离。实行两职分离的公司与没有实行两职分离的公司相比，有资产规模大、盈利水平

高，但人员规模小的特点。两职分离公司的公司治理评估得分（52.68）并不比没有两职分离的公司高（52.73），与此同时，两职分离也没有得到市场认可，两职分离的公司市净率（2.62）比没有两职分离的公司（2.68）还低。

在两职分离没有明显改进公司治理及业绩表现的同时，本来独立性就不高的中国中小板和创业板上市公司董事会还出现了“内部化”增强趋势。2013年度有51.5%的公司独立及非执行董事占到一半以上，比2012年度的54.2%有明显下降。

表16　　独立及非执行董事占董事总人数的比例

	2012年度			2013年度		
比例	公司数	比例（%）	累计比例（%）	公司数	比例（%）	累计比例（%）
<1/3	1	0.1	0.1	2	.2	.2
=<1/3<1/2	313	45.8	45.8	448	48.3	48.5
=<1/2<2/3	192	28.1	73.8	271	29.2	77.8
=<2/3<3/4	83	12.1	86.0	105	11.3	89.1
大于等于3/4	96	14.0	100.0	101	10.9	100.0
平均值	0.54			0.52		
总计	684	100.0		927	100.0	

39.8%的企业没有非执行董事，只有执行董事和独立董事两部分人构成了董事会。有1名和2名非执行董事的企业比例分别为22.9%和17.9%。有3名及以上非执行董事的企业比例不足20%。独立董事最多的6人，最少的2人，80%的企业独立董事为3人。这些独立董事多数是上市公司本地的“熟人”，只有不足一半的公司（46.1%）中有与上市公司本部不在同一地点的独立董事。

本地男性构成了中国中小板和创业板上市公司的主体，有25%的公司董事会中一位女性成员都没有，只有1位女性董事会成员的公司比例为36.1%，二者合计达61.1%，也就是说百分之六十多的公司没有或者只有1位女性董事会成员。瑞典等诸多欧洲国家已经立法要求大公司董事会成员中女性比例要达到40%，中国中小板和创业板上市公司中女性董事会成员比例达到40%的只有6.1%。

女性董事是国际上非常重视的一个董事会多样性指标。增加女性董事，一方面有社会和政治上的原因，特别是欧洲那些社会民主主义国家，人们认为大公司控制了社会经济资源，提高女性董事会成员比例是提高女性在社会权力结构中地位的一个重要环节。另一方面有管理学上的原因。管理学研究表明，女性更善于倾听、具有更强的沟通能力，能够克服男性的刚愎自用，改善团队文化。董事会作为公司最高决策和管理团队，可以通过增加女性成员，提高其作为一个团队的沟通和决策质量。

独立董事、非执行董事和异地董事，有利于提高董事会的独立性，扩大董事会的视野，但同时也会带来董事会会议运作成本的提高，甚至会提高会议成功召开的难度。这种董事会的成本付出，是否值得？实际取决于董事会的质量。董事会质量的实质是董事会的决策质量，高质量的决策降低公司风险，给公司带来效益，而不能仅仅是形式上的好看和受到外界好评。

中国公司，特别是中小和创业性公司，缺乏集体决策经验，更别说是规范的董事会运作经验。原来一切都是老板一个人说了算，根本就没有董事会、也缺乏集体决策机制的一些公司，通过改制和上市辅导，几乎是一步到位地建立起了独立董事要占三分之一以上、每次会议均要严格公告的“中国式上市公司董事会制度”，接近于给一个自由赤足奔跑的人突然带上了脚镣枷锁。就算是穿上了能够提高成绩的专业跑鞋，他也需要一个正确的认识和适应过程。只有当公司正确和自觉地认识到了董事会的价值，并适应了董事会这种集体决策机制，进而使董事会的决策质量也能够大幅度提高之后，提高董事会独立性和多样性而带来的董事会成本的增加，也就不再是个问题了。

4. 董事会结构与公司治理表现及公司业绩的关系

上市年份较早的公司更多地实行了两职分离，独立及非执行董事的比例也更高，表明公司在这两个方面的选择更多地受到了监管政策导向的影响。相比之下，在有无异地独立董事方面，上市时间没有影响，而在女性董事比例方面，还有新近上市公司比早先上市公司更倾向于增加女性董事的态势。

资产和人员规模都较小的公司相比大公司有更高的独立及非执行董事比例和更高的女性董事比例。资产和人员规模都较大的公司则比小公司有更多的异地独立董事。资产规模大而人员规模小的公司，也就是资金密集型公司，更多地实行了两职分离。

两职分离与否对公司治理表现的总体影响不大，两者的评估总分差异（0.05）几乎可以忽略不计，但是对一些具体公司治理的行为影响很大。实行两职分离的公司，股东参与股东会的积极性更高、董事会的规模更大、专业委员会的数量更多、董事会的会议次数更多、信息披露的质量更高、核心技术人员持股的更多，但是这些公司的市净率更低、监事会的会议次数更少、机构持股比例更低、薪酬与业绩的关联度更低、实施股权激励的比例更低。

表 17　　董事会结构对公司治理及公司业绩的影响

	是否两职分离		独立及非执董比例		女性董事比例		有无异地独董	
	否	是	不足 2/3	2/3 及以上	不足 30%	30% 及以上	无	有
治理评估总分	52.73	52.68	52.89	52.04	52.60	53.28	52.32	53.15
员工人数	2381	2100	2215	2185	2227	2104	1944.56	2518
资产总计亿元	23.54	34.05	30.44	28.47	31.10	23.86	25.13	35.71
所有者权益亿元	13.92	15.62	14.74	15.73	15.08	14.31	14.30	15.74
营业收入亿元	14.89	18.91	17.07	18.38	17.69	15.52	17.33	17.40
利润总额亿元	1.32	1.60	1.40	1.80	1.53	1.28	1.36	1.65
市净率市值/净资产	2.68	2.62	2.61	2.75	2.64	2.67	2.69	2.59
股东会出席股东数人	12.55	15.60	13.56	17.46	13.90	17.41	15.22	13.49
董事会人数人	8.31	8.72	8.50	8.80	8.58	8.46	8.46	8.68
专业委员会数量个	3.88	3.91	3.91	3.89	3.91	3.83	3.90	3.91
董事会会议次数	8.89	8.97	8.94	8.94	8.87	9.34	9.05	8.81
监事会会议次数	5.61	5.48	5.54	5.49	5.45	5.94	5.76	5.25
机构持股比例%	10.79	9.80	10.37	9.52	10.29	9.61	10.88	9.38
信息披露质量*	6.96	7.21	7.14	7.02	7.15	6.91	7.18	7.04
薪酬与业绩关联度*	3.09	2.88	3.00	2.83	2.93	3.14	3.05	2.86
是否实施股权激励*	1.23	1.16	1.26	0.92	1.23	0.96	1.30	1.05
核心技术人员持股*	0.82	0.87	0.89	0.71	0.86	0.79	0.94	0.74

* 为该项指标的评估得分。

独立及非执行董事比例更高的公司，在因该项指标已经可以得到 4 分或 5 分（低的公司得分在 0 分到 3 分之间）的高分情况下，评估总分还比独立及非执行董事比例低的公司低 0. 85 分，可见仅仅增加独立及非执行董事比例本身不能自然带来其他方面公司治理表现的改进。独立及非执行董事比例更高的公司在专业委员会数量、监事会会议次数、机构持股比例、信息披露质量、薪酬与业绩关联度、是否实施股权激励以及核心技术人员持股等方面的治理表现，都不如独立及非执行董事比例低的公司。但是独立及非执行董事比例更高的公司股东出席股东会的积极性更高，资产负债率更低，并以更小的人员及资产规模实现了更多的营业收入和利润总额，也得到了更高的市场评价，有更高的市净率。

女性董事比例和是否存在异地独立董事这两个董事会多样性指标对公司治理总体表现的影响都不大，虽然得分均高于其对比组，但扣除该指标自身的得分之后就没有什么差异了。就对具体治理行为的影响来说，女性董事比例更高的公司，股东参与率更高、董事会和监事会的会议次数更多、薪酬和业绩的关联度更高，与此同时，董事会人数更少、专业委员会数量更少、机构持股比例更低、信息披露质量更差、实施股权激励和核心技术人员持股的更少。存在异地独立董事公司的治理表现是董事会人数和专业委员会数量更多，但是股东参与率更低、董事会和监事会的会议次数更少、机构持股比例更低、信息披露质量更低、薪酬与业绩关联度更低、实施股权激励和核心技术人员持股的也都更少。

我们选取的四个董事会结构指标，无论是有关董事会独立性的两个指标——“是否两职分离和独立及非执行董事比例”，还是有关董事会多样性的两个指标——“女性董事比例和有无异地独立董事”，与机构持股比例之间都呈现出了反向关系，两职合一、独立及非执行董事比例低、女性董事比例低和没有异地独立董事的公司，有着更高的机构持股比例。由此可见，在目前中国的中小板和创业板市场上，机构投资者对于改进公司治理发挥的作用微乎其微，即没有把公司治理当作投资选择的指标之一，更没有把改进董事会结构当作提升公司治理水平、确保投资回报的一个重要手段。

5. 改进中小板和创业板公司董监事会治理的若干思考

董事会和监事会流于形式，董事会和监事会的治理表现对公司整体治理水平的影响不大，对公司业绩的影响也不大，这不仅是中国中小板和创业板公司存在的问题，沪深主板公司也是同样。这种现象的持续存在已经导致从公司管理人员到机构投资者普遍认为："什么是好的公司治理，业绩好才是好。"市场相关人士对改进公司治理的热情逐渐消退，从学者到监管层的各种改进公司治理呼吁，都被当作了一种没有实际作用的道德说教。可以说，整个中国公司的治理改进已经陷入僵局，甚至是进入了一个死胡同。形成这种局面的根本原因还是中国公司法治基础和资本市场制度基础两个方面的扭曲和变态性安排：公司和资本市场，均有制度形式而无制度实质。

就公司法治基础来说，现行公司法上的唯股东主权制度设计，致使董事会没有实质地位，夹在股东和经理之间难有作为。1904 年的大清《公司律》就已经十分明确了公司的权力中心为董事，公司可以通过章程限制大股东的投票权，今天中国的公司却还普遍处在大股东一手遮天、其他皆是浮云的状态。

股份有限公司作为现代公司制度的核心，其宗旨是实现完全的资合，或说实现作为公司股东的人资分离。作为股东、出资者完全就是资的角色，与个人能力无关，公司的管理交由董事和经理，股东或其他人出任公司董事或经理，不靠资、全靠人，靠能力。要使人、使能力走上公司管理舞台，就要在一定程度上限制资的力量，以防公司进入"大股东陷阱"——大股东能力不足又不愿意放权，控制一切，致使公司永远发展不起来的半死不活状态。中国今日之诸多公司，之所以既难以改进公司治理、规范董事会、引入职业经理人，也难以有效壮大和发展的原因就在于此。

为了促进公司股权分散、防止大股东及收购者操控公司，通过公司章程设置单一股东所能持有的最高投票权比例，是发达国家公司法普遍许可、一些国际化大公司（如雀巢限制在 3%）经常采用的做法。《公司条例》第 145 条明确规定，"公司各股东，每一股有一议决权，但一股东而有十一股以上者，其议决权之行使，得以章程限制之"。这是对清《公司律》第 100 条的继承。清《公司律》第 100 条规定，股东会"会议时有一股者得一议定之权（如一人有十股者既有十议决权，依次类推）。唯公司可预定章程，酌定一人十股以上议定之权之数（如定十股为一议定之权或二十股为一议定之权，依次类推）”。《公司律》和《公司条例》，准许公司通过章程自行设定对一人持有十股以上股份的表决权作出限制，具体是否限制及如何限制没有规定。1929 年颁布的中华民国《公司法》则对大股东的表决权直接提出了硬性限制，“每股东之表决权及其代理他股东行使之表决权，合计不得超过全体股东表决权五分之一”。

100 年前的中国公司法已经准许公司自行限制大股东的表决权，80 年前的中国公司法已经明确限制大股东及其代理的投票权不得超过 20%，可是今日中国之公司大股东以 50% 以上投票权牢固控制公司的还比比皆是。

就资本市场制度基础来说，中国到目前为止，从主板、中小板到创业板甚至新三板的所谓多层次资本市场，就不是真正的资本市场，构成多层次表象的是一种“材质”——官府审批之下的融资特权资源分配体系。居民资金被牢牢捆在垄断性的少数几类金融中介之下，公司不通过这些垄断性金融中介、直接从居民手中融资属“非法集资”，是死罪。没有真正资本市场上的公开、公平的融资竞争，自然没有改进公司治理、善待投资者的市场压力。

在现有的公司法治和资本市场制度框架之下，监管法规上的一些完善虽然作用有限，但也在一定程度上能够推进上市公司的董事会治理改善。2013 年 6 月 13 日，上海证券交易所发布了《上海证券交易所上市公司董事选任与行为指引》（2013 年修订），2009 年 8 月 25 日发布的《上海证券交易所上市公司董事选任与行为指引》同时废止。虽然该指引对中小板和创业板公司没有约束作用，但是对于那些乐于改进董事会治理的公司来说，是一个比较好的示范文本。

有关中小企业板公司董事行为的指引文件目前还是 2005 年 3 月 1 日发布的《深圳证券交易所中小企业板块上市公司董事行为指引》。创业板目前还没有单独的董事行为指引文件，在《深圳证券交易所创业板上市公司规范运作指引》中有董事行为规范专节。

中国上市公司对现代公司治理规范的一些不适应，甚至对有关监管的反感，与整个大环境有关。在证监会、交易所的监督和指导之下，中小板和创业板公司还都能做到股东会、董事会和监事会等公司法定机关的形式上健全并运作，而在非上市公司，即使是在股东众多的股份有限公司中，从股东会到董事会和监事会等公司法定机关的形式上的健全和运作，都往往做不到，不遵守有关规则也没有人能及时出面纠正。

四、信息披露与合规情况

信息披露制度是资本市场赖以存在和发展的基础，也是保护投资者利益的有力手段和武器。信息披露需要遵循“及时、准确、完整、真实、公平”的原则，在达到合规要求的前提下，上市公司应更积极主动地进行信息披露，通过不同方式与境内外投资者沟通，建立一套诚信体系，帮助投资者全面了解企业。

我国上市公司信息披露制度随着资本市场的发展已经形成了一整套较为完善的体系。2012 年末和 2013 年上半年，中国证监会分别对外发布了创业板公司年报准则、半年报准则和季报规则的修订版。这三次紧锣密鼓式的修订，主要是基于创业板上市公司行业新、技术新、模式新等特点，对于普通投资者的理解难度较大，在“三报”的披露要求方面遵循以投资者需求为导向，着重披露投资者最关心的公司财务状况及经营情况方面的内容。在披露非财务信息时，尽量进行量化分析，讨论和分析要具体、有针对性，避免流于形式；在分析讨论核心优势、研发投入、风险因素时，提供必要的财务数据予以细化说明；要求公司完善利润分配披露内容，促进公司合理回报股东。同时也从考虑上市公司的角度考虑，推进电子化披露，降低其披露成本。监管层对上市公司信息披露的最新要求，传递的一个重要信息是，如何以投资者需求为导向构建高质量的信息披露体系是未来监管者关注的核心课题。过去，我国在信息披露方面的监管多偏重于合法性、合规性，而对投资者真正关心的反映企业经营层面的信息质量重视不够。信息技术特别是互联网的发展对公司信息披露的方式也带来了新的需求。如何在统一规则和满足个性化需求方面实现适度的平衡也是未来改善信息披露质量的一个重要方面。2013 年深交所在分行业信息披露方面也作出了一些尝试性探索。

1. 2013 年上市公司信息披露与合规的整体表现

为了更加客观和全面地反映中小板和创业板上市公司在信息披露与合规方面的表现，我们选取了4个指标进行衡量，分别是“受证监会处罚情况”“受交易所处罚情况”“上市公司公告更正及补充情况”以及“信息披露考核得分情况”。前2个指标所代表的上市公司合规情况占40%的分数，后2个指标体现的上市公司信息披露表现占60%的分数。

图31显示了信息披露与合规这个部分的总体平均分与4个分指标平均分的对比情况：

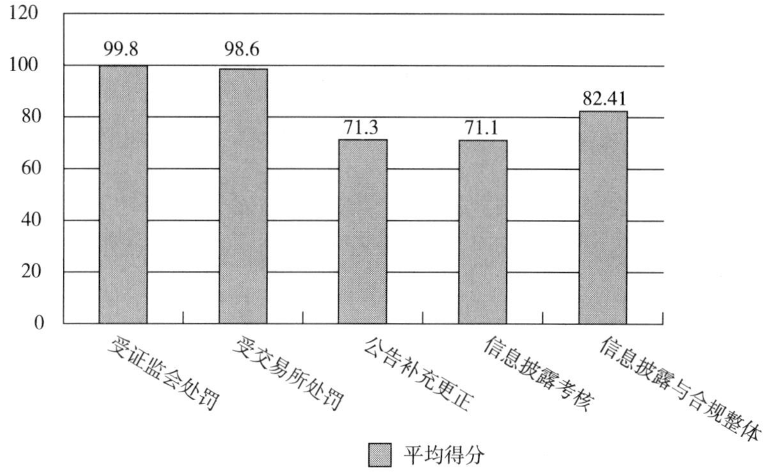

图31 整体与各指标平均得分对比

从上图我们可以得知，上市公司在合规方面做得非常好，违规情况的发生相对于样本量而言非常少，在违规方面的平均得分接近满分。从2013年度数据收集的结果观察，在全样本927家上市公司中，仅有19家上市公司因各种原因受到证监会及交易所的行政处罚，即合规的上市公司比例为98%，整体表现良好。相对而言在信息披露方面的平均分就显得略低，2个指标都在71分左右，拉低了这一部分的平均得分水平（82.41分）。

对于927家总样本，我们分别考察了中小板上市公司（646家）和创业板上市公司（281家）在“信息披露考核”这一指标的A、B、C、D（分别代表优秀、良好、及格和不及格）等级所占具体比例。结果如图 32 显示，就信息披露的整体表现而言，两板块不分伯仲。

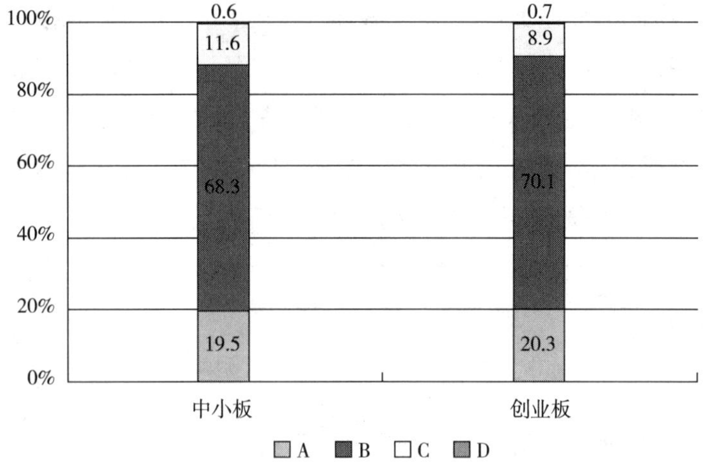

图 32　中小板和创业板上市公司“信息披露考核”得分等级比例对比

2013 年 4 月，深交所对《上市公司信息披露工作考核办法》进行了修订，主要体现在如下几方面：一是加强对上市公司直通披露工作质量的考核。二是加强对上市公司履行公平信息披露义务的考核。三是加强对上市公司履行现金分红承诺的考核。四是明确上市公司对信息披露工作进行自评的内容。根据修订后的考核办法，上市公司对信息披露工作进行自评不是自行评定考核等级，而是自行申报是否触发考核办法规定的考核结果“不得为 A”“应当为 C”“应当为 D”的 40 余项客观指标。五是根据监管实践增加了部分考核指标。

从 2013 年深交所公布的对两个板块所有上市公司的信息披露考核结果看，中小板方面共有 701 家公司参加考核。其中有 127 家公司考核结果为 A，占参加考核上市公司总数的 18. 12%；493 家公司考核结果为 B，占参加考核上市公司总数的 70. 33%；77 家公司考核结果为 C，占参加考核上市公司总数的 10. 98%；4 家公司考核结果为 D，占参加考核上市公司总数的 0. 57%。

创业板方面，共有 355 家公司参加考核。其中，60 家公司考核结果为 A，占参加考核上市公司总数的 16. 90%；260 家公司考核结果为 B，占参加考核上市公司总数的 73. 24%；33 家公司考核结果为 C，占参加考核上市公司总数的9.30%；2家公司考核结果为D，占参加考核上市公司总数的0.56%。

深圳证券交易所不仅坚持了多年的信息披露考核工作，还在近两年推出了“信息披露直通车”。它是上市公司按照深交所业务规则的要求，将拟对外披露的特定类别公告通过深交所技术平台直接提交给指定披露媒体，从而实现信息披露的一种方式。在该模式下，上市公司信息披露无需经深交所事前审核。自2011年10月，深交所试点信息披露直通车以来，共有266家信息披露考核为A的公司参与直通披露。直通车试点实施效果明显，显著提高了试点公司的披露效率和披露质量。公司普遍反映直通车试点促进了上市公司进一步树立市场化运作理念，强化了自身的披露责任和意识，披露效率明显提高。直通车体现了“诚信规范”的制度溢价，多家未入选试点名单的公司要求参与直通车试点。投资者也普遍反映，直通车使其能更加迅速地获取上市公司信息，从而更及时地作出投资决策。从2013年1月开始，深交所开始整体推进这一业务，进一步扩大直通公司范围和公告类别。除了少数因运作不规范、披露质量低等原因信息披露考核为C、D的公司外，其余信息披露考核为A或B的公司都可以直通披露。涵盖公司范围合计占比达86%，直通公司范围大幅提高，直通车公告类别也适当增加。对于上市公司来讲，在直通车披露的内容就需要自己先把好第一道关，而不是单纯依赖监管部门，此举有助于提高上市公司的自我监控意识，同时也加强了投资者更加及时的互动。

2. 2012年两板块上市公司的合规情况

2013年2月6日，深圳证券交易所发布的2012年度自律监管工作报告显示，2012年深交所共查处信息披露违规42起，和2011年相比，信息披露违规次数明显上升。信息披露违规在整个纪律处分中仍然占最大比重，占2012年违规总数的61%。其中，信息披露不及时数量最多，有27起，占该类违规总数的64%。

从纪律处分涉及公司所属板块统计数据来看，中小板上市公司及相关机构、人员受处分次数大幅下降；与此同时，创业板上市公司的违规行为开始不再是零星个案，从表1中我们可以看到这一趋势的变化：中小板16起，创业板7起。并且，2012年被深交所公开谴责的5家上市公司中，创业板占2家

(万福生科、振东制药)，其他 3 家上市公司是在深交所主板挂牌。

表 18　　2009～2012 年中小板与创业板上市公司违规行为统计

所属板块	2009 年	2010 年	2011 年	2012 年
中小板	16	25	27	16
创业板	0	2	1	7

在 2012 年涉及受到中国证监会处罚的上市公司有两家，分别是：龙源技术（300105）和劲嘉股份（002191）。由于证监会立案侦查并给出处罚决定需要较长时间，因此并不能够及时反映当年的上市公司违规情况，可能反映的是近年来上市公司违规行为的处罚结果。例如“劲嘉股份”是由于在 2008～2009 年发生了虚假信息披露而在 2012 年 6 月受到相应行政处罚：对公司及两位相关当事人给予警告并处以一定数额的罚款。而“龙源技术”牵涉到被证监会处罚的事件当中，是由于 2012 年公司副总经理兼董事费智与其配偶黄晓丹利用涉案内幕信息买卖龙源技术股票，证监会最终认定为个人行为并处以两人共计 5 万元的罚款。

在 2012 年的数据统计中，我们将受到交易所处罚这一指标更加细化，按照深交所上市公司诚信档案中对不同的处罚类型区别对待，并根据严厉程度赋予了不同的得分。四类处罚类型按程度从重到轻分别是：公开谴责、通报批评、交易所通报批评、内部批评。其中，中小板受到通报批评的上市公司共 12 家，创业板受到通报批评的上市公司共 3 家，另有 2 家创业板上市公司受到公开谴责。

对于中小板和创业板上市公司而言，除了违规购买股票、虚假陈述这两类常见违规原因之外，我们可以观察到的一类常见违规是由于公司治理方面不健全和不规范所导致。例如，“三会”记录仍不完整，部分会议记录缺失；《章程》《董事会议事规则》中部分内容表述不清晰、部分内控制度执行不到位；没有制定媒体信息排查制度；内幕信息管理不完善等。这一类现象尤其在 2009～2011 年表现较明显，创业板上市公司都处于创业初期且上市时间短，对于公司绩效的重视程度远远大于公司治理，甚至于一些上市公司的负责人对治理和管理这两个概念不能清楚区分。

3. “抢跑”为何屡禁不止?

有一类违规行为在上市公司中会经常出现:即高管违规买卖股票的行为,例如,2012年“海默科技”(300084)因此受到通报批评:董事郭深直接持有海默科技股份943.2万股,占公司总股本的比例为7.37%。上海天燕投资管理有限公司(以下简称“上海天燕”)系郭深控股的公司(持股比例为90%),上海天燕持有海默科技股份1074.76万股,占总股本的比例为8.40%;上述股份于2011年5月20日解除限售。郭深在招股说明书中承诺,其在任海默科技董事期间,每年转让的公司股份不超过直接或者间接持有公司股份的25%。但是在2011年5月20日至9月5日,上海天燕累计减持海默科技股份554.98万股。按照郭深的承诺,超比例减持数量为50.49万股。以其最后一次减持价格(每股12.21元)计算,涉及金额为616.4829万元。

上述事例只是高管在股票减持比例方面出了问题,另外一种屡见不鲜的现象就是:高管在“窗口期”(定期报告披露季)“抢跑”,并且这种“抢跑”行为的实践者往往是高管的配偶及亲戚。比如,2012年“舒泰神”(300204)受到通报批评:该公司于2012年1月6日晚间披露“业绩大幅增加”公告,净利润同比增长70%~90%,公司董事顾振其配偶穆彩球于2012年1月6日以每股56.864元的价格买入公司股票4300股,金额总计243310元。上述行为违反了深圳证券交易所《创业板上市公司规范运作指引》第3.7.13条的规定,并且已涉嫌内幕交易。

在该事件被核查阶段,顾振其及其配偶出具的情况说明中称:由于1月5日晚,顾振其因参加银行年会饮酒过度,心情比较兴奋。回家后告知其夫人2011年集团几个板块的业绩都较好,全部或超额完成了年初制定的目标任务;还提及参与投资的“舒泰神”公司业绩也比2011年好。穆彩球女士听说后在第二天自行通过其股票账户购买了公司股票,买入公司股票时未与顾振其先生商量。

其实早在2008年4月披露的《关于进一步规范中小板公司高管买卖本公司股票行为的通知》中,对中小板公司高管的配偶在上市公司定期报告、业绩预告、业绩快报披露前买卖股票的行为就作出了相关限制。这意味着,中小板公司高管在窗口期内抑制自身投资冲动的同时，还要在相关法律法规方面加强对自己配偶的教育和监督，进而杜绝股票买卖违规现象的发生。创业板上市公司也有这方面的相应规定，但是仍然不能起到预期的效果。有些“抢跑”行为失败或是操作中出现失误，最终被交易所监测到，造成违规。尽管这种违规行为从表面看来是个人行为，而且常常以配偶或亲属名义进行操作，但是却不可避免地会对上市公司产生负面影响。前面曾提到的“龙源技术”牵涉受罚也是因为类似问题。

从另一方面看，监管漏洞也是这类违规行为频发的一个动因。第一季度报告“窗口期”的违规现象，往往需等待到年中才会公布违规名单。而且对于违规的上市公司高管也没有严厉的惩罚措施，一般是以没收违规买卖股票收入作为处理办法，因此也未能引人警醒。在此提出一个问题：我们的监管手段是否可以进一步改善和提高，提高对当事人的约束力，降低钻空子的机会主义行为?

4. 公司治理50强上市公司的优势在哪里?

(1) 整体差距

本报告通过公司治理综合评价体系选出了治理50强上市公司，对于这一群体与全样本的信息披露与合规状况对比如表19。

表19　　50强上市公司与非50强上市公司的信息披露与合规得分对比

对比情况	平均分	最高分	最低分
50强	22.6	25	18
非50强	20.5	25	6

从表19可知，50强上市公司在信息披露与合规部分的平均分高出非50强上市公司2.1分，全样本的平均分计算结果是20.6分；两个群体的最高分都是满分——25分；在最低分方面的差距更加明显，进入50强名单的上市公司显然在信息披露与合规方面的规范水平远远超出了其他公司。

(2) 公告补充及更正情况

尽管相比2012年上市公司样本数量有所增加，但是公告的更正及补充情况愈加严重。2012年样本上市公司对公告更正及补充的数量为562次，涉及的公司数量为388家，占全样本的比例为42%，相比2011年增加了6%，“打补丁”行为呈现流行蔓延的趋势。

表20 样本公司合规情况年度对比分析

年份	无违规				无更补			
	全样本		50强		全样本		50强	
	家数	占比（%）	家数	占比（%）	家数	占比（%）	家数	占比（%）
2011年	638	93.27	50	100	438	64.04	42	84
2012年	909	98	50	100	539	58.14	36	72

从表20显示的数据可以看出，50强在无违规方面仍然保持着100%的完美记录，但是在“打补丁”方面却没有那么乐观，比2011年下降了12个百分点，与整体趋势一致。但是，与非50强上市公司相比在这方面更加规范。

表21 50强与非50强公告补充更正次数情况

更正对比	0次	1次	2次	3次	4次	5次
50强	36	13	1	0	0	0
非50强	503	245	96	24	7	2

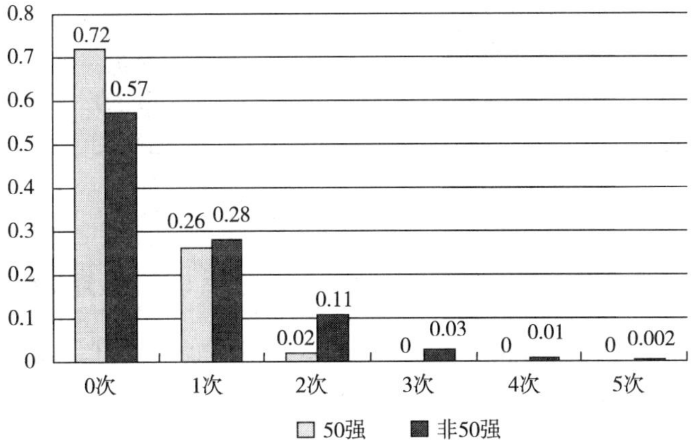

图33 公司治理50强与非50强公告补充及更正的情况对比（%）

2012年度有两家上市公司创下最高记录，发布了5次更正及补充公告，分别是舒泰神（300204）和长盈精密（300115）。经过对两家上市公司公告内容的详细阅读发现："长盈精密"的五次更正补充内容主要集中在会议日期、审计机构名称、会议出席情况信息和一些信息的遗漏方面，并没有涉及财务数据重述；相比之下，"舒泰神"有两次对超募资金投资的可行性报告作补充；两次分别对2012年上半年度报及2011年报中的财务数据和董监高报酬及持股部分更正；还有一次是对股东大会召开通知的更正。

（3）信息披露考核

通过深交所的信息披露与考评系统中，可以查到2012年前50家上市公司信息披露考核结果，具体情况如图34。前50家公司考核结果均为优秀和良好（2011年度有3家合格），其中考核结果为优秀的有25家，占比50%；考核结果为良好的有25家，占比为50%。总体而言，比2011年度优秀率提高了14%。

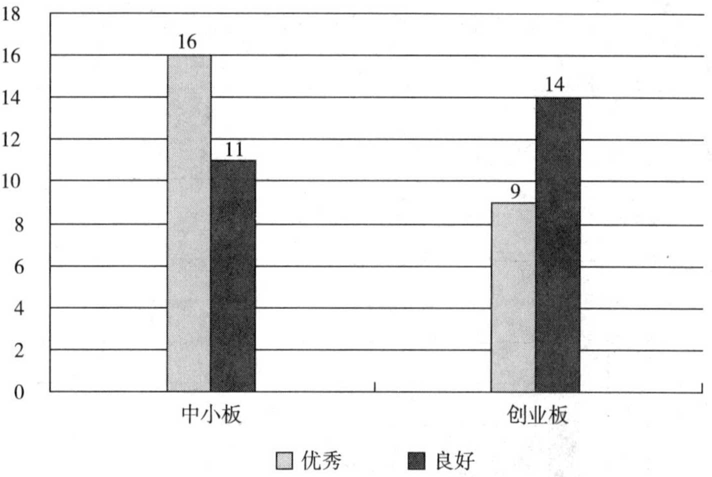

图34　公司治理50强上市公司在中小板与创业板的分布与信息披露考核情况（家数）

结合前面的综合信息披露考核结果看，从我们的综合评价体系评选出的公司治理50强公司在信息披露方面比两板平均优秀和良好水平要高出很多。

5. 巧妇可做无米之炊？——创业板造假第一股"万福生科"

"万福生科"这一案件对于中国资本市场的监管执法有着启示性意义：内部造假分工严密、假账单据一应俱全。中央电视台财经频道针对此事还曾派出记者暗访并播出专门的报道节目。

事发于湖南证监局在 2012 年 9 月的一次例行检查，万福生科随后被湖南证监局立案稽查，之后证监会正式介入调查，10 月份万福生科爆出中报业绩造假。根据万福生科于 2012 年 10 月 26 日披露的《关于重要信息披露的补充和 2012 年中报更正的公告》（以下简称“更正公告”），万福生科 2012 年半年度报告中存在虚假记载和重大遗漏：在 2012 年半年度报告中虚增营业收入 1.88 亿元、虚增营业成本 1.46 亿元、虚增净利润 4023.16 万元，前述数据金额较大，且导致公司 2012 年上半年财务报告盈亏方向发生变化，情节严重；2012 年上半年万福生科循环经济型稻米精深加工生产线项目因技改出现长时间停产，对万福生科业务造成重大影响，但万福生科对该重大事项未及时履行临时报告义务，也未在 2012 年半年度报告中披露。

根据披露的信息，万福生科采取了虚增资产科目里在建工程和预付账款的造假手段。也就是说万福生科的交易是存在的，包括现金回款都是真的，但是虚构了很多关联方来完成所谓的“交易”。这一造假手段与“绿大地”相比，可谓隐蔽性更强；同时，再通过虚增销售收入和相应的现金流，再虚假地投入到在建工程、预付账款中去，从而更不容易被发现。

2013 年 3 月 2 日，万福生科发布了《关于重大事项披露及股票复牌的公告》，承认其 2008 ~ 2011 年期间存在财务数据虚假记载情形，累计虚增收入 7.4 亿元左右，虚增营业利润 1.8 亿元左右，虚增净利润 1.6 亿元左右。其中，2011 年度公司虚构营业收入 2.8 亿元，虚增营业利润 6541.36 万元，虚增归属于上市公司股东的净利润 5912.69 万元，分别占公司已披露 2011 年财务报告中三项财务数据金额的 50.63%、110.67% 和 98.11%。经对上述虚增数据进行调整后，公司 2011 年营业收入、营业利润和归属于上市公司股东的净利润数额分别为 2.73 亿元、-630.51 万元和 114.17 万元，与公司先前披露的相关财务数据存在重大差异。

2013 年 5 月 10 日，中国证监会在新闻通气会上宣布了对该案件的行政处罚结果，万福生科公司、高管及相关中介机构均受到了重罚，其中，对保荐机构平安证券的处罚，是 2004 年保荐制度出台以来对保荐机构开出的最严厉罚单。证监会认定相关中介机构未能勤勉尽责：保荐机构平安证券未履行尽职调查义务，未有效履行持续督导义务，发行保荐书存在虚假记载等，对平安证券给予警告，没收保荐收入 2550 万，并处以两倍罚款，暂停三个月保荐资格，对保荐代表人处以 30 万元罚款，撤销保荐人资格、证券从业资格；认定万福生科 IPO 会计师事务所中磊会计师事务所审计程序缺失，审计报告虚假记载，按照《证券法》第 223 条，对中磊会计师事务所没收 138 万元收入，处以 2 倍罚款，撤销证券从业许可。对于签字会计师处以 13 万元罚款，终身市场禁入。

平安证券为了消除在资本市场中的不良印象和影响，采取了积极的应对措施，其官方网站发布了《平安证券有限责任公司关于设立虚假陈述事件投资者利益补偿专项基金的公告》，公告显示，将出资设立万福生科虚假陈述事件投资者利益补偿专项基金，中国证券投资者保护基金有限责任公司将担任基金的管理人，负责基金的日常管理及运作，基金规模为 3 亿元人民币，存续期为 2 个月。截至 2013 年 7 月 12 日，12756 名万福生科虚假陈述案适格投资者与平安证券达成和解，补偿金额约 1.79 亿元。

6. 小结

（1）提高信息披露的及时性和便利性受到公司和投资者的欢迎

针对交易所推出的新的信息披露与互动方式，两板上市公司都显示出积极的热情，也受到投资者的欢迎。例如“股东大会网络直播”，通过网络直播，中小投资者能真切看到公司管理层的真实面貌，打破投资者的地域性和群体性差别，真正实现股东大会透明化。尽管目前只有较少的上市公司采取这一方式召开股东大会，但是这必将成为信息时代的必然趋势。另外，在深交所推出的“互动易”平台上，投资者可以几乎没有时滞就了解到上市公司的最新发展。给投资者特别是散户提供了与上市公司直接沟通的机会。

（2）监管部门政策颁布与时俱进

2013 年初，深交所发布 1 号、2 号指引，分别具体规范了影视类和生物医药类上市公司信息披露。这是交易所首次针对行业的不同特征而专门细化信息披露的规则。

其中，“指引”第 1 号针对广播电影电视类公司的业务特征、特殊会计处理方式和信息披露难点问题，进一步细化相关公司在定期报告中重要非财务信息和财务信息的披露要求；同时结合实际情况，明确单部电影票房收入首次超过公司最近一年营业收入50%、大制作影视作品被主管部门出具明确否定意见、对核心竞争能力有重大影响的演职人员发生变动等几类需履行临时信息披露义务事项的披露要求；另外，还对相关公司在市场宣传活动中的信息披露行为进行了规范，防止上市公司或相关信息披露义务人通过非正式渠道、相关网络（如博客、微博、论坛）等泄漏未公开重大信息。这一指引的发布是针对现实问题而及时出台的，2012年底中国电影票房神话《泰囧》不仅给电影市场一个重大冲击，同时也对资本市场产生了一定的冲击。作为主要投资方的上市公司光线传媒（300251），2012年12月12日至2013年1月4日，15个交易日股价累计上涨63.19%，创下37.30元/股的新高。但随着《泰囧》热退潮，股票也开始降温，1月7日股价大跌7.21%。上市公司产品市场和二级市场紧密联动，对股价产生了重大影响。光线传媒2012年营业收入6.9792亿元，而《泰囧》票房收入超过11亿元，已经远超指引中设定的比例，因此，应予以披露相关信息。

“指引”第2号则针对药品、生物制品研发披露的核心环节，进一步规范生物医药类公司的信息披露行为，包括明确定期报告中关于药品研发相关信息披露的具体要求、药品研发注册过程中相关临时报告的披露节点、披露内容的具体要求以及可能对公司产生重大不利影响的临时报告事项和披露要求。

（3）建议

上市公司的信息披露状况与其违规情况有很大的相关性，在违规情况的统计中有相当一部分公司是由于信息披露不合规而造成违规情况的，包括信息披露时间的延迟、虚假陈述以及重大信息的遗漏等。事实上，我们对上市公司的违规情况作实践观察可以得知，信息披露状况不佳的企业最终必然会出现违规记录，披露不佳只是表象。

当前我国证券监管中因虚假陈述、内幕交易等违法行为的事后处罚力度过小，不能有效遏制造假乱象。近年来，A股市场欺诈发行上市不断，从蓝田股份、胜景山河、绿大地案件，造假手段越来越隐蔽，性质越来越恶劣。事实上从“万福生科”的案例中，我们已经观察到如同田地中的杀虫剂使用过度导致的后果性质相同，许多上市公司产生了“抗药性”。造假的方式层出不尽，蓄意造假的上市公司对待愈加严格的监管，会采取更加高明的造假手段，形成了逆向选择。如何提高监管能力和手段，培育有专业能力和敬业精神的监管队伍仍是一个艰巨的挑战。监管者应致力于推动专业的立法、铁腕的执法和公正的司法得以实现，还市场一片“净土”。

五、薪酬激励

公司高管决定公司的发展战略和商业模式，并监督公司的日常管理。鉴于高管的重要性，高管薪酬要在水平和结构上足以吸引、留住并激发称职的高管为股东创造价值。薪酬激励是公司治理的内部治理机制的核心。薪酬激励的作用在于使得高管利益和股东利益保持一致，降低他们之间的委托代理冲突水平，从而为公司创造更大的价值。薪酬构成一般包括年薪、年终奖、股票期权、限制性股票等。给出合适水平的薪酬并不是一件容易的事。最适合的水平无疑是能吸引到并留住合格高管的最低薪酬。但是由于高管的劳动力市场不完善，很多时候董事会并不能轻易地鉴别高管候选人的水平并给出足以吸引他们的薪酬。而且，有时候由于媒体的关注和审视，会影响到高管薪酬的决定。这最终使得制定合理的薪酬计划变得更加困难。根据《董事会》杂志和普华永道公司2009年的调查，60%的董事认为，美国公司的董事会在控制CEO薪酬方面存在困难。对于中小板和创业板公司而言，其有明显不同于主板的特征，尤其是创业板，大多公司具有高科技、高成长、高风险等特点，这一群体公司在薪酬激励机制的建设和实施的现状如何、作用如何以及存在什么样的问题，我们将从年薪激励的水平、薪酬激励的构成、年薪水平的分类分析（行业、规模、所有权等分类）以及薪酬和绩效的关系等角度分别加以考察。

1. 上市公司年薪激励的水平分析

在经济繁荣时期和公司高速发展阶段，高管的高额年薪往往不会引起注意。但是在经济萧条或公司业绩下滑时，高管的高薪经常会倍受诟病。在2008年金融危机后，世界各地纷纷指责以华尔街为代表的高管群体坐享过高的薪酬水平，中国大型企业高管人员的高薪也饱受民众争议。那么中小板、创业板公司高管的薪酬水平如何呢？我们使用公司的所有董监高成员的年薪总额作为薪酬水平的评测指标。2012 年，中小板和创业板公司共计 927 家，董监高年薪总和最高的公司约 3089 万元，年薪最低的约为 39 万元，最高额约为最低额的 80 倍。2012 年的董监高年薪总和平均约为 368 万元，中位数约为 292 万元。从分布情况来看，1000 万以上的有 34 家（含 1000 万），500 万 ~ 1000 万的有 152 家，100 万 ~ 500 万的有 709 家，100 万以下的有 32 家。可以看出，年薪总额在 100 万和 500 万之间的公司最多，占样本量的 80.15%。按照董、监、高平均 15 人规模来看，2012 年的董、监、高人均年薪约为 24.5 万元。根据国家统计局统计，2011 年中国城镇单位就业人员年平均工资为 4.2 万元，2011 年中国人均国内生产总值 3.5 万元。2012 年中小板创业板的董、监、高人均年薪约为 2011 年中国城镇就业人员的平均工资和人均国内生产总值的 6 倍和 7 倍。从这两个比例来看，中小板和创业板的高管年薪并不低。

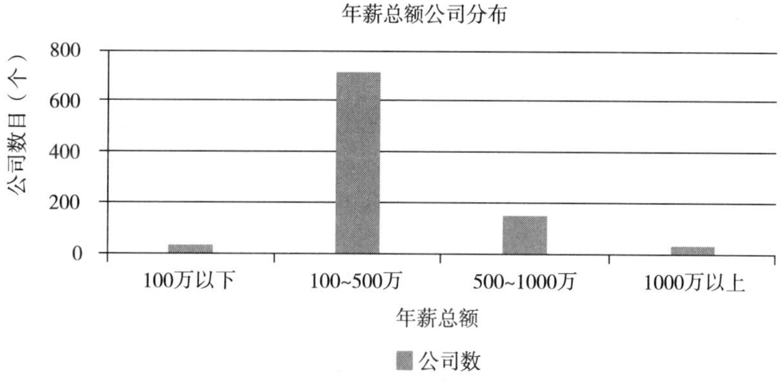

图 35　按照董监高年薪总额统计的公司分布

2. 上市公司年薪水平的分类分析

由于不同的公司特征可能会影响公司的高管年薪水平。比如，规模的大小，公司所处的行业等。我们接下来会用不同的分类方法来对公司高管年薪水平进行分类分析。

（1）中小板和创业板年薪水平的对比

本年度样本中共有中小板公司 646 家，创业板公司 281 家。中小板主要服务于即将或已经进入成熟期、盈利能力强但规模较主板小的企业。创业板是以自主创新企业及其他成长型企业为服务对象，这些企业成长性特点突出，开始具备一定的规模和盈利能力，在技术创新和经营模式创新方面比较活跃。创业板更关心企业的创新能力和成长前景。由于这些不同特点，两个板块在高管年薪水平上也有些差别。中小板董监高年薪总和的最大值为 3089 万元，而创业板董监高年薪总和的最大值相去甚远，仅为 1249 万元。另外，中小板的中位数年薪为 312. 8 万元，而创业板为 274. 2 万元。进一步分析表明，中小板董监高年薪超过 1000 万的有 31 家，而创业板只有 3 家。这也基本反映了两个板块的特点。创业板公司还处于高成长阶段，资金更加稀缺，而且规模较小，高管年薪水平不及中小板公司。

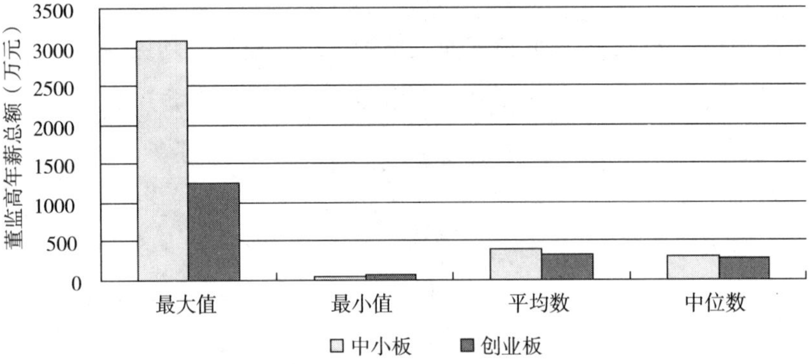

图 36　中小板和创业板董监高年薪总额比较

（2）从行业分析年薪水平

公司高管的年薪受公司所处行业的影响很大。根据证监会的行业分类代码，样本公司全部 13 个行业都有涉及。其中，最高的年薪来自金融与保险业，平均年薪高达 1516. 8 万元，这与我国近年来不断发展金融业，高端金融人才缺乏有关，而且高薪也匹配了金融行业的高风险特点。房地产业以平均年薪 834. 9 万元排在第二位，近年来不断推高的房价自然给房地产业高管们带来了丰厚的薪酬。由于房地产业的带动作用，与之相关的建筑业排在第三位也就顺理成章了，该行业平均年薪为 653. 8 万元。年薪最低的是综合类，平均年薪为 216. 9 万元，占样本总数最多的制造业平均年薪为 339. 4 万元，排在 13 个行业的第 10 位。这可能与高端制造业在整个制造业中比例过低有关，随着我国高端制造业的发展，以及对高端技术人才的需求，相信这一局面会有改变。

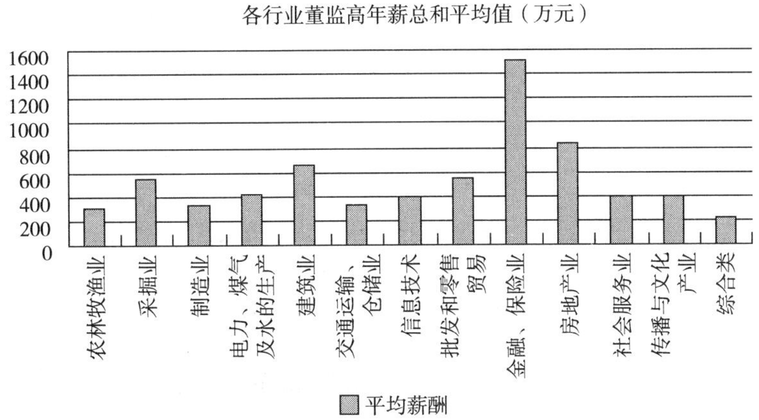

图 37 分行业高管年薪总额分布

（3）按公司规模来分析高管年薪

一个常见的问题是，为什么有些高管人员的年薪那么高？可能的解释是他们管理的公司规模较大，薪酬水平必须与公司规模相匹配，否则高管人员会产生逆向选择或道德风险，要么离职跳槽，要么不尽力工作。高管管理的公司规模越大，高管越有资格要求更高的薪酬。那么是不是公司规模越大的公司高管薪酬水平越高呢？根据国家统计局 2011 年制定的《统计上大中小微型企业划分办法》，我们按照员工人数和公司营业收入两个指标来度量公司规模，然后对公司规模按照大小分为大、中、小三类。由于国家统计局对不同行业的规模划分标准不同，我们这里仅以公司数目最多的制造业为例。根据统计局的规定，对于大型、中型和小型企业的划分，必须同时满足两个指标的限定，否则降低一个档次。从表中可以看出，大型公司的平均年薪为 397. 5 万元，中型公司的年薪为 254. 7 万元，而小型公司为 235. 6 万元，这表明公司规模和年薪水平是正相关的。另外，用营业收入作为公司规模的代理变量，我们简单地分析了全样本营业收入和公司年薪水平的关系。我们发现二者相关系数为 0. 36，具有较大的正相关关系。由于大的公司业务更复杂，更难于管理，就越需要能力强的高管，而能力强的高管是稀缺资源，只有高额的薪水才能够吸引来他们并留住他们。

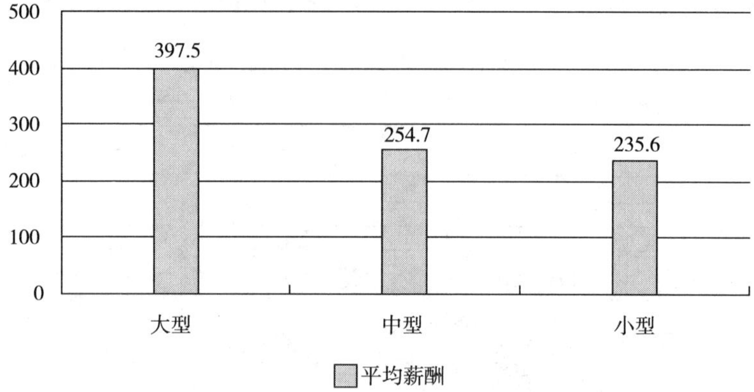

图 38　制造业不同规模公司高管年薪总和的均值（万元）

（4）按照所有权类型来分析高管薪酬

中国是一个转型国家，不同的所有制共存是一个明显的特征。不同的所有权类型面临的制度约束不同，面临的资源稀缺性不同，公司高管年薪也可能有很大差别。我们按照上市公司的实际控制人的性质，把上市公司分为个人、国资（含国资委、中央国家机关、中央国有企业、地方国资委、地方政府和地方国有企业，以及集体和大学控制的公司）、境外（境外个人或者境外法人），以及其他（无实际控制人）等四类，来分析所有权类型和公司高管年薪的联系。我们可以看到清晰的年薪水平档次。公司高管年薪总额超过 500 万的为无实际控制人的公司（23 家），居于 400 万 ~ 500 万之间的是国资控制的公司（117 家），居于 300 万 ~400 万之间的是个人和境外控制的公司（787 家）。无实际控制人的公司年薪水平最高，平均达到 530 万，可能的原因是因为没有实际控制人，经理层对公司的控制能力增加，给自己设定了过高的薪水。所以，除去无实际控制人的公司，国资控制的公司的高管年薪水平事实上最高，这与人们对国有公司高管年薪水平高的印象是相符的。而且，除了这些显性薪酬以外，国有公司高管还有很多其他形式的隐性薪酬，包括各种形式的福利待遇、在职消费等，这些隐性薪酬在某些情况下远远超过显性薪酬。

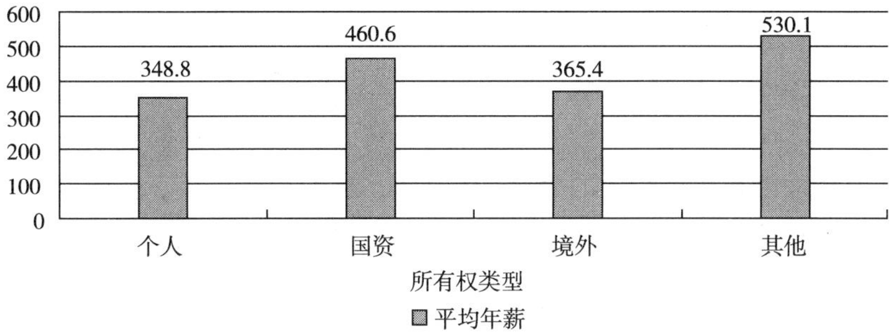

图 39 不同所有权类型公司的高管薪酬（万元）

3. 薪酬激励的作用

薪酬激励的目的在于减少代理冲突，提升公司价值。薪酬激励可以分为长期激励和短期激励，或者可以分为无风险薪酬和有风险薪酬。比如，股权激励就是长期激励，年终奖就是短期激励，固定工资是无风险薪酬，而股权激励就是有风险的薪酬，因为股价的波动会导致薪酬的相应变动。那么我们的长期激励和短期激励是不是推动了公司价值的提升呢？它们的作用如何？

（1）短期激励的作用

短期激励为高管提供了达到预定目标的年度报酬。短期激励一般有基于年度表现的奖励成分。这可能会导致对短期会计结果的过分关注，而牺牲了长期的价值创造机会。激励的短期性还可能导致会计账户的操纵。长期激励可以减少这些潜在的问题。无论是长期激励还是短期激励，它们最终的目的都是为了促进公司价值的提升。那么，中小板和创业板公司高管的薪酬和公司绩效的关系到底如何呢？我们用总资产收益率（ROA）和净资产收益率（ROE）作为公司绩效的评价变量，分析董监高年薪与两者的关系。发现两个绩效指标都和董监高年薪正相关。董监高年薪与总资产收益率（ROA）的相关系数为 0.21，在 1% 水平上显著。同时，董监高年薪与净资产收益率（ROE）的相关系数为 0.235，也在 1% 水平上显著。图 40 给出了 ROE 和董监高年薪的散点图和趋势线。二者的拟合曲线也可以直观地看出它们之间的正向相关关系。但是，相关关系并不必然意味着因果关系，我们不能因此认为董监高年薪越高就能带来更高的总资产收益率和净资产收益率，毕竟薪酬激励只是可能影响公司绩效的因素之一。

下面从增长趋势上来探讨薪酬的增长是否伴随着营业收入的增长。结果表明（图41），中小板与创业板公司董监高年薪增长率与营业收入增长率具有显著的正相关关系，相关系数为0.131，并且在1%的水平上显著。这说明，那些董监高年薪增长幅度较大的公司，营业收入亦有大幅增长，薪酬激励与业绩不仅在绝对值上正相关，也在增长趋势上正相关。

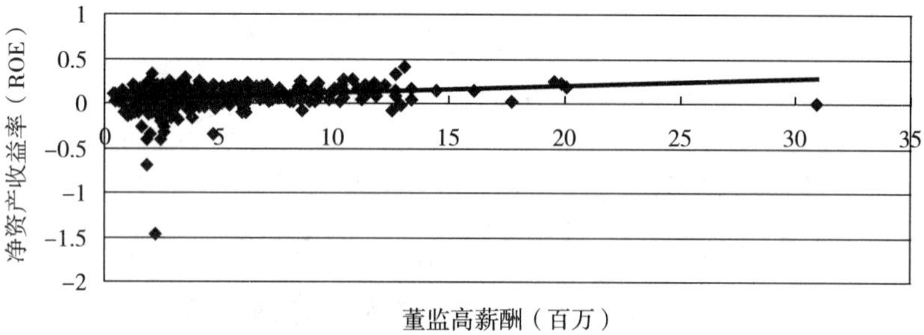

图40　董监高薪酬和净资产收益率（ROE）的关系

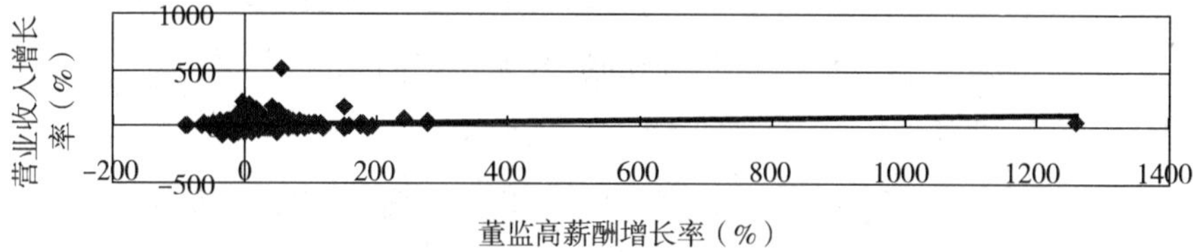

图41　董监高薪酬增长率和营业收入增长率的关系

（2）长期激励的作用

长期激励可以有效地减少高管的短视行为，鼓励高管选择长期投资以提升股东价值。长期激励鼓励高管从更长的时间跨度上来看待投资风险和收益，减少短期的风险规避倾向，专注于公司长期发展和绩效。

上市公司为激励高管和技术骨干，使其立足于公司长远发展，减少道德风险及解决委托代理问题，通常会实施各种形式的股权激励，包括股票期权、股票增值权和限制性股票等。股票期权是指上市公司按照规定的程序授予本公司及其控股企业员工的一项权利，该权利允许被授权员工在未来时间内以某一特定价格购买本公司一定数量的股票。股票增值权是指上市公司授予公司员工在未来一定时期和约定条件下，获得规定数量的股票价格上升所带来收益的权利。限制性股票是指上市公司按照股权激励计划约定的条件，授予公司员工一定数量本公司的股票。这些激励有奖励的性质，但包含有种种附加条件，比如，禁售期、实施条件等，与高管持股计划不同，后者一般不包含附加条件，类似于通过二级市场持股。自2006年1月1日中国证监会颁发的《上市公司股权激励管理办法》实施以来，沪深上市公司纷纷推出股权激励方案。截至2012年底，927家公司中已有220家实施股权激励。在具体的实施形式上，股票期权是最常见的方式，其次是定向发行股票（即限制性股票），个别公司采用股票增值权，部分公司同时实行股票期权和定向发行股票的方式。

实行股权激励的公司是否具有更好的业绩？数据显示，2012年，220家实施股权激励公司的营业收入增长率平均值为25%，其他未实施股权激励公司营业收入增长率的平均值为11%，前者是后者的一倍多。从总资产收益率（ROA）来看，实施股权激励公司的ROA平均值为6%，其他未实施股权激励公司ROA平均值为4%。从净资产回报率（ROE）来看，实施股权激励公司的平均值为9%，其他未实施股权激励公司的平均值为6%。综合这三个指标来看，实施股权激励的公司在公司绩效方面比没有实施股权激励的公司要好。这再次表明因此股权激励制度在很大程度上可以被认为对业绩具有直接的推动作用。

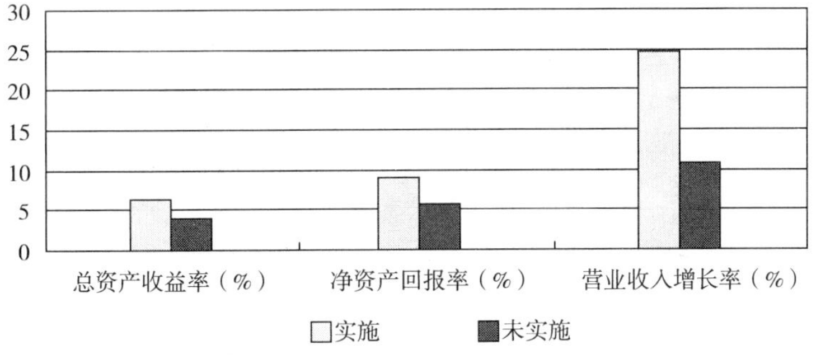

图42 不同股权激励实施情况下的公司绩效对比

长期激励的作用还可以从长短期激励的力度对比上体现出来。与年薪激励代表短期激励相比，股权激励代表着长期激励。一些未推行高管持股计划的公司，年薪往往与公司经营业绩挂钩，达到某一业绩水平时执行某年薪标准。或者一些公司执行较低的固定年薪，年终奖金根据当年的经营业绩确定，可能远远超过固定年薪。但无论实行年薪与业绩挂钩，还是年终奖金制，其激励力度仅以一年的业绩为参照，而股权激励则立足长远。但是，股权激励，尤其是期权激励可能导致高管采取过度冒险行为，以实现自己的期权收益。所以，不同的激励机制引致不同的经营行为，上市公司需要在短期激励和长期激励之间进行平衡，以实现最佳的激励效果。

然而如何搭配长短期激励在理论和实践上尚没有统一模式。对于中小板与创业板公司，截至2012年底共有134家公司未推行高管持股计划，占样本总数的14.5%，这表明大部分公司推行了高管持股计划。793家推行高管持股计划的公司中，按年末收盘价计算，高管持股的市值与年报披露的薪水之比大于800倍的公司有68家（见图43），在300~800倍之间的公司有247家，在100~300倍之间的公司有224家，50~100倍的有72家。高管持股的市值与年报披露的薪水之比大于50倍的公司共计611家，占实行高管持股计划公司的77%。表明中小板和创业板公司实施股权激励的长期激励的力度大于短期激励的力度。而图44表明，长期激励力度和公司的营业收入增长率正相关，长期激励力度越大，公司的营业收入增长率越大。

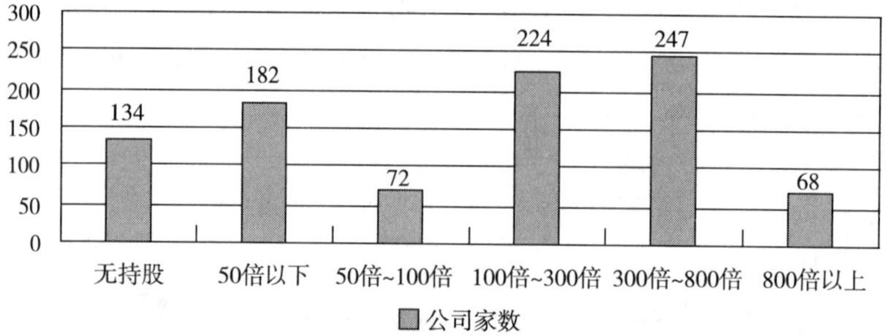

图43　基于高管持股市值与年薪比例的公司分布

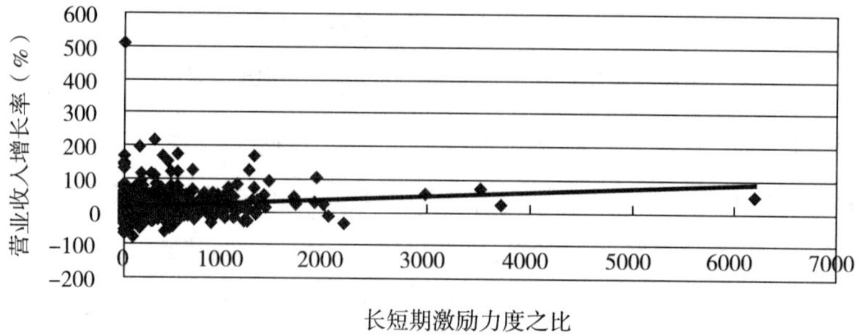

图44　长短期激励力度与公司营业收入增长率关系

我们注意到，税收对股票期权激励效果的影响问题依然没有得到解决。税收政策的影响在于，被激励者在股票期权的行权日买入股票时，由于其价格低于市场价格，账面上行权者就获得了一笔收益，这就需要交付一定的所得税。但是，要想卖出股票实现账面收益则受到禁售期的约束。简言之，行权者需要在行权日先投入一笔资金购买相应数量的股票，并支付一笔个人所得税。两笔资金相加，数目不菲，成为诸多高管人员面对的难题。并且，未来禁售期之后股票价格也有可能低于行权时的价格，这样行权者面临被套牢的困境，已支付的所得税也成为无法挽回的损失。在税收政策和行权政策不改变，二级市场成熟尚待时间的情况下，上市公司为实现对高管人员的激励，必须在期权激励之外寻找更好的激励方式。部分上市公司正在尝试的股票增值权和限制性股票可能是较好的替代方案。

综合上面的分析，我们发现薪酬激励无论是短期还是长期都可能对公司业绩有提升作用，但是由于影响公司业绩的因素很多，因此我们还不能确定薪酬激励和公司业绩之间的因果关系，但可以在很大程度上认为薪酬激励是影响业绩的重要因素。而且高管年薪也并非越高越好。企业的资源是有限的，给予高管的薪酬越高，投入到其他可以获取更高回报的项目上的资源就越少。高管的薪酬要做到激励适度，过度的激励反而可能会减少公司创造价值的机会。即使在美国，拿到顶级薪水的高管也屈指可数。良好的激励机制应避免激励过度和激励不足，薪酬激励设计要考虑到公司所处的发展阶段、外部环境等客观情况，应立足于企业的规模、行业平均水平和企业的预期经营目标等，并努力做到动态调整，薪酬过低或过高均不利于提升高管人员的积极性，不能形成对业绩的有效支撑。总体而言，中小板与创业板公司加大股权激励力度对促进创新、提高企业竞争力和经营业绩具有重要作用。

4. 核心技术业务人员激励

核心技术业务人员拥有专门技术，掌握核心业务和销售渠道，控制关键资源，对公司发展有深远的影响。公司治理机制不仅需要激励高管人员，也需考虑核心技术业务人员的激励机制。企业的竞争最终是人才的竞争，这在高新技术企业更为明显。在高新技术企业中，掌握核心技术的研发人员是企业核心竞争力和核心能力的根本来源，他们的去留和努力程度对高技术企业有着举足轻重的影响。中小板和创业板有大量高科技企业，招不来、留不住核心技术人员，公司的研发和科技创新就无从谈起。如何激励核心技术人员，使公司的技术水平一直处于行业领先地位，是公司发展中必须重视的一个问题。对于核心技术人员而言，其主要工作是创新性的，并引领其他技术人员共同完成技术研发。由于创新具有累积性、新颖性和不确定性，完全的固定工资模式无法发挥激励作用，完全的浮动工资模式有可能将使技术人员缺乏基本的保障，容易急功近利，反而不利于创新。因此，固定工资加绩效奖励是较适合的激励模式。在绩效奖励部分，既可以与新产品销售收入挂钩，进行跟踪式奖励，也可以实施核心技术人员持股计划，或给予期权奖励，使核心技术人员立足于公司长远发展，与公司形成利益共同体，从而更加专注于创新工作，有效地推进技术研发。

数据显示，在我们评估的所有 20 个二级指标中，“核心技术业务人员持股”指标得分最低。截至 2012 年底，只有 180 家公司的核心技术业务人员持有公司股份，占全部样本的 19%；其他 747 家公司的核心技术人员未持有公司股份。在这 180 家公司中，核心技术业务人员持股比例最低为 0.01%，最高为 23.6%，平均值为 3.62%，高于 4% 的有 57 家，高于 2.5% 的有 91 家。在 57 家核心技术业务人员持股比例超过 4% 的公司中，有中小板公司 32 家，创业板公司 25 家。

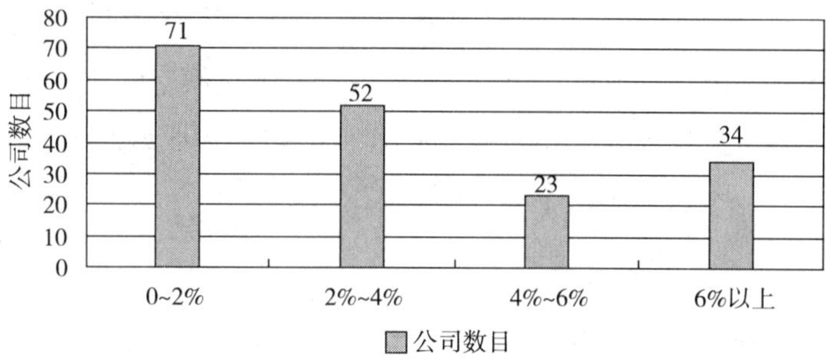

图 45　核心技术业务人员持股比例分布

那么核心技术业务人员持股能否促进公司绩效的提升呢？我们用总资产收

益率（ROA）、净资产收益率（ROE）和营业收入增长率作为绩效指标，来分析核心技术业务人员持股和公司绩效的关系。为了检验核心技术业务人员持股的重要性，我们首先把公司分为两类，比较有核心技术业务人员持股的公司和无核心技术业务人员持股的公司的绩效。从 ROA 来看，有核心技术业务人员持股公司的 ROA 为 6.19%，而无核心技术业务人员持股的公司的 ROA 为 4.43%，前者和后者的 ROE 分别为 8.9% 和 5.95%，而营业收入增长率差别更是明显，前者为 25.45%，而后者为 11.47%。综上，在我们选取的三个绩效指标上，有核心技术业务人员持股的公司都胜出一筹。图 46 给出了这一比较结果。

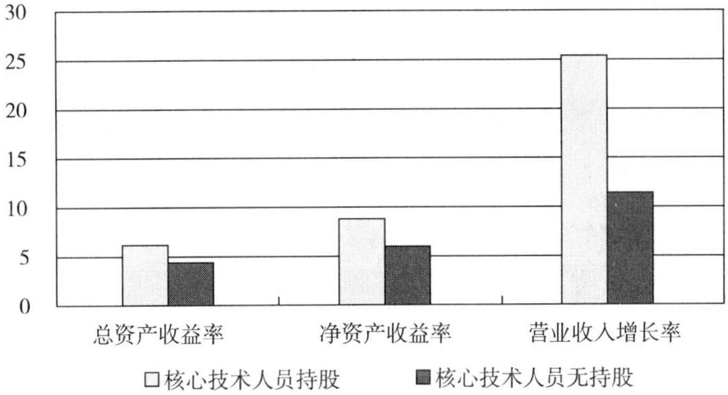

图 46　核心技术业务人员持股的公司和无核心技术业务人员持股的公司的绩效均值对比（%）

为了剥离高管持股对绩效的可能影响，我们又比较了高管没有持股但核心技术业务人员有持股的公司和高管及核心技术业务人员都没有持股的公司，看这两类公司在绩效方面有什么不同。结果和上面的比较结果没有本质区别，在我们选取的三个指标上，有核心技术业务人员持股的公司都比无核心技术业务人员持股的公司的绩效表现要好，尤其是在营业收入增长率上，前者为 23.76%，而后者仅为 4.45%，前者是后者的 5 倍多。

核心技术业务人员持股和公司绩效的正向相关关系表明了核心技术业务人员持股的重要性。但是从总体上看，中小板与创业板公司中核心技术业务人员持股尚不普遍，并且已经推行核心技术业务人员持股的公司中，持股比例也普

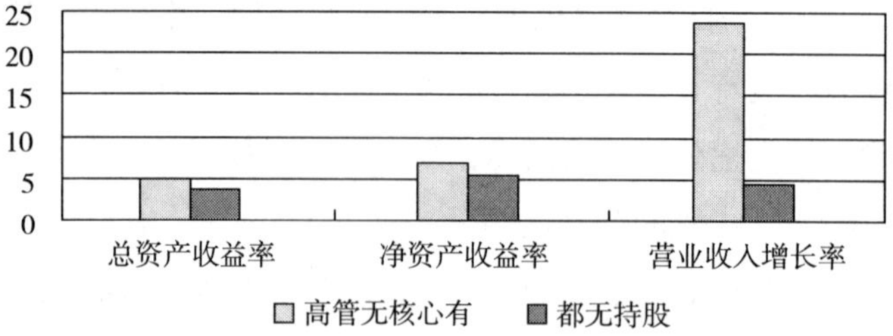

图 47　高管无持股核心技术人员有持股的公司和二者都无持股的公司绩效均值比较（%）

遍较低。表明公司在激励机制建设中尚未深刻认识到核心技术业务人员的重要性，相应地，对核心技术业务人员的适宜的薪酬激励也未落实到位。

为何实行核心技术业务人员股权激励的公司数量较少？除了上市公司在这方面重视不够外，另一个重要原因是，中小板与创业板高科技公司中，部分核心技术业务人员也是公司的高管人员，已通过高管持股计划持有公司股份，不再通过技术人员持股计划重复持股。这里仅统计非高管核心技术业务人员持股，因此，公司数量较少，比例相对较低。如果加上兼任高管的核心技术业务人员持股，公司数量将会增多，技术业务人员持股比例也将相应提升。当然，我们更关注非高管核心技术业务人员持股比例，上市公司在这方面的激励机制尚处于探索阶段，今后有很大的完善空间。通过加强对核心技术业务人员的长期薪酬激励，可以提高技术业务人员在公司中的主人翁意识和他们的积极性，从而为公司创造更大的价值。

5. 监事会的激励机制

监事会属于公司的内部监督制度，由股东大会选举的监事以及由公司职工民主选举的监事组成，对公司的业务活动进行监督和检查。监事会的主要职权是对公司董事和其他高级管理人员履行职责的行为进行监督和对公司财务进行监督。

但是，监事会作用在实践中发挥作用不大，其可能的原因有独立性不足，与独立董事职能重叠，以及监事个人素质不够等。那么，正如同对高管的激励一样，是不是加强对监事的激励能提高监事会的监督作用呢？由于上市公司监事不能成为股权激励对象，我们无法从有无股权激励来检验这个问题。因此，我们从监事会是否持股和公司绩效的关系来检验这个问题。

2013 年度共有 461 家公司监事会有持股，占总样本的 49.7%。也就是监事会有持股和监事会没有持股的公司各占一半。但是，监事会持股的比例非常低，461 家公司监事会平均持股比例为 1.67%，中位数为 0.55%。最大值为 21.2%，最小值不到万分之一。

那么监事会持股能不能促进公司绩效的提升呢？我们用总资产收益率（ROA）、净资产收益率（ROE）和营业收入增长率作为绩效指标，来分析监事会持股和公司绩效的关系。从 ROA 来看，有监事会持股公司的 ROA 为 5.14%，而无监事会持股的公司的 ROA 为 4.40%，前者和后者的 ROE 分别为 7.14% 和 5.92%。从营业收入增长率来看，监事会持股公司为 16.16%，而监事会无持股的公司为 12.23%。综上，在我们选取的三个绩效指标上，有监事会持股的公司都胜出一筹。图 48 给出了这一比较结果。尽管提高监事会的作用还有很多的问题需要解决，我们的分析结果显示，对监事激励不足在一定程度上会影响其工作的积极性和效率，给予监事股权激励会是一个促进监事会发挥作用的有效途径。

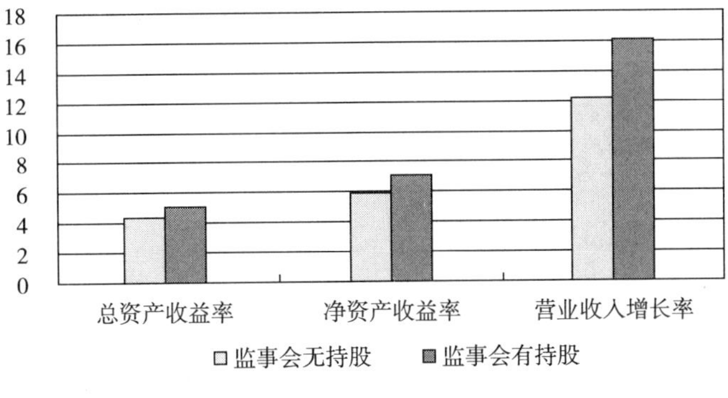

图 48 监事会持股和没有持股的公司绩效均值比较（%）

6. 小结

薪酬激励机制是公司治理机制的重要组成部分。薪酬激励在减少委托代理冲突，提升公司价值方面扮演着重要角色。合适的薪酬设计可以吸引、留住合格的高管并激励他们关注公司长远发展，为公司创造价值。公司所处的行业、公司规模大小等公司特征都对公司高管的薪酬水平有影响。长期激励和短期激励都各有优缺点，二者的结合可以弥补各自的不足，更有效地激励高管为公司创造价值。在激励机制设计上，短期激励和长期激励需依据公司规模、所处行业和预期经营目标等来决定。尽管股权激励可能对公司业绩具有显著的促进作用，但是由于税收政策和二级市场不完善等，股票期权的作用受到一定抑制，较好的替代方案是股票增值权或限制性股票。在激励对象上，激励机制不应仅着眼于高管人员，核心技术业务人员也应被纳入公司治理的激励体系，因为中小板和创业板对核心技术业务人员的依赖较大。公司通过为核心技术业务人员提供较好的薪酬激励，可以提高核心技术业务人员的工作积极性，保持公司的创新性和高速成长。监事会持股公司的相对较好表现说明，给予监事股权激励可能是一个改善监事会作用的有效途径。

后　记

这本书从酝酿到最终完成历经几年的时间，当其付梓与读者见面时，我们仍怀着忐忑的心情，期待着读者的评价和反馈。

在过去的20年间，公司治理一直是人们关注的热门话题。虽然已经形成的共识是，公司治理是提高经济效率、促进经济增长以及增强投资者信心的一个关键要素，但公司治理如何实现上述目标却没有简单易行的答案。无论是理论界还是商界和政府监管部门，对于涉及公司治理的一些基本问题，如企业为谁服务，什么是公司治理，公司治理的目标是什么？等等，都存在较大的争议。现存不计其数的公司治理定义，既给人以启发，又令人困惑，犹如盲人摸象，只见树木，难见森林。历史是最好的老师，当我们静下心来回望公司发展的历史，触摸一个个活生生的中外公司治理案例时，我们发现，公司治理既是制度，又是机制，更是一种文化——诚实守信的文化。一个伟大的公司，可以有不完善的制度，但绝不能缺乏诚信文化。有了诚信文化，任何不完善的制度都可以弥补，而没有诚信文化，任何完美的制度只会成为摆设，无济于是。时至今日，公司治理的危机——公司丑闻仍循环往复地发生，这些危机严重地损害了投资者的利益，打击了投资者的信心，如何有效地防止公司治理危机的发生，人们仍在探寻答案。

作为本书的特色之一，我们努力从历史和现实相结合的角度去理解和观察公司制度。现代公司制度经过150多年的嬗变，无论其结构变得多么复杂，人们对公司的期待一如既往，亘古不变。当一个人将自己的财富交付给公司，他（她）希望自己的投资能够获得更高的回报，同时，期待创造出来的价值能够在利益相关者之间进行公平合理的分配。这是最基本的公司治理问题。既然公司存在的目的是创造价值，公司治理也应该服务于价值创造这一终极目标，为企业的价值创造活动提供支撑。到目前为止，公司治理与价值创造两者关系的研究凤毛麟角，我们以此为主题进行了尝试性探讨，以期抛砖引玉。

本书是中国社会科学院世界经济与政治研究所公司治理研究中心的一项集体研究成果。虽然各章有具体的分工，但每一章的内容都是经过集体反复讨论的结果。各章具体分工如下：第一章鲁桐，第二章党印，第三章吴国鼎，第四章仲继银，第五章张会丽，第六章鲁桐、党印，第七章、第八章仲继银，第九章鲁桐、叶扬、仲继银，附录部分由鲁桐、仲继银、党印、叶扬和于换军完成。

由于水平有限，疏漏在所难免。欢迎社会各界批评指正！

鲁桐

2014 年 6 月

参考文献

[1] Abowd J M, Kaplan DS. Executive Compensation: Six Questions That Need Answering. *Journal of Economic Perspectives* , 13: 145 - 168

[2] Agrawal A, Knoeber C R. Firm Performance and Mechanisms to Control Agency Problems between Managers and Shareholders. *Journal of Financial and Quantitative Analysis*, 31: 377 - 97, 1996

[3] AlchianArmen Albert, Harold Demsetz. Production, Information Costs and Economic Organization. *American Economic Review*. 62 (5): pp. 777 - 95, 1972

[4] ArrowKenneth. *The limits of organization*. New York: WW Norton, 1974

[5] Bebchuck Lucian A, Alma Cohen, Charles C Y Wang. Learning and the Disappearing Association between Governance and Returns. *Journal of Financial Economics*. 108 Issue 2: 323 - 348, May 2013

[6] Bebchuck Lucian A, Fried Jesse M and Walker David I. Managerial Power and Rent Extraction in the Design of Executive Compensation. *University of Chicago Law Review*. Vol. 69: pp. 751 - 846 , 2002

[7] Bebchuk L, Cohen A, Ferrell A. What Matters in Corporate Governance? Working Paper No. 491. Harvard University , 2005

[8] Bebchuk L A, Fried J M, Walker D I. Managerial Power and Rent Extraction in the Design of Executive Compensation. *The University of Chicago Law Review*, 69: 751 - 846, 2002

[9] Berle Adolph A, Gardiner C Means. *The Modern Corporation and Private Property*. MacMillan. New York. Transaction Pub , 1932

[10] Bhagat S, Black S B, Blair M. Relational Investing and Firm Performance. Working paper. University of Colorado, Stanford University and Georgetown University Law School, 2000

[11] Black B. The Corporate Governance Behavior and Market Value of Russian Firms. *Emerging Markets Review*, 2: 89 - 108, 2001

[12] Black B, H Jang, W Kim. Does Corporate Governance Predict Firms' Market Values? Evidence from Korea. *Journal of La, . Economic, and Organization*, 22: 366 – 413, 2006

[13] Black B, H Jang, W Kim. Does Corporate Governance Predict Firms' Market Values? Evidence from Korea. *Journal of Law, Economics and Organization*, 22: 366 – 413, 2006

[14] Blair Margaret M. *Ownership and Control: Rethinking Corporate Governance for the Twenty – First Century.* Brookings Institution Press, 1995.

[15] Blair Margaret M. *Ownership and Control: Rethinking Corporate Governance for the Twenty – First Century.* Brookings Institution Press, 1995

[16] Bushman R, Smith A. Financial accounting information and corporate governance. Journal of Accounting and Economics, 32: 237 – 333, 2001

[17] Chandler Alfred D Jr. *The Visible Hand.* Cambridge, Mass and London, England, 1977

[18] Chandler Alfred D Jr. *Scale and Scope.* Cambridge MA, 1990

[19] Cheung Y L, A Stouraitis, W Q Tan. Does the Quality of Corporate Governance Affect Firm Valuation and Risk? Evidence from a Corporate Governance Scorecard in Hong Kong. *International Review of Finance*, 10: 4, 403 – 432, 2010

[20] Cheung Y L, J T Connelly, P Jiang and P Limpaphayom. Does Corporate Governance Predict Future Performance? Evidence from Hong Kong. *Financial Management.* Spring, 159 – 197, 2011

[21] Cheung Steven N S. The Contractual Nature of the Firm. *Journal of law and economics*, 26 (1): 1 – 21, April 1983

[22] Cheung Y L, Connelly J T, Limpaphayom P and Zhou L. Do Investors Really Value Corporate Governance? Evidence from the Hong Kong Market. *Journal of International Financial Management and Accounting*, 18: 53 – 85, 2007

[23] Cheung Y L, Connelly J T, Limpaphayom P and Zhou L. Do Investors Really Value Corporate Governance? Evidence from the Hong Kong Market. *Journal of International Financial Management and Accounting*, 18: 53 – 85, 2007

[24] Cheung Y L, C W Chung, W Q Tan and W M Wang. Connected Board of Directors: A Blessing or a Curse? . Journal of Banking and Finance, 37: 3227 – 3242, 2013

[25] Claessens S, Djankov S , FAN J and Lang L H P. Disentangling the Incentive and Entrenchment Effects of Large Shareholdings. Journal of Finance, 57 (6): 2741 – 2771, 2002

[26] Claessens S, Djankov S, Lang L. The Separation of Ownership and Control in East Asian Corporations. *Journal of Financial Economics*, 58 (1 – 2), Special Issue, pp. 81 – 112, 2000

[27] Claessens S, S Djankov, L H P Lang. The Separation of Ownership and Control in East Asian Corporations. *Journal of Financial Economics*, 1 – 2, 81 – 112, 2000

[28] Coase, Roald H. The Nature of the Firm. *Economica*, 4 (16), November, pp. 386 – 405, 1937

[29] CollinsJim, Jerry I. Porras. *Built to Last*. Curtis Brown Ltd. , 1994

[30] Core J, Guay W, Larcker D. Executive equity compensation and incentives: a survey. Economic Policy Review – Federal. Reserve Bank of New York, pp. 27 – 50, 2003

[31] Core J, Guay W, Verrecchia R. Price versus non – price performance measures in optimal CEO compensation contracts. The Accounting Review, 78: 957 – 981, 2003

[32] Davis James H, F David Schoorman, Lex Donaldson. Toward a Stewardship Theory of Management. *Academy of Management Review*, 22 (1): 20 – 47, January 1997

[33] Demsetz Harold. The Theory of the Firm Revisited. *Journal of Law*, *Economics and Organization*, 4 (1): 141 – 161, Spring 1988

[34] Denis D, J Mc Connell. International Corporate Governance. Journal of Financial and Quantitative Analysis, 38: 1 – 36, 2003

[35] Djankov S, P Murrell. Enterprise Restructuring in Transition: A Quantitative Survey. Journal of Economic Literature, 40: 793 – 837, 2002

[36] Donaldson Lex, James H Davis. Stewardship Theory or Agency Theory: CEO Governance and Shareholder Returns. *Australian Journal of Management*, 16 (1): 49 – 64, June 1991

[37] Drucker Peter F. *Innovation and Entrepreneurship*: *Practice and Principles*. Harper & Row (New York), 1985

[38] Durnev A, Kim E H. To steal or Not to: Firm Attributes. Legal Environment and Valuation. Journal of Finance , 60: 1461 – 1493, 2005

[39] Englander Ernest J. Technology and Oliver Williamson' s Transaction Cost Economics. *Journal of Economic Behavior and Organization*, 10 (3): 339 – 353, October 1988

[40] Faccio M, Larry H P, Young L. The Ultimate Ownership of Western European Corporations. *Journal of Financial Economics*, 65 (3): 365 – 395, September 2002

[41] Facebook2014 Proxy Statement, 资料来源: http: //www. sec. gov/Archives/edgar/data

[42] FacebookAnnual Report 2013, 资料来源: http: //www. sec. gov/Archives/edgar/data/

[43] Fama Eugene F, Jensen Michael C. Separation of Ownership and Control. *Journal of Law and Economics*, 26 (2): 301 – 25, June 1983a

[44] Fama Eugene F, Jensen Michael C. Agency Problems and Residual Claims. *Journal of Law and Economics*, 26 (2): 327 – 49, June 1983b

[45] Fama Eugene F. Agency Problems and the Theory of the Firm. *The Journal of Political Economy*, 88 (2): 288 – 307, April 1980

[46] Fan J P H , T J Wong, T Zhang. Politically Connected CEOs. Corporate Governance and Post – IPO Per-

formance of China' s Newly Partially Privatized Firms. Journal of Financial Economics, 84: 330 - 357, 2007

[47] Fan J P H, K C J Wei, X Z Xu. Corporate Finance and Governance in Emerging Markets: A Selective Review and an Agenda for Future Research. *Journal of Corporate Finance*, 2: 207 - 14, 2011

[48] Foss Nicolai J, Henrik Lando, Steen Thomsen. The Theory of the Firm. in Boudewijn Bouckaert and Gerrit De Geest (eds.) . *Encyclopedia of Law and Economics* (vol. III, pp. 631 - 58) . Cheltenham U. K. : Edward Elgar Publishing Ltd. , 2000

[49] Franklin A Gevurtz. The Historical and Political Origins of the Corporate Board of Directors. Hofstra Law Review. vol. 33, no. 1 (Fall 2004)

[50] Freeman R Edward. *Strategic Management: A Stakeholder Approach*, 1984

[51] Freeman R Edward. *Strategic Management: A Stakeholder Approach*. Boston: Pitman, 1984

[52] Garvey G T, Milbourn TT. Asymmetric benchmarking in compensation: Executives are rewarded for good luck but not penalized for bad. Journal of Financial Economics. forthcoming, 2004

[53] Gillan S L, Hartzell J C, Starks L T. Industries, Investment Opportunities and Corporate Governance Structures. Working paper, 2003

[54] Giroud X, H M Mueller. Does Corporate Governance Matter in Competitive Industries. *Journal of Financial Economics*, 3: 312 - 31, 2010

[55] Gompers P, Ishii J, Metrick A. Corporate Governance and Equity Prices. *Quarterly Journal of Economics*, 118: 107 - 155, 2003

[56] Gompers P, Ishii J, Metrick A. Corporate Governance and Equity Prices. *Quarterly Journal of Economics*, 118: 107 - 155, 2003

[57] Grant Robert M. Toward a Knowledge - Based Theory of the Firm. *Strategic Management Journal*, 17 (Special Issue): 109 - 122, Winter 1996

[58] Grossman Sanford J, Hart Oliver D. An Analysis of the Principal - Agent Problem. *Econometrica*, 51 (1): 7 - 45, January 1983

[59] Grossman Sanford, Oliver Hart. The Costs and Benefits of Ownership: A Theory of Vertical and Lateral Integration. *Journal of Political Economy*, 94 (4): 691 - 719, August 1986

[60] Hart Oliver. Reference Points and the Theory of the Firm. *Economica*, 75 (299): 404 - 11, August 2008

[61] Hart Oliver, John Moore. Property Rights and Nature of the Firm. *Journal of Political Economy*, 98 (6): 1119 - 1158, December 1990

[62] Hart Oliver, John Moore. Contracts as Reference Points. *Quarterly Journal of Economics*, 123 (1): 1 - 48, February 2008

[63] Hayes R, Schaefer S. Implicit contracts and the explanatory power of top executive compensation for future

performance. Rand Journal of Economics, 31 (2): 273 - 293, 2000

[64] Hermalin BE, Weisbach M S. Boards of Directors As an Endogenously Determined Institution: A Survey of the Economic Literature. *Economic Policy Review*, 9: 7 - 26, 2003

[65] Himmelberg C P, Hubbard RG, Palia D. Understanding the Determinants of Managerial Ownership and the Link between Ownership and Performance. *Journal of Financial Economics*, 53: 353 - 384, 1999

[66] Himmelberg C P, Hubbard RG, Palia D. Understanding the Determinants of Managerial Ownership and the Link Between Ownership and Performance. *Journal of Financial Economics*, 53: 353 - 384, 1999

[67] Holmstrom Bengt. Moral Hazard in Teams. *Bell Journal of Economics*, 13 (2): 324 - 40, Autumn 1982

[68] Holmstrom Bengt, Paul Milgrom. Multitask Principal - Agent Analyses: Incentive Contracts, Asset Ownership and Job Design. *Journal of Law*, *Economics and Organization*, 7 (Special Issue): 24 - 52, January 1991

[69] Holmstrom Bengt, Paul Milgrom. The Firm as an Incentive System. *American Economic Review*, 84 (4): 972 - 91, September 1994

[70] Jensen Michael C. Agency Costs of Free Cash Flow, Corporate Finance and Takeovers. *American economic review*, 76 (2): 323 - 329, May 1986

[71] Jensen Michael C, William H Meckling. Theory of the Firm: Managerial Behaviour, Agency Costs and Ownership Structure. *Journal of Financial Economics*, 3 (4): 305 - 360, October 1976

[72] Jesen Michael, William Meckling. Theory of the Firm: Managerial Behavior, Agency Cost and Capital Structure. *Journal of Financial Economics*, (3): 305 - 306, 1976

[73] John Micklethwait, Adrian Wooldridge. The company : a short history of a revolutionary idea. Modern Library Edition, NEW YORK, 2003

[74] Johnson S, La Porta R, Lopez - de - Silanes F and Shleifer A. Tunneling. *American Economic Review Papers and Proceedings*, 90 (2): 22 - 27 , May 2000

[75] Klapper L F, Love I. Corporate Governance, Investor Protection and Performance in Emerging Markets. *Journal of Corporate Finance*, 195: 1 - 26, 2003

[76] Klapper LF, Love I. Corporate Governance, Investor Protection and Performance in Emerging Markets. *Journal of Corporate Finance*, 195: 1 - 26, 2003

[77] Kreps David M. *Corporate Culture and Economic Theory*. in Perspectives on Positive Political Economy. edited by James Alt and Kenneth Shepsle. Cambridge: Cambridge University Press , 1990

[78] La Porta Rafael, Florencio Lopez - de - Silanes, Andrei Shleifer. Corporate Ownership around the World. *Journal of Finance*, 54 (2): 471 - 517, April 1999

[79] La Porta Rafael, Florencio Lopez - de - Silanes, Andrei Shleifer and Robert Vishny. Investor Protection and Corporate Governance. *Journal of Financial Economics*, 58 (1 - 2): 3 - 27, Special Issue, 2000

[80] La Porta Rafael, Florencio Lopez - de - Silanes, Andrei Shleifer. Corporate Ownership around the World. Journal of Finance, 54: 471 - 517, 1999

[81] La Porta Rafael, Lopez - de - Silanes F, Shleifer A and R Vishny. Investor Protection and Corporate Valuation. *Journal of Finance*, 57 (3): 1147 - 1170, June 2002

[82] Lambert R, Larcker D. An analysis of the use of accounting and market measures of performance in executive compensation contracts. Journal of Accounting Research, 25: 85 - 125, 1987

[83] Langlois Richard N. Transaction - cost Economics in Real Time. *Industrial and Corporate Change*, 1 (1): 99 - 127, 1992

[84] Lawrence D Brown, Marcus L Caylor. Corporate Governance and Firm Valuation. *Journal of Accounting and Public Policy*, 25: 409 - 434, 2006

[85] Lazonick William. *Understanding Innovative Enterprise: Toward the Integration of Economic Theory and Business History.* in Franco Amatori and Geoffrey Jones, eds.. Business History around the World. Cambridge University Press, 2003

[86] Lazonick William. *The Innovative Firm.* in The Oxford Handbook of Innovation edited by Nelson Richard R, Mowery David C, Fagerberg. Oxford University Press, 2005

[87] M C Jensen, W H Meckling. Theory of the Firm: Managerial Behavior, Agency Costs and Ownership Structure. Journal of Financial Economics, 3: 305 - 360 , 1976

[88] Marschak Jacob, Roy Radner. *The Theory of Team.* New Haven: Yale University Press, 1972

[89] Marshall Alfred. *Principles of Economics.* London: Macmillan and Co. Ltd. , 1890

[90] MartinStepher, David Parker. *The Impact of Privatization - Ownership and Corporate in the U K.* Rontledge, 1997

[91] Marx Karl. *Capital.* London: Penguin Books. *I* (Trans. Ben Fowkes), 1990 [1867]

[92] McKinsey : Global Investor Opinion Survey on Corporate Governance, 2002

[93] McKinsey, Global Investor Opinion Survey on Corporate Governance, 2002

[94] MeConnell John J, Henri Servaes. Additional evidence on equity ownership and coporate value. Journal of Financia lEconomics, 27: 595 - 612, 1990

[95] MeConnellJohn J, Henri Servaes. Equity ownership and the two faces of debt. Journal of Financial Economics, 39: 131 - 157, 1995

[96] Megginson W L, J M Netter. From State to Market: A Survey of Empirical Studies on Privatization. Journal of Economic Literature, 39: 321 - 389, 2001

[97] Morck R, A Shleifer, R Vishny. Management Ownership and Market Valuation: An Empirical Analysis. Journal of Financial Economics, 20: 293 - 315, 1988

[98] Morck R, Shleifer A, Vishny R. Management Ownership and Market Valuation: an Empirical Analy-

sis. Journal of Financial Economics, January/March: 293 -316, 1988

[99] Morck R, Shleifer A, Vishny R. Management Ownership and Market Valuation: an Empirical Analysis. *Journal of Financial Economics*, January/March: 293 -316, 1988

[100] Murphy K, Oyer P. Discretion in executive incentive contracts. working paper. University of Southern California and Stanford University, 2003

[101] Nelson Richard R, Sidney G Winter. *An Evolutionary Theory of Economic Change.* The Belknap press of Harvard University Press, 1982

[102] O' Sullivan Mary A. *Contests for Corporate Control.* Oxford University, 2000

[103] OECD. The Corporate Governance Lessons from the Financial Crisis. OECD Financial Market Trends. By Grant Kirkpatrick, 2009a

[104] OECD. Corporate Governance and the Financial Crisis: Key Findings and Main Messages, 2009b

[105] OECD. Corporate Governance and the Financial Crisis: Conclusions and Emerging Good Practices to Enhance Implementation of the Principles, 24 February 2010

[106] Patterson DJ. The Link Between Corporate Governance and Performance: Year 2000 update. The Conference Board 1276 -00 - RR, 2000

[107] Pitelis Christos N, David J Teece. The (New) Nature and Essence of the Firm. *European management review*, 6 (1), Spring, pp. 5 -15, 2009

[108] Prahalad C K, Hamel Gary. The Core Competence of the Corporation", *Harvard Business Review*, 68 (3), May - June, pp. 79 -91, 1990

[109] Rajan R G, L Zingales. Power in a Theory of the Firm. *Quarterly Journal of Economics*, 113 (2), May, pp. 387 -432, 1998

[110] Rajan R G, L Zingales. The Governance of the New Enterprise. NBER Working Paper w7958, 2000

[111] Ross Stephen A. The Economic Theory of Agency: the Principal' s Problem. *American Economic Review Papers and Proceedings*, 63 (2), May, pp. 134 -139, 1973

[112] Rubin Paul H. The Expansion of Firms. *Journal of Political Economy*, 81 (4), July - August, pp. 936 -949, 1973

[113] Schumpeter Joseph A. *The Theory of Economic Development.* Harvard University Press, 1934

[114] Shleifer A, Vishny R. Large Shareholders and Corporate Control. Journal of Political Economy, 95: 461 -488, 1986

[115] Shleifer A, R W Vishny. A Survey of Corporate Governance. *Journal of Finance*, 52 (2), June, pp. 737 -783, 1997

[116] Shleifer Andrei, Vishny Robert W. A Survey of Corporate Governance. *Journal of Finance*, 52 (2), June, 737 -83, 1997

[117] Smith Adam. *An Inquiry into the Nature and Causes of the Wealth of Nations*. London: W. Strahan and T. Cadell, 1776

[118] Sun Q, Tong W HS. China's Share Issue Privatization: The Extent of Its Success. Journal of Financial Economics, 70: 183 - 222, 2003

[119] Teece David J. *Technological Innovation and the Theory of the Firm: the Role of Enterprise - level Knowledge, Complementarities, and (Dynamic) Capabilities*. Handbook of the economics of innovation, 1, chapter 16, 2010

[120] Teece David J, Gary Pisano and Amy Shuen. Dynamic Capabilities and Strategic Management. *Strategic Management Journal*, 18 (7), August, pp. 509 - 533, 1997

[121] Teece David, Gary Pisano. The Dynamic Capabilities of Firms: An Introduction. *Industrial and Corporate Change*, 3 (3), October, pp. 537 - 556, 1994

[122] Tittenbrun Jack. *Private Versus Public Enterprises*. Janus Publishing Company , London, 1996

[123] Tricker Bob. *Corporate Governance: Principles, Policies and Practices*. Oxford University Press, 2009

[124] Walker Paul. The Past and Present of the Theory of the Firm. working paper, 2012

[125] Wei Z, F Xie and S Zhang. Ownership Structure and Firm Value in China' s Privatized Firms: 1991 - 2001. Journal of Financial and Quantitative Analysis, 40: 87 - 108, 2005

[126] Wernerfelt Birger. A Resource - Based View of the Firm. *Strategic Management Journal*, 5 (2), April/June, pp. 171 - 80, 1984

[127] Williamson Oliver E. *The Economic Institutions of Capitalism: Firms, Markets, Relational Contracting*. New York London, Free Press; Collier Macmillan. 1985

[128] Williamson Oliver E. The Vertical Integration of Production: Market Failure Considerations. *American Economic Review*, 61 (2), May, pp. 112 - 23, 1971

[129] Williamson Oliver E. Markets and Hierarchies: Some Elementary Considerations. *American Economic Review*, 63 (2), May, pp. 316 - 25, 1973

[130] Williamson Oliver E. *Markets and Hierarchies: Analysis and Antitrust Implications. A Study in the Economics of Internal Organization*. New York The Free Press, 1975

[131] Williamson Oliver E. Transaction - Cost Economics: The Governance of Contractual Relations. *Journal of Law and Economics*, 22 (2), October, pp. 233 - 61, 1979

[132] Williamson Oliver E. Corporate Finance and Corporate Governance. *Journal of Finance*, 43 (3), July, pp. 567 - 91, 1988

[133] Williamson Oliver E. Technology and Transaction Cost Economics: a Reply. *Journal of Economic Behavior and Organization*, 10 (3), October, pp. 355 - 363, 1988

[134] Williamson Oliver E. Markets, Hierarchies and the Modern Corporation: An Unfolding Perspec-

tive. *Journal of Economic Behavior & Organization*, 17 (3), May, pp. 335 -352, 1992

[135] Wilson H S Tong, Wayne W Yu. A Corporate Governance Explanation of the A - B Share Discount in China. Journal of International Money and Finance, 31: 125 -147, 2012

[136] Wintoki M B, Linck J S and Netter J M. Endogeneity and the Dynamics of Internal Corporate Governance. *Journal of Financial Economics*, 105 (3), September, 581 -606, 2012

[137] Xiaonian Xu, Wang Yan, Ownership Structure and Corporate Governance in Chinese Stock Companies. China Economic Review, 10: 75 -98, 1999

[138] Zingales Luigi. Corporate Governance. NBER Working paper 6309, 1997

[139] Zingales Luigi. In Search of New Foundations. *Journal of Finance*, 55 (4), August, pp. 1623 -1653, 2000

[140] 阿瑟·C. 马丁内斯，查尔斯·麦迪根著．百年老店西尔斯．侯颖译．北京：中信出版社，2003

[141] 艾尔弗雷德·拉帕波特．谁绑架了上市公司：创造股东长期价值．北京：机械工业出版社，2012

[142] 白云霞，林秉旋，王亚平，吴联生．所有权、负债与大股东利益侵占——来自中国控制权转移公司的证据．会计研究，2013 (4)

[143] 白重恩，刘俏，陆洲，宋敏，张俊喜．中国上市公司治理结构的实证研究．经济研究，2005 (2)

[144] 鲍勃．奥尔特加著．信任萨姆——全球最大零售商沃尔玛的秘密．屈陆民等译．北京：华夏出版社，2001

[145] 蔡昌．价值创造的多角度透视．财会信报，2005 -12 -7

[146] 曹廷求，杨秀丽，孙宇光．股权结构与公司绩效：度量方法和内生性．经济研究，2007 (10)

[147] 曹正汉．寻求对企业性质的完整解释．经济研究，1997 (7)

[148] 陈德萍，陈永圣．股权集中度、股权制衡度与公司绩效关系研究．会计研究，2011 (1)

[149] 陈锦江著．清末现代企业与官商关系．王笛，张箭译．北京：中国社会科学出版社，2010

[150] 陈小悦，徐晓东．股权结构、公司绩效与投资者利益保护．经济研究，2001 (11)

[151] 陈信元，靳庆鲁，肖土盛，张国昌．行业竞争、管理层投资决策与公司增长/清算期权价值．经济学（季刊），2013 -10，第13卷第1期

[152] 陈宇峰，张静波．三星崛起：亚洲新兴的标杆企业．北京：中国经济出版社，2012

[153] [美] 大卫·柯克帕特里克．FACEBOOK效应．北京：华文出版社，2010

[154] 戴亦一，潘越，刘思超．媒体监督、政府干预与公司治理．世界经济，2011 (11)

[155] 党印．公司治理与经济增长：一个文献综述．制度经济学研究，2012 (1)

[156] 杜胜利，翟艳玲．总经理年度报酬决定因素的实证分析．管理世界，2005 (8)

[157] 杜莹，刘立国．股权结构与公司治理效率：中国上市公司的实证分析．管理世界，2002 (11)

[158] 樊纲，王小鲁，朱恒鹏．中国市场化指数：各地区市场化相对进程 2011 年报告．北京：经济科学出版社，2011

[159] 费莫·西蒙·伽士特拉著．荷兰东印度公司．倪文君译．上海：东方出版中心，2011

[160] 费维恺著．中国早期工业化——盛宣怀和官督商办企业（第一版）．虞和平译．北京：中国社会科学出版社，1990（10）

[161] 弗尔摩里著．现代公司法之历史渊源（第一版）．虞政平译．北京：法律出版社，2007（3）

[162] 高明华，赵峰．国际金融危机成因的新视角：治理风险的累积．经济学家，2011（3）

[163] 哈罗德·詹姆斯著．家族企业．北京：三联书店，2008

[164] 郝玮刚，舒展编著．梦与钱的距离：如何超越比尔·盖茨．南京：江苏人民出版社，2011

[165] 何浚．上市公司治理结构的实证研究．经济研究，1998（5）

[166] 侯光明．全球价值链下我国中小企业的价值创造模式研究．科学学与科学技术管理，2006（1）

[167] 胡一帆，宋敏，张俊喜．竞争、产权、公司治理三大理论的相对重要性及交互关系．经济研究，2005（9）

[168] 江萍，刘淑娟，邵新建．股权集中度和公司绩效关系再研究——来自后股改时代的新证据．金融监管研究，2012（5）

[169] 姜付秀，黄继承．经理激励、负债与企业价值．经济研究，2011（5）

[170] 经济合作与发展组织．公司治理原则（1999 年、2004 年修订）．北京：中国财政经济出版社，2005

[171] [美] 柯林斯．基业长青．北京：中信出版社，2009

[172] 科茨·大卫．美国此次金融危机的根本原因是新自由主义的资本主义．红旗文稿，2008（13）

[173] 科茨·大卫．近代中国商业的发展．周林，李旭佳译．杭州：浙江大学出版社，2010

[174] 肯·奥莱塔．被谷歌——已经、正在和将要被谷歌改变的人、公司、行业和世界．薛红卫等译．北京：中信出版社，2010

[175] 劳伦斯·E. 米切尔．金融如何压倒实业．钱峰译．北京：东方出版社，2011

[176] 李汉军，张俊喜．上市企业治理与绩效间的内生性程度．管理世界，2006（5）

[177] 李琦．上市公司高级经理人薪酬影响因素分析．经济科学，2003（6）

[178] 李维安．公司治理学（第 2 版）．北京：高等教育出版社，2009

[179] 李维安，唐跃军．公司治理评价、治理指数与公司业绩——来自 2003 年中国上市公司的证据．中国工业经济，2006（4）

[180] 李维安等．中国上市公司治理指数与公司绩效的实证分析．管理世界，2006（3）

[181] 李维安等．中国上市公司治理状况评价研究——来自 2008 年 1127 家上市公司的数据．管理世界，2010 年（1）

[182] 理查德·比特纳．贪婪、欺诈和无知：美国次贷危机真相．北京：中信出版社，2008

[183] [美] 林茨迈尔. 苹果传奇. 北京：清华大学出版社，2006
[184] 林浚清，黄祖辉，孙永祥. 高管团队内薪酬差距、公司绩效和治理结构. 经济研究，2003 (4)
[185] [美] 林志共，王静. Facebook 之父马克·扎克伯格——后乔布斯时代的传奇. 北京：新世界出版社，2012
[186] 刘斌等. CEO 薪酬与企业业绩互动效应的实证检验. 会计研究，2003 (3)
[187] 鲁桐. 金融危机后国际公司治理改革的动向及启示. 国际经济评论，2012 (4)
[188] 鲁桐，党印. 投资者保护、创新投入与企业价值. 金融评论，2012 (5)
[189] 鲁桐，党印，仲继银. 中国大型上市公司治理与绩效关系研究. 金融评论，2010 (6)
[190] 路易斯·D. 布兰代斯. 别人的钱——投资银行家的贪婪真相. 胡凌斌译. 北京：法律出版社，2009
[191] 罗伯特·斯莱特. 思科风暴. 王雪平译. 北京：中信出版社，2003
[192] 罗进辉. 媒体报道的公司治理作用. 金融研究，2012 (10)
[193] 罗思·切尔诺. 洛克菲勒：罪恶与圣洁. 王鹏译. 香港：中国国际文化出版公司，2007
[194] 马克·R. 图尔，沃伦·J. 塞缪尔斯主编. 作为一个权力体系的经济. 北京：商务印书馆，2012
[195] 闵杰. 浙路公司的集资与经营. 近代史研究，1987 (3)
[196] 尼克·比尔顿. 孵化 Twitter. 欧常智，张学等译. 杭州：浙江人民出版社，2014
[197] 潘福祥. 公司治理与企业价值的实证研究. 中国工业经济，2004 (4)
[198] 琼·斯特劳斯. 华尔街之子——摩根. 王同宽等译. 北京：华夏出版社，2004
[199] 萨姆·沃尔顿等. 富甲美国——零售大王沃尔顿自转. 沈志彦等译. 上海：上海译文出版社，1996
[200] 塞·G. 布莱克福德. 西方现代企业兴起. 锁箭译. 北京：经济管理出版社，2001
[201] [日] 山崎胜彦. 创业之神：三星创始人李秉喆传. 北京：中国电力出版社，2014
[202] 沈四宝编译. 最新美国标准公司法. 北京：法律出版社，2006
[203] 施东晖. 转轨经济中的所有权与竞争：来自中国上市公司的经验证据. 经济研究，2003 (8)
[204] 施东晖，司徒大年. 中国上市公司治理水平及对绩效影响的经验研究. 世界经济，2004 (5)
[205] 斯蒂芬·贝恩布里奇. 理论与实践中的新公司治理模式. 北京：法律出版社，2012
[206] 斯蒂文·J. 埃里克森. 汽笛的声音——日本明治时代的铁路与国家. 陈维，乐艳娜译. 南京：江苏人民出版社，2011
[207] 宋常，郭天明. 价值链模式下的公司价值创造研究. 科学经济社会，2007 (3)
[208] 宋常，郭天明. 公司价值创造驱动因素研究. 生产力研究，2007 (2)
[209] 孙永祥. 所有权、融资结构与公司治理机制. 经济研究，2001 (1)
[210] 孙永祥，黄祖辉. 上市公司的股权结构和绩效. 经济研究，1999 (12)
[211] 田利辉，张伟. 政治关联影响我国上市公司长期绩效的三大效应. 经济研究，2013 (11)

[212] 托马斯·海因里奇，鲍勃·巴特勒. 温柔的力量：金佰利公司与美国的消费革命. 夏璐，徐雯菲译. 上海：上海远东出版社，2008

[213] 汪辉. 上市公司债务融资、公司治理与市场价值. 经济研究，2003（8）

[214] 王爱东. 我国石油企业价值创造模式. 求索，2007（12）

[215] 王福胜，刘仕煜. 基于联立方程模型的公司治理溢价研究——兼谈如何检验公司治理评价指标的有效性. 南开管理评论，2009（12）

[216] 王华，黄之骏. 经营者股权激励、董事会组成与企业价值. 管理世界，2006（9）

[217] 王咏刚等. 乔布斯传. 北京：中国华侨出版社，2011

[218] 王自力. 道德风险与监管缺失：美国金融危机的深层原因. 中国金融，2008（20）

[219] 威廉·拉让尼克，玛丽·奥沙利文. 公司治理与产业发展：一种基于创新的治理理论及其经验证据. 黄一义等译. 北京：人民邮电出版社，2005

[220] 吴联生. 国有股权、税收优惠与公司税负. 经济研究，2009（10）

[221] 吴淑琨. 股权结构与公司绩效的U型关系研究——1997年上市公司的实证研究. 中国工业经济，2002（1）

[222] [美] 西蒙等. 缔造苹果神话. 北京：中信出版社，2007

[223] 向朝进，谢明. 我国上市公司绩效与公司治理结构关系的实证分析. 管理世界，2003（5）

[224] 辛清泉，林斌，王彦超. 政府控制、经理薪酬与资本投资. 管理世界，2007（8）

[225] 徐莉萍，辛宇，陈工孟. 股权集中度和股权制衡及其对公司经营绩效的影响. 经济研究，2006（1）

[226] 徐文彬等译. 特拉华州普通公司法. 北京：中国法制出版社，2010

[227] 徐向艺，王俊韡，巩震. 高管人员报酬激励与公司治理绩效研究. 中国工业经济，2007（2）

[228] 徐晓东，陈小悦. 第一大股东对公司治理、企业业绩的影响分析. 经济研究，2003（2）

[229] 杨瑞龙，聂辉华. 不完全契约理论：一个综述. 经济研究，2006（2）

[230] 杨小凯. 企业理论的新发展. 经济研究，1994（7）

[231] 于文心. 三星帝国. 北京：现代出版社，2014

[232] 余永定. 美国次贷危机：背景、原因与发展. 世界经济导刊，2009（4）

[233] 俞红海，徐龙炳，陈百助. 终极控股股东控制权与自由现金流过度投资. 经济研究，2010（8）

[234] 虞政平编译. 美国公司法规精选. 北京：商务印书馆，2004

[235] 虞政平主编. 英国公司法规汇编：从早期特许状到当代公司法，1530－1989. 北京：法律出版社，2000

[236] 岳中志，薄勇健. 公司治理结构完善度水平指标体系及评价模型. 管理世界，2005（5）

[237] 湛新民，刘善敏. 上市公司经营报酬结构性差异的实证研究. 经济研究，2003（8）

[238] 张必武，石金涛. 董事会特征、高管薪酬与业绩敏感性. 管理科学，2005（8）

[239] 张传平，王丹．创造价值的新型模式——价值网．商场现代化，2006（4）

[240] 张春霖．从融资角度分析国有企业的治理结构改革．改革，1995（3）

[241] 张维迎．产权、激励与公司治理．北京：经济科学出版社，2005

[242] 中国经济增长与宏观稳定课题组，张晓晶，汤铎铎，林跃勤．全球失衡、金融危机与中国经济的复苏．经济研究，2009（5）

[243] 仲继银．董事会与公司治理．北京：中国发展出版社，2009

[244] 仲继银．公司的骨骼：那些伟大企业的前世今生．北京：中国发展出版社，2011

[245] 仲继银．突变机器 3M. 董事会，2013（7）

[246] 朱武祥，宋勇．股权结构与企业价值——对家电行业上市公司实证分析．经济研究，2001（12）